Les voyages forment les emplois

Les impliqués
Éditeur

Fondée en 2014, notre maison d'édition se consacre à la publication d'ouvrages relevant de divers domaines : littérature, récits personnels, premiers romans et nouvelles, essais en sciences humaines, religion, économie, etc.

Les impliqués ont pour vocation de publier, après sélection, les manuscrits qui leur sont confiés. Ils proposent ainsi aux auteurs de faire de leur projet d'écriture une réalité et d'éditer, après une réelle collaboration avec eux, leur ouvrage issu de leurs souvenirs, de leur imagination, de leurs rêves, de leur recherche ou encore de leur travail.

Camille Sari

Les voyages forment les emplois

Contrecarrer la désindustrialisation d'une banlieue parisienne

Les impliqués
Éditeur

Les impliqués
Éditeur

Du même auteur

Valeur relative de la monnaie et taux de change : un destin obligé ? (avec Abderrahmane Mebtoul), Paris, L'Harmattan, 2013.

Taux de change, rôle économique de l'État : à propos de modèles, Paris, Cabrera éditions, 2009.

Politiques des taux de change au Maroc et en Algérie : une étude comparative, Paris, Cabrera éditions, 2010.

Algérie et Maroc : quelles convergences économiques ?, Paris, Cabrera éditions, 2011.

Déséquilibres structurels, politiques monétaires et financières internationales : les causes réelles, Paris, Cabrera éditions, 2012 (en arabe).

L'Intégration économique maghrébine : un destin obligé ? (avec Abderrahmane Mebtoul), Paris, L'Harmattan, 2013.

Monnaie et finance : du boom au krach, Paris, L'Harmattan, 2014.

Quelle gouvernance et quelles institutions au Maghreb face aux enjeux géostratégiques ? (avec Abderrahmane Mebtoul), Paris, L'Harmattan, 2014.

La Communauté économique maghrébine : une œuvre à construire, Paris, L'Harmattan, 2015.

Afrique/Machreq/Union européenne : la Trilatérale du XXIe siècle, Paris, L'Harmattan, 2018.

L'Algérie. Histoire secrète d'un naufrage annoncé, Paris, L'Harmattan, 2019.

Covid-19 : les trois mondes d'après, L'Harmattan, 2021.

Copyright ISBN

5-7, rue de l'École-Polytechnique – 75005 Paris
www.lesimpliques.fr
contact@lesimpliques.fr
ISBN : 979-10-428-0887-7
EAN : 9791042808877
Pour l'envoi de vos manuscrits : voir à la fin de cet ouvrage

À la mémoire de ma grand-mère et de mes parents.
À mes enfants, Michaël, Sarah et Adam.
À mes petits-enfants, Liam et Lucas.

SOMMAIRE

INTRODUCTION

COMMENT LES VOYAGES ONT FORGÉ MA PENSÉE

Notes de synthèse socio-économiques et institutionnelles sur les pays prospectés

Le présent ouvrage n'a pas pour vocation de raconter mon parcours personnel, mais de mettre en relief l'histoire de la désindustrialisation en région parisienne à l'instar de ce qui s'est passé à l'échelle de l'Hexagone. Le retour sur mon enfance et ma scolarisation dans un pays où cela n'est pas obligatoire eu égard au manque de moyens humains et matériels d'un pays qui est indépendant depuis seulement six ans est là pour expliquer les défis qui m'attendaient.

La naissance, l'apogée et le déclin, voire la disparition de sociétés familiales, de petites et moyennes entreprises et de filiales de groupes nationaux et internationaux sont décrits de façon concise, mais fort instructive, cela devrait faire réfléchir experts économiques, universitaires et dirigeants politiques sur les conséquences humaines, sociales et économiques de leurs doctrines, paradigmes et décisions prises selon le positionnement de chacun. C'est l'échec patent de l'ultralibéralisme qui prône le tout-marché et l'autorégulation par des agents rationnels. Mais l'objectif sous-jacent en était la recherche du profit à court terme en sacrifiant le développement économique et industriel à long terme. Des cas de stratégies d'entreprises sont exposés à partir de mes contacts, des diagnostics faits par mes soins et des rapports confectionnés en vue d'aider les élus locaux à agir en direction des salariés et de leurs syndicats et des pouvoirs publics. La tâche n'était pas facile, tellement la vague de fermetures des usines et de délocalisations aux quatre coins du monde fut puissante. Afin de contrecarrer cette tendance à transformer une économie productive en une économie de services, les municipalités vont utiliser la loi de décentralisation de 1982 comme levier de promotion d'un développement économique local et, dans le cas de Montreuil, pour aider les entreprises à chercher des marchés à l'étranger. Afin d'échapper aux carcans d'une administration par trop campée sur ses prérogatives et les privilèges de son positionnement immanent, il a été créé l'Association montreuilloise pour le développement de la coopération économique internationale (AMDCEI), qui deviendra Association montreuilloise pour l'initiative des entreprises (AMIE). Son Conseil d'administration fut présidé par le maire, mais la majorité de ses membres est composée de chefs d'entreprise. Une loi est venue remettre en cause cet équilibre et interdire aux élus de présider des associations que leur municipalité subventionnait. Une convention est désormais obligatoirement signée entre les collectivités territoriales et les associations qui bénéficient d'un soutien municipal logistique, humain et financier. Ainsi les obligations et les objectifs sont bien définis et des rapports financiers et des résultats sont bien attendus et justifiés. De cette entente naîtra une longue quête de marchés, contrats, joint-venture, partenariats dans 66 pays durant un quart de siècle (entre 1984 et 2009).

Dès le mois de septembre de chaque année, un sondage est envoyé à 2 500 entreprises, afin de recueillir leurs souhaits en matière de pays à prospecter et d'actions locales à mener. Une fois le programme établi en décembre de chaque année, je devais préparer les voyages des délégations conjointes municipales et chefs d'entreprise. Mes contacts privilégiés furent les Missions économiques des ambassades de France dans les pays prospectés.

Avant de me rendre dans un pays, je devais m'informer sur son histoire, le contexte politique, ses atouts et ses points faibles, les secteurs porteurs, les écueils et les us et coutumes. Mais la plupart du temps, j'avais déjà en mémoire des données d'ordre général ou sectoriel. Depuis l'âge de 15 ans, j'écoutais les informations à la radio et je lisais les journaux. Mon engagement politique m'a beaucoup aidé au sens où je devais prendre parti pour tel ou tel régime, pour les mouvements de libération et les causes justes. L'accès au Centre culturel français à Casablanca m'a permis de « dévorer » une quantité astronomique de journaux, magazines, livres, sans oublier les films de cinéma d'auteur mis à notre disposition gracieusement. Cela n'empêchait pas d'actualiser mes renseignements sur les prospects des entreprises que je représentais auprès de l'ambassade de France dans les pays approchés. C'est une pratique qui a été bénéfique à nos missions à l'étranger. Les représentations diplomatiques françaises dans le monde entier sont dotées de fonctionnaires et d'agents de qualité, à quelques exceptions près.

L'AMIE a utilisé toutes ses forces et ses moyens humains et financiers, afin de soutenir les actions à l'international des entreprises. Mais nous avions aussi la volonté de répondre aux besoins des sociétés non exportatrices, qui ont comme seul horizon le marché national et local. D'où la création d'une commission « partenariat local » ayant pour objectif l'organisation du salon de l'industrie, le MIDEST (Salon international des savoir-faire en sous-traitance industrielle), le CAREEP (Carrefour des entreprises de l'Est parisien), des réunions de sensibilisation thématiques et sectorielles. Le club des entreprises est venu couronner ces actions. Parmi ses objectifs : offrir aux chefs d'entreprise et à leurs plus proches collaborateurs l'occasion de se connaître, fédérer leurs membres sur la base d'idées et de projets communs, créer les conditions d'un espace convivial et amical, favoriser la tenue de sessions d'information pratiques directement en rapport avec les attentes des chefs d'entreprise. Des sessions de formation sous forme de réseaux avec des experts, financées par la Région Île-de-France, ont porté sur les techniques de l'export (SAAR) et comment comprendre le monde de la convergence (données, voix, images) et l'adapter à chaque entreprise pour la moderniser et lui faire faire des économies d'échelle (REMTIC).

D'un mal était sorti un bien : mon militantisme au sein de l'extrême gauche marocaine dès l'âge de 17 ans m'avait valu une menace imminente d'arrestation, de torture et de condamnation à une lourde peine de prison. J'ai dû quitter clandestinement le Maroc via l'enclave espagnole de Ceuta en mai 1977. C'était mon premier voyage en dehors de mon pays natal. À la fin de mon DEA (Diplôme d'études approfondies), en 1982, je me suis inscrit en études doctorales à l'université de Paris X-Nanterre, mais il fallait gagner sa vie pendant une période assez longue. J'ai postulé le poste de directeur des finances de la Ville de Bobigny, mais son secrétaire général m'a proposé le poste de directeur du service économique, créé suite à la loi de décentralisation initiée par le gouvernement socialiste qui donnait aux communes des prérogatives d'ordre économique. Après un passage par la ville de Villetaneuse, j'ai creusé mon « trou » à Montreuil jusqu'en 2021.

C'est dans cette ville que j'ai pu exprimer mes propositions, mes projets et mes idées, compte tenu de la taille de la ville (deuxième de la Seine–Saint-Denis) et d'un tissu industriel diversifié et riche en innovation, en diversité sectorielle et en créativité.

Le tissu économique montreuillois présentait une richesse et une diversité des secteurs et des tailles des entreprises, mais très vite j'ai eu la charge de préparer des dossiers sur les entreprises en difficulté et de chercher des propositions de sortie de crise et pour sauver des emplois.

Plusieurs pages sont dédiées aux sociétés de grande taille (Kréma, Sofresid, Sanofi, Dufour, Pernod-Ricard, Tractel, Dumas, Océ France, Fichet Bauche, l'AFPA, Thomson, Saint-Gobain…), ainsi qu'à des PME (Audax, Delasson Dossunet, Alvar Electronic, Cirnea, IMB, Vogue, Établissement Berthollet, Paillot mécanique, SCCEN, Fenwick, BIP GROU-RADENEZ, Maxant, Houdaille Le Lourain, Comptoir d'Outillage Parmentier, Girso, Modep Sop, Bourdon, Sofdit).

Une expérience pénible, mais pleine d'enseignements, où j'assistais, impuissant, à la mise au chômage d'hommes et de femmes après des décennies de loyaux services, sans perspective de retrouver un emploi. J'ai appris énormément sur la vie des entreprises, les stratégies des groupes, les limites de la gestion des PME familiales, les dégâts des politiques industrielles nationales et sectorielles.

Le cœur de l'ouvrage sera néanmoins consacré aux voyages de prospection dans des pays répartis sur plusieurs continents : Asie, Afrique, Europe et Amérique. Succinctement, mais de manière aussi complète que possible, chaque marché est décrit, décortiqué, analysé avec une touche personnelle sur ce qui n'a jamais été dit ni rapporté.

La première destination choisie par la municipalité de Montreuil comme marché-cible pour les entreprises montreuilloises est la RDA (République démocratique allemande) et plus précisément la Foire internationale de Leipzig, depuis 1984. Ce fut le carrefour de rencontres entre sociétés basées dans les Républiques socialistes (Europe de l'Est et URSS) et des entreprises venant de l'Europe de l'Ouest. Ce choix est dans la continuité du jumelage avec Cottbus basée en Allemagne de l'Est, depuis 1959.

En mai 1986, Jean-Pierre Brard, maire de Montreuil, m'appelle et me propose de nous rendre à la foire d'Alger. Cette foire qui s'est déroulée du 23 avril au 4 mai 1986 est l'événement économique le plus important pour l'Algérie. C'est l'occasion pour les industriels français d'exposer leurs produits, se faire connaître, négocier des marchés, signer de nouveaux contrats.

Les entreprises de Montreuil exposantes furent au nombre de 5. L'année suivante j'ai réussi à mobiliser 20 sociétés sur un stand collectif, marquant ainsi une présence dans ce pays jusqu'en 2008. En 1992, notre espace collectif comptait 40 sociétés et presque le quart du pavillon France. Même pendant la décennie noire, l'association AMDCEI (devenue AMIE) et la Ville de Montreuil ont poursuivi leurs relations avec leurs homologues algériens et noué des contrats et des partenariats.

L'analyse de la situation politique et économique du pays prospecté est avancée de façon originale et approfondie.

Le jumelage avec la ville de Mytichtchi située dans la banlieue de Moscou fut signé en 1973, dans la foulée de la première rencontre franco-soviétique à Marseille organisée par la Fédération mondiale des villes jumelées. Il donnera lieu à des missions de prospection dans ce qui fut l'URSS, en l'occurrence la Russie et l'Ukraine en 1991. Suivront d'autres déplacements à Nijni Novgorod et des expositions à Moscou. C'est l'Imprimerie spéciale de Banque qui imprimera la monnaie préfigurant la Hriva, à savoir des millions de « Coupons », sorte de moyens de paiement circulant parallèlement au rouble en déclin.

En Républiques tchèque et slovaque, notre mission fut d'ordre économique, sans accompagnement politique. À Prague, comme dans le reste de la République tchèque, nous avions affaire à des entreprises et à des organismes économiques qui étaient fort proches de leurs homologues allemands. On appelle ce pays « le petit jardin germanique » ou « l'arrière-cour de l'Allemagne ».

La mission en Serbie, Croatie et Slovénie s'est déroulée quelques mois après l'éclatement de la Yougoslavie. Notre choix de prospecter dans des régions difficiles est délibérément audacieux.

Nos missions au Kazakhstan et en Ouzbékistan en 1993 et en 1998 se sont inscrites dans le cadre de l'export sur des marchés lointains.

La mission en République de Géorgie sur la sollicitation pressante de l'ambassadeur de ce pays en France, n'a pas eu de suite en raison de l'étroitesse du marché.

Il en va de même du voyage en Lituanie qui était plus politique qu'économique.

Les échanges économiques avec la Hongrie incitaient à coopérer, à favoriser les échanges avec les pays de l'Est, en tenant compte de leur nouvelle situation économique. Cela donnera lieu à la mission du 5 au 11 juin 1994 ainsi qu'à la participation à l'exposition France 2000, à Budapest, du 25 au 28 avril 2000.

J'ai visité Pékin en 1992, ainsi que Yanji au nord-est de la Chine en 1993. Changchun, c'était l'inconnu pour l'ambassadeur et ses collaborateurs du Poste d'expansion économique. Ils n'avaient aucune connaissance de cette province, compte tenu de l'absence d'implantations françaises significatives qui méritent leur déplacement.

Plusieurs villes et provinces chinoises ont été prospectées de l'est à l'ouest et du sud au nord de la Chine. L'ancrage fut à Changchun, capitale de la province du Jilin que j'ai prospectée en 1993, ensuite nous avons noué des partenariats avec les provinces du Hebei, Chongqing, Shanghai, Chengdu, capitale du Sichuan. Les secteurs ciblés par nos entreprises sont explicités et une analyse des caractéristiques de ces villes et provinces est réalisée selon nos observations sur place.

Le périple du Sud-Ouest asiatique nous mènera au Cambodge et au Vietnam

Le point de départ de l'intérêt de la municipalité de Montreuil s'est porté sur le Cambodge. En effet, un promoteur immobilier franco-cambodgien ayant des projets avec la société d'économie mixte, la SEMIMO-B, connaissait la politique municipale en matière de coopération internationale et a proposé de jouer le rôle d'intermédiaire auprès des autorités cambodgiennes. En matière de relations économiques, le marché cambodgien est étroit et c'est pourquoi j'ai proposé que la prochaine mission englobe aussi le Vietnam au cours du même déplacement.

Finalement, ces pays qui nous paraissaient lointains géographiquement le sont moins intellectuellement et historiquement.

Les partenaires vietnamiens étaient preneurs d'une offre assez large tant leurs besoins sont en pleine croissance. Ces deux pays qui sortaient d'une guerre effroyable avaient besoin de s'ouvrir sur des pays européens et même si la France était l'ancienne puissance coloniale, elle était la bienvenue pour contourner l'embargo étatsunien sur le Vietnam. Les résultats de ces missions, qui vont se dérouler entre 1992 et 2008, seront remarquables dans des domaines variés comme l'équipement de chaînes de télévision et de radio, la transformation d'hévéas, la formation professionnelle, l'ingénierie, l'imprimerie fiduciaire.

Notre mission au Vietnam et au Cambodge du 26 janvier au 5 février 1994 a été un franc succès. Nous avons obtenu tous les rendez-vous demandés. La qualité des personnalités rencontrées à Hanoï et à Hô Chi Minh-Ville témoigne du degré de notoriété de notre Association et de notre Ville dans ce pays. Nos interlocuteurs ont accueilli favorablement nos offres. Il en résultera un jumelage qui dure encore avec la ville de Hải Dương, qui est la capitale de la province de Hải Dương. Celle-ci est jumelée avec le département de la Seine–Saint-Denis.

Dans le cadre d'une exposition à New Delhi, organisée par le CFME, nous avons réservé un stand collectif pour les entreprises de l'AMDECI. Ce marché, aussi vaste que fermé, demande une approche-marché très originale et une préparation des cibles des entreprises.

Notre association a participé à la foire de Tripoli du 2 au 12 avril 2006 avec les organismes de commerce extérieur comme la Chambre de commerce et d'industrie de Paris, le ministère de l'Économie et des Finances et le ministère des Affaires étrangères français. Ce furent des occasions uniques de toucher le nouveau secteur privé, d'approcher directement les décideurs libyens, de renforcer son image et d'inscrire une stratégie sur son marché dans le long terme.

La relation avec le Maroc a été initiée par le Conseil d'administration de l'AMIE, loin de toutes considérations politiques (émanant de la municipalité), comme ce fut le cas avec l'Algérie. Les missions se sont déroulées entre 1995 et 2008 sous forme de délégations, de participations à des expositions françaises ou à des salons de la sous-traitance. Des entreprises ont investi au Maroc, mais la plupart ont choisi l'exportation pure.

La Foire internationale du Caire s'est déroulée du 18 au 30 mars 1999 et a rassemblé une quarantaine de pays et 2 000 firmes nationales. Cette manifestation est l'une des plus importantes en Afrique. Tous les secteurs furent représentés :

L'Égypte est le pays le plus peuplé du monde arabophone avec une population de 110 millions d'habitants et le 3e pays le plus peuplé d'Afrique.

Depuis les accords d'Oslo et de Washington, les négociations du processus de paix entre Palestiniens et Israéliens empruntent un chemin hérissé d'embûches.

La promesse d'une stabilité dans cette région suscite l'intérêt des partenaires économiques.

Du côté israélien comme du côté palestinien, le développement économique était à l'ordre du jour.

Le déplacement de l'Association montreuilloise pour le développement de la coopération économique internationale (AMDCEI) marqua l'intérêt que portait une collectivité locale française à ces accords de paix.

Responsables industriels et municipaux sont allés sur place, fin décembre 1993.

Quinze sociétés ont participé à l'exposition sur les techniques françaises à Abidjan du 5 au 9 octobre 1999.

Notre participation fut judicieuse, car l'Afrique occidentale présente de nombreux atouts et des besoins.

Les sociétés ont participé à cette mission de prospection en continuité avec celle effectuée en 1999.

Le choix des pays à prospecter en Afrique est toujours difficile, bien que ce continent présente des marchés intéressants pour les entreprises membres de l'AMIE (ex-AMDCEI), du fait des caractéristiques de leur développement économique. Nous nous sommes intéressés au Cameroun et à la Côte d'Ivoire, deux pays à fort potentiel économique. La mission de prospection au Cameroun et en Côte d'Ivoire fut organisée du 27 mai au 3 juin 2001.

L'Afrique du Sud a connu pendant plusieurs décennies des sanctions internationales en raison de l'Apartheid et de l'exclusion de la majorité de la population d'origine africaine. Montreuil, ville solidaire avec les peuples qui luttent pour leur émancipation, a accueilli des chefs de l'ANC, qui étaient hébergés dans des logements publics et protégés par la Police nationale. Notre mission du 26 septembre au 2 octobre 1994 a été organisée à la fin de l'Apartheid et après l'élection de Nelson Mandela comme président de la première République multiethnique et intégrant toutes les composantes de la société africaine. L'Afrique du Sud est la première puissance économique du continent.

En 1997 (du 8 au 12 juillet), nous avons participé à l'exposition française Technologies 97.

L'AMIE a coorganisé une mission au Mali du 3 au 11 avril 2005. Les liens avec Montreuil remontent au jumelage avec le cercle de Yélimané, d'où sont originaires la plupart des Maliens résidant dans notre ville. Les élus locaux sont régulièrement reçus par les présidents successifs du Mali et les autorités locales.

Le BIG five Show est intervenu, en 2007 (du 25 au 29 novembre), à une étape importante de son développement, afin de profiter à plein du formidable potentiel offert par la région du Golfe.

Le retour à la paix et à la stabilité au Liban devrait attirer les capitaux et permettre de jeter les bases d'un développement économique régional.

Le Liban a de nouveau gagné la confiance des investisseurs.

Après avoir subi des années difficiles de guerre civile, ce pays refait dignement surface. C'est ce qui a motivé notre participation au Salon international du bâtiment et de l'hôtellerie de Beyrouth.

Une mission préparatoire du 4 au 16 mars 1997 au Brésil, en Argentine et au Chili, a eu comme objectif de préparer la venue des entreprises participantes en préparant des fiches sectorielles, les listes de contacts et les rendez-vous individuels pour chaque société.

Comme nous le faisons habituellement, cette mission exploratoire fut menée par moi-même, en m'appuyant sur les Postes économiques implantés dans ces pays.

Les sociétés participantes étaient de taille moyenne et grande et outillées pour soutenir des actions de longue haleine, s'agissant de zones d'exportation lointaines et inhabituelles.

CHAPITRE PREMIER : MES ORIGINES ET MES AÏEULS : LES DÉFIS DE L'EXISTENCE DANS UN CONTEXTE COMPLEXE

Mon père n'avait pas de passeport ni les moyens financiers pour voyager à l'étranger, mais il s'est donné comme nom de famille Sari qui signifie voyageur itinérant. Se déplacer, marcher, chercher à entretenir sa mère et ses deux sœurs alors qu'il n'avait que 12 ans.

C'est ainsi que les « Marocains des années 1950 » choisissaient les noms de famille à « l'état civil ».

Au début, c'était « Ait Untel » et « Untel, fils d'untel ». Une personne était appelée par le nom de son père ou de sa mère, ou « le lieu » de naissance. Les contrats de mariage n'étaient pas enregistrés, ni les noms des enfants, ni les dates de leur naissance. La plupart des transactions se faisaient oralement, notamment dans les villages marocains.

Les Marocains n'avaient pas de surnoms sous lesquels ils étaient connus. Un homme pouvait être identifié, parmi ses amis, par un surnom sarcastique qu'il n'aimait pas, dans sa famille par un autre surnom qu'il approuvait, ailleurs par un troisième surnom et ainsi de suite. Le « nom de famille », dans le Maroc moderne, n'était qu'une « bonne innovation » introduite par la France au début de son hégémonie sur le pays.

L'enregistrement des décès et des naissances parmi les non-Marocains a commencé par un arrêté royal publié en septembre 1913 et n'incluait que les étrangers de Port-Lyautey (la ville de Kénitra), de Mahdia et des régions. Cependant, la première mention de « l'état civil » remonte à 1915 avec la publication du « Décret royal réglementant l'état civil dans la zone du protectorat français à Eyalet Sherifa » dans le *Journal officiel* n° 125, mais la réponse des Marocains a été très faible.

Des décennies plus tard, l'arrêté royal du 2 septembre 1939 est venu appliquer un nom de famille aux Marocains pour enregistrer leurs naissances et décès, mais sans les obliger à choisir un nom de famille pour chaque propriétaire du nom. La réponse a également été faible, surtout dans un environnement, où l'analphabétisme était répandu. En outre, la plupart des régions connaissaient des affrontements et des conflits et la dernière chose qui les préoccupait était ces raids lancés par l'autorité centrale et les autorités du protectorat.

Puis vint le décret du 8 mars 1950, qui incluait tous les Marocains et le décret du 12 septembre 1958, où commença le choix obligatoire d'un « nom de famille ».

Pendant des années, des comités locaux ont commencé à être créés pour garantir que les gens choisissent des noms de famille ou ceux qui étaient suggérés par ces comités. De plus, en raison du manque de personnes répondant à ce processus, tous les noms de famille choisis étaient publiés au *Journal officiel*.

Malgré tous ces faits, même si certains Marocains choisissaient un nom de famille depuis les années 1950, beaucoup d'entre eux n'avaient pas entendu parler de ces lois et n'avaient pas de nom de famille, jusqu'à ce que leurs enfants aient dû s'inscrire à l'école à la fin des années 1970 et au début des années 1980. À cette époque, de nombreuses personnes étaient obligées d'enregistrer leurs enfants et d'obtenir l'état civil, y compris ceux qui se sont mariés dans les années cinquante et n'ont enregistré leurs enfants à l'état civil qu'au milieu des années quatre-vingt, en particulier les femmes, et ont commencé à estimer les dates de naissance de leurs enfants adultes, dont la plupart n'ont pas pu s'inscrire dans des écoles qui n'étaient pas accessibles à tous. Ceci est courant dans de nombreux villages et écoles au Maroc, en particulier là où une institution appelée école n'était connue qu'à la fin des années soixante-dix et quatre-vingt du siècle dernier.

De nombreux Marocains se sont retrouvés avec des noms et prénoms de famille qui ne leur plaisaient pas ; la plupart d'entre eux n'accordaient pas beaucoup d'importance à cette question. Par exemple, une personne qui s'appelait « Halouf », traduction « le cochon », en 1960 n'en éprouvait pas le moindre embarras, mais les choses ont changé après que ce surnom ait été transmis à ses enfants et petits-enfants des décennies plus tard, surtout les noms de famille signifiant « animaux » et les adjectifs offensants comme « le borgne ». Et d'autres. Comme celui qui a choisi le titre « Azout » (qui signifie singe), par exemple, comme le montrent les modèles publiés au *Journal Officiel*.

Les noms n'étaient pas offensants dans les villages reculés, mais ils le sont devenus après l'ouverture de leurs propriétaires au monde extérieur. Il y a ceux qui sont donnés à l'initiative de l'employé de l'état civil qui a choisi par exemple le surnom de « Ras Al Atrous », ce qui signifie « Tête de bouc » pour son grand-père et cela n'a rien de désobligeant dans son village reculé où la langue parlée est l'amazigh, mais la situation est devenue bien pire lorsqu'un petit-fils a déménagé du village à la ville.

De nombreuses personnes ont continué à subir des brimades et des moqueries en silence, mais certaines célébrités et artistes ont décidé de changer de nom et d'en choisir d'autres, plus beaux, qui ne poussent pas au ridicule.

Mais tous les Marocains n'ont pas réussi à se convaincre qu'ils ont de beaux noms et rares sont ceux qui ont pu, en suivant les procédures légales, changer les noms et « surnoms » qu'ils n'ont pas l'honneur de porter, surtout lorsqu'ils se rendent compte que leurs enfants en classes académiques souffrent d'intimidation et de ridicule à cause de ces titres officiels.

Mon père, né en 1924 a vu sa mère affronter seule les défis d'une vie dure et pleine d'incertitudes. Elle a pris la décision lourde de conséquences, et non sans risques, de quitter son village de la région de Doukala, le lieu-dit Khémis Zemamra, avec son fils aîné, ses deux filles et mon père pour aller où ? À Casablanca, la capitale économique. Par quel moyen ? À pied. Mon oncle portait mon père sur son dos de temps en temps. Ce voyage était de 183 km, soit 4 jours sans arrêt. L'histoire ne dira pas s'ils ont marqué des arrêts et combien.

Pourquoi avoir quitté sa terre fertile et généreuse ? Le premier époux de ma grand-mère paternelle a été enrôlé par l'armée française, afin de participer à la Première Guerre mondiale et il n'est jamais revenu. Probablement mort sur le champ de bataille, laissant un orphelin, mon oncle, qui lui aussi a participé à la Grande Guerre, mais a eu la chance d'y survivre. Ma grand-mère se remaria avec mon grand-père et enfanta de lui trois enfants : deux filles et un garçon. Tout se passait bien, jusqu'au jour où le terrible intrigant et grand spoliateur des terres de ses neveux, son oncle Allel, ira annoncer à mon grand-père qu'il a intérêt à quitter le village et disparaître, car l'ex-mari est toujours vivant et s'il revient va le tuer. Le coup est double : éloigner un homme qui peut le gêner dans ses visées d'accaparement des terres agricoles et de spolier ses neveux et nièces de l'héritage et les pousser à l'exode rural. Objectif atteint : le mal a gagné contre le bien, la bonté, la rectitude et l'honnêteté. Mon grand-père paternel est parti refaire sa vie chez les Chiadmas et, semble-t-il, a eu des filles que nous n'avons jamais connues.

Cet exode rural s'explique par les conditions de vie extrêmement cruelles imposées au Maroc par la France dans le cadre du Protectorat, une forme de colonisation qui associe les administrations locales, mais sous surveillance et direction du colonisateur.

À cette époque, les Marocains ont pris l'habitude de se moquer les uns des autres, car personne n'a fouillé avec empressement dans le récipient de nourriture en demandant : « Êtes-vous revenu de l'année de la faim ? » Cependant, même si la question se présente sous une forme humoristique et plaisante, elle porte en elle une douleur historique que les pères et les grands-pères ont vécue et que les enfants et petits-enfants n'ont pas oubliée jusqu'à aujourd'hui.

« L'année de la faim » ou « l'année des ossements ». Il existe de nombreux noms, mais l'un d'eux signifie les sept années de famine que les Marocains ont connues, entre 1939 et 1946, qui n'ont pas été causées par l'économie locale, mais plutôt par le colonialisme français, qui a pillé les moyens de subsistance des propriétaires des terres, afin de soutenir son effort militaire, pendant la Seconde Guerre mondiale.

L'année 1940 représente le moment historique le plus ironique de l'histoire de l'impérialisme mondial, lorsque l'Allemagne nazie envahit la France, la divisant en deux moitiés : un Nord qui lui est directement subordonné et un Sud gouverné par le gouvernement de « Vichy » contrôlé par le Reich. Ainsi, la France est devenue à la fois colonisatrice et colonisée. Le Maroc est un pays occupé par un État qui n'a plus la moindre souveraineté sur ses terres historiques.

Le colonialisme français a fait de ces conditions politiques une justification pour commettre l'un des crimes de génocide les plus odieux contre les Marocains, lorsqu'il a délibérément épuisé les richesses du Maroc pour alimenter son effort de guerre, divisant le pays en deux zones d'administration : civile à l'intérieur des villes et militaire à l'extérieur. Plaçant la propriété des terres agricoles entre les mains des colons français, il imposa une politique d'austérité aux propriétaires fonciers en adoptant un système strict de distribution alimentaire.

De ce système strict de distribution alimentaire est née l'appellation populaire « année des ossements », car les autorités coloniales empêchaient les Marocains d'obtenir les produits de base nécessaires à leur subsistance, sauf par le biais de « bons d'achat », qu'ils distribuaient. Il s'agit de déterminer les rations alimentaires des familles marocaines, incapables de survivre à la faim.

Les pratiques de l'occupation française ne se sont pas limitées à confisquer les produits agricoles et le bétail de leurs propriétaires marocains et à les distribuer à leurs compatriotes français,

Un témoignage publié par le journal *La Dépêche* d'un habitant d'Al-Bawadi (les ruraux), ayant vécu cette étape, décrit son propos : « La nourriture est devenue de moins en moins courante de jour en jour. La viande a d'abord disparu de notre table, et les légumes ont disparu ensuite. En outre, les repas se sont réduits à un seul repas et la situation s'est terminée avec seulement quelques morceaux. »

L'historien français Daniel Rivette dit dans son livre *Le Maroc de Lyautey à Mohammed V* : « Les illusions civilisationnelles du protectorat français ont commencé à se dissoudre, d'abord à cause de la crise de 1929, suivie de la grande famine de 1940-1945. »

Selon l'historien marocain Boudjemaa Royan, les autorités coloniales obligeaient les imams des mosquées à réciter des sermons appelant les Marocains à « se sacrifier pour la libération de la France ». L'historien nie le récit français selon lequel les causes de la famine seraient dues à la sécheresse qui a frappé le pays, car il a prouvé dans son étude que les précipitations de ces années-là ont atteint des chiffres records.

Comment les Marocains ont-ils vécu la famine ? Afin de survivre à ces épreuves, les Marocains ont modifié leurs habitudes alimentaires en massacrant et en mangeant tous les êtres vivants qui parcouraient la terre, y compris les chiens, les ânes, les chats et les cigognes, et de nombreuses légumineuses sont entrées sur leurs tables. Leur pauvreté et leur nudité arrivèrent au point qu'ils creusèrent les tombes des morts pour se couvrir de leurs linceuls.

Parmi les plantes, les plus consommées par les Marocains à cette époque, il y avait une plante vénéneuse appelée « Yarni », dont ils séchaient et broyaient les racines pour en faire de la farine blanche, à partir de laquelle ils faisaient leur pain.

Ces années de famine ont affecté la démographie du Maroc puisque de nombreux habitants du Centre ont migré vers les côtes, rejoignant les zones de débarquement des armées alliées, ainsi que des réfugiés français fuyant le fléau de la guerre dans leur pays pour bénéficier des subventions accordées, par la protection de ces segments.

Cette famine a fait environ 300 000 morts, avec des chiffres différents de ceux annoncés par les autorités coloniales, qui ne parlaient que de 45 000. En plus de ceux tués par les épidémies qui ont frappé le Maroc à cause de la faim et de la malnutrition, les plus importantes étant le typhus et la peste.

Comment le Maroc, seul pays à avoir résisté à l'Empire ottoman, a-t-il perdu la guerre contre les envahisseurs français et espagnols ?

L'histoire commence par la défaite de l'ancien empire chérifien à Isly.

La bataille d'Isly poussa la France à coloniser le Maroc en raison de son soutien à la résistance algérienne.

Le colonialisme français est entré en Algérie en 1830, après avoir dévoilé ses ambitions depuis l'époque bonapartiste, profitant de la faiblesse des beys et prenant comme prétexte le fameux « incident de l'hélice » pour lancer sa vaste campagne contre le pays avec une armée de 37 000 hommes armés des équipements les plus modernes et une flotte navale qui utilisait l'artillerie pour attaquer les ports algériens.

Le premier résident général Hubert Lyautey a fait le choix de la ségrégation sociale et communautaire quant aux systèmes scolaires en partant du fait qu'il faut respecter les différences culturelles, religieuses, ethniques, et le niveau social de chaque enfant.

L'école européenne accueillait les ressortissants français, l'école franco-israélite, les enfants de confession juive, les écoles franco-arabes, les enfants de confession musulmane de milieux aisés et enfin les écoles coraniques sont réservées aux enfants de condition modeste. Les fils et filles de notables ne se mélangeaient pas avec les enfants du peuple. Il convient de souligner qu'aller à l'école était un luxe ; il fallait disposer de moyens financiers. Dans les campagnes, chaque enfant est une main-d'œuvre indispensable, d'où la déscolarisation presque généralisée dans le milieu rural. Dans les villes chaque membre de la famille, petit ou grand, doit contribuer à générer des revenus même minimes.

Le regret de mon père est qu'il fut obligé de travailler très tôt à l'âge de 14 ans. Il a essayé de se rattraper de deux manières. Tout d'abord en suivant des cours du soir organisés par la société publique qu'il a eu la chance d'intégrer : la RATC (Régie Autonome des Transports de Casablanca). Et aussi ses efforts inlassables en faveur de l'éducation et de l'instruction de ses 9 enfants.

Le résultat est plutôt honorable : un docteur ès sciences économiques (votre serviteur), un docteur en pharmacie et un docteur en neurologie, vice-doyen de l'université de Toledo (États-Unis). J'ai eu la lourde charge de subvenir aux besoins de première nécessité, aux frais médicaux et de scolarité au profit de la fratrie. En effet, mon père fut victime d'un système de retraite défavorable. Après 45 ans de loyaux services, il a été incité fortement à opter pour une retraite en capital ; c'est-à-dire l'octroi d'une somme versée une fois pour toutes sur la base des revenus nominaux non revalorisés selon l'indice de l'inflation.

CHAPITRE 2 : UNE SCOLARISATION MIRACULEUSE

En 1920, seuls 100 000 enfants (sur 800 000) furent scolarisés dans les écoles coraniques. Parmi ces derniers, 10 000 savaient lire et écrire. Pourquoi un tel écart ? Ces écoles s'étaient en général établies dans un local ou un garage sans aucun confort avec pour seul mobilier un tapis en bambou ; le Fqih, à la fois Imam et maître, utilisait le fouet comme seul moyen pour assurer la discipline et calmer les turbulences. Les élèves récitaient le Coran sans le comprendre et avaient chacun comme moyen d'apprentissage une planchette de bois (Al luhah) rectangulaire d'environ 40 X 20 cm.

Évidemment les conditions étaient rustiques et dures en raison de la promiscuité (plus d'une centaine d'élèves par école-classe), de la froidure en hiver et de la chaleur étouffante le printemps et l'été, des coups de fouet qui pleuvaient sans distinguer les sages et les turbulents.

Ma première journée à l'école coranique de Derb El Kheir-Ain Chock à Casablanca fut un enfer, car j'y ai été traîné de force par ma mère et ma grand-mère maternelle. La raison de ma résistance : la fin des jeux en plein air et « l'emprisonnement » entre quatre murs. Je ne remercierai jamais assez mes parents qui m'ont obligé à intégrer Al Massid (traduction déformée de l'école coranique), qui a joué le rôle de l'école maternelle qui n'existait que pour les enfants issus de familles aisées.

C'était l'occasion de s'initier à l'alphabet et à la syllabation en dessinant sur la tablette en bois les divers caractères et en articulant les sons. Le Fqih nous apprenait à lire la sourate du Coran avant de l'écrire avec une encre effaçable avec de l'eau. La « plume » est un roseau taillé de façon à absorber un mélange d'eau, de gomme arabique et de noir de fumée recueilli sous les marmites.

Je ne pouvais effacer la tablette qu'une fois apprise la sourate par cœur et rédigée dans les règles de l'art. Le Fqih (chef de l'école coranique), de son prénom Abderrahmane, abusait sexuellement des enfants pendant les pauses, lorsque Al Massid était vide. Lors de mon retour de France, un de mes frères m'a signalé que des parents ont porté plainte, car il avait abusé d'une petite fille.

La rentrée de l'école primaire

Lorsque le grand jour arriva en octobre 1962, j'avais 6 ans et je n'ai opposé aucune résistance à mes parents et je dois dire j'ai abordé cette étape importante de ma vie, avec enthousiasme. Ils m'ont accompagné à l'école primaire Lamsallah, située dans la périphérie de Casablanca, au milieu des champs de céréales et des milliers de fleurs de toutes les couleurs. Je garde de cette journée le souvenir de l'odeur de la peinture fraîche des murs et de la caillasse qui jonchait le sol de couleur blanche. Nous étions les premiers élèves à inaugurer cette école. L'attente fut longue sous un soleil de plomb.

En raison du manque de moyens financiers, le Maroc d'après l'indépendance ne pouvait construire assez d'écoles pour le nombre d'enfants à scolariser. De ce fait nous étions une cinquantaine par classe et nous devions partager la même salle de cours et le même enseignant avec un autre groupe comptant le même nombre d'élèves. Concrètement le premier groupe débutait à 7 heures du matin pour laisser la place à 10 heures au deuxième groupe qui avait cours entre 10 h 30 et 13 h 30. L'après-midi rebelote, chaque classe laissait la place à l'autre entre 13 heures et 18 h 30.

J'ai eu la chance et par un pur hasard de commencer à 7 heures alors que le cerveau est frais en l'absence d'écrans de télévision et autres distractions.

Mes deux frères aînés trop choyés ne voulaient pas se lever tôt pour préparer le petit-déjeuner avec notre mère. Chaque matin, je devais aller chercher le lait, le pain, le café et le pain et le beurre à 5 heures du matin. Il faisait nuit et le fermier venait avec son tonneau, le filtrait et le vendait au détail dans un récipient que chaque client apportait.

Le chemin vers l'école n'était pas goudronné et nous marchions au milieu de terres agricoles, parfois forçant le passage au milieu des sillons tracés par l'agriculteur. Avec nos sandales en plastique et à cause de la boue et la poussière, cela laissait des traces.

En 1955, le taux de scolarisation s'élevait à 15 % d'une population scolarisable de 1,8 million, dont 292 000 élèves en premier degré.

90 % de la population était analphabète. En milieu rural 93,2 % sont illettrés. En 1956, le Maroc indépendant comptait 361 000 élèves dans les établissements publics, dont 271 000 Marocains musulmans, 42 000 juifs et 90 000 Européens, chrétiens pour la plupart.

L'enseignement que nous recevions était en arabe la première année du primaire, pour devenir bilingue (dès la deuxième année) avec l'introduction du français comme matière importante enseignée par des Français expatriés, rémunérés par l'État français. Le manque d'enseignants marocains a été suppléé par les coopérants. La plupart des matières étaient enseignées en français. L'arabisation de certaines matières comme l'histoire-géographie intervint un peu plus tard lorsque j'étais en terminale et ne nous a pas concernés.

L'enseignement que j'ai reçu jusqu'au lycée était à dominante littéraire. Je préparais l'année scolaire n +1, en révisant les cours, lors des vacances d'été l'année n, ce qui agaçait certains enseignants, car je précédais leurs explications par des remarques et parfois des correctifs à certains oublis de leur part. Les révisions se faisaient soit dans les bibliothèques soit à la mosquée où je profitais du calme, de la beauté des lieux, du bruit de l'eau de la fontaine. J'ai même été consulter l'Imam, afin de savoir si j'avais le droit de lire des livres scolaires. Il m'a répondu que rien ne l'interdit, du moment qu'il n'y a pas de vulgarité. J'ai été un bon frère musulman participant à des missions de prosélytisme dans les campagnes et les quartiers populaires. C'était ma période d'adolescence où j'ai appris les valeurs de rectitude, de droiture, de respect de l'autre, l'entraide et tous les principes éthiques. Cela a duré jusqu'à mes 15 ans, lorsque ma curiosité débordante m'a amené à demander à une organisation jésuite de m'envoyer leurs livres saints. Ce qui fut fait. En lisant l'Ancien et le Nouveau Testament et d'autres brochures explicatives qui m'ont interloqué et interpellé, j'ai appris que les récits que je lisais dans ces textes « sacrés » étaient les mêmes que ceux du Coran. Ceci m'incita à m'ouvrir sur les cultures étrangères, notamment la philosophie, l'histoire et la littérature française.

Nous étions enthousiastes d'échanger nos fiches de lectures des auteurs arabes anciens et contemporains et de la littérature française et internationale, mais le point noir qui aurait pu nous mener à la déscolarisation c'était le châtiment corporel extrêmement dur en tapant sur nos doigts avec une règle métallique, jusqu'au saignement, et les punitions corporelles collectives, sans distinction entre les fauteurs de troubles et les élèves studieux.

À l'école primaire, je bénéficiais de cours de soutien dispensés par nos enseignants le week-end dans des locaux privés moyennant une somme d'argent. Fait rare, j'avais une chambre au rez-de-chaussée de la maison familiale où je pouvais accueillir des camarades pour des révisions de cours, des débats passionnés, philosophiques et littéraires.

Lorsque j'étudiais au lycée Moulay Abdallah à Casablanca, je me suis inscrit au centre culturel français à Casablanca qui nous proposait des livres, des journaux et des magazines français et une cinémathèque riche en films d'auteur. Ce fut une richesse inestimable, nous étions mieux informés sur l'histoire, la culture, la vie politique françaises que la plupart des Français. C'est ce qui explique que dans un amphithéâtre de plusieurs centaines d'étudiants à l'université Paris XIII, j'avais la meilleure note en sociologie politique de la France des XIXe et XXe siècles.

En primaire comme au collège, les garçons sont séparés des filles. Le lycée marqua au début des années 1970 l'entrée des jeunes filles. Imprégné de mes lectures des philosophes des lumières, des humanistes et de Karl Marx, j'intervenais à chaque fois qu'une élève était harcelée par des lycéens peu respectueux pour arrêter une tentative d'attouchement ou faire de la sensibilisation.

Le décès de ma mère le 11 novembre 1972, alors que j'avais 16 ans et le cadet 2 ans, a bouleversé notre existence. Ce fut une tragédie, dont la douleur est toujours persistante et vivace, mais qui engendra une rage de vaincre les difficultés et de poursuivre mon parcours scolaire.

UN ENGAGEMENT POLITIQUE EMPREINT D'UNE GRANDE GÉNÉROSITÉ ET DU DON DE SOI

En 1973, je rejoins les idées marxistes et le mouvement d'extrême gauche, Ila Al Amam (En Avant) dirigé par Abraham Serfaty qui a fait scission avec l'ancien Parti communiste marocain. Nous aspirions à un changement de régime par le recours à une révolution insurrectionnelle. D'autres militants issus de l'Union socialiste des forces populaires (USFP) formèrent l'autre opposition radicale portant le nom de « 23 mars » en référence aux manifestations du 23 mars 1965 à Casablanca réprimées dans le sang.

Les dirigeants marxistes-léninistes, comme ils se nommaient eux-mêmes, sont pour la plupart d'entre eux issus de la bourgeoisie marocaine. Ils furent les intellectuels les plus brillants de leur génération, mais sans aucune expérience de la lutte armée, ni même en avoir le profil.

Leurs idées gagnèrent les lycées et les universités à tel point que le pouvoir va mettre tout en œuvre pour démanteler la direction du mouvement en 1975, suite à des arrestations massives obtenues, grâce aux services de renseignements, mais aussi aux aveux des prisonniers politiques torturés de façon atroce.

Les condamnations furent lourdes ; de 15 ans à perpétuité. L'homme qui symbolisa cette répression est Driss Basri, chef de la Direction de la surveillance du territoire (DST) en 1973 et secrétaire d'État au ministère de l'Intérieur en 1974. Il commença sa carrière en tant qu'officier de police adjoint avec un simple certificat d'études primaires pour finir ministre de l'Intérieur en mars 1979. Il incarnait le visage de ce qu'on appelle, jusqu'à aujourd'hui, les années de plomb.

Parmi les basses besognes de Basri qui ont failli me coûter la vie, c'était l'infiltration des « frères musulmans » dans les Lycées. Une stratégie pernicieuse puisque la police ne pouvait entrer dans les lieux sacrés de l'enseignement secondaire et supérieur, mais les supplétifs des services de renseignements étaient présents parmi nous dans les classes et dans la cour des établissements.

Un jour de grève en 1974, j'arrive au lycée, et vient vers moi un camarade se nommant Naânaâ qui me dit : « Attention les frères musulmans te cherchent. » À peine a-t-il fini sa phrase que je suis sorti par une petite porte dérobée à l'arrière de l'établissement et rentré à pied à la maison.

Le lendemain, j'ai appris qu'un camarade portant le nom de Guennoun, partageant nos idées, a subi une agression terrible. Les Frères musulmans lui ont fracassé sa tête avec une grosse pierre. Il n'est pas mort, mais il a perdu la raison et ses facultés intellectuelles et motrices.

Cette phase de ma vie scolaire se termina par l'obtention de mon baccalauréat en 1975 et je pensais que je pouvais poursuivre mes études universitaires à Casablanca en sciences économiques. Mais c'était sans compter sur l'épée de Damoclès brandie par les services secrets qui agissaient dans l'ombre pour favoriser leurs agents ou ceux qui ne gênaient pas le pouvoir.

Mes activités clandestines se poursuivirent dans un contexte de romantisme révolutionnaire, naïf et insouciant. L'étau commença à se resserrer autour de nous, les filatures policières devinrent plus pressantes.

PREMIER VOYAGE EN DEHORS DU MAROC DE TOUS LES RISQUES

En mai 1977, plusieurs voisins me signalèrent la présence de voitures devant ma maison. Je compris alors le danger. L'instinct de survie me poussa à partir la nuit par autocar jusqu'à Ceuta, l'enclave espagnole, au nord du Maroc, avec comme bagage un petit sac et comme argent la somme modique de 450 dirhams (l'équivalent de 45 euros) que j'ai cachée dans mon slip, ce qui rendit difficile pour le policier de mettre la main dessus. En quittant le territoire marocain, j'arrivai à la zone espagnole où le policier me demanda où j'allais et qui allait me prendre en charge. Je répondis avec assurance : « J'ai un proche qui travaille dans un restaurant à Torremolinos, pas loin de Malaga. » À l'époque, il n'y avait pas besoin de visa, mais un passeport en cours de validité suffisait. Une fois le cachet de la police des frontières espagnole apposé sur celui-ci, je m'empressai de prendre le bateau pour me rendre à Algésiras, première étape avant Malaga. J'avais l'intention d'aller à Madrid, mais cette capitale de l'Espagne avec ses tours et son immensité me fit changer d'avis. J'arrivai à Barcelone au terminus du Bus et je ne sais pas comment j'ai atterri à la Rambla, place de Catalogne. Et miracle je tombai sur les stands des partis politiques espagnols en pleine campagne électorale dans le cadre des premières élections législatives (après la mort du dictateur Franco), qui se sont tenues le 15 juin 1977.

Mon premier contact fut fait avec des représentants du Parti communiste espagnol. Je leur ai expliqué ma situation et ils m'orientèrent vers une organisation non gouvernementale d'aide aux pays en développement.

Je me souviens du nom qui m'a été indiqué : l'avenue Lauria. Je fus reçu par un homme fort aimable, mince, taille moyenne, avec une barbe qui dans un premier temps m'orienta vers une administration d'émigration, car je souhaitais me rendre en France. Mais au lieu d'être reçu par une de ses connaissances qui devait me faciliter le transit, je rencontrai un agent qui me dit : « Vous voulez aller en France à la nage ? » Je suis retourné à l'ONG, mais qui était sur écoute. Je suis tombé sur une voiture immatriculée en arabe « Maroc », qui me suivait jusqu'à mon hôtel. À 2 heures du matin, j'ai eu une insomnie, alors j'ai décidé de quitter les lieux. Je pense que les policiers marocains qui me suivaient ne savaient pas que j'allais partir au milieu de la nuit.

Le lendemain je retournai à l'ONG en leur expliquant qu'ils sont sur écoute et que la coopération entre les services marocains et espagnols est une réalité. J'obtins une attestation indiquant que je dois partir en France à Perpignan pour poursuivre mes études.

J'ai pris le train Barcelone-Perpignan, mais il y a les frontières à franchir. En arrivant au poste de police des frontières françaises, j'ai rencontré deux policiers ; l'un plus ferme me tutoie et me demande d'attendre un peu plus loin avant d'examiner ma situation, le deuxième le contredit et me demande mes papiers qui étaient en règle : un passeport marocain en cours de validité, l'original de mon certificat du baccalauréat ainsi que la lettre délivrée par l'ONG barcelonaise, attestant que je suis attendu au centre de documentation sur l'Histoire d'Espagne à Perpignan. Ce faisant, l'agent apposa le cachet d'entrée en France sur mon passeport et me laissa passer. Je reprends le train et en arrivant à Perpignan, c'est Jordi Planes, directeur de ce qu'on peut appeler un musée de l'histoire de la guerre civile espagnole. Un homme fort érudit, très humain et passionné par son travail de conservation des archives, des photos et documents que la Résistance républicaine a transférés dans cette ville française, si proche des frontières, afin de les mettre à l'abri. Les images des atrocités franquistes sont encore gravées dans ma mémoire. L'Espagne de Franco, qui colonisait le nord du Maroc, a enrôlé des milliers de soldats marocains dans ce qu'on peut appeler un crime contre l'humanité.

Jordi Planes logeait dans un appartement confortable avec son épouse et ses deux filles jumelles d'une dizaine d'années, mais il y avait un studio prévu pour héberger les Espagnols réfugiés ou de passage. Il me présenta un militant de la Ligue communiste révolutionnaire (LCR), qui m'a recommandé à sa direction à Paris. Grâce à l'aide de Jordi j'ai pris le train direction gare d'Austerlitz, ensuite le bus pour me rendre à l'adresse de cette organisation trotskiste fondée par Alain Krivine qui m'a réservé un accueil chaleureux et m'a confié à un militant franco-libanais Isaac Hassine. Ce dernier m'a accueilli chez lui à Issy-les-Moulineaux et m'accompagna à l'université Paris XIII-Villetaneuse afin de procéder à mon inscription en première année de sciences économiques. Isaac me présenta Christine Jouvain-Serfaty qui m'a reçu dans son luxueux appartement dans le 13e arrondissement. Elle m'a fait connaître les membres de l'Association de défense des droits de l'Homme.

CHAPITRE 3 : SANS DOMICILE FIXE EN RÉGION PARISIENNE

De juillet 1977 à 1978, j'étais sans domicile fixe, dormant chaque nuit chez un camarade étudiant et ayant comme seul bagage un sac en plastique avec mon rasoir, un gant de toilette et une serviette.

Cette période estudiantine fut marquée par un engagement important dans le syndicalisme étudiant à l'UNEF et à l'UNEM (Union nationale des étudiants marocains) jusqu'en 1980, date de la scission au sein de l'organisation marocaine entre défenseurs du Sahara marocain et ceux d'Ila Al Ama, défendant le droit à « l'autodétermination du peuple sahraoui ».

Déçu par ses querelles, j'ai décidé de couper complètement avec le milieu marocain et j'ai adhéré au Parti communiste français tout en décidant de m'inscrire en licence de sciences économiques à l'université Paris X-Nanterre en raison de sa réputation de disposer du meilleur vivier de professeurs réputés de gauche, mais aussi des libéraux de droite très compétents.

Ce fut vraiment la meilleure période de ma vie, la plus enthousiasmante et la plus féconde en connaissances, débats et enrichissement intellectuel. J'ai opté pour une licence et une maîtrise en commerce international et développement qui embrassait les problématiques des échanges internationaux, mais aussi les économies latino-américaines, asiatiques et africaines.

L'inscription dans la filière « monnaie-finance-banque », la plus prisée et la plus sélective, a été possible grâce à la meilleure note de ma promotion. Ce qui a eu l'assentiment de mes deux professeurs responsables de la filière Françoise Renversez et Pierre Llau. Mon mémoire majeur concernait les modèles des taux de change. Le concours national en sciences économiques m'a sacré major de l'université Paris X.

Une fois mon DEA (diplôme d'études approfondies) obtenu en octobre 1982, j'ai postulé comme responsable des finances à la mairie de Bobigny. Mon objectif était de pouvoir exercer mes connaissances tout en poursuivant mes études doctorales.

J'ai été reçu par le secrétaire général Jean-Michel Chapet qui m'a fait confiance alors que je n'avais pas d'expérience professionnelle et n'avais pas exercé de responsabilité administrative à part la direction de centres de loisirs, enquêteur des logements HLM et conseiller financier de la société Georges Maurer, commissionnaire à la bourse de commerce : c'est un job d'étudiants qui consiste à passer des appels téléphoniques, afin de convaincre des personnes fortunées de placer leur argent dans des actifs corrélés à des matières premières. Nous étions payés à l'obtention d'un rendez-vous et à l'adhésion du client à un contrat de placement.

ARRIVÉE À LA MAIRIE DE BOBIGNY : DÉBUT D'UNE CARRIÈRE PROMETTEUSE

À Bobigny, ville capitale du département de la Seine–Saint-Denis, j'ai eu la charge de créer et d'animer le Service économique dont la vocation est de développer le tissu économique local, contribuer à la sauvegarde de l'emploi et attirer des entreprises dans les zones d'activité. Le maire communiste, Georges Valbon, voulait davantage d'appui aux syndicats qui défendaient leurs emplois.

La création de services de développement économique au niveau des collectivités territoriales est la concrétisation de l'application « des lois de décentralisation Defferre » (du nom du ministre de l'Intérieur Gaston Defferre) votées le 2 mars 1982, incarnant la volonté politique de la gauche arrivée au pouvoir en mai 1981, à la faveur de l'élection de François Mitterrand, président de la République.

La suppression de la tutelle de l'État incarnée par le préfet qui devient commissaire de la République sur les collectivités locales fut suivie d'un transfert substantiel des compétences de l'État vers les collectivités territoriales dans de nombreux domaines (urbanisme, action sociale, formation professionnelle, gestion des collèges par les départements et les lycées par les régions). L'action économique se résumait au principe suivant : « Tout ce qui n'est pas interdit par la loi est autorisé. » Alors nous avions dû déployer une énorme capacité d'invention et d'innovation allant jusqu'à emmener des entreprises locales aux quatre coins du monde, afin de les aider à développer leurs marchés à l'export, car elles furent les premiers contributeurs aux ressources fiscales via la taxe professionnelle. Outre la définition des actions à mener et les moyens à utiliser, il a fallu un sens aigu du relationnement et de la négociation avec des chefs d'entreprise très souvent situés à droite et défendant une idéologie libérale et des élus locaux de la gauche socialiste et communiste.

J'ai quitté la ville de Bobigny en raison d'un conflit avec le directeur de l'urbanisme, qui, tout feu tout flamme, voulait imposer une vision administrative et bureaucratique à mon service. Un courrier adressé au préfet de la Seine–Saint-Denis demandant son intervention afin de sauver une entreprise, et qui met un mois pour être visé par plusieurs directeurs, secrétaires généraux et maire-adjoint, était inacceptable et inefficace.

RETOUR À VILLETANEUSE, VILLE UNIVERSITAIRE

J'ai postulé pour le même poste en tant que responsable du service économique de la ville de Villetaneuse pour deux raisons essentielles : la présence sur son territoire de l'université Paris XIII, qui m'avait accueilli en 1977 et une relation directe avec le maire et la maire adjointe chargée du développement économique. J'ai réalisé plusieurs missions de conseil aux entreprises locales, la création d'une zone industrielle et surtout une implication au Conseil d'administration de l'université et l'animation de la commission relations avec les entreprises qui visait à rapprocher deux mondes qui s'ignoraient et se méfiaient l'un de l'autre : les chefs d'entreprise et les enseignants. À chaque fois, j'essayais de tirer profit de la réalité économique, afin d'alimenter mes recherches universitaires, car j'avais à cœur d'enrichir la rédaction de ma thèse de doctorat que je préparais en parallèle à mes activités de développeur économique. Voici les premiers dossiers, que j'ai eu à traiter : des entreprises en difficulté, dont la faillite pouvait engendrer des conséquences économiques, sociales et financières eu égard au risque de disparition de la taxe professionnelle. Celle-ci était basée sur les immobilisations (machines, valeur locative des locaux, les moyens de production et 20 à 25 % de la masse salariale). Cet impôt représentait 25 % à 50 %, peut-être plus des recettes fiscales des communes. D'où la concurrence entre les collectivités locales pour attirer le maximum d'entreprises et aussi limiter leur « casse ». Une faillite entraîne automatiquement une amputation des revenus des collectivités territoriales, en proportion de la taille, de la qualité de ses investissements ainsi que le nombre de salariés.

La SFMP, une société de fabrication de pièces dans les domaines de l'emboutissage : poulies, pièces de carrosseries, décoration inoxydable… destinées aux usines d'automobiles et l'outillage ayant comme client le secteur électroménager.

Depuis les années 1960, les grands groupes de ce dernier ont opéré une intégration poussée qui maîtrise la fabrication de l'amont à l'aval. Ce fut le cas de Thomson-Brandt, Laden, Philips.

SFMP était rentable entre 1978 et 1981 pour ensuite chuter et subir des pertes.

D'après M. Bertrand, ancien président-directeur général et directeur provisoire (après le dépôt de bilan), en attendant la reprise par un des candidats, le seul client de son secteur pièces automobiles est Renault. La sous-traitance automobile a enregistré des pertes dépassant 1,3 million de francs puisqu'elle était pressurée par les donneurs d'ordre, qui pouvaient faire appel à des fournisseurs étrangers. Cette concurrence a fait tomber en faillite 80 % des sociétés d'outillage.

En région parisienne il ne restait que deux sociétés non liées à un groupe : SFMP et Super Outil à Saint-Maur.

En province, les coûts sont moins élevés en raison des charges fiscales locales et du foncier.

En 1982, les dirigeants, « rassurés » par la qualité de l'acheteur, ont accepté maladroitement d'être payés en crédit et ont conclu un accord de rachat avec un investisseur (qui faisait partie d'une grande famille tunisienne), qui a promis des sommes importantes dans le but de relancer les investissements. L'escroc a détourné en 10 mois 10 millions de francs en transférant les recettes sur un compte à l'étranger via le holding industriel commercial et financier (MICOFI). Lorsque j'ai rencontré l'administrateur judiciaire chargé de la liquidation, il m'a dit : « C'est la première fois de ma carrière que le repreneur vient dans mon bureau et avoue qu'il a tapé dans la caisse. Et pour cause, il savait qu'il avait le temps de quitter le territoire français. » En faisant mon enquête sur la société qui a racheté la SAFE, j'ai découvert qu'il n'y avait ni locaux ni bureaux, mais une simple boîte à lettres, dans la ville de Fontenay-le-Comte.

Le secteur outillage comprenait 25 personnes. Le syndic ne l'a pas supprimé, mais « dégraissé ».

Le candidat à la reprise était intéressé par le développement du secteur poulies qui convient aux véhicules à commandes automatiques.

J'ai pris contact avec les syndicats des usines basées à Bobigny et Saint-Ouen et il s'est avéré que la filiale de Citroën qui emploie 600 salariés et la filiale de Renault qui emploie 1 100 personnes sont en difficulté.

Finalement, c'est la société Bonin qui a été retenue par le tribunal de commerce, à cause de sa bonne réputation vis-à-vis des grands constructeurs automobiles et la sauvegarde de 76 emplois sur 83.

Le plan de reprise prévoyait des investissements à hauteur de 6 millions de francs.

Parmi les sociétés en difficulté, dont j'ai eu la charge de faire des propositions de redressement auprès de l'administrateur judiciaire et du Préfet, le groupe VOGUE, principal pourvoyeur de taxe professionnelle et d'emplois (350 salariés). Ce dernier était une manufacture de productions phonographiques, spécialisée dans la fabrication de disques vinyle et de cassettes audio ou K7 en procédant à l'enregistrement des grands chanteurs et chanteuses français comme Johnny Halliday, Charles Aznavour, Dalida, Françoise Hardy, Jacques Dutronc, les Charlottes, Pétula Clark, Pierre Perret… etc. Régnait dans ce groupe un climat de harcèlement sexuel, étant donné que la majorité des employés étaient des femmes. L'une d'entre elles a témoigné sur France 3 du climat nauséabond et dégradant pour les salariées.

Lors d'une réunion avec le directeur Serge DOLL, je lui ai suggéré, en décembre 1984, d'abandonner sa production actuelle et de réorienter ses activités vers le Compact-Disc (CD), comme le font Sony et Philips. Il m'a pris de haut avec un sourire narquois, en me répondant que le prix est tellement élevé, ainsi que celui du lecteur du CD, que les consommateurs ne les achèteraient pas. Mais j'étais convaincu que les inventions commencent par un public réduit jusqu'au jour où la consommation de masse aboutit à des économies d'échelle et les prix baissent.

Le 27 décembre 1984, le tribunal de Commerce de Paris a prononcé la liquidation des biens de la société et a nommé Gérard Philippot Syndic, sans passer par la case redressement judiciaire et recherche de repreneurs.

Communiqués de presse et courriers adressés aux ministres, Édith Cresson, ministre du Redéploiement Industrie et du Commerce extérieur et Jack Lang, ministre de la Culture, n'ont rien fait. L'enjeu était de taille ; une perte de 23 % des recettes fiscales de la commune et la disparition d'un pilier français de l'enregistrement, l'édition et la diffusion de disques et cassettes audio et la fabrication de disques vinyle. La principale cause de cette faillite est que le monde industriel est entré dans une logique de financiarisation de l'économie. Au lieu d'investir et d'engager des capitaux, afin de renforcer l'appareil productif, la recherche du profit à court terme en sous-traitant à l'étranger et/ou en délocalisant est devenue la règle. C'est le règne de l'ultralibéralisme inauguré et promu à l'échelle planétaire par Donald Reagan, président des États-Unis, dès 1981 et Margareth Thatcher, Première ministre du Royaume-Uni en 1979.

En mars 2024, la presse reparle de Vogue en ces termes :

« Il y a quelques jours, la chanteuse Petula Clark a annoncé une bien triste nouvelle sur son compte Facebook. Mariée depuis 1961 au producteur Claude Wolff, l'artiste a publié un message pour informer ses fans qu'elle était en deuil après la perte de son époux… Le couple, parent de trois enfants, était officieusement séparé depuis les années 1980, mais avait choisi de ne jamais divorcer.

« La chanteuse Petula Clark a rencontré Claude Wolff en 1957, après sa venue à l'Olympia, et la magie de l'amour a rapidement opéré. C'est dans les locaux du label Vogue Records que les futurs amoureux ont "immédiatement [été] attirés". Léon Cabat, alors directeur du label, propose à la jeune chanteuse, venue parler de son avenir musical, d'enregistrer en français et de collaborer donc avec Claude Wolff, producteur de renom. Deal! Ils se marient le 6 juin 1961 et auront trois enfants ensemble : Barbara, en 1961, Catherine, née en 1963 et Patrick, en 1972. Le couple qui a d'abord vécu à Paris finit par s'installer à Genève dès 1967. »

Petula Clark : mort du producteur Claude Wolff, son mari avec qui elle formait un couple atypique (msn.com)

Afin d'inverser la tendance baissière quant aux revenus de la fiscalité locale, j'ai convaincu le conseil municipal de Villetaneuse de créer une zone industrielle. Cette instance était réticente à engager les deniers publics dans un projet aussi risqué que prometteur. C'est comme si vous construisez un immeuble et vous empruntez sans pouvoir vendre ou louer les appartements. J'ai arpenté les entreprises villetaneusiennes et j'ai obtenu des promesses d'extension de certaines d'entre elles et j'ai prospecté autour de la commune. Ce faisant nous avons obtenu des subventions du département de la Seine–Saint-Denis et une mission a été donnée à sa société d'économie mixte la SODEDAT93 de procéder aux acquisitions foncières et à l'aménagement de la ZAC (Zone d'Activité Concertée).

La ville de Villetaneuse a demandé le concours de l'AFTRP (Agence Foncière et Technique de la Région Parisienne), afin de procéder à l'acquisition des parcelles à l'amiable avec rétrocession à la ville. Celle-ci s'engage toutefois à les racheter dans les 4 ans.

CHAPITRE 4 : MONTREUIL, UN TISSU ÉCONOMIQUE RICHE ET DES DÉFIS

C'est à Montreuil-sous-Bois que j'ai pu exprimer mes propositions, mes projets et mes idées, compte tenu de la taille de la ville (2e de la Seine–Saint-Denis) et un tissu industriel diversifié et riche en innovation, en diversité sectorielle et en créativité.

En décembre 1984, j'ai acquis un appartement dans cette ville. J'ai postulé à une annonce parue dans le quotidien *L'Humanité* proposant un poste de chargé de développement au sein du service du développement économique. L'entretien fut positif. J'ai commencé au Service du développement économique le 1er avril 1985.

Ma première rencontre avec le maire, Jean-Pierre Brard, fut au cours d'une visite d'entreprises. Il me posa la question où j'habitais, je répondis : « Dans une résidence privée sise 132, rue de Rosny. » Le maire me répondit : « Les propriétaires ont une mentalité spéciale ? » Il voulait dire que ce sont des gens de droite. Après renseignements pris sur moi et à la deuxième rencontre il s'excusa et me dit : » Je ne savais pas que tu étais un camarade. » Notre collaboration va durer 23 ans. Pour l'anecdote, aussi bien ce maire que certains de ses adjoints sont devenus propriétaires de leur logement par la suite.

Pour le chercheur académique qui devait préparer son premier doctorat de 3e cycle (1987), cette expérience fut le laboratoire idéal : avant de théoriser l'économie, il faut la pratiquer.

Le tissu économique montreuillois présentait une richesse et une diversité des secteurs et tailles des entreprises. Cette banlieue qui jouxte Paris (seule une rue les sépare) est la deuxième de la Seine–Saint-Denis en termes de population (110 000 habitants). Sa principale caractéristique est de ne pas disposer d'un chemin de fer, qui aurait pu favoriser l'implantation de très grandes entreprises. À quelques exceptions les petites et moyennes entreprises sont insérées dans les quartiers d'habitation. Néanmoins des groupes ont installé des usines de production cohabitant avec une myriade d'artisans et des activités de sous-traitance et de produits finis.

La municipalité de Montreuil avait une politique économique audacieuse et a placé le développement industriel comme prioritaire. Le maire Jean-Pierre Brard, d'obédience communiste (avant de quitter le PCF en 1996), soutenait la position suivante : grâce aux contributions financières des entreprises, la ville pourra financer ses activités sociales, culturelles, sportives, scolaires et parascolaires.

Le contexte sociopolitique fut complexe. L'édile suivait les traces de son prédécesseur Marcel Dufriche en prônant une gestion pragmatique des affaires municipales et plus généralement publiques. Il était en rupture avec la ligne orthodoxe du parti communiste. Dans ma mission, je devais assurer la coordination entre les syndicats et les élus locaux, lorsque les emplois sont menacés dans leurs sociétés. L'Union locale de la CGT, dominant dans les entreprises, était hostile à l'orientation du maire. Cela concernait les entreprises en difficulté où il y a des menaces sur les emplois. Mon rôle fut la préparation d'un diagnostic de celles-ci et de faire des propositions de sortie de crise. La plupart des dossiers étaient soumis à l'expertise de la SECAFI (cabinet d'experts-comptables), qui travaillait avec les comités d'entreprises proches de la CGT. Il convient de rappeler que chaque société privée doit organiser des élections du personnel, afin d'élire les membres du CE. Cette disposition a été le fruit des lois du 4 août 1982, dites « lois Auroux » du nom du ministre du gouvernement socialiste de l'époque. Des droits nouveaux ont été octroyés aux salariés en matière de participation au conseil d'Administration de leurs sociétés et la gestion des activités sociales du personnel.

Le traitement des entreprises en difficulté ne fut pas ma seule fonction en tant que développeur économique. Je devais animer le tissu économique, organiser des manifestations de promotion des sociétés locales, des forums des métiers en direction des élèves des lycées et des universités, des salons professionnels, des conférences sur des thématiques intéressant les acteurs économiques locaux. Cela aboutira à la création d'un club des entreprises et des missions de prospection dans 66 pays. Avant de traiter les missions à l'étranger, parlons des dossiers de défense de l'emploi et de sauvegarde des entreprises en difficulté.

GENÈSE DE L'INDUSTRIE DANS UNE VILLE À VOCATION AGRICOLE

C'est au XIXe siècle que Montreuil, ville jusqu'alors essentiellement agricole, voit l'installation de petites entreprises parisiennes qui donnent rapidement naissance au Bas Montreuil Industriel. De nouvelles activités émergent : travail du bois, des métaux, mécanique, électricité, mais aussi biscuiterie, confiserie, chimie et cinéma. Forte de son expérience, consciente de ses atouts économiques, géographiques et culturels, la Ville s'employa à promouvoir l'économie locale.

De tradition industrielle, principalement dans la sous-traitance, pour des secteurs divers comme la chimie, la mécanique de précision et l'imprimerie, Montreuil a su s'adapter aux mutations économiques et sociales et accompagner la tertiarisation de l'économie. Dotée d'un tissu économique représenté par plus de 2 900 entreprises et 1 300 commerçants, Montreuil est la première plate-forme de PME-PMI d'Europe (hors villes capitales).

Les débuts de l'industrialisation datent de 1850-1870. Premier noyau d'industries à Montreuil au XIXe siècle, les deux groupes de carrières de gypse (l'une au nord vers Bagnolet, l'autre au sud près de Vincennes) occupent une superficie de près de trente hectares.

Les plâtriers et les maçons représentent, à eux seuls, près de 50 % de la population industrielle. Vers 1850, l'industrialisation, assez lente jusque-là, s'accélère soudainement.

Quelques très rares entreprises se sont installées à Montreuil pendant la première partie du XIXe siècle. La plus ancienne usine est sans conteste la fabrique de produits chimiques Milori, qui ouvrit ses portes sous la Restauration, en 1818, au 261 de la rue de Paris. Mais elle demeure un exemple isolé.

De 1850 à 1860, neuf industries s'établissent dans la ville.

C'est encore peu, mais l'impulsion est donnée : de 1860 à 1872, le nombre s'élève à 62. Et la plupart d'entre elles se fixent dans la partie ouest de la ville, provoquant ainsi la disparition des cultures maraîchères. Une mention particulière doit être faite pour les fabriques de porcelaine qui s'implantent sous le Second Empire, principalement du côté de la rue Kléber. On en compte deux en 1849, trois en 1852 et plusieurs autres au cours des années suivantes. Elles joueront, à la fin du siècle, un rôle considérable dans l'histoire économique, confortées par leur indépendance à l'égard de l'agriculture montreuilloise.

Au même moment, les artisans du faubourg Saint-Antoine de Paris viennent s'installer dans la partie ouest de la commune (l'actuel Bas-Montreuil), idéale pour l'implantation de petits ateliers qui s'adaptent parfaitement dans les parcelles délimitées par les anciens murs à pêches. L'empreinte qu'ils laissent dans la structure du tissu urbain est déterminante : elle explique, en partie, l'importance numérique des PME-PMI (petites et moyennes entreprises ; petites et moyennes industries) qui occupaient les anciennes parcelles horticoles.

De 1861 à 1872, les ouvriers parisiens et provinciaux élisent domicile à Montreuil. En moins de 11 ans, la population va doubler, passant de 6 871 habitants en 1861 à 9 235 en 1866, pour atteindre 12 295 en 1872. Cette poussée démographique, concomitante aux mouvements migratoires vers la capitale, a pour effet de faire coexister deux types d'activités.

Les premières, exercées par les entreprises artisanales, exploitent essentiellement le marché local ; ce sont notamment les charrons, les tonneliers, les cordonniers, les chaudronniers, travaillant seuls ou avec un apprenti. Les secondes, davantage tournées vers le marché parisien, sont le fait d'entreprises individuelles ou familiales qui emploient un nombre bien plus important d'ouvriers comme les tanneries, les usines de lustrage de peaux ou de transformation des cuirs, les fabriques d'allumettes, de papiers peints, de toiles cirées, de cirages, de vernis, de verreries, de parfumeries, etc.

La relation avec la capitale voisine a donc été la cause principale du développement montreuillois, caractérisé par l'extrême diversité du tissu économique. La plupart des industries de transformation sont représentées. D'après Claude Willard et José Fort, « la chance de Montreuil sous le Second

Empire est d'être devenue une banlieue de Paris, ce qu'elle n'était pas auparavant, relation fondamentale à la base de son développement.

Le développement de Montreuil voit donc sa première origine dans le dynamisme parisien ». « Montreuil-sous-Bois des origines à nos jours », Claude Willard, José Fort – 1982.

Cela n'empêche bien évidemment pas que certaines activités ou entreprises aient apporté à la ville un rayonnement exceptionnel. C'est le cas, par exemple, du premier studio de cinéma du monde construit par Georges Méliés dans la rue François-Debergue ou de l'usine Bébé Jumeau, implantée rue Arago puis rue de Paris, dont les poupées remporteront des dizaines de distinctions dans les foires et expositions internationales, faisant de notre la ville la capitale française du jouet.

Claude Willard et José Fort poursuivent leur propos en brossant un tableau rapide et fort complet de cette préhistoire industrielle montreuilloise : « 33 entreprises se spécialisent dans la fabrication et l'utilisation des produits chimiques/vernis, couleurs, colles, savons, bougies, allumettes chimiques, vernis, teinturerie, traitement des étoffes, toiles cirées, travail des cuirs et peaux). » Quinze entreprises sont jugées « sales et malodorantes, huit traitent le verre et la porcelaine, alors que dix briqueteries et fabriques de plâtre perpétuent à leur manière la tradition locale. À ces entreprises, il faut ajouter un atelier de salaison, une usine à gaz, une fabrique de moyeux, une autre de liqueurs et un dépôt d'huiles minérales. »

Archives municipales, Recensement démographique de 1713 à 1968.

Annie Barras, Montreuil, industrialisation d'une banlieue, Mémoire.

Durant les années 1980, 1990 et 2000, avec 2 417 entreprises, essentiellement des PMI/PME dont dix de plus de 200 salariés, 1 540 commerces et 1 413 artisans, Montreuil donne chaque jour du travail à plus de 40 000 personnes. Et si le secteur de l'industrie représente encore 25 % des entreprises montreuilloises et est présent dans l'ensemble des quartiers de la ville avec une prédominance pour le Bas-Montreuil, d'autres secteurs sont en plein développement. C'est le cas des industries de l'art graphique et de l'image qui génèrent quelque 2 800 emplois au sein de 300 établissements.

L'histoire industrielle de Montreuil a fait l'objet de travaux très denses de la part de plusieurs chercheurs historiens, dont deux anciens collègues : Philippe Hivert et Gilbert Schoon.

Ce qui caractérise l'industrie à Montreuil, c'est une grande diversité des activités, sans aucune prédominance d'un secteur sur un autre.

Deux grandes catégories dominent :

– une industrie de transformation, porcelaine, verre, papiers de fantaisie et papiers peints, jouets, pianos, fleurs artificielles, ballons, parfumerie, distillerie…

– des produits destinés à d'autres industries, matières premières, coupeurs de poils, couleurs et vernis, cuirs vernis, capsules métalliques.

La nature de ces activités s'explique par :

– la mauvaise desserte (aucune voie ferrée ou voie navigable) de la commune ne favorise pas le transport des matières premières et par conséquent l'implantation d'industries lourdes.

– la proximité du marché parisien conditionne la fabrication des produits de consommation.

La création d'entreprises liées au travail du bois s'explique par la proximité des faubourgs Saint-Antoine et de Charonne.

Jusqu'en 1850, l'activité économique à Montreuil est essentiellement agricole. Dans le Bas-Montreuil (Sud-Ouest de la commune), la culture maraîchère domine. Le haut Montreuil, au nord et à l'est de la commune, ce sont les vergers, avec en particulier la culture du pêcher. La proximité de trois grandes carrières facilite l'implantation des espaliers.

Les débuts de l'industrialisation à Montreuil remontent à la période 1860-1870. Comme pour toutes les communes du département de la Seine, l'industrie vient peu à peu remplacer l'activité agricole.

À la fin du XIXe siècle, ce que l'on nommait à l'époque « le nouveau Montreuil » s'industrialise très nettement pour deux raisons essentielles : la proximité de Paris et le prix très bas des terrains.

Un nombre important d'entreprises parisiennes sont transférées à Montreuil. Le « bas Montreuil » représente le territoire de cette commune le plus proche de la capitale. D'autres facteurs extérieurs favoriseront également le développement industriel,

– en dehors des fortifications, le droit d'octroi n'était pas prélevé,

– la loi de 1810 sur les établissements insalubres et dangereux favorise leur implantation à l'extérieur de Paris et entraîne également de nombreux transferts d'usines.

En 1908, alors qu'à Paris, seulement 34 établissements sont rangés dans la première classe des industries dangereuses, 10 fois plus d'usines de cette catégorie sont implantées en banlieue, dans les communes les plus fortement industrialisées, dont on dénombre 15 à Montreuil.

À une époque où la législation était permissive, les industries de traitement de surface utilisant des produits nocifs et polluants déversaient dans les canalisations des produits toxiques jusqu'à la fin des années 1980 et au début des années 1990. Des contrôles préfectoraux et municipaux instaurèrent des périodes de transition vers l'assainissement des activités productives. Mon rôle en tant que développeur économique est de concilier respect des nouvelles normes et équilibres financiers des entreprises appartenant aux installations classées. Des aides ont été mises en place comme les financements octroyés par l'Agence de bassin. L'une des raisons de l'industrialisation de l'Est parisien était le rejet des activités considérées comme polluantes de l'ouest de Paris et leur transfert vers l'Est parisien. Une histoire de vent venant de l'ouest vers l'est drainant sur son passage la pollution des hauts fourneaux et des cheminées industrielles.

Résister à la désindustrialisation qui frappait la région parisienne

La zone d'activité verticale CAP1, a été bâtie en lieu et place de l'entreprise de fabrication de papiers peints Dumas, édifiée en 1913 et fermée en 1978. À son apogée, cette dernière employait 750 ouvriers et techniciens, produisait 70 000 rouleaux de papiers, elle occupait des locaux d'une surface de 30 000 m² donnant sur plusieurs rues : Robespierre, Marceau et Raspail.

Dumas n'a pas investi dans les nouveaux procédés de fabrication davantage automatisés.

L'usine de papiers peints et toiles peintes DUMAS s'était implantée au 67 rue Robespierre en 1906. Après sa faillite, la fabrique est transformée par la Semimo'b en hôtel industriel en 1985.

Pierre Alexandre Dumas était propriétaire d'un magasin de détail de papiers peints. Son fils Paul Dumas fait prospérer la société. En 1906, la société achète l'usine de papier peint de M. Valette à Montreuil. En 1921, un incendie ravage les installations et de nouveaux bâtiments sont reconstruits la même année. 1925, Paul Dumas reprend la direction. 1921 : la surface utile construite fut de 18 000 m², 1928 : 30 000 m² et 40 machines. Les effectifs s'élevaient à 750 employés. L'effectif en 1929 était de 859 et 925 en 1937.

Paul Dumas ferma en 1978. Auparavant, une partie des bâtiments avait été cédée à l'ORT (établissement privé du collège au supérieur) et à Grandin.

Dans le cadre d'un « projet de quartier » lancé par la municipalité à partir de 1980, la réutilisation de la friche Dumas avait été étudiée.

La société d'économie mixte de Montreuil et Bagnolet, la Semimo'b, après rachat à la ville, étudie un projet de réhabilitation.

Les travaux commencèrent en 1985 et aboutirent à CAP 1, constituant le premier exemple de réhabilitation d'usine à Montreuil.

Le bâtiment préfigurant l'ère des nouvelles constructions industrielles :

le béton permet de plus grandes portées, donc de plus grandes surfaces libres.

La société d'économie mixte Semimo'b, bras séculier de la municipalité, aménage le site en 1985. C'est le premier exemple de réhabilitation en hôtel industriel à Montreuil. Cette politique municipale volontariste visait à créer les conditions d'un tissu économique diversifié.

L'origine de Montreuil est fort ancienne. Dès le Moyen Âge, elle possède une structure administrative bien établie.

Montreuil a réussi le pari difficile de concilier tradition et modernité. Riche d'une histoire de plus de douze siècles, Montreuil est une ville où il fait bon vivre tant pour le citoyen que pour le salarié.

Tout d'abord, elle dispose d'un patrimoine important : de nombreux espaces verts dont les parcs naturels, des monuments avec l'église Saint-Pierre Saint-Paul du XIIIe siècle, des bâtisses anciennes avec le domaine de Montreau, les hôtels à Tourelles ou encore des lieux exceptionnels comme les murs à Pêches, le studio russe « Albatros » où fut produite l'une des superproductions de l'époque : le Napoléon d'Abel Gance.

Au-delà de son patrimoine historique, Montreuil est également une ville dynamique par son important tissu industriel et artisanal, ses commerces de proximité et ses multiples équipements de loisirs qui favorisent la vie culturelle, sportive et associative.

DISTILLERIE HEMARD — ETS HEMARD ET PERNOD FILS : APOGÉE ET DÉCLIN

Cette distillerie donnant sur deux rues, 70 rue Douy-Delcupe et 87, rue de Paris, fut fondée en 1860 par Pernod père et fils en 1860 à Montreuil.

Elle se consacrera à la fabrication des alcools, liqueurs et spécialement de l'absinthe.

C'est en 1872 qu'Aristide Hémard racheta une maison de distillerie datant de 1840 et créa une fabrique de liqueurs.

Vers 1900, l'entreprise couvrait une superficie de 3 900 m² et employait 70 ouvriers. Les effectifs passent de 521 en 1929 à 700 en 1937.

La production se concentra sur des liqueurs courantes (absinthes, amers et spiritueux), sirops, et conserves de fruits. En 1926, cette maison fusionna avec la maison Pernod et fils, pour former la Société des Établissements Hémard et Pernod fils.

En 1933, la société comptait 10 usines dans toute la France et plus de 1 500 employés. La Maison a obtenu une Médaille d'or à l'exposition de 1900. La réhabilitation de l'ensemble industriel, par la société d'économie mixte (réunissant la municipalité et des acteurs privés), la Semimo'b, en locaux d'activités et logements en 1984. Certaines installations ont été démolies, afin de laisser place à la reconstruction de logements neufs.

Montreuil en quelques chiffres :

Superficie : 892 hectares, superficie d'espaces verts : 52 hectares et 120 kilomètres de voies, 40e commune de France, 3e commune de la région Île-de-France et 2e commune de la Seine Saint-Denis.

Sa Population s'élève à 113 812 habitants en 2024.

La ville de Montreuil bénéficie d'un réseau complet de transports en commun (la ligne de métro 9 qui dessert 5 stations à Montreuil et la nouvelle ligne 11 avec deux stations à Montreuil, 13 lignes de bus, et un tramway), une desserte routière importante (autoroute A3 et périphérique). Montreuil est limitrophe à Paris, à proximité de l'aéroport Charles de Gaulle et d'Orly.

Le classement selon le nombre d'établissements.

Industrie : 721 Industries

Classement par nombre d'établissements et par secteurs d'activité par ordre décroissant :

Industrie du papier et carton : 213 établissements soit 29,54 %

Industrie du textile et habillement : 148 établissements soit 20,52 %

Industrie agricole et alimentaire : 75 établissements soit 10,40 %

Industrie manufacturière : 74 établissements soit 10,26 %

Métallurgie et travail des métaux : 68 établissements soit 9,45 %

Fabrication d'équipements électriques et électroniques : 48 établissements soit 6,65 %

Fabrication de machines et équipements : 23 établissements soit 3,19 %

Fabrication d'autres produits minéraux non métalliques : 21 établissements soit 2,91 %

Industrie du caoutchouc et des plastiques : 15 établissements soit 2,08 %

La construction occupe 850 établissements

Le commerce compte 1 589 établissements

Les services sont majoritaires avec 3 904 établissements :

Immobilier, location et services aux entreprises : 1 305 établissements soit 33,42 %

Services collectifs, sociaux et personnels : 1 123 établissements soit 28,76 %

Santé et action sociale : 420 établissements soit 10,75 %

Hôtels et restaurants : 387 établissements soit 9,91 %

Transports et communications : 331 établissements soit 8,47 %

Éducation et Formation : 200 établissements, soit 5,12 %.

Chapitre 5 : UN TISSU ÉCONOMIQUE RICHE ET DIVERSIFIÉ, MAIS SOUS CONTRAINTES

DES ENTREPRISES DE L'EXPANSION À L'INADAPTATION

Imprimerie IMB

Cette imprimerie a été fondée en 1983 par deux demándeurs d'emploi, Mme Rocher et son frère, en relevant un défi qui est confirmé durant plusieurs années. En 1983, sept passionnés de l'imprimerie ouvrent l'Imprimerie IMB.

En quelques années seulement, cette société familiale s'est développée jusqu'à pouvoir accueillir 50 salariés.

En 1988, cette société est classée parmi les 5 premières imprimeries de la région parisienne dans son domaine, grâce à un dynamisme lié à son savoir-faire. Une spécialisation qui fait d'elle le leader de l'impression de documents techniques.

Les manuels d'utilisation de Bull ou ceux de Thomson, les dépliants pour les mousses isolantes de Henkel ou ceux pour les colles et savons Perfax, le catalogue vacances ou les documents administratifs de la caisse de retraite AGRR, la plaquette pour Atochem, etc. Autant de noms célèbres parmi la clientèle de cette jeune entreprise qui s'est installée dans cette zone industrielle verticale unique en Europe nommée Mozinor. Née en 1983, elle affichait alors un chiffre d'affaires de 1,5 million de francs. 5 ans après, elle franchit la barre des 20 millions de francs. Un succès d'autant plus notable qu'il s'accompagne de créations d'emplois : 20 postes supplémentaires depuis 1983, portant ainsi l'effectif à 37 personnes.

Le développement d'IMB s'explique aussi par sa volonté de suivre le courant des évolutions de la profession. Si l'avènement de la microédition et autre PAO (Publication assistée par ordinateur) inquiète certains, pour IMB, il ne fait que motiver d'autres ambitions. Afin de coller aux besoins du marché et faire évoluer un métier en pleins changements, IMB s'est équipé en matériels plus performants pour répondre aux exigences des clients en termes de qualité et de rapidité.

L'imprimerie IMB a conquis par son talent le monde industriel et informatique.

Le 25 avril 1990, Bull lui attribue son homologation. Le client reconnaît désormais ne plus avoir à contrôler les travaux confiés à IMB, tels que les documentations techniques, les manuels de maintenance, les guides et notices explicatives de matériel informatique. IMB imprime et façonne également pour des clients comme Thomson, EDF, Air France et une centaine d'autres. Pour mieux satisfaire les besoins de sa clientèle, il a été créé une filiale pour des travaux d'édition « couleur », qui offre les performances d'une presse six couleurs aux industriels, aux PME et aux agences de publicité. La qualité, quels que soient les délais d'exécution, IMB la garantit par l'équilibre entre les femmes et les hommes qui s'investissent avec passion, des méthodes précises et rigoureuses dans la maîtrise du cycle de fabrication et des moyens performants grâce à des investissements adaptés à l'évolution technique. Implantée à Mozinor, cette imprimerie a construit de nouveaux locaux sur un terrain aménagé et vendu par la ville de Montreuil et a déménagé en décembre 1990.

« Nous souhaitons faire de la qualité et nouer des partenariats durables », déclare M. Mahé, son PDG.

Après 13 années d'existence à Mozinor, l'imprimerie Mahé a reçu un trophée japonais.

NICOLLE S.A. ; VICTIME DE LA STRATÉGIE DE GROUPE

Située 111 rue Marceau, cette société produit des rondelles pour l'industrie ferroviaire, et du matériel agricole pour l'industrie automobile notamment. Ce secteur constitue à lui seul 36 % de l'activité de Nicolle SA. La régie Renault, représentant 20 % du chiffre d'affaires de l'entreprise, a signifié l'arrêt des commandes pour novembre 1985. Raison invoquée : Non-compétitivité des prix de la société. Face à cette argumentation, la direction de Nicolle SA a proposé une baisse de 30 % de ses prix. Pourtant, la régie reste inflexible. En fait Renault adopte une nouvelle stratégie privilégiant la concurrence étrangère, en particulier espagnole. Dans ces conditions, la municipalité, alertée par les salariés de l'entreprise, s'est inquiétée de la situation et a engagé de nombreuses démarches auprès de M. Besse, P.-D.G. de Renault, et du gouvernement, en la personne d'Édith Cresson, ministre du Redéploiement industriel et du Commerce extérieur : « Qui a toujours été une locomotive pour le progrès économique et social ne doit pas prendre la responsabilité de la suppression de 75 emplois dont elle a besoin. »N icolle S. A. est une filiale à 95 % du groupe Fichet-Bauche, immense entreprise industrielle dont les bénéfices ne cessent de grimper au fil des ans, et qui reçoit des aides et des marchés publics. Par exemple, pour la mise en place de portes blindées. Nicolle SA semble à brève échéance se voir disparaître du bas Montreuil, si rien n'est fait par le groupe Fichet-Bauche et pourtant des possibilités existent avec les marchés passés entre Alstom et la Chine et la relance du TGV.

Au mois de novembre 1985, les inquiétudes des salariés de cette société s'intensifient. La régie Renault ne s'inquiète pas de la disparition de son fournisseur en éléments de boîte de vitesses. Grâce à l'action conjuguée des élus municipaux et des salariés, l'entreprise redémarre, les emplois ont été sauvegardés.

Les élus sont intervenus auprès des pouvoirs publics et des partenaires commerciaux afin de trouver des solutions de reprise. En juin 1986 une solution acceptable a enfin pu être trouvée avec le rachat de l'usine par M. Martin, déjà propriétaire d'une société de serrurerie et de menuiserie industrielle.

De nouvelles perspectives d'activité se sont dessinées. Il est ainsi envisagé d'entreprendre la finition de nouveaux produits. Il pourrait s'ensuivre une augmentation notable des effectifs. L'embauche de deux personnes est prévue.

Le sauvetage de cette entreprise a mis en évidence des faits socio-économiques qui ne sont pas propres à Montreuil. Une entreprise qui ne réinvestit pas suffisamment les profits qu'elle réalise dans une modernisation efficace est vouée à court terme ou à moyen terme à disparaître. Tel est le premier enseignement que l'on peut tirer des difficultés de l'entreprise Nicolle. Le second nous est donné par la réussite des démarches visant à la reprise de ses activités.

En juin 1986 donc, suite à l'action conjuguée des salariés et de la municipalité, un nouveau directeur général, M. Martin, rachetait la société Nicolle SA. « L'entreprise était très affaiblie sur le marché, nous explique-t-il, et perdait des effectifs. Aujourd'hui, nous avons 65 salariés contre 55 à l'époque. »

Fichet-Bauche, sa société mère, souhaitait se séparer de ce spécialiste des freins d'écrous et des problèmes de serrage. Nicolle a plus de 800 clients en France, dont Alsthom, C.G.E., SNCF, R.V.I., etc. Sa production est, à grande échelle, celle d'un orfèvre des métaux : la plus petite rondelle mesure 8 mm de diamètre, la plus grande 450. Emboutissage, assemblage, fourneaux : l'usine, sur 4 000 m', tourne à plein régime. De nouvelles activités se sont développées comme la fabrication de porte-bagages et de porte-légumes et le rachat de deux sociétés complémentaires (Saker et Sésame). Une telle reprise, en deux ans, s'explique par le développement du secteur commercial, insuffisant jusqu'en 1986. Ce fut un facteur déterminant dans la valorisation du savoir-faire de l'entreprise auprès des clients. Des plaquettes promotionnelles en plusieurs langues témoignent de ce dynamisme.

Si l'exportation représente 15 % du chiffre d'affaires, M. Martin espère une progression dans les années à venir. Il compte beaucoup sur l'AMDCEI, en tant que membre, afin de multiplier les échanges avec l'Algérie en participant à la foire d'Alger.

Le redressement de l'entreprise s'est accompli aussi grâce à l'informatisation avancée de la production assistée d'ordinateurs. Ce qui explique un carnet de commandes en progression de 40 % en un an et par là même, des embauches, la restructuration du secteur commercial ainsi que la diversification des clients et des produits.

M. Martin a entrepris une réorganisation curieuse de la société en la scindant en plusieurs entités. Ensuite, il a nommé P.-D.G. sa belle-mère sur l'une d'entre elles, un syndicaliste à la tête d'une deuxième et M. Bataille sur la troisième. En une année, M. Martin va transférer les recettes des ventes sur un compte basé, semble-t-il, en Belgique. Il ne signait aucun chèque, ni virement, ni ordre financier. Il le faisait faire par les gérants de « paille ». Ce fut le coup fatal pour Nicolle SA dont elle ne se relèvera plus. Les gestionnaires ont été poursuivis pour complicité en tant que gérants de jure ou de droit. Dans ces cas, les mises en cause doivent prouver qu'ils sont de bonne foi et qu'ils furent manipulés par le gérant de fait, à savoir M. Martin. Des années plus tard, j'ai croisé M. Bataille dans un salon industriel et je l'ai trouvé désorienté et détruit par cette affaire.

LA SOCIÉTÉ LAUBEUF : GLOIRE ET DÉCADENCE.

Laubeuf a comme activité la construction métallique et est implantée au 102 rue de Lagny depuis 1911.

L'entreprise se nommait Castella et fut fondée à Montreuil en 1867, spécialiste de travaux de fer et de bois pour le bâtiment et la construction industrielle. Au début du XXe siècle, elle occupait 2 800 m², employait 100 ouvriers et disposait d'une force motrice de 35 chevaux.

En 1911, l'entreprise fait faillite ; elle est rachetée par trois sociétés :

Sebin (chaîne) ; Beghin frères (aciers spéciaux) ; et Eugène Laubeuf, entreprise de bâtiment et travaux publics. Cette dernière possède une entreprise à Chatou, en Seine-et-Oise, qui employait 600 personnes.

André Laubeuf (le fils d'Eugène Laubeuf) ingénieur de l'École nationale des Arts et Métiers s'installa en 1911 rue de Lagny, au n° 102, et travaillait pour les frères Pathé. Ce sera son client le plus important jusqu'en 1950.

L'activité de l'entreprise était la maçonnerie, charpente métallique, verrières architecturales, menuiserie, bois, charpente bois.

Les réalisations marquantes de l'entreprise A. Laubeuf :

- Usine Kodak à Sevran, à Vincennes et le siège social avenue Montaigne à Paris.
- Usine du Landy (Saint-Denis) avec son atelier du gaz à l'eau
- Usine du Cornillon (Saint-Denis) et sa station butane propane
- Usine Richard au Blanc-Mesnil
- Usine d'Air Liquide à Vitry
- La centrale thermique de Meudon la forêt

En 1984, la Société A. Laubeuf dépose son bilan. En février 1987, le groupe Jeunesse entreprise poursuit l'activité de la société. L'usine s'est spécialisée dans la construction de charpentes métalliques et verrières.

95 % de ses activités consistent en la conception et la construction de verrières architecturales (Orsay — siège social Bouygues), les 5 % restant représentent l'activité charpente métallique, sans oublier la rénovation de certaines pièces de la tour Eiffel. Le procédé est innovant (dépôt de brevet d'invention) : il consiste à concevoir et édifier une verrière à drainage intégral sans aucune fuite, quelle que soit son inclinaison. Exemple de réalisation : l'Institut du Monde arabe.

Le terrain était situé à l'angle des rues de Lagny et Auguste Blanqui.

À l'entrée du site, le Pavillon (ancienne habitation patronale), construit en 1925 par Malifaut, architecte à Saint-Mandé, est aménagé en bureaux.

En 1917, un incendie, déclenché à l'usine de vieux papiers, avait détruit toutes les installations. La reconstruction, entreprise immédiatement, concerne notamment les ateliers de fabrication qui bordent la rue Auguste

Blanqui. L'usine est bâtie avec des structures métalliques et son remplissage en briques.

Au fond des installations, une partie de l'atelier est en charpente bois à assemblage moisé.

SAUNIER DUVAL : RECHERCHE DE PROFIT PRÉJUDICIABLE

Au 12, rue Voltaire, cette usine de construction mécanique de précision a comme vocation la fabrication d'appareils de chauffage et d'éclairage depuis 1923.

Plus précisément, cette importante société s'est spécialisée dans la fabrication de chauffe-eau, de chaudières et l'installation spéciale pour le chauffage, outillage et montage de chaudière. Elle comptait 150 salariés, dont un grand nombre de femmes, affectées à des tâches pénibles à la chaîne.

Implantée depuis 1923, l'usine de construction d'appareils de chauffage et d'éclairage Saunier Duval a développé la fabrication de chauffe-eau, de chaudières et installations spéciales pour le chauffage, ainsi que l'outillage et le montage des chaudières. En 1930, ce groupe comptait 150 salariés, dont un grand nombre de femmes, pour passer à 110 salariés en 1982. L'arrêt de la production intervient en 1986. Le P.D.G., qui nous a reçus dans une ambiance tendue, expliqua cette faillite par le fait que des concurrents comme Chaffoteaux et Maury copiaient les modèles de fabrication, sans subir les frais de recherche-développement.

En 1987, la municipalité a décidé la réhabilitation de l'ensemble des bâtiments via la Semimo-b et leur transformation en bureaux et locaux d'artisanat ainsi que de services divers.

SOFRESID : L'INGÉNIERIE EN CRISE

Sofresid était installée à Montreuil depuis 1970, dans l'immeuble situé au 59 rue de la République. Travaillaient pour Sofresid 1 238 personnes, ingénieurs, cadres et techniciens. Un personnel hautement qualifié, dont la tâche est d'établir des études de marché, faire de la prospective et réaliser des installations d'usines sidérurgiques, des raffineries, des usines chimiques, etc. Quelques chiffres suffisent à donner une idée de l'importance et de la puissance de cette société. Elle contrôle 58 % du capital de Sofremines, spécialiste des mines et traitement de minerai, 62 % de l'omnium technique de transport par pipeline et 34 % de l'entreprise d'équipement mécanique et hydraulique. Fer de lance de l'industrie française, elle a pour vocation de moderniser et de proposer de nouveaux choix industriels pour le développement de nombreux secteurs de notre économie.

Les travaux qu'elle effectue ont en outre des retombées importantes sur l'économie. Ainsi les études faites sur la gazéification du charbon sur le site de Mazingarbe au Pas-de-Calais, dynamisent non seulement le secteur minier, mais de nombreux sous-traitants et toute la région. C'est la vie économique et sociale du Nord de la France qui est impactée si les travaux n'aboutissent pas.

La direction de l'entreprise, a cependant décidé de prendre des mesures de licenciement qui sont de nature à remettre en cause l'efficacité de l'entreprise et de compromettre sa capacité à obtenir des contrats importants, précipitant ainsi sa chute.

La direction de l'entreprise, dont la situation financière reste acceptable, justifie ces suppressions d'emplois par une baisse de la charge de travail pour les années à venir. La récession, sensible dans les secteurs faisant appel à l'ingénierie (métallurgie, mines, forage en mer, sidérurgie) est une réalité d'un ralentissement général de l'activité industrielle nationale et internationale. Et c'est justement dans la modernisation de l'industrie française que doit intervenir son président. Il était contradictoire de vouloir licencier, alors que l'entreprise a besoin plus encore de tous ses employés pour dynamiser l'industrie nationale. La direction défendait une position de repli sur des objectifs de rentabilité à court terme. Or les principaux axes de chaque actionnaire de cette société sont des groupes nationalisés à hauteur de 55,09 % du capital. La question vitale est celle de la conquête de nouveaux marchés, afin de trouver une solution au problème auquel se heurte l'ingénierie française. Il convient avant tout de s'investir dans cette tâche. En ce qui concerne la municipalité, elle a entamé des démarches auprès des représentants commerciaux étrangers, afin de trouver de nouveaux marchés. Le maire est intervenu, en septembre 1985, auprès des autorités algériennes concernant le contrat Jijel ainsi qu'il en a informé M. Praz, président-directeur général de la société.

Ces démarches aident ce secteur important de l'économie française à prendre un nouveau virage en trouvant d'autres marchés géographiques : RDA, Algérie, pays en voie de développement, mais aussi des PME en particulier à Montreuil. Les élus et les syndicats espéraient une évolution des positions d'Édith Cresson en réponse à Jean-Pierre Brard. La ministre du Redéploiement industriel et du Commerce extérieur a fait connaître son désir de trouver une solution à ce grave problème. Mme la ministre a fait savoir qu'elle invitait les sociétés d'ingénierie à faire connaître leur projet en matière de recherche-innovation avant de mobiliser des procédures. La municipalité s'est positionnée sur les modalités de répartition des fonds attribués par l'État en faveur du développement de la Sofresid. Pour cela, elle a invité la direction de l'entreprise à élaborer un projet solide d'expansion et non de repli. Le cas de Sofresid n'est pas isolé. On note aussi des suppressions de postes chez le concurrent Technip. Il est dommage de constater que le gouvernement rejoint les directions de l'ingénierie sur l'idée des sureffectifs dans cette profession. L'enjeu est important, chacun reste vigilant : salariés, syndicats, élus doivent peser de tout leur poids dans la poursuite des démarches, afin de préserver et renforcer cet outil de modernisation qu'est l'ingénierie française. Le contrat Jijel porte sur l'installation dans cette ville algérienne d'un complexe sidérurgique qui fabriquera de l'acier fin de haute résistance.

Les licenciements de 171 personnes en 1984 marquèrent le début des difficultés de ce groupe. Cela correspond à une réduction de l'activité. Louis Odru, député de Montreuil, écrit à Édith Cresson, ministre du Redéploiement industriel ceci : « Les principaux secteurs d'activité de Sofresid sont : la sidérurgie, les mines, le pétrole et les engrais. Les principaux actionnaires sont pour 55 % des entreprises nationalisées. » En septembre 1984, les effectifs s'élevaient à 1 367 personnes, dont 80 % d'ingénieurs, de cadres et de techniciens. Depuis sa création, l'entreprise a toujours été largement bénéficiaire.

Pourtant, en 6 mois, elle vient de connaître deux plans de licenciements : « Nous assistons à un véritable démantèlement de l'ingénierie française et cela dans une ville qui compte déjà 5 000 chômeurs et/ou des menaces pèsent sur d'autres entreprises comme Saunier Duval et Fichet-Bauche. La réponse d'Édith Cresson : "Avec le secteur pétrolier, la baisse des grands contrats, l'émergence de nouveaux concurrents, notamment japonais, [l'ingénierie française] a commencé à rencontrer des difficultés. Certains bureaux d'ingénierie français ont été gérés pendant longtemps sans la rigueur nécessaire et il se trouve d'autant plus considérable que le nombre des grands contrats diminue et ce n'est pas parce que les clients de Sofresid sont pour l'essentiel des sociétés nationalisées qu'il fallait la laisser travailler à perte." Rappelant les différentes restructurations d'entreprises du secteur, la ministre souligne : "C'est l'avenir de la société qui est en cause de toute façon, s'agissant d'un personnel particulièrement qualifié, je ne doute pas que les réductions d'effectifs devraient être acceptables pour toutes les parties. Pour les salariés de l'entreprise, il y a eu déjà des plans de relance de l'entreprise soumis aux pouvoirs publics."

Mais la ministre avance des arguments qui reprennent ceux de la direction. "Le problème n'est pas d'humaniser le licenciement, mais de s'attaquer aux causes économiques, notamment le chômage. La vocation de l'ingénierie est de moderniser l'industrie française".

Après les 171 suppressions d'emplois de novembre 1984, soit 12,5 % des effectifs, la direction de Sofresid soumet un nouveau plan de réduction du personnel portant cette fois-ci sur 181 personnes, soit 15 % des effectifs restants. Si ces mesures n'ont pas eu d'effet positif quant au redressement de l'entreprise, une nouvelle ponction dans le personnel est d'autant plus inadmissible. La direction départementale du travail, après avoir suspendu ce 2e plan de licenciement, vient d'entériner le principe des suppressions de postes.

Pour la quatrième fois, le personnel de Sofresid, deuxième entreprise française d'ingénierie, se trouve confronté à un nouveau plan de licenciements : la suppression de 80 emplois. Motif : équilibrer le carnet de commandes.

Tous les employés, ingénieurs, cadres, techniciens hautement qualifiés font des propositions concrètes.

Il faudrait d'une part que les différents actionnaires, tels que Total, passent commande de leurs contrats études à l'entreprise, plutôt qu'à l'étranger. D'autre part, un moyen d'alléger les difficultés financières serait d'augmenter le capital de 200 millions de francs. Les élus locaux ont demandé la tenue d'une table ronde, afin de sauver l'entreprise. La question du dépôt de bilan se pose dans les conditions voulues par le groupe Paribas. Une telle disparition aurait de lourdes conséquences, tant sur l'emploi et les équilibres de la ville de Montreuil que sur l'économie nationale. Les activités sidérurgiques et pétrochimiques françaises deviendraient dépendantes de l'étranger à 100 %. Il y a donc urgence.

Le 31 août 1987, la direction a informé, lors d'un comité central d'entreprise, que 9 techniciens et cadres seraient licenciés.

Le chiffre de 9 n'a rien de gratuit. En effet, pour licencier 10 personnes, il faut en référer à l'inspection du travail.

Au-dessous de ce chiffre, on peut procéder le plus librement possible au licenciement, selon la loi Seguin.

Lors de cette réunion, la direction a annoncé qu'il faudrait en fait procéder à 150 licenciements et non pas à neuf, mais la société n'a pas l'argent nécessaire pour indemniser les licenciements.

La situation de son président devient chaque jour de plus en plus critique. L'argent récupéré par l'opération de lease-back concernant le siège est parti en fumée et comme je l'avais malheureusement prédit, cette opération financière n'a résolu aucun problème. Certains actionnaires derrière lesquels se trouve Paribas envoyaient un cabinet d'audit, dont la tâche est de diagnostiquer la situation dans laquelle se trouvait Sofresid.

Tous les plans de restructuration se suivent et se ressemblent. Tous tendent à accentuer l'hémorragie de matière grise de la deuxième société d'ingénierie française. À force de s'affaiblir, Sofresid risquait tout simplement de disparaître. Cette mise à pied touche pour l'essentiel des salariés âgés de 50 à 55 ans.

La première richesse de Sofresid étant ses employés (emploi de techniciens et d'ingénieurs), l'on comprend aisément qu'à force de dégraisser, il n'y a plus assez de personnes qualifiées pour mener à bien les grandes opérations que sont les créations de complexes industriels.

Cela est d'autant plus révoltant que les équipes de Sofresid sont considérées comme les plus performantes, dans grand nombre de domaines, comme la construction d'usines, d'engrais chimiques ou de charpente métallique. C'est en effet à Sofresid à qui on a fait appel pour renforcer le toit de Bercy qui menaçait de s'effondrer.

Afin de renflouer les caisses, la direction, pressée par ses principaux actionnaires, avait décidé de vendre une partie de ses bureaux comme l'avait annoncé le maire le 11 mai 1987. L'opération dite de lease-back n'était pas de nature à résoudre les problèmes fondamentaux de la Sofresid. Cela n'a servi qu'à remédier provisoirement aux problèmes financiers. Par contre en dilapidant une partie de ses locaux, Sofresid est affaiblie. La direction elle-même juge que cette opération s'est mal déroulée. Cela est d'autant plus incompréhensible que Sofresid a vendu ses locaux à une filiale de son principal actionnaire Paribas.

La grande perdante est sans doute Sofresid. Sachant que le prix d'un licenciement est de 250 000 francs, imaginez le coût de 140 licenciements. Son président voulait faire appel aux actionnaires qui ont trouvé l'opération coûteuse. Ces actionnaires ont demandé une nouvelle réunion, où furent examinées d'autres propositions. La part de responsabilité incombant aux actionnaires et surtout à Paribas est immense. En effet, pour le grand groupe financier, seul le terme profit importe. Alors que s'est-il passé ? Une solution pourrait être tentée ; le dépôt de bilan. Il n'aurait pas à payer les licenciements et se débarrasserait d'une société en difficulté.

La municipalité a réitéré sa proposition de table ronde au ministère de l'Industrie. Elle trouve pour sa part inadmissible de laisser disparaître un secteur stratégique pour l'économie d'ingénierie. La France a aujourd'hui un besoin impérieux de grands complexes sidérurgiques, d'industries chimiques, de machines-outils, de robots, d'informatique, d'instruments médicaux, de textiles et d'énergie. Des marchés nouveaux existent. La gazéification du charbon pourrait offrir de nouveaux débouchés. Rappelons qu'un emploi chez Sofresid génère 5 emplois dans l'industrie.

Les cadres de ce groupe conçoivent des complexes industriels principalement dans le secteur de la pétrochimie. La cité de l'ingénierie, installée en 1982 dans le Bas-Montreuil, est aussi appelée dans la presse « l'usine à cerveaux ». Mais, depuis trois ans, en accélérant les absorptions de filiales, défilialisations et refilialisations, de réorganisations en restructurations, le groupe s'est décervelé en postes et en politique commerciale.

Conduite dangereuse qui a atteint la cote d'alerte en 1994. Un énième plan social annonçait 305 licenciements sur un effectif de 1050 salariés. Pour exécuter celui-ci, l'actionnaire britannique appelait comme P-DG Daniel Lebard qui venait de liquider Félix Potin après la Cinq. Le personnel et tous les syndicats ont refusé ce plan et ce nouveau PDG. Sofresid fait partie du groupe John Brown, lequel appartenait au groupe également anglais, Trafalgar House, avant que ce dernier soit racheté en mars 1995, par Kvaerner, groupe norvégien.

Le personnel de la Sofresid s'est déplacé plusieurs fois à l'Assemblée nationale, aux ministères compétents et à Matignon.

La direction et le nouvel actionnaire principal engageaient le dialogue avec les syndicats et le comité d'entreprise. Mais les pertes accumulées par le groupe, faute de gestion et de stratégie commerciale, n'écartaient pas le risque d'une décision norvégienne de cessation d'activité (un droit d'alerte avait été lancé par les commissaires aux comptes suite aux 500 millions de francs de pertes sur deux ans).

En octobre fut négocié, entre le comité d'entreprise, la CFDT, la CGC et la direction, un projet d'accord pour un plan social susceptible d'assurer la pérennité de l'entreprise, sans recours aux licenciements secs. Démarche à laquelle ne se sont pas associés les syndicats CGT et FO.

Gérard Valentin, le secrétaire du comité d'entreprise, est prudent : « Des questions restent en suspens, souligne-t-il, il faut une forte politique commerciale, une réorganisation avec un changement radical dans l'équipe de management ». « C'est une des conditions de retour à la confiance », confirme un représentant CGC. « On a un an pour redémarrer la machine, rappelle Gérard Valentin, la situation n'est pas gagnée. »

La municipalité soutient le potentiel humain et économique et plaide pour le retrait du plan et le départ du PDG.

Des grèves, manifestations, entrevues auprès des pouvoirs publics, allaient ensemble avec le plan juridique. Lors d'un premier jugement du tribunal de Bobigny, malgré l'avis défavorable de l'inspection du travail, le plan ne fut pas rejeté. Mais en Cour d'appel, il fut annulé en septembre 1995. Daniel Lebard fut démissionnaire (ou démissionné) et remplacé.

« Ce changement d'attitude de la direction est le fruit d'une bataille qui se poursuit, car des questions demeurent comme la volonté affirmée du groupe d'élargir son champ commercial, indique André Desrichard, maire adjoint chargé de l'emploi. Nous n'avons pas eu de réponse de Kvaerner quand la municipalité a proposé ses services pour faire bénéficier Sofresid de ses relations économiques internationales ; à chaque mission nous plaidons pour la société. » Une délégation chinoise a été d'ailleurs présentée au siège du groupe le 22 novembre 1995.

La ville et le député-maire se sont toujours rangés aux côtés des salariés, préservant aussi un savoir-faire technologique national, en multipliant leurs interventions auprès des pouvoirs publics, de l'Assemblée nationale, des Ambassades et des actionnaires. Une table ronde avec le ministère de l'Industrie fut réclamée sans succès. Sofresid fait partie du patrimoine humain et économique de Montreuil.

En sauvegardant les entreprises locales, on ne sauve pas uniquement l'emploi, mais aussi la principale ressource de la commune, la taxe professionnelle (29 % des recettes de la ville) qui permet le financement de la politique sociale et une taxe d'habitation tempérée (11 % des recettes).

Le comité d'entreprise organisa un référendum auprès du personnel et, à une large majorité, ce dernier se prononça en faveur du projet de mesures alternatives : recapitalisation de l'actionnaire, réorganisation de la gestion de la société, renforcement du potentiel commercial avec embauche de jeunes, départs en préretraites ou plans FNE (Fonds national pour l'emploi), prise en compte des derniers départs, réduction du temps de travail sans perte de salaire, etc.

Le 30 octobre, les actionnaires ont décidé de continuer l'activité. Dans le même temps, le contrat des immeubles de la cité en leasing était en renégociation avec les banques pour dégager des moyens financiers.

En réponse, le ministre de l'Industrie, Franck Borotra, indiquait que « ce dossier fera l'objet d'un suivi tout particulier ».

Peu de temps après, Jean-Pierre Brard découvrait qu'à Londres, l'ambassadeur de France, n'était pas du tout au courant du dossier Sofresid ! Le 28 mars, le député-maire recevait Daniel Lebard qui lui apportait la réponse écrite de Trafalgar House, interrogé aussi par courrier. Il en ressort une position inchangée : l'avenir du groupe dépend de cette nécessaire restructuration et c'est bien à Sofresid de changer ses méthodes. Aucune mention n'a été faite quant au rachat par Kvaerner. Les Norvégiens ont répondu cependant à Jean-Pierre Brard en lui proposant une rencontre, mais pour le moment, ils estiment qu'ils n'ont pas assez d'éléments pour se prononcer sur ce groupe particulier… 1 415 emplois sont menacés à Montreuil. Dans ce sombre paysage national, Montreuil défend bec et ongles ses emploi.s « Derrière chaque emploi, il y a un homme ou une femme pour qui le travail est le fil de la vie. Cette considération vaut pour un ménage, mais aussi pour une ville », argue la municipalité. C'est vrai que les entreprises procurent à la ville la taxe professionnelle (57 % de la fiscalité).

Gérard Valentin, secrétaire du comité d'entreprise et représentant CFDT : « Nous avons besoin de l'aide des politiques, non seulement pour protéger nos emplois et l'équilibre économique de leurs villes, mais aussi pour dénoncer au plan national, la mainmise boursière sur le savoir-faire technologique français. » « En France, après la casse de la sidérurgie, désormais, c'est l'ingénierie qui est menacée », ajoute, révolté, l'un d'eux.

La municipalité de Montreuil s'est manifestée aux côtés des représentants du personnel bien avant ce 9 janvier 1996. À chaque plan annoncé ces dernières années, elle était là pour aider les salariés en alertant les pouvoirs publics, notamment le préfet, l'inspection du travail et la Direction départementale du travail et de l'emploi.

Le député-maire, Jean-Pierre Brard, rencontrait le PDG, Daniel Lebard, pour l'informer directement de l'opposition municipale « à toute mesure de licenciements qui serait de nature à remettre en cause l'efficacité de la société… ».

Une prise de contact fut vite établie avec le député de la Loire pour mener des actions communes nécessaires à la préservation des activités et des emplois de Trafalgar House. Afin d'élaborer une riposte constructive de plus grande envergure, d'autres contacts furent entamés, cette fois, avec des députés et des syndicalistes britanniques, aussi directement concernés par la stratégie anti-emplois de Trafalgar.

À la Sofresid, les représentants syndicaux font front en intersyndicale (CGC, UGICT, CGT, CFDT, FO).

À partir du cas Sofresid, il [qui ?] a rappelé « la nécessité de renforcer la législation française en matière de plans sociaux ». Il a insisté : « Le danger est réel que l'ensemble de l'ingénierie française passe entre les mains de sociétés étrangères, et ce, malgré le potentiel international qu'elles représentent .»

En conclusion, il a proposé que le ministre de l'Industrie ou son interlocuteur du jour, le ministre François Fillon, « organise une table ronde avec toutes les parties prenantes pour examiner les données de ce plan ». François Fillon a répondu qu'il soumettra cette suggestion à Franck Borotra, ministre de l'Industrie, en affirmant que « le ministère de l'Industrie sera extrêmement vigilant quant au maintien des capacités de cette entreprise sur le sol national ».

SOFRESID ABSORBÉE PAR KVAERNER

Le député-maire, son adjoint André Desrichard, et moi-même avons rencontré Erik Tonseth, le P-DG de Kvaemer, le groupe norvégien propriétaire de Sofresid à Londres, siège de ce groupe.

Ce dernier nous a confirmé l'intention de délocaliser la plus grande partie du personnel de Sofresid vers la Défense, en argumentant de la proximité des marchés et des décideurs. Avec tous les outils actuels de communication, le motif invoqué n'a guère de sens.

L'édile montreuillois soutient : « Sofresid représente une image forte pour l'emploi dans la ville et nous sommes toujours prêts à aider le groupe pour trouver des marchés internationaux. Si nous nous sommes battus pour garantir tous les emplois, la suite logique est, dorénavant, d'agir pour les conserver à Montreuil. »

Après le refus d'Eric Tonseth, P.-D.G. de la Kvaerner, groupe norvégien propriétaire de Sofresid d'engager le dialogue sur le maintien du site montreuillois, la municipalité entend bien chercher encore d'autres solutions pour ouvrir des négociations.

Le 9 mai 1997, le maire, Jean-Pierre Brard, son maire adjoint chargé de l'emploi, André Desrichard et moi-même sommes allés nous entretenir avec l'ambassadeur de Norvège à Paris, Reginald Norby, pour qu'il puisse, dans cette affaire qui engage un des groupes industriels les plus puissants de son pays, aider à l'ouverture du dialogue en sa qualité de diplomate.

Celui-ci, assisté du secrétaire de l'ambassade chargé des affaires économiques, a précisé que le gouvernement norvégien n'avait pas pour coutume d'interférer dans les affaires économiques, mais pour autant il a indiqué qu'il ferait état de leur conversation auprès du groupe Kvaerner.

Après que le maire et son adjoint chargé de l'emploi eurent constaté, à Londres, le refus de dialogue d'Eric Tonseth, représentant de la Kvaerner, la municipalité ne désarme pas pour maintenir à Montreuil le siège de la Sofresid.

APRÈS SOFRESID PLACE À BNP-PARIBAS

Fin mai 1998, la « cité de l'ingénierie », comme on l'appelait, a fait ses cartons pour rejoindre ce 3 juin ses nouveaux locaux situés à la Défense. Gérard Valentin, secrétaire du comité d'entreprise, dresse un état des lieux. « Le plan social a été tout à fait respecté. Pour le transfert à la Défense, nous avons obtenu de la direction la garantie qu'il ne soit pas un motif de licenciements par la signature d'un "plan de déménagement" assorti de compensations pour les salariés. Deux des filiales du groupe s'installent à Bagnolet (120 employés). Nous sommes 700 à rejoindre une tour de 21 étages à la Défense où est déjà posée l'enseigne du groupe. »

LA BANQUE NATIONALE DE PARIS OCCUPE LES LOCAUX DE SOFRESID

Les bâtiments sis rue de la République, laissés vacants par le groupe Sofresid, qui se sont vidés de tous ses employés, ont été réoccupés par BNP. L'ensemble immobilier de plus de 28 000 m^2, près de la porte de Montreuil, permet à la BNP de regrouper la majorité de ses équipes informatiques qui se sont beaucoup développées, notamment pour se préparer à l'arrivée de l'Euro.

Tout le monde y gagne, une belle opération immobilière pour la première banque française et de bonne gestion organisationnelle et humaine et la revitalisation d'un secteur géographique de la ville qui était en déshérence de façon illogique, compte tenu de la proximité de Paris et des modes de transports de premier plan que sont le métro et le périphérique. Cette banque engrange des gains extraordinaires grâce à la valorisation de ses sites ; 1 800 salariés ont été transférés dans un premier temps. La plupart de ces spécialistes travaillent sur huit sites parisiens.

Michel Passant, directeur des opérations et de l'appui technique à la BNP a expliqué les motifs de ce regroupement : « Notre organisation actuelle n'est guère satisfaisante, ni en termes d'efficacité ni en termes de confort, dès lors que nos locaux actuels n'ont pas été conçus à l'origine en fonction des métiers exercés. Aussi, nous semblait-il important de regrouper ces informaticiens sur un site unique ou des sites voisins. »

Le directeur nous a ensuite exposé les critères qui ont présidé au choix de Montreuil. « Diverses opportunités s'offraient à nous. Nous avons ainsi examiné des offres de locaux situés à Paris, à Val-de-Fontenay et à Montreuil. Compte tenu des surfaces qui nous étaient proposées à la vente, du prix de celles-ci et de leur localisation à proximité du métro parisien, notre choix s'est porté sur Montreuil. Nous avons cependant longuement hésité avant de prendre cette décision, compte tenu du niveau élevé de la taxe professionnelle. »

Dans le choix du site montreuillois est intervenu aussi, pour une partie non négligeable, le rapprochement avec des bureaux déjà acquis et occupés, depuis 1973, par des services de la BNP, au-dessus du centre commercial de la Croix-de-Chavaux (une petite partie de la direction informatique y travaille déjà ; 400 informaticiens y sont arrivés).

La BNP tire un bilan positif des négociations avec la municipalité. « S'agissant d'un projet très important pour la BNP, répond Michel Passant, mais aussi pour la municipalité montreuilloise, nous nous en sommes entretenus dès l'origine avec les édiles locaux. Le maire de Montreuil et ses proches collaborateurs ont su nous montrer tout l'intérêt de s'implanter dans une commune dynamique qui a conçu pour les dix prochaines années un véritable projet urbain. »

Cela devrait permettre d'accélérer la baisse de la taxe professionnelle, dans les années à venir. Ce ne sera plus une baisse symbolique, mais bien substantielle. La baisse de cette taxe entraînerait un renforcement de notre attractivité pour installer de nouvelles entreprises. La venue de l'essentiel des services informatiques de la BNP fut aussi un atout majeur pour la ville en termes de notoriété.

L'installation de la BNP et l'ouverture du magasin Décathlon ont permis de requalifier le quartier en respectant sa mixité.

DE KREMA-GÉNÉRAL FOODS À PHILIPPE MORRIS : MUTATIONS ET DÉLOCALISATIONS

En 1926, M. Molié, président-directeur général, de la société Kréma fait construire une usine à Montreuil. En 1957, la société Kréma devient Kréma-Hollywood.

À cette époque le groupe Général Food a absorbé Kréma et comptait 1 000 salariés en 1950, produisant 23 tonnes de confiserie par jour. L'entreprise comptait en 1929 près de 263 salariés et 232 en 1937 pour passer à 477 personnes en 1982.

Déjà des activités sociales portaient secours aux membres du personnel, comme les vacances au bénéfice des enfants à la charge de la société.

L'activité confiserie va évoluer pour englober la production de chewing-gum. L'entreprise occupait de vastes locaux au 283, rue de Rosny.

Les bonbons KREMA et le chewing-gum Hollywood ont vu évoluer les processus de fabrication ; de plus en plus automatisés et davantage plus économes en main-d'œuvre. L'usine Kréma fait partie d'une chaîne de valeurs d'un groupe planétaire. Elle n'est en effet qu'un des nombreux éléments de la multinationale américaine General Food. Troisième trust mondial dans la sphère industrielle, il emploie 64 000 salariés pour la fabrication de chewing-gum Hollywood, des bonbons Kréma, Bubble Gum malabar, les cafés Legal, Sanka Maxwell, les boissons Tang… Cette puissance industrielle fut elle-même absorbée par le géant du tabac Philip Morris pour la modique somme de 50 milliards de francs. Face aux activités de cet empire, Kréma sise à Montreuil est peu de chose au regard des puissants dirigeants américains. Les conséquences sont pénibles.

En 1970, pas moins de 1 100 employés travaillaient rue de Rosny. Ils produisaient 11 000 tonnes de bonbons, 25 millions de chewing-gums en tablettes 3 millions sous forme de dragées. La fabrication des bonbons s'effectue à Reims, celle des dragées de chewing-gums en Italie. Seuls 470 ouvriers et techniciens travaillent à Montreuil. 630 emplois ont été supprimés en sept ans.

Pourtant, des expertises de la direction montraient qu'il y avait surcapacité de production. Cependant un site de production devait disparaître.

Le choix était assez restreint : Aprilia (Italie), Châtellerault et Montreuil. À Montreuil, l'usine fabriquait exclusivement les produits Hollywood chewing-gums. La combativité des salariés de l'entreprise et les différentes démarches de la municipalité ont fait reculer la direction. Le site Montreuil semble en effet préservé ; on constate en effet le retour de productions destinées au marché français d'Aprilia vers d'autres villes. La direction de Kréma n'a jamais considéré l'emploi et l'intérêt des salariés comme une question importante.

Les syndicats sont unis dans ce conflit où 269 emplois sont en péril. À leurs côtés, le député-maire Jean-Pierre Brard et les élus locaux sont présents. Certains participaient au titre de la solidarité des habitants, d'autres comme représentants de la vie associative (Confédération nationale du Logement, Comité des Citoyens).

Pourtant, les dirigeants de General Foods passaient à leur tour à l'offensive. Profitant du fait que leur personnel est en congé d'été en août 1993 pour déménager en douce les machines de l'usine de Montreuil. Peine perdue puisque des « Krémas », aidés par des camions municipaux, parvenaient à empêcher ce départ à la cloche de bois. Dès lors, le conflit devenait beaucoup plus tendu, la direction n'hésitant pas à mettre un peu plus d'huile sur le feu en traduisant en justice 20 salariés de son entreprise.

Une séance exceptionnelle du Conseil municipal, convoqué le 26 octobre 1993 en présence de quelque 650 Montreuillois, adoptait un texte fondant la défense des emplois Kréma sur l'équilibre économique de la commune.

Une motion dans ce sens était déposée dès le lendemain à l'Hôtel Matignon où une délégation était reçue par un collaborateur d'Édouard Balladur.

Les salariés de Kréma se sont rendus à Munich, au siège européen de la Kraft General Foods le 9 décembre 1993. Lors de la rencontre avec le syndicat allemand DGB, une délégation très représentative de tous les soutiens montreuillois s'est créée autour de la lutte pour le maintien des emplois chez Kréma.

Ce jour-là, le dialogue avec le syndicat allemand (DGB) qui rencontre les mêmes dangers pour l'emploi à cause de la stratégie de la recherche de plus de surprofit de K.G.F. en Allemagne est solidaire. Pour le sauvetage de l'emploi, la mairie de Munich s'allie avec celle de Montreuil ; il en a résulté une déclaration commune.

La ville de Munich s'inquiétait d'autant plus que 16 000 emplois du groupe Siemens sont compromis.

M. Wieczorek, devant la menace de liquidation de la KFG, a déclaré que sa ville était prête à adopter une démarche commune avec Montreuil.

Ainsi, une lettre cosignée par les deux maires a été adressée à la direction du groupe Philip Morris aux États-Unis et un communiqué commun a été envoyé à toute la presse.

La mairie munichoise a déjà publié un communiqué dans le *Züd-deutsche Zeitung*.

Sur la route du retour, Emmanuel Louisin, délégué CGT des salariés de Kréma, résume ainsi sa journée : « Je tire un bilan très positif de notre voyage. Le syndicat DGB nous apporte un plus dans la lutte. C'est la première fois que nous avons une coordination avec une filiale à l'étranger. Nous avons les mêmes problèmes. Nous allons échanger toutes nos informations et avoir des initiatives communes. Kraft devra réfléchir. »

François Degoul, représentant de la CFDT, pense aussi que « Cette coopération a eu un effet sur l'aboutissement du conflit. L'attitude patronale de la firme est pourtant la même. En tout cas, cette rencontre prouve que, dans une lutte de ce genre, il faut développer l'action au niveau international, favoriser les échanges syndicaux dans cette dimension. Il s'agit d'une démarche rare et très intéressante. »

Des membres de la délégation montreuilloise distribuent des tracts sur la place centrale de Munich.

Le matin, le député-maire, Jean-Pierre Brard, rejoignait le siège européen de la Kraft General Foods. Il fut seul admis à rencontrer le responsable, Lothar Mayer. Jean-Pierre Brard est sorti vite de l'entretien pour annoncer que la position de KFG exprimée par ce responsable de la stratégie du groupe restait inchangée. Ensuite, la rencontre avec le syndicat DGB de Bavière fut autrement chaleureuse.

Il a été convenu de lutter ensemble contre les licenciements et délocalisations de la KGF, qui œuvre de la même manière en Allemagne comme dans toute l'Europe.

Conférence de presse, distribution de tracts, la délégation n'a pas ménagé son temps. Elle a été reçue par la mairie de Munich où il a été décidé que les deux municipalités interviennent conjointement auprès de Philip Morris, le parrain américain de la KGF.

Le responsable n'a fait que justifier la stratégie du groupe et, comble du paradoxe, tout en précisant que lui-même allait être licencié ! Jean-Pierre Brard a dénoncé « cette logique purement financière et inhumaine » et a confirmé « la détermination des salariés et de la municipalité à défendre l'emploi ». Ensuite, quelques stations de métro plus loin, autre ton, même préoccupation. La délégation est reçue au siège du grand syndicat allemand DGB où elle est accueillie avec une chaleureuse cordialité. Un représentant du secteur allemand de l'agroalimentaire remerciera les Montreuillois

« d'avoir fait le premier pas pour une coopération ». La délégation apprend l'ensemble des dégâts qu'a effectués KGF dans toute l'Allemagne (5 usines, 20 bureaux de vente). Sur 4 000 emplois, il n'en reste que 2 500 aujourd'hui. En Bavière, une usine a liquidé 300 postes sur 600. À l'ouest de Munich, on a appris officieusement qu'il est question de licencier 350 employés d'ici 1995. Il est prévu aussi de délocaliser 300 employés du centre administratif.

La population montreuilloise fait preuve de plus en plus de solidarité : par le biais des cartes T, insérées dans *Montreuil-Dépêche* de décembre 1993 et mises à disposition à côté d'urnes installées dans les structures municipales. Ils sont 1 263 par la seule Poste à manifester ainsi leur soutien.

Le 13 décembre 1993, Robert Clément, nouvellement élu à la présidence du Conseil Général de la Seine Saint-Denis, est venu en personne rencontrer et soutenir les salariés à l'intérieur de l'usine en présence d'élus montreuillois. Il a lui-même plaidé « la cause des Kréma » auprès du Préfet, réitérant l'urgence de l'intervention des pouvoirs publics.

Fortement mobilisée par ce conflit, la population montreuilloise devait une nouvelle fois marquer sa solidarité aux salariés de Kréma en retournant plusieurs centaines de cartes de soutien insérées dans le numéro de *Montreuil-Dépêche* de décembre 1993.

De novembre 1992 à janvier 1994, il aura fallu bien des luttes pour que les salariés de Kréma obtiennent des garanties sur leur avenir pour que leur direction revienne sur sa décision pure et simple de fermer l'usine, pour que l'État s'engage.

Début janvier 1994, la direction de l'usine brandit la menace de licencier dès la fin du mois, 35 personnes.

Mais des rencontres, entre direction de l'usine, représentants du personnel, élus municipaux et direction de l'emploi de Seine Saint-Denis, quoique difficiles, permirent de mettre en place une vraie table ronde de négociations. Le 10 janvier, un projet d'accord est établi :

– gel des licenciements jusqu'en juin 1994,

– fixer un calendrier sur la revitalisation du site en sauvegardant tous les emplois restants : 150 environ,

– acceptation du reclassement dans une autre usine appartenant au groupe.

La direction confie à un cabinet d'étude la prospection de repreneurs. Un plan de formation pour adapter les 150 salariés à la réimplantation d'une autre activité de l'agroalimentaire fut mis en place.

Au nom du préfet, le directeur de l'emploi de Seine Saint-Denis déclara que les pouvoirs publics se porteront garants de l'accord.

18 janvier 1994, un accord est signé à la direction départementale du Travail et de l'Emploi à Bobigny, en présence de M. Duport, préfet de la Seine Saint-Denis et Pascal Houssin, directeur général confiserie de K.G.F.F, des délégués syndicaux, Maciré Keita pour la CFDT et Tayeb Immoula pour la CGT,

Le préfet se déclara garant de son respect. Une commission paritaire devait veiller à son bon fonctionnement quotidien. Une commission de suivi vérifia chaque mois le respect de tous les engagements pris de part et d'autre. Si toutes les mesures sont appliquées au pied de la lettre, cet accord devrait faire figure d'exception dans les annales des conflits sociaux : la preuve que l'on peut sortir des logiques de licenciements pour trouver des solutions négociées permettant la sauvegarde de l'emploi. La preuve aussi du caractère décisif des luttes. Auparavant, on traitait les délégués d'utopistes.

Devant ce blocage, néanmoins, Jean-Pierre Brard leur a proposé de mettre très vite en place des commissions de travail qui pourraient, en attendant la table ronde, préparer des éléments de discussion commune. Depuis près de deux mois, la direction de KG France a pourtant corrigé sa position initiale de fermeture pure et simple de l'usine, puisqu'elle a annoncé qu'elle prenait en charge une étude pour le maintien de l'activité sur le site avec des repreneurs.

Toujours en première ligne, Jean-Pierre Brard était présent le 18 janvier 1994 à la Direction départementale du Travail et de l'Emploi de la Seine Saint-Denis à Bobigny ou un accord était signé entre les différents protagonistes (municipalité, autorités préfectorales, direction, syndicats). Cet accord prévoyait : le gel des licenciements jusqu'en juin 1994, un plan de formation pour le personnel et la recherche par un cabinet spécialisé d'un repreneur pour le site montreuillois susceptible d'y poursuivre une activité dans l'agroalimentaire. Financée par la société KJS (Kraft Jacobs Suchard), cette mission était confiée au cabinet DML.

En contrepartie, la société se voyait autorisée à déménager progressivement ses machines, l'État se portant garant de cet accord par la signature du directeur du Travail et de l'Emploi de Seine Saint-Denis, une commission du suivi associant toutes les parties concernées par ces négociations pouvait dès lors être créée.

La multinationale Kraft Jacobs Suchard, propriétaire de Kréma voulant sortir de cette crise économique et sociale avec une dimension politique nationale et internationale a tenté de le faire par le haut en cherchant des repreneurs du site et du personnel.

Le cabinet d'études chargé de trouver plusieurs repreneurs d'activités sur le site avec, à la clef, la réembauche des salariés de l'usine Kréma, a exposé l'avancée de ses prospections : huit sociétés apparaissent comme des candidates sérieuses. Particulièrement l'une d'entre elles qui reprendrait, sur trois ans, 100 emplois.

Dans un premier temps, celui-ci s'est adressé à plus de 500 entreprises. Parmi les 203 sociétés avec lesquelles il y a eu le plus d'échanges, huit se sont dites intéressées par une nouvelle implantation et entament des pourparlers.

La discussion est déjà bien engagée avec une entreprise de l'agroalimentaire qui « reprendrait » une centaine des salariés Kréma sur trois ans.

La poursuite des recherches sera facilitée par la création d'une commission technique regroupant l'ensemble des partenaires de l'accord. Elle examinera, cas par cas, les solutions de reprise concrètes et mettra en pratique la formation qui doit favoriser l'insertion du personnel dans de nouvelles activités.

Le choix s'est porté sur deux porteurs de projets opérant dans l'alimentaire, en l'occurrence la fabrication de plats cuisinés essentiellement indiens. S'agissant d'une création d'entreprise avec un nombre important de salariés, les banquiers furent plus que prudents eu égard au taux de mortalité des entreprises nouvellement créées de 50 %. C'était un pari risqué pour les syndicats, les collectivités locales et l'État. On peut se poser la question si les dirigeants de Kréma n'avaient pas pour seul objectif de refiler « la patate chaude » à ce repreneur dénommé Aldabra. Ce dernier déclara avoir créé 240 emplois (dont 124 sont à temps partiel), en une période considérée comme étant record : 22 des salariés sont montreuillois et 44 des ex-Kréma y ont été reclassés. Ce sont les chiffres diffusés par la direction fin septembre 1994.

Le reclassement initialement prévu pour les 109 travailleurs restants de Kréma est sans nul doute le seul coup de canif donné dans l'accord de janvier 1994, une responsabilité à partager avec la multinationale Kraft Jacobs Suchard. À noter aussi que les élections du personnel n'ont pas encore été organisées. Ainsi il n'y a pas encore eu d'avis représentatif sur les actuelles conditions de travail dans l'ensemble du groupe.

Ainsi prend fin un conflit à la fois douloureux et exemplaire qui avait débuté près de deux ans plus tôt en novembre 1992 avec l'annonce, par la direction de Général Foods, de la fermeture de l'usine de Montreuil pour cause de transfert de l'unité de production à Saint-Genest, près de Châtellerault (Vienne). Avec à la clef, plus de 250 emplois directement menacés par cette mesure. Face à cette perspective, les salariés décidaient de réagir et trouvaient à leur côté une municipalité prête à les épauler.

Pour donner une audience nationale à ce conflit, Jean-Pierre Brard n'hésitait pas à interrompre une séance à l'Assemblée nationale pour distribuer des tablettes de chewing-gums Hollywood aux membres du gouvernement présents ce 30 juin 1993 dans l'hémicycle.

Parmi les quelque deux cent cinquante entreprises contactées par DML, huit sociétés étaient retenues dans un premier temps avant que la commission de suivi ne fixe son choix sur un projet de fabrication de plats cuisinés indiens, le député-maire proposant lors de la réunion du 1er juin 1993 de passer une convention avec les repreneurs potentiels, MM. Lazarus et Baudin. Ces derniers proposant de leur côté un projet d'évolution des effectifs et du chiffre d'affaires sur trois ans.

D'après leurs prévisions, celles-ci peuvent être formulées ainsi : effectifs en 1995 : 137 ; en 1996 : 218 ; en 1997 : 289.

Chiffre d'affaires en millions de francs en 1995 : 58 ; en 1996 : 125 ; en 1997 : 190.

« Le cas Kréma de Montreuil fait désormais figure d'exemple puisqu'il démontre que même face au gigantisme d'une multinationale comme Philip Morris (NDLR — KJS est une filiale de ce géant des produits de grande consommation emballés), il est possible de sortir d'une logique de licenciement pour trouver des solutions positives et éviter à de nombreuses familles le chômage et la précarité. L'action conjointe des salariés, des habitants et des élus a été déterminante comme levier permettant d'enclencher le processus qui a abouti au dispositif préservant l'emploi des salariés », pouvait déclarer le député-maire le lendemain du dernier Conseil municipal.

Livraison à domicile ou au bureau, dorénavant, les plats indiens côtoient les saveurs chinoises. La production qui sort de la rue de Rosny n'est pas uniquement destinée aux points de vente directe en boutique. Aldabra a prospecté auprès de la restauration collective, elle a obtenu des marchés comme celui avec la Sodhexo. Par ailleurs, des négociations furent entamées auprès de la grande distribution.

« Les pourparlers avec Intermarché sont bien avancés, précise Martin Lazarus, l'un des deux gérants d'Aldabra. En plus, nous allons proposer aux poissonniers une gamme de produits "traiteur" de gastronomie française à base de poissons et de fruits de mer. Nos propositions rencontrent une demande certaine. »

La conversion de Kréma en Aldabra ne se fait pas sans problème.

Le 18 janvier 1994, un accord était conclu entre la direction de Kréma et les partenaires sociaux pour assurer la continuation des activités et le maintien des 110 employés. La Ville et les pouvoirs publics, en la personne du préfet, se sont déclarés garants de son bon respect.

Il aura fallu autant de détermination dans le conflit, puis dans la négociation pour en arriver à cet accord, une démarche jugée originale au regard des conflits ordinaires de travail.

Au bout d'un an, on peut toutefois constater que la jeune entreprise Aldabra, choisie comme repreneuse, a créé 176 emplois entre la fabrication des plats indiens et leur commercialisation. En janvier, 18 boutiques étaient ouvertes.

Un prérecrutement a été piloté par l'Agence locale de l'ANPE, donnant ainsi une priorité aux demandeurs d'emploi montreuillois.

Par contre, sur les 110 anciens salariés de Kréma, seuls 52 d'entre eux ont accepté un contrat. Les motifs de refus sont variés : nouvelles conditions salariales ; lieu de travail trop éloigné du domicile ; horaires en soirée pour les emplois en boutique, etc.

Chacun a reçu deux propositions de poste. La situation des ex-Kréma semble encore complexe, même si cette convention est encore considérée globalement de façon positive.

Un an après, la Ville vient de convier tous les signataires de l'accord à une rencontre prochaine pour dresser le bilan et les perspectives, car des problèmes demeurent qui méritent d'être examinés et résolus.

À la fin de l'année, onze boutiques étaient ouvertes. La plus proche de Montreuil se trouve à Vincennes. L'ouverture progressive de boutiques se faisait en même temps que la commande par téléphone.

Nous savons qu'il y a peu de produits similaires sur le marché et qu'en même temps tout ce que l'on peut faire de chez soi, commandé par téléphone, est voué à un énorme développement.

Les deux repreneurs espèrent aussi conquérir ce qu'ils appellent la restauration hors foyer, « tout ce qui est restauration d'entreprise, d'école, cafétéria et rayons alimentaires de grands magasins, en proposant des plats régionaux avec des animations thématiques ».

Cette cuisine élaborée peut remplacer avantageusement la gomme à mâcher.

Journée décisive que celle du 30 juin 1994 qui débutait à 10 h 30 par une manifestation des salariés de Kréma-Hollywood devant l'hôtel Matignon, résidence du Premier ministre. À 11 heures, des élus locaux accompagnèrent une délégation du personnel et furent reçus par un conseiller du Premier ministre Édouard Balladur. Le compte à rebours commençait pour les salariés de Kréma qui regagnaient en cars leur usine avant d'avoir la confirmation de l'accord enfin intervenu entre les parties concernées, lors de la réunion du Conseil municipal décentralisé, dans le préau de l'école Romain Rolland. Afin de sauver Kréma, la municipalité devait avancer au total un million de francs, prix de l'acquisition du terrain et des locaux de Kraft Jacob Suchard (KJS). Les nouveaux propriétaires s'engageant de leur côté à rembourser la ville en trois échéances : 35 % au 1er octobre 1995, 45 % au 15 mars 1996 et le solde soit 20 % au 1er janvier 1997.

Le dernier comité de suivi du 12 octobre 1994 a montré que le processus de démarrage de la production de la société Aldabra était en bonne voie.

La société Aldabra a deux filiales, Globe Food Industries, qui assure la production des plats indiens, rue de Rosny, avec environ 68 salariés et Thali-Thali qui emploiera près de 489 salariés, annonce la direction, pour assurer la commercialisation des plats, via une trentaine de boutiques prévues en région parisienne.

Chacun des salariés de Kréma qui, sans leur combativité et le soutien de la ville, aurait dû s'inscrire au chômage, a reçu au moins deux propositions de poste.

Néanmoins, la municipalité est restée très attentive à la situation des salariés au travers du comité qui suit l'évolution. Ces comités ont permis de mettre à plat toutes les questions et de trouver à chaque fois des débouchés.

Les cycles de formation du personnel ont débuté en octobre 1994, alors que de gros travaux d'aménagement étaient en train d'être réalisés. Les délégués syndicaux souhaitent que les salariés des deux filiales aient la même convention collective.

Les deux présidents d'Aldabra, Pierre Bodin et Martin Lazarus, mettent en avant « la phase d'adaptation nécessaire ». Ils prévoyaient le démarrage entre novembre et la fin de l'année 1994.

La préparation de la production demande beaucoup de souplesse dans les dates comme dans n'importe quelle entreprise qui débute ». Martin Lazarus a déjà derrière lui un beau parcours dans l'hôtellerie (Sheraton) et les plats cuisinés (Picard, Knorr, Auchan).

Son associé, Pierre Bodin, possède la compétence en matière de gestion, avec en poche un doctorat. Les deux avaient déjà travaillé ensemble.

Leur chef cuisinier a des références talentueuses, dont une expérience dans un hôtel 5 étoiles en Inde. « Nous avons aussi avec nous une petite équipe et des spécialistes en viandes (spécialité du nord de l'Inde), en poissons et fruits de mer (au sud) et en cuisine végétarienne. Nous allons préparer ici 42 plats de la grande cuisine de restauration, chaque jour pour garantir la qualité. »

Kréma a cédé la place à Aldabra, spécialiste des plats cuisinés remplaçant ainsi la gomme à mâcher en 1995. Soutenus par la ville, les employés ont évité le chômage.

Les travaux d'adaptation ont commencé au cours de la deuxième quinzaine de septembre 1995, dans les locaux de l'usine Kréma, dont la ville a racheté les terrains avant de les céder aux repreneurs, selon un calendrier précis qui couvre une période d'environ deux ans (échéance en janvier 1997).

Ces derniers vont désormais confectionner et distribuer des pâtisseries et des plats cuisinés indiens. Ces plats devaient être commercialisés et livrés à domicile par une trentaine de boutiques en région parisienne. L'une de ces boutiques doit s'ouvrir rue de Lagny pour desservir Montreuil, Vincennes et les communes voisines.

Les anciens employés de Kréma, que les patrons de la Kraft Jacobs Suchard destinaient à la délocalisation à Saint-Genest (Vienne) avec des salaires amputés ou purement mis au chômage, voient s'éloigner cette perspective. Près de 90 % des anciens salariés de Kréma ont signé leur nouveau contrat avec Aldabra.

La ville resta vigilante quant à l'application de l'accord du 30 juin 1995. D'ailleurs intervenue auprès des repreneurs pour qu'un programme de formation crédible soit établi et appliqué parmi le personnel et l'ANPE, afin que des Montreuillois soient employés.

Huit de ces boutiques devraient fonctionner à compter du 25 octobre et les quinze dernières, le 23 novembre 1995, les plats étaient encore en période de mise au point, exotiques pour la plupart, indiens comme les plats Thali qui sont un assortiment de mets sur un même plateau, ou mexicains.

Les salariés qui ont échappé au chômage grâce à leur combat et au soutien de la municipalité se voient proposer un contrat de travail par leur nouvel employeur.

Après une longue lutte et maints rebondissements, le conflit Kréma a trouvé une solution préservant l'avenir, en juin 1995. La Ville a racheté 13 000 m² de terrains et les bâtiments pour les revendre ultérieurement à un repreneur, spécialisé dans les plats cuisinés et les pâtisseries indiens, Aldabra, qui a été choisi après avoir été mis en concurrence avec d'autres candidats à la reprise.

Avec les retraites et les départs anticipés en plan FNE (Fonds national pour l'emploi), personne parmi les anciens de Kréma ne devrait se retrouver au chômage. Au contraire, l'ouverture d'une trentaine de boutiques, afin d'y distribuer les produits, Aldabra devait permettre l'embauche de personnel montreuillois.

Après l'accord du 30 juin 1995, les promesses d'achat de l'usine ont été signées entre Kréma, la Ville et le repreneur ainsi que les promesses de cession, simultanément, entre Montreuil et Aldabra. Pour résumer cette opération financière, la Ville assure le portage financier du premier versement, de 1,8 million de francs, soit 20 %, jusqu'en janvier 1997. D'ici là, les 80 % restants devaient être payés en deux versements de 35 et 45 % aussitôt remboursés par le repreneur à la Ville. Enfin, Aldabra devait rembourser dans un peu plus de deux ans sa dette initiale de 1,8 million de francs.

Mais, comme le député-maire l'a souligné, la Ville ne saurait garantir la bonne marche de l'entreprise. Dans cette affaire, elle ne fait qu'acheter et revendre en servant ainsi de relais, afin de faciliter l'opération qui assure le maintien de 137 emplois au moins, à Montreuil. Il faut savoir aussi que c'est la Kraft Jacobs Suchard, dont dépend Kréma, qui a consenti un prêt de 7 millions de francs à Aldabra, afin d'entreprendre incessamment les travaux d'adaptation de l'ancienne fabrique Kréma.

De même, Kréma a signé une convention de congé de conversion avec l'État, afin d'éviter les licenciements des anciens membres de son personnel auxquels le repreneur a proposé un contrat de travail.

Par ailleurs, Aldabra et la Ville devaient se concerter pour obtenir l'embauche d'environ 70 autres employés, Montreuillois de préférence, pour tenir la trentaine de boutiques où l'on pourra se procurer les plats Aldabra.

En accordant la garantie de la ville au projet de reprise du site Kréma, Jean-Pierre Brard et les élus concernés de la majorité municipale ont tout fait pour sauver les 137 emplois qui étaient menacés par la fermeture de l'usine de Montreuil.

LES KRÉMA DEVIENNENT ALDABRA

La majorité municipale unanime a donc voté le plan de reprise et accordé sa garantie financière à l'opération, la droite se réfugiant dans l'abstention sous prétexte notamment que la municipalité prendrait trop de risques. « Mieux vaut prendre des risques pour l'emploi que pour le chômage… », a objecté le député-maire en ajoutant qu'il ne pouvait garantir que ce qui relevait du domaine municipal et non la bonne marche des entreprises…

Le vendredi 1er* juillet 1994, la convention d'accord devait être signée par les différents partenaires, préfet, municipalité, direction de Kréma Jacob Suchard. Cet accord prévoit notamment que les 131 employés d'Aldabra, nouvelle dénomination commerciale donnée par les repreneurs, MM. Bodin et Lazarus, seront en congés payés durant ce mois de juillet puis en congé formation en août puis en formation proprement dite du 1er septembre au 1er décembre 1994.

Les premiers contrats de travail seront signés début août, les derniers, fin septembre. Chaque salarié va recevoir une offre d'emploi ou se verra proposer un salaire et une qualification.

Le lieu de travail qui ne sera pas forcément localisé à Montreuil puisque dix boutiques de cinq employés, chargées de commercialiser le produit, seront ouvertes dans des zones d'habitation très urbaines de la région parisienne. Si le salarié repousse cette première offre, une seconde lui sera faite.

Ajoutons qu'Aldabra s'inscrit dans la chaîne de l'ultra-frais dont les produits seront périssables dans les six jours.

La commission de suivi, mise en place au moment de l'accord de janvier, s'est réunie pour la 2° fois, le 9 mars 1995.

Les licenciements qui initialement devaient intervenir en janvier ont été « gelés » grâce à l'accord jusqu'au 30 juin 1995.

L'avenir d'Aldabra serait, lui, totalement certain, si le groupe arrivait enfin à s'allier un partenaire bancaire. Mais nous étions témoins lors d'une réunion tenue dans les locaux de cette société, de l'arrivée des services sanitaires de la Préfecture de la Seine–Saint-Denis qui ont effectué des prélèvements sur les produits alimentaires fabriqués dans l'usine. Mais le représentant de la Préfecture nous a révélé qu'il y avait un constat de présence de salmonelle et de menaces sur la continuité de la production de plats cuisinés. Ce projet de plats cuisinés indiens est mort-né, car inadapté aux goûts des Français, très compliqués à mettre en place et souffrant de problème d'hygiène. L'erreur de tous les protagonistes de cette affaire est d'avoir fait confiance à des créateurs de projet original, mais risqué au lieu de choisir une société qui est déjà en place et qui souhaite se développer.

L'AFPA : L'Association nationale pour la formation professionnelle des adultes

L'Association nationale pour la formation professionnelle des adultes (AFPA) est concernée par le projet de loi quinquennale relatif au travail, à l'emploi et à la formation professionnelle. Après une menace forte de délocalisation du siège social situé à Montreuil, on pouvait redouter que cet organisme majeur de formation ait, pour instance unique, au niveau régional, les comités régionaux de la formation professionnelle, de la promotion sociale et de l'emploi (COREF), seuls organismes appelés à connaître ses interventions et ses moyens.

Ce nouveau fonctionnement risque d'accentuer la disparité sociale et économique entre les régions. Il ne devait plus assurer le statut national du personnel (10 000 salariés) ni l'homologation nationale des diplômes (167 000 personnes sont entrées en formation en 1992). Il s'agirait donc d'une remise en cause du service public national de la formation professionnelle.

À l'Assemblée nationale, le député-maire est intervenu, le 3 octobre 1994, pour faire part de ses inquiétudes. Il a rappelé que le ministre du Travail, de l'Emploi et de la Formation professionnelle Michel Giraud l'avait assuré, en juin 1994, de sa volonté de préserver le caractère national de l'AFPA. Cependant, après la menace de délocalisation du siège de cet organisme, le personnel, les usagers montreuillois s'inquiètent des velléités de dislocation de l'AFPA qui apparaissent dans le projet gouvernemental « notamment en raison du rôle qui sera dévolu, par décret, aux comités régionaux et départementaux de la promotion sociale et de l'emploi, rôle qui dans l'article 50 est bien flou, ce qui ne fait que renforcer nos inquiétudes.

Il est possible et indispensable de revenir sur le processus engagé [...] qui tend à supprimer un service public fondamental ».

Michel Giraud, dans sa réponse, assurait « qu'il n'y a pas actuellement que je sache, de perspective de décentralisation du siège de l'AFPA » et que s'il n'y en avait une, le député-maire de Montreuil serait « bien entendu consulté ».

Délocalisation de l'AFPA :

Après avoir interpellé le ministre de la Ville et de l'Aménagement du territoire au moyen d'une question écrite le 12 décembre 1991, le député-maire s'est adressé le 29 janvier 1992 au Premier ministre en ces termes : « Outre les difficultés considérables que crée pour les personnels concernés et leurs familles une délocalisation, il apparaît totalement inopportun de fermer un tel établissement à Montreuil. En effet, l'Est parisien est notoirement déficitaire en emplois (Montreuil compte 6 700 chômeurs) et les trajets domicile-travail quotidiens ont lieu, en région parisienne, de l'Est vers l'Ouest et de la banlieue vers Paris, le matin et l'inverse le soir. La présence d'un tel établissement à Montreuil n'alourdit donc pas les flux dominants. D'ailleurs, votre gouvernement envisage lui-même de transférer certains ministères ou établissements de Paris vers la Seine Saint-Denis, reconnaissant la nécessité de renforcer le potentiel d'emplois du département. En outre, le départ de ce siège porterait un coup grave aux activités commerciales et de service généré à Montreuil par la présence des 800 salariés.

Je réaffirme donc la ferme opposition de la municipalité à ce projet néfaste de délocalisation et je souhaite pouvoir vous rencontrer prochainement à ce sujet qui soulève une grande émotion au sein du personnel. »

Mme Cresson lui a répondu le 17 février 1992 :

« Monsieur le député-maire, vous aviez bien voulu me faire part de vos remarques concernant une éventuelle délocalisation de l'Association nationale pour la formation professionnelle des adultes.

Comme vous le savez, il n'a pas été décidé de transférer cet organisme lors du Comité interministériel d'aménagement du territoire du 29 janvier 1992.

J'ai demandé au ministre d'État, ministre de la Ville et de l'Aménagement du territoire, de vous tenir directement informé de l'évolution de ce dossier »

Les interventions vont donc être poursuivies pour obtenir une renonciation définitive et officielle à ce projet de délocalisation.

Par la suite, l'AFPA quitte définitivement Montreuil.

L'USINE THOMSON DEVIENT TEKELEK

L'usine de Montreuil fait partie de la division hybride et Micro-ondes (DHM) qui est une filiale de Thomson CSF (40 000 ouvriers). On y fabrique les composants professionnels (satellite, radars, aéronautique et spatial). Depuis 1985, plus de 50 % des commandes de Thomson-CSF ne sont plus passées à DHM. La société mère s'approvisionnait de plus en plus chez des concurrents étrangers comme Microwam aux États-Unis et NEC au Japon. Pour le personnel, il y a depuis longtemps une insuffisance du côté des investissements, qui se traduit par un retard technologique qui n'est pas irréversible : rentabilité contre indépendance.

D'autres raisons viennent cependant s'ajouter aux difficultés de la filiale de Montreuil. Depuis plusieurs années, Thomson SA entreprend une restructuration qui s'inscrit dans une stratégie internationale, sans issue (eurêka). La branche française des composants devait être progressivement abandonnée. Pourtant, les besoins en France sont suffisamment importants pour qu'une production nationale de composants électroniques soit rentable. C'est en tout cas la question qu'il faut se poser, si l'on veut faire face à une concurrence étrangère. Et ce n'est pas seulement le développement économique de Montreuil qui en dépend, c'est l'indépendance industrielle et militaire de la France, dont il s'agit.

– 60 salariés de l'usine Thomson de Montreuil ont été licenciés pour la seule année 1986, soit presque le quart du personnel et pour la plupart des femmes.

Il s'agit bien d'une réduction des effectifs convenablement appelés pour les circonstances : « licenciement concerté ». Les salariés sont en fait invités à quitter l'entreprise en échange d'une prime et en leur faisant comprendre qu'un jour ou l'autre, ils seraient inévitablement licenciés.

Cela permet à la direction de dégraisser en douceur compromettant l'avenir de cette entreprise nécessaire à la production nationale. Conséquence immédiate, des personnes ayant 20 ans de maison partent sans aucune perspective de retrouver un autre emploi, bien qu'elle soit des ouvrières qualifiées.

Comment une entreprise appartenant au puissant groupe Thomson et produisant dans un secteur de pointe peut-elle en arriver là ?

Il est paradoxal en effet qu'une activité de haute technologie, en principe créatrice d'emplois, en perde. C'est pourtant la résultante d'une politique de recherche de profits à court terme sans prendre en compte les intérêts économiques et sociaux du pays.

– Depuis le début de l'année 1987, ce sont près de 2000 emplois que le groupe nationalisé Thomson a supprimés en France. Rien qu'au mois de juillet, 850 suppressions d'emplois ont été annoncées.

La logique de Thomson au nom du redéploiement est une logique avant tout pour leur profit.

Par l'accord passé avec General Electric aux États-Unis en juillet 1987, Thomson se lança sur le marché américain des téléviseurs, à ses risques et périls face aux concurrents japonais. Le groupe français abandonna en revanche tout un secteur de technologie. Le marché des scanners et des appareils de radiologie, domaine médical où il excellait pourtant. C'est la place de la France dans cette branche qui est définitivement condamnée et avec elle des milliers d'emplois.

En ce qui concerne l'avenir de l'unité de Montreuil de Thomson-CSF qui s'inscrit dans ce mouvement général, il est aussi alarmant. En effet l'accord du 1er avril 1987 a permis sa fusion avec une société italienne, la SGF. Une telle restructuration risquait de conduire au démantèlement de l'usine de l'avenue Faidherb. Or rien ne justifie une telle liquidation puisqu'on ne produit pas assez de composants électroniques en France, spécialité de l'usine de Montreuil. Pour défendre l'avenir des 240 salariés, des actions furent envisagées. 40 % du capital de ce groupe est détenu par le privé et l'étranger a perdu la moitié de sa valeur en quelques mois. Une stratégie qui le fragilise, d'autant plus qu'elle se développe au détriment de la production à Montreuil, certes, mais aussi dans l'ensemble du pays. Cette usine fait en effet partie de la division hybride et micro-ondes DHM, on y fabrique les composants pour les satellites, les radars aéronautiques et la conquête spatiale depuis 1985. Plus de 50 des commandes Thomson CSF ne sont plus passées à la DHM, mais au Japon et aux États-Unis. Thomson CSF négocie des accords avec plus de 20 sociétés militaires américaines pour décrocher quelques marchés de la guerre des étoiles. Thomson spécule ainsi contre le marché français sur le marché américain et notamment dans sa branche militaire qui est l'une des premières responsables du déficit économique de ce pays. Des sommes considérables sont ainsi soustraites au développement du groupe en France et des activités furent ainsi progressivement abandonnées alors que les besoins existent. Jouer la carte de la finance contre celle de la production et des licenciements contre la formation et la recherche, c'est faire le choix d'une dépendance industrielle et militaire. Je soutenais dans des notes internes adressées à la municipalité : « qu'il est possible pour cette entreprise de satisfaire les besoins non seulement localement, mais à l'échelle du pays en électronique et de participer ainsi à l'essor de la production française : c'est là la seule carte gagnante ».

Tekelec est locataire des locaux que Thomson souhaitait revendre. Suite à plusieurs propositions de la municipalité pour une réimplantation dans Montreuil, les salariés sont inquiets face à l'incertitude de leur direction.

Deux cents salariés travaillent dans cette entreprise qui produit des composants et des « sous-ensembles hyperfréquences » de haute technologie destinés à des applications dans les secteurs de la science, de la médecine, de l'espace, de la défense et des télécommunications.

Alertée par le syndicat CGT, de la décision de Thomson de revendre les locaux, la ville intervient dès le début de l'année 1990, en adressant à M.

Joyeux, directeur de Tekelec, cinq propositions de réimplantation à Montreuil.

De plus, la municipalité s'investit dans l'opération immobilière afin de créer les conditions pour maintenir Tekelec en place, en envisageant un réaménagement possible des locaux.

La société Tekelec, ancienne filiale de Thomson vendue à une société privée, souhaite quitter ses locaux situés avenue Faidherbe à Montreuil.

Cette société fabrique des composants électroniques aussi bien utilisés dans l'armement que dans l'électroménager.

Les 170 employés qui travaillent sur le site montreuillois sont inquiets. Ils pensent que Tekelek cherche à transférer ses activités aux Ulis.

De son côté, la municipalité s'oppose à cette décision. De nombreuses propositions de terrains sur Montreuil ont été faites. Mais ces propositions sont restées sans réponse. Un silence qui fait peser le doute. Les salariés, soutenus par la ville, entendent se mobiliser pour le maintien de l'activité à Montreuil.

En ces années 2024 et même avant, on parle de réindustrialisation de la France et d'une forte dépendance en composants électroniques, notamment les semi-conducteurs. Le cas Thomson-Tekelek révèle l'échec des politiques industrielles menées et celui de la pensée ultralibérale. Que de temps perdu et quel gâchis ?

DÉBUT DE LA FIN DE L'INDUSTRIE DES MÉDICAMENTS

LABORATOIRE ROLAND MARIE :

Les laboratoires Roland Marie conditionnaient et fabriquaient des médicaments principalement destinés aux voies respiratoires contre la toux, le rhume et l'angine. Ces produits pharmaceutiques étaient tous remboursés par la Sécurité sociale, c'est ce qui amena la direction à vouloir s'en défaire. Il faut savoir en effet que les profits ne vont pas de pair avec la fabrication de médicaments dont les prix sont fixés de façon administrative par la Sécurité sociale. D'autres productions sont pour les entreprises pharmaceutiques beaucoup plus alléchantes comme les médicaments de bien-être, les cosmétiques, les bio-industries, l'agroalimentaire. Nous avons là encore le cas d'une PME, filiale d'une firme nationalisée, Sanofi elle-même, filiale d'un des plus puissants groupes nationalisés Elf Aquitaine qui est condamnée pour des raisons financières de court terme, Sanofi voit son chiffre d'affaires augmenter de 36,6 % et investit massivement à l'étranger. La société mère Elf Aquitaine connaît une progression financière et économique spectaculaire. Son chiffre d'affaires est passé de 107 milliards de francs en 1980 à 175 milliards francs en 1985, faisant d'Elf Aquitaine la première société française. Malgré les excellents résultats des deux sociétés mères, ces groupes nationalisés opèrent des restructurations entraînant dans leur filiale la suppression de centaines d'emplois pour « insuffisance » de rentabilité.

Pour Sanofi, cela risque de se traduire par une perte de 5 000 emplois dans le secteur pharmaceutique.

La région parisienne fut la plus touchée. Pantin a déjà perdu une centaine d'emplois et c'est aussi le cas à Gentilly et Montreuil. L'enjeu est d'importance pour Montreuil où 40 emplois de bureau ont déjà été transférés du siège montreuillois 15, Rue Michelet à Paris et 50 personnes travaillant dans les laboratoires ont été menacées.

Selon la direction, l'usine de Montreuil ne pouvait être restructurée ni modernisée. Construit en étage et n'offrait pas les avantages et facilités d'organisation de travail d'une usine bâtie de plain-pied. Des solutions pourtant existaient ; moderniser le matériel de production, afin d'augmenter la compétitivité des produits et de diversifier la fabrication. Pour cela, Sanofi investissait en France et ralentissait ses exportations de capitaux à l'étranger. Les syndicats jugeaient le déménagement systématique des usines pharmaceutiques de la région parisienne inadmissible.

Le groupe Sanofi n'avait pas que Roland Marie comme filiale, mais aussi SAUBA à Montreuil.

La fermeture de ces deux usines est d'autant plus inadmissible qu'Elf Aquitaine, la société mère connaissait une progression financière importante et que Sanofi deuxième groupe pharmaceutique français a vu son chiffre d'affaires augmenter de 36,6 % avec une rentabilité forte. Les solutions pour favoriser la recherche, la modernisation et le maintien de l'ensemble de l'appareil de production existaient pourtant. Les élus de Montreuil et de Gentilly se sont rencontrés, afin d'étudier la situation et lutter contre la désindustrialisation. Peine perdue, la puissance des grands groupes est plus forte que l'État et les collectivités territoriales.

DISTRITHÉRA

La société Distrithéra, unité de recherche de l'industrie pharmaceutique, est une filiale montreuilloise du groupe nationalisé Sanofi-El-Aquitaine. Sa délocalisation fut effective en 1991 à Amiens et à Hérouville-Saint-Clair dans le Calvados. À la clé, la suppression de 94 emplois.

En 1986, le groupe Sanofi-Elf-Aquitaine supprimait à Montreuil le laboratoire Roland-Marie.

En 1987, la firme rachète l'entreprise Sauba qui comprenait 200 salariés, la baptise Distrithéra, qui employait 94 personnes.

En juin 1987, l'ex-président du groupe avait confirmé par un courrier adressé à la municipalité « je vous confirme comme je vous l'avais indiqué de vive voix que, dans nos perspectives, l'existence de l'établissement Sauba à Montreuil n'est pas en cause ». Trois ans plus tard, c'est le revirement. Dans une interview accordée au Monde, M. Sautier, président du syndicat national des industries pharmaceutiques a expliqué que toutes les firmes de ce secteur d'activités étudient la possibilité de quitter la France. Le démantèlement de Distrithéra en province serait-il en fait une « étape » ? L'objectif de ces groupes industriels, c'est d'absorber les petits laboratoires de recherche français, puis de les exporter dans les pays étrangers où les médicaments se vendent plus cher et notamment en Allemagne de l'Ouest. En France, la Sécurité sociale exerce une pression qui permet le contrôle des prix sur les médicaments. Pour des sociétés comme Elf-Aquitaine, le but est de gagner toujours plus d'argent. Peu importe la suppression des emplois, la santé, l'économie française et la recherche scientifique nationale, quand il s'agit de profit. Vis-à-vis de cette conception financière de l'industrie, on sait aussi que le déplacement d'une usine dans une autre région permet de bénéficier des avantages financiers favorables des nouvelles collectivités locales.

Si l'entreprise se délocalise, on vous explique pourtant qu'il n'y aura aucun licenciement, ce qui est inexact.

« Le monde » sous la plume de Dominique Gallois en date du 20 décembre 1996, annonce : « Elf Aquitaine est prêt à se désengager de sa filiale pharmaceutique Sanofi. Crée en 1973, Sanofi est devenu le 24e laboratoire pharmaceutique mondial. Pour la première fois de son existence, il s'apprête à lancer trois médicaments et entend changer de dimension pour affronter la concurrence mondiale. Il a toujours démenti vouloir s'allier avec Rhône-Poulenc, mais on lui attribue des projets avec Synthélabo ou Bristol Myers Squibb. La Bourse a salué le futur désengagement d'Elf.

Sanofi, appartenant à Elf Aquitaine, a décidé de fermer sa filiale montreuilloise, Distrithera. Cette dernière est spécialisée dans la fabrication de produits parapharmaceutiques tels que les sirops contre la toux ou les vitamines.

Une partie des 120 salariés devait être reclassée, quant à ceux qui ne pouvaient ou ne voulaient pas suivre, ils furent licenciés.

Aux côtés des salariés, la municipalité a multiplié les démarches, car l'entreprise devait rester à Montreuil. Des interventions ont été faites en 1989 et 1990, auprès du ministre de l'Industrie, René Fauroux et au président d'Elf Aquitaine, Loik Le Floch-Prigent et du président de Sanofi, M. Dehecq.

Ce n'est qu'au moment de la Covid-19 que l'on a regretté les fermetures des usines et laboratoires de production pharmaceutique et la dépendance de pays asiatiques, notamment en matière de médicaments et autres produits pharmaceutiques. Nous avons eu raison 30 ans plus tôt.

USINE DUFOUR, LE DÉCLIN DE LA MACHINE-OUTIL FRANÇAISE :

L'usine de construction de machines-outils à commandes numériques était implantée dans de vastes locaux au 143 boulevard de Chanzy à Montreuil, depuis 1930, sous un statut artisanal. Les fondateurs, M. et Mme Gaston Dufour, vont innover dans la fabrication de fraiseuses. Les machines-outils Dufour ont été en avance par rapport à leur temps et n'ont pas résisté à la crise du système productif de 1973.

1933 est l'année de sa création ; cette petite entreprise artisanale de mécanique devient rapidement un des principaux constructeurs français de fraiseuses à consoles et de machines à commandes numériques : en 1980, 730 salariés réalisaient 700 machines-outils par an. L'entreprise très performante participait en même temps à l'équilibre économique et social de la ville. Le carnet de commandes était bien rempli ; la clientèle fut importante et diversifiée. Pourtant, curieusement, c'était déjà le début d'une dérive, qui s'échelonna avec des soubresauts, jusqu'au dépôt de bilan. Dix années ponctuées de licenciements, dépôt de bilan, lutte du personnel, consultation et soutien de la population, reprise de l'activité, injection de fonds publics…

Après une période d'expansion forte des années 1960, l'entreprise dépose le bilan en 1981 et licencie 385 salariés sur un effectif total de 730.

Le rachat par Profel-Promat en 1980 n'a pas contribué au redressement de la société et un nouveau dépôt de bilan intervient une année plus tard. Ainsi les effectifs vont évoluer de la manière suivante :

1944 : 70 salariés — 1976 : 610 - 1979 : 730 - 1988 : 60.

Le 18 juillet 1991, l'ensemble du personnel (75 salariés) recevait sa lettre de licenciement mettant un point final à l'activité de la machine-outil à Montreuil.

En réalité, à partir de 1989, la direction montrait sa volonté de quitter Montreuil. Les responsables syndicaux CGT en ont eu pour preuve la vente massive de pièces et de machines. Ils soupçonnent le directeur d'opérer des transferts de fonds de la société Dufour vers deux entités qu'il a créées en 1989 : Usimatic et TMO. Ils estiment enfin que le dépôt de bilan avec liquidation judiciaire, prononcé l'été 1991, a été voulu et préparé.

Dufour est d'ailleurs un exemple parmi d'autres du plan de démantèlement de la machine-outil en France : les deux tiers de ce secteur étaient « produits en France ».

Pendant des années, la vigilance de la municipalité a permis de maintenir cette activité vitale pour la ville : début juillet 1991, elle proposait encore à l'entreprise de se réimplanter sur un site plus fonctionnel qu'elle mettait à sa disposition. À la même époque, les élus locaux accompagnaient les délégués syndicaux pour rencontrer le mandataire liquidateur, Me Mandin. Celui-ci s'engageait à ce qu'une partie des salaires ainsi que les congés payés soient bien versés au personnel. Mais dans le même temps et durant plusieurs jours, M. Dufour refusait l'accès de l'usine à ces délégués syndicaux.

La municipalité a, par ailleurs, demandé un entretien à Dominique Strauss-Kahn, ministre de l'Industrie, ainsi qu'un examen des comptes de Dufour et de ses satellites au gouvernement et au préfet.

Le savoir-faire de ces salariés licenciés et un nom commercial n'ont pas empêché le rachat par un repreneur qui a fini par achever l'existence de ce fleuron de l'industrie française. C'est le début du déclin du secteur des biens d'équipement français et la dépendance vis-à-vis de l'Allemagne dans ce secteur. Voici le tableau des licenciements par entreprises :

– Sofresid
305 licenciements
– Aldabra
300 licenciements
– AFPA
15 licenciements
– Berthollet
80 licenciements
– Simog : 30 licenciements
Brink's : 88 licenciements et 92 emplois transférés
– Tekelec : 50 emplois transférés
– Merlin Gérin : 70 emplois transférés
– Laubeuf : 80 emplois transférés
– Letraset : 60 emplois transférés
– Walt Disney : 100 emplois transférés
– Aubert : 100 emplois transférés

AUDAX : DES HAUT-PARLEURS QUI VONT SE TAIRE

Depuis le mois de décembre 1986, la situation n'a cessé de s'aggraver chez AUDAX, second producteur européen de haut-parleurs installés depuis 50 ans à Montreuil. La municipalité, le conseil général de Seine–Saint-Denis et le personnel n'ont cessé de proposer un plan de relance puisque les 60 licenciements étaient maintenus.

Le plan d'urgence imposée par le syndic de la société AUDAX n'est en rien « un plan de sauvegarde », constate une salariée. Avec le dépôt de bilan ordonné par le tribunal de commerce de Paris, le licenciement de 60 personnes pour la plupart des femmes et un dialogue bloqué par la direction ont condamné l'entreprise. Le syndic a tout fait pour justifier l'abandon de la production de haut-parleurs sur Montreuil.

La riposte ne s'est pas fait attendre. Les ouvriers ont occupé les locaux pendant plus d'un mois jusqu'au 9 mars 1986. La municipalité de Montreuil leur a apporté son soutien ; il fallait s'opposer à un tel démantèlement, qui à la fois prive la ville d'une activité économique et met au chômage des travailleurs, ayant souvent plus de 20 ans de maison. Le gouvernement n'a par ailleurs pas pris les mesures qui s'imposaient pour soutenir l'entreprise. Ceci est d'autant plus surprenant qu'Audax est une entreprise viable. C'est au nom de l'indépendance nationale que le maire a écrit au ministre de l'Industrie pour exiger, dans les meilleurs délais, un plan de redressement non seulement pour le maintien de tous les emplois, mais pour sauvegarder le potentiel de l'entreprise.

Les difficultés financières d'Audax ne constituent pas un argument pour ordonner son démantèlement. L'endettement s'est accru à l'époque où un autre fabricant d'enceintes acoustiques fut absorbé (SIARE). Il convient de rappeler que la municipalité avait alors dénoncé les risques d'une telle transaction. S'ajoute à cette vulnérabilité vis-à-vis des créanciers, la détérioration du marché des haut-parleurs en 1986, à l'importation et à l'exportation, sous la pression de la concurrence étrangère. Pourtant, les besoins en haut-parleurs furent immenses.

Ces années difficiles n'ont cependant pas empêché Audax de réaliser en 1986 un chiffre d'affaires consolidé de 140 000 000 francs. Comme le précisait un travailleur d'Audax lors de la table ronde du 12 février 1986 en présence de Me Faque administrateur judiciaire : « les résultats de l'entreprise nécessitent un travail en profondeur, mais le problème à résoudre prioritairement aujourd'hui ce sont les licenciements décidés sur un critère unique de trésorerie. »

Le mouvement du personnel s'est mêlé à un douloureux ressentiment, puisque les travailleurs ont été contraints de mettre fin à l'occupation des locaux sous la pression du patron et du syndic qui n'ont fait aucune concession sur les 60 licenciements. Mais la municipalité a continué d'intervenir pour proposer un plan de redressement en liaison avec l'expert nommé par le comité central d'entreprise.

Deux plans de reprise de la société ont été présentés lors d'un comité central d'entreprise, auquel participaient les délégués des différents sites « Château du Loir, La Flèche, Montreuil ». Ces deux plans prévoyaient pour ce qui concerne Montreuil le démantèlement du siège. Aucune stratégie industrielle et commerciale n'apparaissait et encore une fois on se contenta d'un simple rafistolage.

Autre sujet de préoccupation ; Me Faque, administrateur judiciaire avait annoncé 3 à 4 plans en perspective. Les élus du personnel se sont interrogés : « On peut se demander où sont passées les autres propositions et espérer qu'elles ne ressurgiront pas quelques jours avant la date limite de dépôt de candidatures à la reprise.

Si deux autres plans étaient présentés au dernier moment, les travailleurs seraient pris de court ». Les salariés, appuyés par la municipalité, avaient fait pour leur part d'autres propositions garantissant la pérennité de l'entreprise, l'intégrité des emplois et la sauvegarde de l'ensemble des sites.

Je me souviens de notre rencontre de Jean-Pierre Brard avec le P.-D.G. d'AUDAX âgé de 85 ans, visiblement dépassé par les nouveautés du secteur et l'incapacité de ses enfants d'assurer la continuité de l'entreprise.

OCE France : UN MAL POUR UN BIEN

OCE France est une entreprise de reprographie et de bureautique filiale d'un groupe hollandais. Son siège social se trouvait depuis 1969 à Montreuil. Avec les agences qui lui sont rattachées, elle comptait 650 personnes. Un centre de formation était installé à Montrouge et une usine à Châteauroux.

Depuis plusieurs années, la direction d'OCE France élabore dans l'ombre des projets contraires aux intérêts des salariés et de la ville. Le 5 juin 1987, le maire s'est rendu à l'entreprise. À son arrivée, il a trouvé toutes les portes fermées. Ce fut la preuve que la direction a des choses à cacher aux délégués syndicaux présents.

Depuis 1979, l'éventualité d'un déménagement est évoquée pour la première fois. Raison invoquée : la vétusté des locaux et le désir d'améliorer l'image de marque de la société.

Apprenant cela, la municipalité fait une proposition pour que l'entreprise se réinstalle dans un autre quartier de Montreuil. Cette proposition et toutes celles qui ont suivi entre 1980 et 1985 n'ont pas été retenues, que ce soit rue Gaston Lauriau ou rue de Rosny, rue de Vitry, rue de Paris ou dans la zone de relogement industriel de la rue Brûlefer. Chaque fois, des exigences nouvelles sont mises en avant. En décembre 1985, une présentation d'un plan de réorganisation de l'entreprise avec 416 suppressions d'emplois, lui a été opposé des contre-propositions, élaborés avec les syndicats sont restées sans réponse. La proposition de locaux sis « porte de Montreuil » avec des bureaux visibles à partir du boulevard périphérique avec une entrée indépendante, donnant sur la rue de Paris fut rejetée. La direction ne donna plus signe de vie jusqu'au comité d'entreprise de mai 1987. L'éventualité d'une installation à Marne-la-Vallée semblait être prise. Mais officiellement rien n'est confirmé.

En mai 1987 un nouveau plan de restructuration prévoit 93 suppressions de postes. Ce projet prend pour prétexte des difficultés économiques alors que l'année précédente, la société a connu une hausse de son chiffre d'affaires. Le transfert du siège à Marne-la-Vallée a pour objectif principal une réduction très importante du nombre des salariés. En considérant comme une immixtion de tiers dans les affaires d'une entreprise privée, cela révèle une conception rétrograde des relations avec des institutions directement concernées par la décision. Dans une lettre adressée par le maire de Montreuil à M. Vinsonneau, directeur d'OCE France, il est écrit : « vous n'êtes pas sans savoir que la disparition de votre société engendrerait des déséquilibres financiers et économiques préjudiciables aux intérêts de la population. C'est au nom de la sauvegarde de ses intérêts et du maintien de l'emploi que la loi du 2 mars 1982 a donné aux communes des prérogatives économiques importantes.

La ville de Montreuil qui a fait des propositions de réimplantation du siège social à la porte de Montreuil s'opposa par tous les moyens réglementaires au transfert des activités d'OCE France à Marne-la-Vallée.

Elle apporta son soutien à toutes les actions que les salariés décidaient pour sauver leurs emplois et le maintien de l'entreprise à Montreuil. » Finalement d'un mal un bien, le départ d'OCE France augurera d'un projet immobilier combinant commerces, hôtels, bureaux et services, générateurs d'emplois, de recettes fiscales et d'une dynamisation d'un secteur de la ville bien desservi.

CICE : D'UN PROPRIÉTAIRE À L'AUTRE

La compagnie industrielle de céramique électronique (CICE) de Montreuil a été reprise par le groupe Saint-Gobain en 1988. Cette entreprise fait depuis quelques années l'objet de vente et de revente. Dès 1979, la direction de LCC devenue CICE, alors filiale de Thomson, décida de céder ses productions à la CERAVER à Tarbes. Le syndicat CGT, seul syndicat dans l'entreprise, refusa cette décision. Il élabora avec les salariés, ouvriers, techniciens, ingénieurs un autre plan où il démontra, preuve à l'appui, qu'a contrario de la stratégie préconisée par la direction, l'entreprise doit rester à Montreuil et diversifier ses productions notamment vers la céramique microélectronique. La direction céda : l'usine resta bien à Montreuil, mais elle est bradée au groupe allemand STETNER qui a été vendu à SEPR, filiale de Saint-Gobain.

De vente en revente. Gérard Jamelin, le délégué CGT, le plus pragmatique et le plus lucide, que j'ai eu à côtoyer, dit ceci :

« SEPR a les moyens financiers pour relever la production et l'emploi. Le problème est que nous ne connaissons pas sa volonté. Il ne s'agit pas pour nous de faire des procès d'intention. Nous constatons seulement que jusqu'à présent la politique de la direction de Saint-Gobain est de ne pas avoir d'entreprises en région parisienne. »

D'ailleurs, nous en avons un exemple à Montreuil avec Saunier Duval, filiale de Saint-Gobain, transférée en province. Le délégué syndical ajoute : « pour nous, cette menace paraît sérieuse, elle signifie la disparition du centre de Montreuil. C'est pourquoi nous avons demandé à la direction d'entrer en relation avec la municipalité. » Réponse favorable de celle-ci, puisque la ville propose un terrain rue de Rosny. Cette proposition permettrait de mettre fin à la vétusté actuelle des bâtiments, de diversifier la production des céramiques électroniques, ce qui comblerait un vide dans un secteur industriel porteur d'emploi. Le site de la CICE se trouvait au 63, Rue Beaumarchais dans le quartier prisé du Bas-Montreuil a soulevé l'hostilité de certains habitants politisés qui voulaient valoriser leurs maisons individuelles. J'ai eu le courage d'aller à l'encontre de cette campagne de dénigrement en convainquant les élus locaux de ne pas abandonner cette usine qui rapporte à la ville une taxe professionnelle colossale et des emplois qualifiés. Mais la force de la désindustrialisation a eu raison de cette entreprise qui ferma définitivement dans les années 2000.

Les fermetures des usines furent l'apanage des grands groupes nationaux et internationaux, mais aussi des familles propriétaires qui n'ont pas su s'ouvrir aux actionnaires extérieurs ni innover. C'est pourquoi la municipalité, s'appuyant sur mon expertise technique en tant qu'économiste, décida de soutenir le développement à l'international des entreprises montreuilloises. Cela a commencé par une participation à la Foire industrielle de Leipzig en 1984 et la Foire d'Alger en 1987 et ensuite des missions de prospection économique dans 66 pays.

Montreuil, terre d'accueil des studios Méliès, est devenue dans les années 1980, la ville de l'image et des arts graphiques, grâce à l'arrivée de jeunes créateurs talentueux et visionnaires.

LES SOCIÉTÉS DE DESSINS ANIMÉS À MONTREUIL

FRANCE ANIMATION, BELOKAPI ET LES STUDIOS DES FRÈRES BRIZZI

Afin de fabriquer des dessins animés, il y a besoin de locaux vastes et adaptés au travail des dessinateurs et des concepteurs. Belokapi est installée dans 500 m² au 92, rue Robespierre, un second studio de production est basé à Vincennes. Pour sa part, France Animation est installée dans 1 200 m² au 61, rue Gaston Lauriau.

Ce qui m'a agréablement surpris lors de mes visites à ses entreprises c'est la jeunesse de leurs personnels. Le dessin animé est une industrie toute nouvelle en France.

Dessinateurs, animateurs, peintres sortent des écoles de dessins, certains de l'école des techniciens de l'animation ou de la chambre de commerce des Gobelins.

Mais en fait, c'est vraiment sur le tas qu'ils apprennent toute la technique. Les premières réalisations n'ont connu un énorme succès en France que dans les très nombreux pays où ils ont été vendus. Par exemple « les mondes engloutis » ont été vus en Australie, au Canada, au Portugal, en Norvège, en Turquie et même au marché le plus difficile à conquérir ; les États-Unis.

Pourtant, Nicole Guincetre, directrice de production à Belokapi, explique que rien n'est gagné d'avance. « Nos séries sont chères, il faut au moins vendre 10 fois un dessin animé pour le rentabiliser. La fabrication de produits dérivés : jeux, figurines, jouets, couvertures, peseurs avec effigie des personnages nous apportent aussi des dividendes. Mais de toute façon c'est très long. »

Pourquoi la France, en concurrence directe avec des séries japonaises et américaines, amorties par l'ampleur de leur marché, fabrique-t-elle des dessins animés chers ? À cela Gilbert Wolmark P.-D.G. de France animation répond : « nous fabriquons des produits de grande qualité, tant au niveau de l'animation que de l'histoire. Quand on s'adresse en priorité aux enfants, on doit faire attention aux produits que l'on propose. Les dessins animés nourrissent l'imagination des jeunes. La violence existe, il faut la montrer, mais elle ne doit jamais être gratuite. Regardez ce qui est le plus souvent proposé à la télé : de la première à la dernière image, on se colle dessus avec des robots, des vaisseaux, des lasers. Je suis complètement opposé à cela. »

Choix important du scénario est la qualité dans la production. Ainsi pour « les mondes engloutis », dessin animé de 52 épisodes de 36 minutes, série la plus longue jamais réalisée en France, pas moins d'un million de dessins différents ont été nécessaires pour la réalisation des décors principaux et secondaires.

Toute l'équipe de France Animation (80 personnes) fut mobilisée pour la réalisation de Rahan, le fils de Craö. On devine aisément, ce qui a séduit le P.-D.G. de la société ; histoire bien construite et dépaysement assuré pour les téléspectateurs. Afin de réaliser les somptueux et spectaculaires décors, toute l'équipe s'est documentée sur l'époque préhistorique. Rahan devra affronter des dinosaures et d'autres immenses créatures géantes, mais aussi il devra lutter contre la méchanceté des hommes. M. Wolmark considère aussi et surtout, ce personnage comme un humaniste qui s'interroge sur le soleil, le vent, apprend et veut transmettre son savoir.

Là encore, toute l'attention est portée sur la réalisation, le respect des tons originaux de la BD de Lecureux et Cheret, dramatisation des couleurs et soins extrêmes de l'animation. Rahan est passé sur TF1.

WALT DISNEY FRÈRES BRIZZI

Pierre Sissman, président de Walt Disney animation, annonce le 11 septembre 1989 : « Walt Disney choisit la France pour ouvrir le plus grand studio d'animation d'Europe. »

Pas moins de 110 dessinateurs réalisent une bonne partie des dessins animés diffusés mondialement. Un long métrage est produit chaque année, ainsi que des téléfilms ».

Télé 7 jours, daté du 30 septembre 1989, écrit ceci : « Disney s'anime en France. Mickey, Minnie, Picsou et les autres envahissent la France. En attendant que l'Euro-Disneyland ouvre ses portes en 1992, un studio d'animation Walt Disney vient d'être créé à Montreuil-sous-Bois. Avec l'ambition de devenir le plus important d'Europe. »

Le Parisien en date du 9 au 10 septembre 1989 enfonce le clou : […] Walt Disney ouvre des studios à Montreuil. Mickey arrive à Montreuil !

Plus exactement, les studios Walt Disney viennent d'annoncer la création d'un important studio d'animation dans cette ville de Seine–Saint-Denis ».

Newsletter-12 septembre 1989 :

« Walt Disney ouvre un studio à Montreuil. Les studios Walt Disney annoncent l'ouverture d'un important studio d'animation à Montreuil-sous-Bois qui produira des dessins animés de longs métrages ainsi que des émissions de la télévision. Baptisé Walt Disney Animation France, il est dirigé par Paul et Gaétan Brizzi, producteurs. »

Le Parisien, le 13 septembre 1989, écrit : « La petite souris aux grandes oreilles s'exporte si bien qu'elle débarque aujourd'hui à Montreuil. Et déjà, on destine le studio Walt Disney Animation France à une carrière européenne dans le monde de l'animation. Il devrait recruter près d'une centaine de professionnels dans les mois qui viennent. »

Malheureusement Paul et Gaétan Brizzi accepteront de déménager dans des locaux neufs au parc Euro Disneyland. C'était écrit et je l'avais prédit, car en 1991 lors d'une visite au parc Disneyland, j'ai constaté que les dessinateurs de Disney étaient intégrés au complexe de loisirs.

Chapitre 6 : LA FORCE EST DANS L'UNION ; L'EXPÉRIENCE DE L'AMIE (EX-AMDCEI)

Afin que l'activité de soutien au développement des entreprises locales ne soit pas l'apanage uniquement des services municipaux, il a été décidé d'associer les Chefs d'entreprise aux actions à mener au sein d'une Association qui ressemble plus à un club d'entreprises, un organisme d'appui aux sociétés implantées à Montreuil, mais aussi ouverte sur l'Est parisien.

L'Association montreuilloise pour l'initiative des Entreprises (AMIE), anciennement dénommée Association montreuilloise pour le Développement de la coopération internationale (AMDCEI) a été créée en 1988 à l'initiative de Jean-Pierre BRARD, député — maire de Montreuil et de plusieurs chefs d'entreprise. L'Association compte plus de 570 membres entrepreneurs dans les secteurs de l'industrie et des services de la ville de Montreuil et certains venant d'autres villes de la Région Île-de-France.

Membres

L'Association se compose de :

Membres d'honneur : Ceux qui ont rendu des services signalés à l'Association. Ils sont dispensés de cotisation, ainsi que les organismes spécialisés tels que les Chambres de Commerce et d'industrie, le Centre français du Commerce extérieur, le Centre français des Manifestions économiques à l'étranger.

Membre bienfaiteur : les personnes qui versent un droit d'entrée ainsi qu'une cotisation annuelle fixée chaque année par l'Assemblée générale.

Membres actifs : Ce sont ceux qui ont pris l'engagement de verser annuellement une somme fixée chaque année par l'Assemblée générale.

Les adhérents

L'AMIE s'est engagée à appliquer un barème de participation financière aux adhérents en fonction de leurs effectifs salariés. Le montant des participations financières aux activités de l'association varie entre 50 % et 80 % du coût réel des activités.

L'adhésion à l'AMIE reste une solution très avantageuse pour les PME, car pour un coût qui varie entre 200 et 800 €, selon le nombre de salariés de l'entreprise. Celle-ci bénéficie d'un grand soutien de différents organismes, mais également des collectivités territoriales.

Les entreprises bénéficient, en outre des participations aux missions de prospection à l'étranger et des participations aux foires et salons.

Les aides perçues par l'Association :

Études documentaires : L'AMIE s'occupe de toutes les recherches documentaires, auprès d'organismes de commerce extérieur, pour la recherche de partenaires à l'étranger. Elle peut aussi contacter les PEE (Poste d'expansion Économique) des Ambassades de France, afin de nouer des contacts sur place. Les collaborateurs de l'AMIE se chargent des montages des dossiers d'assurances, s'occupent de toutes les démarches auprès de la COFACE (Agence d'assurances) et conseillent les entreprises sur les services de cet organisme.

L'AMIE subventionne les entreprises participantes aux salons et foires à hauteur de 25 % des frais de stand.

L'Association recense et diffuse les appels d'offres nationaux et internationaux.

L'AMIE joue le rôle d'interface entre ses membres et les services municipaux et les administrations fiscales, sociales et économiques.

L'association organise aussi des réunions à thème.

L'Association se veut ouverte à tous et refuse d'être hermétique, ni sectaire, ni élitiste, elle avance dans le sens de l'élargissement, en conviant à ses différentes réunions des Sociétés non adhérentes appelées « Invitées ». D'autre part, le programme des Salons et des missions est élaboré uniquement selon les souhaits des adhérents, se manifestant lors des réunions des « commissions » ou suite à des sondages.

Le financement

– Les ressources de l'association comprennent :

– Le montant des droits d'entrée et des cotisations.

– Les subventions :

De l'État.

De la Région Île-de-France.

Du Département de la Seine–Saint-Denis.

De la Commune de Montreuil.

Des organismes privés.

Des organismes publics.

L'AMIE a pour but d'élargir l'horizon commercial des PME-PMI en développant des coopérations mutuellement avantageuses favorisées par l'établissement de solides relations commerciales entre entreprises locales et acteurs économiques d'autre pays. Elle accompagne les sociétés pour la promotion de leurs produits. De ce fait, elle n'est pas elle-même exportatrice de matériel, mais elle fédère les entreprises qui souhaitent développer leurs activités à l'international. Elle représente donc un « Tissu économique multisectoriel ». Elle couvre toutes les zones géographiques par le biais de salons internationaux ou par des missions de prospection.

LES ACTIONS À L'INTERNATIONAL

L'association aide au déploiement à l'international de ses adhérents en mettant en œuvre :

Des voyages de prospection dans les pays étrangers.

La participation aux foires et salons à l'étranger.

Des réunions d'information sur le contexte économique et les opportunités d'investissement dans les marchés étrangers.

Des informations utiles sur tel ou tel marché.

Ces actions à l'international s'organisent autour de voyages de prospection dans les pays étrangers. La participation aux foires et salon est un moyen indispensable pour se faire connaître dans les autres pays.

Le choix du nom A.M.I.E. n'est pas seulement une volonté de simplification de prononciation auprès de nos partenaires nationaux et internationaux : sa connotation conviviale « AMIE » a la vocation de rapprocher les Entreprises de notre Ville et de l'Île-de-France. Lors de sa création, elle portait un nom qui a voulu inclure toutes les caractéristiques qui lui sont sous-jacentes : l'Association montreuilloise pour le Développement de la coopération économique internationale (AMDCEI).

L'AMIE impulse des initiatives qui favorisent la participation à des salons situés en France et à l'étranger et organise régulièrement des conférences et petits-déjeuners, sources de rencontres et d'échanges entre les entreprises pour développer un partenariat mutuellement profitable.

Son expérience de 21 ans, sa connaissance du tissu économique et social de la ville de Montreuil et des communes de l'Est parisien ainsi que son activité permanente de sensibilisation et d'animation ont permis à l'AMIE de mobiliser les PME autour de nombreux projets porteurs.

La force de l'Association émane de l'union et de l'entente cordiale existant entre ses différents membres, ainsi que du travail participatif fourni par tous les adhérents lors des commissions et des réflexions communes. Mais aussi grâce aux résultats obtenus à l'export et localement, à l'occasion des différentes actions menées, cela a duré longtemps, malgré l'hostilité de la direction administrative qui y voyait un moyen d'illustrer l'efficacité du secteur associatif par rapport au carcan administratif. Un ancien secrétaire général de la mairie de Montreuil m'a carrément dit : « Tu fais du tort à tes collègues en répondant trop vite aux sollicitations des chefs d'entreprise et des élus locaux. » Sans le soutien du maire, je ne pouvais pas tenir aussi longtemps.

LE CLUB DES ENTREPRISES DE MONTREUIL

La vocation de l'AMIE est de renforcer l'esprit de club d'entreprises travaillant ensemble et s'entraidant. C'est dans cet esprit que l'AMIE a créé en 2005 le *Club des Entreprises de Montreuil,* tourné davantage vers des activités locales. Les dîners mensuels du club rassemblent environ 70 participants. 5 sociétés se présentent en 5 minutes et en 5 fiches.

Depuis sa création, l'AMIE, organise chaque année un nombre important d'actions de promotion des entreprises membres de l'association :

– *Participation régulière aux principales foires et salons internationaux :* Corée du Sud, Istanbul, Budapest, Abidjan, Casablanca, Leipzig, Jakarta, Johannesburg, Shanghai, Alger, Hanovre.

– *Voyages de prospection :* Roumanie, Russie, Ukraine, Vietnam, Cambodge, République tchèque, Slovaquie, Japon, Lituanie, Kazakhstan, Israël, Palestine, Pologne, Afrique du Sud, Liban, Chine, Maroc, Hongrie, Bulgarie, Bosnie-Herzégovine, Croatie, Thaïlande, Slovénie, Brésil, l'Argentine, Chili, Côte d'Ivoire, Gabon, Grande-Bretagne, Sénégal, Mali, Tunisie, Togo, Bénin, Égypte, Portugal, Côte d'Ivoire. L'Algérie, l'Allemagne, l'Espagne, la Roumanie, la Russie et l'Ukraine, le Vietnam, le Cambodge, la République tchèque, la Slovaquie, le Japon, la Lituanie et le Kazakhstan, Israël et la Palestine, les États-Unis, La Pologne, l'Afrique du Sud, le Liban, la Chine (provinces du Jilin, Sichuan, Chongqing, Shanghai, Hebei, Hong Kong et Pékin), le Maroc, la Hongrie et la Bulgarie, la Yougoslavie, la Bosnie-Herzégovine, la Croatie, la Thaïlande et la Slovénie, le Brésil, l'Argentine et le Chili, la Côte d'Ivoire, le Gabon et la Grande-Bretagne, le Sénégal et le Mali, la Tunisie, le Togo et le Bénin, l'Égypte et le Portugal, la Côte d'Ivoire, le Cameroun, Les Émirats arabes unis, La Libye, l'Italie, les Pays-Bas, la Belgique, La Grèce, le Canada, Malte, Géorgie, Indonésie, Kazakhstan, la Belgique, la Corée du Sud, Norvège, l'Inde, Monaco, les Pays-Bas, Qatar, la Suisse, la Turquie, l'Autriche..

– *Partenariat local :* L'AMIE participe au Salon du MIDEST à Villepinte (Salon International de la sous-traitance) et à Batimat (salon du BTP).

L'Association a coorganisé avec le Service de Développement économique le salon de l'industrie.

L'AMIE a plusieurs rôles au sein des entreprises :

Elle accompagne les sociétés dans leurs démarches de prospection afin de créer de nouveaux contacts.

L'aide dans la recherche d'appui technique, financier et humain dans le but de soutenir leur développement

Elle établit un dialogue entre les entreprises et les services publics.

Guy Lafitte, directeur de la société BIP et vice-président de l'AMDCEI a été interrogé par Montreuil Dépêche (septembre 1993) et a déclaré ceci :

« Lors de la naissance de l'AMDCEI, il a été créé bien évidemment un conseil d'administration et au sein de ce conseil, un bureau. Il m'a été proposé le poste de vice-président. Le but était d'obtenir un équilibre logique entre les élus et les services municipaux d'une part, et les entreprises d'autre part. Je dois souligner que l'objectif est atteint puisque les entreprises y sont majoritaires et que l'association est une entité propre, indépendante de la mairie » dit M. Lafitte.

Chef d'entreprise et membre du groupement patronal du GIREP (groupement interentreprises de la région est de Paris), G. Lafitte consacre de nombreuses heures à la bonne marche de l'association dont l'objectif est d'aider les PME et les PMI montreuilloises à l'exportation basée sur la coopération interentreprises

Yves-Michel Pattegay, P.-D.G. de l'ISB et ancien président de l'AMIE (ex-AMDCEI) renchérit : « nous vivons dans un monde qui bouge. Certains s'en inquiètent. Beaucoup s'en réjouissent. Bien sûr, dans ce mouvement qui touche tous les domaines de l'activité humaine et les rapports entre les gens, les remises en cause sont nécessaires. Il faut faire du neuf. Il faut inventer ce qui va remplacer ce qui a vieilli ou ce qui a échoué. C'est ce que nous cherchons à faire dans notre ville de Montreuil dans ce domaine limité qui est celui des échanges économiques internationaux ». Nous avons considéré qu'à terme, la recherche de l'exportation à tout prix et sur la concurrence sauvage était vouée à l'impasse. L'entreprise serait à un moment ou à un autre et pour des raisons diverses évincée par une concurrente. Nous avons considéré qu'à ces relations préhistoriques et dépassées, il fallait substituer des rapports de coopération mutuellement avantageux entre partenaires soucieux de progresser dans le cadre d'une saine émulation », ajoute Pierre Fleury P.-D.G. de Corvulca.

Des années d'efforts conjugués de la municipalité et des entreprises montreuilloises ont porté leurs fruits en Algérie. De premiers pas sont entrepris dans la même direction avec l'URSS, la Finlande et la Hongrie. Un coup d'accélérateur fut donné à nos relations avec la RDA, avec laquelle nous avons fait nos premières expériences.

DES RELATIONS DE JUMELAGES AUX RELATIONS ÉCONOMIQUES

La plupart des villes françaises qui ont noué des jumelages plus ou moins réussis inventent des formes variées : culturelles, sportives, politiques, institutionnelles, éducative, échanges d'expériences et de techniciens, des jeunes et des médecins, des ingénieurs et des techniciens. Chaque voyage de part et d'autre donne lieu à des délégations conduites par le maire et ses adjoints.

Les premiers jumelages sont nés après la seconde guerre mondiale dans l'objectif est de contribuer à la réconciliation franco-allemande pour rendre la paix durable et développer des liens d'amitié avec les populations allemandes. Dans les années 1970, des liens de solidarité se développèrent avec les pays du sud fraîchement indépendants.

La municipalité de Montreuil a innové en mettant l'accent sur le développement de la coopération économique et la promotion des échanges entre les entreprises des villes jumelées.

La coopération décentralisée bénéficie aux collectivités des pays en développement et non aux États. Parfois cela peut revêtir des actions visant à développer des activités et des emplois, mais aussi un transfert de savoir-faire en matière de gestion de l'eau, l'assainissement, les modèles d'administration, l'environnement, la santé ou l'habitat.

Montreuil fut terre d'asile pour les réfugiés fuyant le nazisme et le fascisme dès 1935, en accueillant des Italiens et des ressortissants des pays de l'est de l'Europe et des résistants espagnols en 1936.

La guerre froide va créer des volontés divergentes entre ceux qui prônent le bilinguisme anglais et français et d'autres qui choisissent d'orienter leurs relations vers l'Est européen. Mais de plus en plus de collectivités vont privilégier des politiques de solidarité en direction de ce qu'on appelait le « tiers-monde » et vont créer en 1975 un organe de coordination : le comité national de jumelage (CNJ) qui deviendra Cités Unies France (CUF) en 1989. Lorsque l'on étudie de près l'évolution des relations internationales des collectivités territoriales, nous constatons des choix de partenaires étrangers en fonction de leur propre orientation politique. Ainsi Montreuil abandonnera progressivement deux jumelages avec des villes de l'Europe de l'Ouest : l'italienne Grosseto (1971) et Slough (1989), située dans la banlieue de Londres. Pourtant, j'ai effectué plusieurs voyages en vue de trouver des possibilités de partenariats entre entreprises montreuilloises et leurs homologues britanniques. Mais je ne pouvais pas aller plus loin, car la rupture était consommée de part et d'autre au niveau des Municipalités respectives. Autant Montreuil connaît une stabilité politique, autant les deux villes citées précédemment changeaient de maires fréquemment.

Le jumelage avec cette ville anglaise de 120 000 habitants est scellé le 19 mai 1989. C'est le sixième jumelage qui donna lieu à des échanges d'enseignants, d'artistes, d'administratifs communaux. En ce qui me concerne, j'ai pu visiter des entreprises, dont certaines surdimensionnées par rapport à nos PME montreuilloises. Ce qui était frappant est le que les Britanniques confient au secteur privé tout ce qui peut l'être y compris certaines activités qui en France sont confiées à l'Administration locale ou nationale. Tout ce qui pouvait être confié au secteur privé le fut dans cette cité qui fait partie du comté de Berkshire depuis 1974 et se trouve à 3 km du château de Windsor. Sa population est très diversifiée sur le plan des origines qui sont représentées dans l'appareil administratif qui compte de hauts responsables d'origines indienne et pakistanaise notamment. Ce qui compliqua cette relation de jumelage franco-britannique est que contrairement aux communes françaises où le maire est élu pour 6 ans et peut rempiler jusqu'à ce que les électeurs décident de son sort, en Angleterre, le maire a une fonction honorifique et ne peut être élu que pour un seul mandat. Le maire que j'ai rencontré n'avait pas de connaissance du tissu économique de sa ville, mais il a été choisi pour un affichage d'origine africaine. J'ai constaté que les Britanniques étaient en avance par rapport à ce que je connaissais en France. Les choses ont changé depuis dans ces années 2024. Le taux de délinquance est relativement élevé avec 87 délits pour 1 000 habitants en 2013. C'est la ville du Royaume-Uni qui compte la plus forte proportion de personnes croyantes. L'agglomération héberge le « Slough Trading Estate », la plus grande zone d'activités privée d'Europe. Mais il était difficile de nouer des contacts avec les sociétés y installées, car le secteur public (city hall) n'intervenait pas dans les affaires de cet ensemble industriel qui était organisé en vase clos. J'ai su qu'il y avait une demande de visite à Montreuil formulée par ces hommes d'affaires de Slough, mais elle a essuyé un refus de la part de la municipalité de Montreuil par crainte « de cannibalisation des entreprises montreuilloises par les visiteurs britanniques ».

Pourtant, je reste persuadé qu'il y avait des possibilités de coopération eu égard à la présence de l'usine de construction automobile Citroën, depuis 1926 avec des voitures célèbres : la 2CV, la Traction et bien d'autres sociétés. Avant, Slough est née suite au regroupement de plusieurs villages et ne semble pas avoir une âme, avec un urbanisme qui laisse à désirer. Le poète John Betjeman, un grand défenseur de l'architecture victorienne, a fait une description de l'histoire de cette cité.

John Betjeman a publié son poème sur Slough en 1937 dans le recueil *Continual Dew*. Slough devenait de plus en plus industriel et certaines conditions de logement étaient très exiguës. En voulant la destruction de Slough, Betjeman exhorte les bombes d'origine amicale à éliminer les profiteurs vulgaires, mais à épargner les jeunes employés chauves. Il aimait vraiment beaucoup ses semblables. Slough s'est beaucoup amélioré de nos jours et il pourrait être agréablement surpris par une promenade là-bas. Voici le poème de John Betjeman sur Slough :

« Muer

Venez des bombes amies et tombez sur Slough !

Ce n'est pas adapté aux humains maintenant,

il n'y a pas d'herbe pour faire paître une vache.

Essaim au-dessus de vous, Mort !

Venez, bombes et faites voler en éclats

Ces cantines climatisées et lumineuses,

Conserves de fruits, de viande en conserve, de lait en conserve, de haricots en conserve, d'esprits en conserve, d'haleine en conserve. Mettez le désordre dans le désordre qu'ils appellent une ville, une maison pour quatre-vingt-dix-sept personnes, et une fois par semaine, une demi-couronne pendant vingt ans. Et prends cet homme au double menton qui trichera toujours et gagnera toujours, qui lave sa peau repoussante dans les larmes des femmes : Et briser son bureau de chêne poli Et lui fracasser les mains si habituées à caresser.

Et arrêter sa blague ennuyeuse et sale Et le faire crier.

Mais épargnez les jeunes clercs chauves qui ajoutent les profits du cadet puant ;

Ce n'est pas de leur faute s'ils sont fous, ils ont goûté à l'enfer.

Ce n'est pas de leur faute s'ils ne connaissent pas le chant des oiseaux de la radio, ce n'est pas de leur faute s'ils vont souvent à Maidenhead

Et parler de sport et de marques de voitures

Dans divers bars factices-Tudor Et n'ose pas lever les yeux et voir les étoiles Mais éructer à la place.

Dans les maisons qui économisent le travail, avec soin

Leurs femmes frisent les cheveux peroxydés

Et les sèchent à l'air synthétique Et se peignent les ongles.

Venez, bombes amies et tombez sur Slough pour le préparer pour la charrue. Les choux arrivent maintenant ;

La terre expire. »

D'après plusieurs publications Slough disposerait de la plus grande zone industrielle d'Europe. Le siège de Mars y est installé, cela m'avait marqué tellement c'était géant.

Voici ce qu'en dit Wikipédia :

« Le Slough Trading Estate, fondé à Slough dans le Buckinghamshire en 1920, était l'un des premiers parcs d'affaires en Grande-Bretagne. Selon les propriétaires et les exploitants du domaine, Segro, Slough Trading Estate se compose de 486 acres (1,97 km2) de propriété commerciale à Slough et fournit 7 500 000 pieds carrés (700 000 m²) de logements à 500 entreprises et une population. Actif d'environ 20 000 personnes. Slough Trading Estate est la plus grande zone industrielle en propriété privée unique en Europe. Il y a plus de 600 bâtiments. Le domaine abrite 400 locataires de pays tels que les États-Unis, la France, l'Italie, le Japon, l'Allemagne et la Corée du Sud. Parmi les entreprises qui utilisent le parc figurent Fiat Group Automobiles, Centrica, Hibu, Electrolux, GSK, Mars Confectionery, Akzo Nobel, Virgin Media, O2, AxFlow UK, l'opérateur de centres de données Network-i et OKI Printing Solutions. Il abrite également d'importantes petites, moyennes et grandes entreprises. »

CHAPITRE 7 : PROSPECTION EN EUROPE DE L'EST ; PROXIMITÉ IDÉOLOGIQUE ET UTILITÉ ÉCONOMIQUE

COTTBUS : DE LA RDA À L'ALLEMAGNE RÉUNIFIÉE

Dès le 30 septembre 1959, André Grégoire exposa la nécessité pour la ville de Montreuil qu'il dirigeait de favoriser son développement par un jumelage en choisissant la ville de Cottbus, une collectivité de 65 000 habitants située à environ 129 km de Berlin. L'intermédiaire des « fiançailles » fut le comité des « échanges franco-allemands ». André Grégoire avait noué des relations d'amitié avec des habitants de la région qui l'avaient aidé durant sa captivité en Allemagne pendant la Seconde Guerre mondiale. Une délégation municipale emmenée par le maire se rendra sur place du 2 au 4 octobre 1959.

Il fallait attendre le 21 décembre 1972, date de la reconnaissance mutuelle des deux Allemagnes, pour que la France reconnaisse la RDA.

Marcel Dufriche, maire de Montreuil entre 1971 à 1984, fut membre du comité central du parti communiste qu'il quitta en 1997. Cet ancien résistant de la première heure et condamné à mort par les nazis en 1944 a réussi à s'évader du train qui l'emmena vers un camp de concentration nazi. Sous sa mandature se développèrent les échanges avec la ville de Cottbus jumelée avec sa ville depuis 1959. Située dans l'ancienne RDA (République démocratique allemande), celle-ci fut considérée comme faisant partie du monde socialiste parfaitement en symbiose avec l'idéologie que l'édile défendait.

Pragmatique, la municipalité de Montreuil n'a pas rompu le jumelage avec Cottbus après la réunification allemande et par-là même la fin de la RDA. Un second protocole entre les deux villes est signé en 1994 et met l'accent sur la coopération internationale et à « l'instauration d'un nouvel ordre économique, fondé sur l'équilibre des intérêts et la mise en place d'échanges mutuellement avantageux », en tenant compte des limites du pouvoir local.

DE COTTBUS À LA FOIRE DE LEIPZIG

Après le jumelage avec Cottbus initiée par l'ancien maire de Montreuil, Marcel Dufriche, son successeur Jean-Pierre Brard (en 1984), lui-même germanophone, choisira l'exposition de Leipzig comme objectif de prospection des entreprises montreuilloises dès 1985. Le choix fut judicieux puisque cette manifestation économique était le trait d'union entre les sociétés des ex-pays socialistes membres du COMCON et leurs homologues de l'Europe de l'Ouest. Si la plupart des échanges se passaient au sein de cette organisation née le 25 janvier 1949, appelée aussi Conseil d'Assistance mutuelle ou CAEM, il y avait besoin de transferts de technologies et d'expertises. Ma première visite à cette ville remonte à 1985. Dès mon arrivée, j'ai eu une intuition qu'il ne sera pas possible qu'un seul peuple vive dans deux mondes aussi opposés. À l'Ouest, la modernité et la prospérité à l'est des immeubles noircis par le chauffage au charbon, des voitures Trabant d'un autre âge que le citoyen est-allemand ne pouvait acquérir qu'après 6 ans suite à la première demande, des tramways et des bus au matériel sans confort, ni design. Pourtant, la RDA était classée 6e puissance économique mondiale. Nous saurons après la chute du mur de Berlin par la voix d'anciens membres du Parti socialiste unifié (SED) qu'Erich Honecker, qui dirigea la RDA de 1976 à 1989, corrigeait les statistiques et les enjolivait. La fusion forcée en 1946 entre le Parti social-démocrate (SPD) et le Parti communiste donna naissance à un État socialiste membre du COMECON.

Nous avons réservé un stand collectif, dont j'avais la responsabilité. Chaque société pouvait occuper une surface en fonction de ses moyens et de ses ambitions. Le prix au mètre carré est fixé par l'organisateur. Souvent les collectivités locales subventionnaient cette participation. L'idée avait séduit le département de la Seine–Saint-Denis et notre audience a été démultipliée. Comme moyen de prospection, nous avions édité une plaquette en allemand et transportions des panneaux et du matériel d'exposition. Mon rôle fut d'apporter un éclairage sur le contexte économique, politique, géopolitique et institutionnel de la zone prospectée. Notre aide consistait à apporter à des PME (petites et moyennes entreprises) et exceptionnellement des grands groupes, conseil et organisation de rendez-vous professionnels selon leurs secteurs d'activité. Je disposai d'un véhicule type minibus et je faisais le trajet Montreuil-Leipzig dans la même journée, afin de faciliter le transport de matériel d'exposition des entreprises, les brochures et plaquettes ainsi que des consommables. Les autoroutes de l'ancienne RFA étaient pratiques, dès mon entrée en RDA la vitesse était limitée à 70 km/heure, mais le pire c'est la très mauvaise qualité des routes de cette partie de l'Allemagne, qui était en retard dans tous les domaines notamment les infrastructures. Un jour de chute de neige, mon véhicule a dérapé et j'étais au bord du précipice. La décision de prendre notre propre moyen de transport était dictée aussi par la difficulté à avoir des taxis à Leipzig même. Les chauffeurs de ces derniers (propriétés de l'État), étant fonctionnarisés, préféraient dormir ou se reposer plutôt que conduire.

Les sociétés qui ont tenté cette aventure furent :

AGAVE

Cette société fait partie de celles qui ont été installées à CAP1, le centre d'affaires paramunicipal. Elle représente la nouvelle génération d'entrepreneurs spécialisés dans les nouvelles technologies de l'information et la communication. Auparavant Montreuil n'attirait pas ces créateurs et innovateurs à cause de son image de banlieue rouge, paupérisée, grise avec une suspicion d'immixtion dans leurs affaires d'une municipalité à direction communiste « épaulée » par un syndicat de la même obédience, la CGT dont le siège est sis dans la ville. Ces inquiétudes se sont estompées à la faveur des mutations socio-économiques, notre présence dans les salons, rencontres et manifestations économiques.

Notre approche pragmatique a fait le reste en propageant une réputation prodéveloppement économique dans le milieu entrepreneurial. Certains l'appelleraient le » bouche-à-oreille ».

AGAVE était précurseur dans la modélisation 3D appliquée à l'usinage à commande numérique, découpe laser, l'architecture, l'impression 3D…

Elle a été créée par des diplômés de l'université Paris 8

Sans les moyens informatiques et Internet dont nous disposons actuellement, les ingénieurs et informaticiens déployaient un effort humain gigantesque.

Les groupes est-allemands furent friands de ces innovations et tentaient de rattraper leur retard vis-à-vis de leurs concurrents de la RFA.

ALBAN MULLER INTERNATIONAL est une société spécialisée dans la fabrication de produits cosmétiques naturels. Ses produits et services sont : les actifs cosmétiques, des gammes de soins, extraits végétaux pour médicaments de phytothérapie, des extraits végétaux pour compléments alimentaires. Grâce à ces produits, les grandes marques peuvent afficher une qualification naturelle.

Les Allemands de l'Est n'avaient pas les moyens financiers pour consommer en masse les produits haut de gamme, mais l'objectif était de prendre pied.

ALBERT AUCOUTURIER est un spécialiste des machines de conditionnement et d'emballage de produits alimentaires notamment et était le mieux structuré à l'internationale avec des commerciaux expérimentés et parlant plusieurs langues.

ALVAR est spécialisée dans la fabrication d'appareils de radiologie et d'électronique médicale.

Ses électroencéphalographes sont constitués 1) de tableaux de commande verticaux permettant les réglages et les calibrages des seize électrodes et le déclenchement de stimuli lumineux 2) une table d'enregistrement munie de seize stylets reliés à du papier millimétré. Comme beaucoup de PME. Alvar était performante sur le plan de la recherche-développement, mais manquait de service commercial opérationnel à l'export. Un des commerciaux se vantait d'être rémunéré à la commission et il arrivait souvent de commercialiser les appareils aux prix coûtants ou même à perte.

BOBINAGES INDUSTRIELS DE PRÉCISION. Fier de sa société, son P.-D.G. disait à ses intervieweurs de la 3e chaîne française (FR3) que sans ses câbles électroniques, les avions ne pouvaient pas voler. Situé en amont de la chaîne de production, BIP se situait dans la sous-traitance industrielle.

BERIM. Ce bureau d'études est une société d'ingénierie spécialisée dans la conception et l'aménagement de bâtiment, des techniques urbaines et la construction durable en respectant l'environnement et la qualité urbaine et environnementale. Parmi ses fondateurs il y a 70 ans, on peut citer le résistant Raymond AUBRAC. Sa force de frappe, ce sont ses 320 salariés, dont

200 ingénieurs. D'où une proximité idéologique avec les partenaires de l'ex-RDA.

BIOPROBE SYSTEMS SA. Spécialiste de la recherche biologique et médicale. Son fondateur a quitté le professorat à l'Université, afin de fonder cette entreprise et commercialiser le fruit de ses recherches. Les laboratoires, centres de recherches et Universités des pays de l'Est européen étaient avides des inventions et innovations de leurs confrères de l'Ouest.

BAPEAUME fut un chantre des circuits imprimés destinés aux industries électroniques et électroménagers. Son PDG, Patrice Bapeaume, était ouvert sur toutes les solutions : exportation ou coproduction par création de joint-venture (sociétés mixtes) en vogue à l'Est.

CORVULCA est un spécialiste du caoutchouc industriel, coffrages pneumatiques, découpe-joints à façon, obturateurs, réservoirs souples, produits de vulcanisations à froid, revêtements anti-abrasion, Rouleaux, bandes transporteuses, tambours libres et tambours moteurs.

Ce groupe a été le fer de lance de nos actions à l'export et très engagé à l'international. Très tôt ses dirigeants ont informatisé les systèmes de production et les moyens de communication dès le début de l'apparition d'Internet.

FRESCHARD MOTEUR est un fabricant de moteurs pour les secteurs automobiles, véhicules utilitaires, bateaux et autres équipements industriels.

POLYTRANS cherchait à travailler avec des constructeurs automobiles afin de leur fournir des pièces pour le moteur.

POMPES BJM MARTIN fabrique des pompes immergées et systèmes de filtration d'eau et son assainissement.

Établissement Berguy, fabricant de pièces pour l'automobile par des machines à commandes numériques très en avance dans son secteur.

L'édition de l'année suivante qui s'est déroulée du 16 au 22 mars 1986 comptait 9 000 exposants, venant du monde entier et des visiteurs de quelque 100 pays sont accueillis lors de cette manifestation de grande renommée. Des entreprises de Montreuil ont fait le voyage en République démocratique allemande :

– Alvar électronique, travaille dans l'électronique médicale et la radiologie,
– PIA, fabricant d'électro broches,
– REMI, entreprise de mécanique de précision a exposé ces produits,
– Berim, ingénierie, tous corps d'État,
– Asfodess, maquettisme, dessin industriel,
– Fenzy, appareils respiratoires,
– AVS, systèmes audiovisuels,
– Agave, images de synthèse 3 D,
– Thollon, toiles cirées, flocage, adhésifs.

Rencontrer des industriels, nouer de nouveaux contacts, négocier des marchés, tels sont les objectifs de tous les participants. Ils sont conscients qu'une telle manifestation peut donner un souffle nouveau et ouvrir d'autres débouchés aux entreprises. Le maire de Montreuil s'est rendu à Leipzig et a participé à la journée française organisée le 18 mars, afin de soutenir les entreprises de Montreuil dans leur conquête de nouveaux marchés extérieurs.

La foire de Leipzig renforce les liens de coopération entre la ville de Montreuil et la République démocratique allemande, réaffirmés lors d'une récente rencontre entre Jean-Pierre Brard et l'Ambassadeur de la RDA en France.

Des entrepreneurs de Cottbus, ville jumelée avec Montreuil, se sont rendus au stand montreuillois où une délégation municipale était présente avec Raphaël Grégoire (maire-adjoint) et moi-même.

FOIRE DE LEIPZIG (1990)

Avec l'aide de l'AMDCEl, 20 entreprises montreuilloises ont participé pour la 6e année consécutive à la Foire de Leipzig. Du 11 au 17 mars 1990, des chefs d'entreprise de toute l'Europe s'y retrouvèrent pour créer ou développer leurs échanges avec la République démocratique allemande.

Les échanges internationaux font partie de la pratique de nombreuses entreprises de Montreuil. Les grandes foires comme Leipzig, Alger… sont les meilleures occasions de nouer des liens nouveaux ou d'approfondir des coopérations déjà existantes. Sur place, des contacts avec les représentants de l'industrie et du commerce sont prévus.

Au milieu de plus de 9 890 exposants, Montreuil avait son stand où les PME-PMI (petites et moyennes entreprises) de la ville furent accueillies.

Cette participation grandissante des industriels montreuillois aux manifestations internationales est le résultat d'une collaboration étroite entre les chefs d'entreprise et l'Association montreuilloise pour le développement de la coopération et des échanges internationaux.

L'AMDCEl ne limite pas son activité à aider les industriels à participer aux foires internationales, elle organise également des rencontres et des colloques entre partenaires économiques potentiels. En 1989, un colloque sur les échanges économiques avec l'Espagne et un autre avec l'URSS ont été autant de passerelles lancées vers des coopérations futures.

De nombreux industriels montreuillois ont participé à une rencontre avec leurs homologues hongrois. Là encore, des échanges fondés sur une coopération mutuellement avantageuse.

Le ministre du Commerce extérieur, Jean-Marie Rausch, a rencontré Jean-Pierre Brard, député-maire, L. Madras et D. Roméo adjoints au maire, entourés de la délégation montreuilloise à la foire de Leipzig.

Montreuil a remporté un vif succès à la foire internationale de Leipzig qui s'est déroulée en 1990. Cette initiative réunit différentes branches d'activités : mécanique, électronique, matériel médical…

Le voyage a été organisé par le conseil général de Seine Saint-Denis en collaboration avec l'AMDCEl et préparé de longue date par moi-même.

Depuis décembre 1989, les dossiers des entreprises montreuilloises intéressées par cette initiative ont été transmis aux chambres de commerce allemandes, afin que celles-ci puissent établir une liste des entreprises allemandes susceptibles de coopérer dans les différents secteurs.

Grâce à ce travail préliminaire, les contacts sur place ont été plus fructueux. La quarantaine d'entreprises* montreuilloises présentes n'a pas été déçue : certaines ont déjà passé des contrats.

Pour assurer une pérennité à tous les contacts pris lors de la foire ou de la réception donnée par la ville de Montreuil sur place, des projets ont été conclus. Parmi eux, le plus rapproché dans le temps est l'envoi d'une délégation de chefs d'entreprises courant mai 1990. Leur objectif est de renforcer les liens déjà existants. Montreuil possède désormais une véritable image de marque sur le marché est-allemand et espère encore l'étendre, par exemple à la Roumanie.

ZOOM SUR DELASSON DOSSUNET

Cette société, spécialiste de ballons publicitaires et de sondes météorologiques, fut fondée en 1900 au 66 rue des écoles (actuelle rue

Robespierre). L'ancienne dénomination, Oreste Martin, excellait dans la production de ballons réclames, ballons à gaz, musettes et cornemuses. La famille qui succéda au fondateur Delasson Eugène transféra les locaux dans les années 1930 à rue de Vincennes. En 1988 la société comptait 50 personnes.

Caractéristiques du marché est-allemand : aspects culturels, histoire de la RDA…

La RDA avait l'économie la plus puissante du COMECON et une industrie diversifiée, mais la qualité de ses productions laissait à désirer. Ce bloc est-européen devait vivre en quasi-autarcie et s'est organisé de telle façon qu'une division du travail devait assigner à chaque pays des spécialisations qui reflétaient le niveau de ses ressources humaines, ses compétences, ses caractéristiques géographiques et historiques.

Ainsi la Tchécoslovaquie fabriquait des wagons, des trains, des armes et des véhicules utilitaires. Ayant une histoire industrielle liée ancienne, ses voisins comptaient sur ses compétences. Les pays baltes étaient spécialisés dans la fabrication des composants électroniques et l'industrie des nouvelles technologies.

J'ai vécu la réunification lors de mon séjour à Leipzig, lorsque Helmut Kohl est venu haranguer les foules et appeler les Allemands de l'Est à voter pour son parti la CDU, l'Union chrétienne-démocrate dont il est membre depuis 1946. Il resta chancelier pendant seize ans du 1er octobre 1982 au 27 octobre 1998, se plaçant juste derrière Otto Von Bismarck en termes de longévité à la tête de l'Allemagne de l'Ouest puis de l'Allemagne réunifiée.

C'est à Leipzig que le cours de l'histoire de l'Allemagne va changer. Le 4 septembre 1989, des opposants au régime communiste de la RDA vont se retrouver dans l'église protestante Saint-Nicolas ; la Nikolaikirsche, tolérée comme les autres églises protestantes, mais sous surveillance de la Stasi. Au lieu de la prière habituelle pour la paix et contre la course à l'armement entre l'Est et l'Ouest, ce lundi ils sortent de cette église et manifestent en déployant une banderole. Ils revendiquèrent l'ouverture de frontières et la liberté de voyager. Keine Gewalt », « pas de violence », scandent les manifestants. Le moment n'est pas choisi par hasard puisqu'il y avait la foire du livre où des journalistes occidentaux furent autorisés à venir en RDA. C'est le début d'une dynamique et un souffle nouveau qui va durer jusqu'à la chute du mur de Berlin le 9 novembre 1989. C'est une révolution pacifique sans une goutte de sang. « Wir sind das Volk », « nous sommes le peuple », c'est le plus célèbre de ce qui va devenir les « manifestations du lundi ». Le nombre de manifestants passera de 20 000 à 200 000, le 23 octobre 1989. Helmut Khol a bien manœuvré en ne déclarant pas la réunification précipitamment, mais par étapes et exploitant chaque fait favorable. Il a répondu aux aspirations des Allemands de l'Est en déclarant, contre l'avis de la réputée Banque Centrale allemande, la Bundesbank, un mark de l'ex-RDA vaudra un Deutschemark, ce qui n'était pas la réalité du moment. Nous étions obligés de régler toutes nos factures, y compris en ville dans les restaurants en mark de l'ouest. Nous pensions que c'était une anomalie humiliante qu'un pays qui refuse sa propre monnaie n'est pas à un niveau de souveraineté élevé.

La République démocratique allemande : vingt ans d'OPA par la République fédérale allemande

La mise en place de l'euro est le fruit d'accords politico-économiques. Malgré la relative stabilité des taux de change entre les monnaies européennes procurée par le Système monétaire européen, les monnaies du sud de l'Europe (franc français, livre italienne, peseta espagnole, drachme grecque, escudo portugais) ont vécu sous l'ombre du deutschemark et sous sa domination (voir Camille SARI [1987, 2014]). Après la réunification allemande, la Bundesbank a pratiqué des taux d'intérêt « assassins », ce qui a obligé les autres partenaires à leur emboîter le pas, afin que leurs monnaies ne décrochent pas trop par rapport aux devises clefs. L'accélération du processus de mise en place d'une monnaie unique fut une concession du Chancelier Kohl au président français François Mitterrand qui après moult hésitations a accepté l'absorption de la RDA par la RFA. En contrepartie, les autorités de Bonn ont obtenu de leur partenaire en échange de l'abandon de « leur précieux deutschemark », des plans de rigueur drastiques et des restructurations industrielles qui ont condamné des pans entiers de leurs économies. Ce fut la période où la désindustrialisation a fortement progressé. La part de l'industrie française dans le PIB est passée de 21 % en 1996 à 16 % en 2009. Il serait incorrect de tout mettre sur le dos de l'euro. J'étais chargé du développement économique de plusieurs localités de l'Est parisien et j'ai assisté à des restructurations-délocalisation de PME comme de grands groupes dans les années 1980. L'abandon de la machine-outil, par exemple et plus généralement des biens d'équipements, s'est fait au nom de politiques économiques libérales néfastes. A contrario, l'industrie allemande offrait une image plus rayonnante qui faisait pâlir les entreprises françaises que j'accompagnais à la foire de Hanovre, premier salon industriel du monde. Si l'Allemagne est le premier exportateur au niveau mondial, c'est en partie grâce à son industrie qui occupe 30 % du PIB. Ceci étant, sans la monnaie unique, les effets de la crise financière en 2008 auraient eu des conséquences désastreuses beaucoup plus importantes. Les monnaies de l'UE auraient été attaquées, obligeant les banques centrales de relever leurs taux d'intérêt respectifs (dégradant davantage la consommation et l'investissement) et d'injecter des milliards afin de juguler la spéculation sur les marchés des changes. L'euro a contribué à fluidifier les échanges de biens et de services et à réduire le coût des transactions. L'Allemagne est le premier partenaire commercial de la France. L'Espagne est le premier fournisseur du Portugal (40 % des importations portugaises) et le premier investisseur.

Le modèle allemand peut-il être la seule référence ? Les statistiques publiées par Eurostat le 24 avril 2012 révèlent que le coût du travail a augmenté de 39,2 % en France sur dix ans. Le coût horaire est de 34,20 euros dans l'Hexagone contre 30,10 % en Allemagne. Mais ces chiffres sont à comparer avec la productivité qui est plus élevée en France. L'explication réside dans le fait que le travailleur français travaille 35 heures par semaine alors que son homologue allemand travaille 39 heures en moyenne. Mais ce que ne disent pas les statistiques, c'est la manière dont ont été appliquées les 35 heures. Plusieurs chefs d'entreprise se sont arrangés pour supprimer les pauses ou les ont exclues de la journée de travail. Le travailleur français réalise en 7 heures ce qu'il accomplissait en 7 heures 30. En outre, la réunification allemande a nivelé les salaires vers le bas. En 1989, l'ouvrier et le technicien est-allemand gagnaient 4 à 5 fois moins que leurs compatriotes de l'Ouest. J'ai accompagné des entreprises dès 1985 à la foire de Leipzig, la plus importante manifestation dans un pays de l'Est. L'objectif fut la prise de contact avec les sociétés de l'Europe de l'Est ainsi que celles de l'URSS. L'aspiration à la liberté et à la démocratie a été décisive dans la chute du mur de Berlin. Mais la volonté de rattraper le retard sur le plan économique n'était pas moins présente. C'est ce qui ressortait de mes discussions avec les Allemands de l'Est. Ils étaient conscients que le hiatus entre les populations de l'Est et celles de l'Ouest sera toujours vivace et qu'ils vont perdre des avantages sociaux importants, mais ils ont eu à trancher entre l'égalitarisme qui appauvrit tout le monde et les inégalités de l'économie de marché, mais avec un niveau moyen de revenu par habitant 10 fois supérieur. Les représentants des grands groupes ouest-allemands venant racheter des sociétés est-allemandes stigmatisaient les avantages dont disposaient les salariés : la sécurité de l'emploi, des congés maternité de 6 mois, la médecine gratuite dans l'entreprise, le logement pour tous, des études totalement gratuites, des loyers dérisoires, des transports en commun quasi gratuits, des crèches en nombre et le plein-emploi. Mais le revers de la médaille fut la pénurie des biens de consommation, l'accès à une voiture familiale (la Trabant) au bout de 6 ans d'attente, la privation de produits exotiques importés, le chauffage au charbon extrêmement polluant et nocif pour la santé et des infrastructures lamentables. Ce que les ressortissants de l'ex-RDA ont obtenu : — bien sûr, en premier lieu, la liberté et la démocratie et la fin d'un régime policier ; — la parité Mark-est et Deutschemark. Alors que sur le marché noir un deutschemark s'échangeait contre 4 marks est. Helmut Khôl a tranché pour la parité, contre l'avis de la Bundesbank. Ce fut un vrai coup porté à l'indépendance de celle-ci, mais la décision était très attendue par les Allemands de l'Est qui ne gagnaient que l'équivalent de 200 à 300 DM/mois.

Il convient de souligner que les Allemands de l'Est ont contribué à baisser le coût du travail. La mise à niveau de l'ex-RDA devait durer 10 ans, elle s'est achevée en 2000 et encore, certaines villes de l'Est accusent toujours un retard par rapport à celles de l'Ouest. Mais ce qui est rarement évoqué par les historiens et les économistes, c'est la réalité de cette OPA-absorption. J'étais au domicile de mon Amie est-allemande lorsque son père débarqua dans ce petit appartement de Leipzig pour lui dire : « je viens d'être licencié ». Aucun préavis de licenciement, ni explication ni procédures longues de concertation avec le Comité d'Entreprise et les syndicats. Les usines fermèrent les unes après les autres de façon incompréhensible sur le plan strictement économique. Plusieurs entreprises est-allemandes que j'ai visitées n'étaient pas logiquement « candidates » à la disparition sur un plan technologique. Je me souviens de cette rencontre à la Foire de Leipzig en mars 1990, avec un fabricant de ciseaux de grande qualité, basé à Rostock, qui vient d'être rachetée par une société de la RFA. Le représentant de celle-ci m'expliquait comment l'entreprise est-allemande ne pouvait vendre que sur le territoire de l'ex-RDA, alors que la sienne n'avait aucune limite d'influence géographique. Treuhandanstalt (littéralement en français : « Agence fiduciaire ») était l'organisme de droit ouest-allemand chargé de la « restructuration » des entreprises est-allemandes qui agissait comme le syndic de liquidation. Je crois fermement que la RFA voulait démanteler définitivement et irréversiblement les structures économiques et sociales de l'Est. Il fallait rendre la RDA totalement dépendante des Länder de l'ouest et des aides européennes. Les Allemands de l'Est ont largement contribué à la destruction de leur outil de travail en se jetant massivement sur les produits venant de l'Ouest et en délaissant complètement leurs propres productions. Si la fin de la Trabant fut compréhensible, il en allait autrement des biens de consommation et produits manufacturés made in RDA. L'ex-RDA a été pour la RFA un bon tremplin pour conquérir et s'implanter dans les pays d'Europe centrale et orientale ainsi que l'ex-URSS. En effet, beaucoup de dirigeants et de techniciens d'entreprises de l'ex-RDA avaient noué des contacts avec leurs homologues des pays de l'ex-COMECOM. Il en allait de même des institutionnels et des responsables politiques. Ainsi la RFA a eu sa zone d'influence qu'elle a utilisée comme base de production, lieu de consommation et réserve de main-d'œuvre qualifiée à bas coûts. Ce constat, j'ai pu l'observer lors de chacune de mes missions dans ces pays. En République tchèque, les PME françaises que j'accompagnais devaient jouer des coudes afin de l'emporter face aux sociétés allemandes. En Roumanie, les dirigeants des entreprises roumaines nous recevaient avec sympathie, mais nous répétaient que les biens d'équipements allemands étaient plus robustes et de meilleure qualité.

Les dirigeants ont fait l'expérience de l'export grâce à l'action et le conseil de notre association AMIE. Ils ont compris qu'il leur faut un catalogue en allemand et une personne parlant allemand afin de communiquer avec les constructeurs automobiles allemands qui sont devenus leurs principaux clients. Notre première foire de Leipzig de l'Allemagne réunifiée en 1991 fut marquée par la visite de notre stand par le président de la République allemande, le baron Richard von Weizsäcker. Ce fut un choix délibéré d'honorer l'amitié franco-allemande et un signe fort qui malheureusement n'a pas trouvé du répondant auprès des organismes de promotion de l'exportation française.

Finalement la foire de Leipzig a cessé d'être le trait d'union entre l'Europe de l'Est et l'Europe de l'Ouest et ne drainait plus autant d'exposants. Pire que cela, les visiteurs furent rares. C'est pourquoi nous avons décidé de remplacer ce salon par la foire de Hanovre, la plus grande manifestation industrielle en Europe. Nous étions déjà des habitués de son corollaire français, le MIDEST à Villepinte.

LA FOIRE DE HANOVRE : CARREFOUR DE L'INDUSTRIE MONDIALE

La Foire de Hanovre qui se déroulait du 2 au 5 avril de chaque année est le numéro un mondial des techniques industrielles et un carrefour rassemblant tous les industriels du monde. Elle compte 6 500 exposants venus de 60 pays. Des conférences et animations sont organisées.

Les exposants sont regroupés en huit secteurs d'activité :

– L'automatisation comprend à la fois surveillance et pilotage, commande et régulation, gestion de données de production, mesure, contrôle, capteurs, traitement d'images, assurance-qualité, microélectronique et logiciels.

– Les techniques d'entraînement comprenant les mécanismes de transmission et d'entraînements électriques, les moteurs à combustion, la transmission hydraulique et pneumatique.

– L'énergie et l'environnement avec l'énergie primaire, l'énergie renouvelable, la force motrice et la chaleur, la technique de l'environnement et l'aéraulique industrielle.

– La réalisation d'entreprises industrielles englobant les installations industrielles, le conseil et l'ingénierie, l'acier, le transport et le trafic, le recyclage, le traitement des déchets, la voirie, le bâtiment et les travaux publics.

– Les équipements d'ateliers et l'outillage comprenant le matériel d'assemblage et découpage, l'outillage, les installations et les équipements d'ateliers, les fournitures industrielles, la prévention des accidents

– La sous-traitance et les matériaux avec les produits de fonderies et les pièces de forge, les pièces façonnées avec et sans enlèvement de matière, les pièces en matières plastiques en caoutchouc, les composants, les prestations de fabrication et de montage, les matériaux de construction.

– La recherche et la technologie concentrées sur la recherche fondamentale, la recherche appliquée et les technologies et les services pour la recherche et l'innovation.

– L'éclairage (dans le cadre du salon mondial du luminaire) comprenant les luminaires, les lampes électriques, les systèmes et les composants et les accessoires d'éclairage.

LA FOIRE DE HANOVRE DU 2 AU 5 AVRIL 1995

La foire de Hanovre propose un maximum d'informations sur ses atouts : numéro un mondial des techniques industrielles, elle permet de sonder le marché au cours d'une seule visite. Toutes spécialités confondues, on peut rencontrer plus de 6500 exposants venus de 60 pays. En outre le très haut niveau des conférences et des animations organisées dans le cadre de cette foire illustre le caractère d'exception du marché allemand.

Les exposants sont regroupés en huit secteurs d'activité :

1) l'automatisation où on trouve à la fois surveillance et pilotage, dérégulation, gestion de données de production, mesure, contrôle, capteurs, traitement d'images, assurance-qualité, microélectronique et logiciel,

2) les techniques d'entraînement comprenant les mécanismes de transmission et d'entraînement électrique, les moteurs à combustion, la transmission hydraulique et pneumatique,

3) l'énergie et l'environnement avec l'énergie primaire, l'énergie renouvelable, industrielle, la force motrice et la chaleur, la technique de l'environnement et l'aéraulique industrielle,

4) la réalisation d'ensembles industriels englobant les installations industrielles, le conseil et l'ingénierie, l'acier, le transport et le trafic, le recyclage, le traitement des déchets, la voirie, le bâtiment et les travaux publics,

5) les équipements d'atelier et l'outillage comprenant le matériel d'assemblage et de découpage, l'outillage, les installations et les équipements d'atelier, les fournitures industrielles, la prévention des accidents,

6) la recherche et la technologie concentrée sur la recherche fondamentale, la recherche appliquée et les technologies et les services pour la recherche et l'innovation.

7) l'éclairage comprenant les luminaires électriques et les systèmes de luminaires, les lampes électriques, les systèmes et les composants et les accessoires d'éclairage.

Jusqu'aux années 1990, les actions conjointes Ville de Montreuil-AMIE (ex-AMDCEI) furent tournées vers les pays de l'Est européens, la Chine, le Vietnam et le Cambodge, l'Algérie. Les élus pensaient qu'ils pouvaient « ouvrir des portes » et faciliter les échanges commerciaux avec des opérateurs sous contrôle de l'État et sensibles à leurs proximités idéologiques. À la fin des années 1990, les Chefs d'entreprise ont décidé que l'association se redéploie vers d'autres pays, sans considérations politiques.

Europe de l'Est/Montreuil : proximités idéologiques et opportunité sur des marchés non concurrencés

Sur les cendres d'une Europe dévastée en 1945 naîtront deux camps ; l'un à l'Est et l'autre à l'ouest du vieux continent. Ils vont s'affronter dans une guerre froide qui ne prendra fin qu'après la chute du mur de Berlin en 1989 et l'effondrement du système communiste.

Les pays de l'Est vont constituer une communauté économique et monétaire, le CAEM (Conseil d'aide économique mutuelle) ou COMECON en 1949, afin de contrecarrer l'influence états-unienne qui s'est déployée suite à la mise en place du plan Marshall.

Le processus de construction de cette union reposa sur des accords étatiques sans lien avec les réalités économiques et en l'absence de convergences vers des niveaux d'organisation, de management et de comportements rapprochés entre les opérateurs économiques des pays qui souhaitent former une telle intégration. Le CAEM est moins un processus d'intégration qu'une mise en œuvre de spécialisation des pays du bloc soviétique et l'imposition d'une hégémonie politique, celle de l'URSS. Il ne fut pas un « marché commun » socialiste. Le « rouble transférable » n'était pas convertible, ce qui empêchait les échanges multilatéraux. Celui-ci n'avait aucun caractère fiduciaire ni la possibilité de détention privée.

Il permit, néanmoins aux pays membres de cette zone d'accroître considérablement leurs échanges commerciaux, car ils pouvaient se passer des devises. Le calcul de la valeur du commerce intra-CAEM et des montants de dettes cumulés entre les pays membres se faisait grâce à un modèle d'une grande simplicité. Contrairement à l'Union européenne, l'intégration économique du COMECON ne s'est pas faite par le marché, mais par la coordination des plans quinquennaux respectifs. La conséquence de cette coordination était la spécialisation des pays du CAEM. Le poids de l'Union soviétique, le pays libérateur a créé des relations de dépendance et de domination avec les autres pays de la communauté économique. La négation des mécanismes de marché et l'instauration d'une planification impérative n'ont pas aidé à l'émergence d'économies compétitives produisant des biens et services de qualité et en grande quantité. Dès la chute du mur, les consommateurs se sont rués sur les produits importés au détriment de la production locale, détruisant ainsi leurs propres emplois.

Le système de paiements entre les ex-pays socialistes, rassemblés au sein du COMECOM, leur permettait de se passer des devises, en échangeant entre eux grâce à une monnaie commune de facturation ; le rouble transférable. Celui-ci n'avait aucun caractère fiduciaire ni la possibilité de détention privée.

Crée dans l'urgence, le 25 janvier 1949, afin de contrebalancer l'influence états-unienne qui s'est déployée à la faveur du plan Marshall, le COMECON adopta ses statuts définitifs le 14 décembre 1959 à Moscou. La Charte ainsi acceptée par les pays socialistes instaure un « rouble transférable » en tant qu'unité monétaire scripturale basée sur le rouble soviétique et utilisée jusqu'en 1991. Dès 1964, en même temps qu'elle œuvrait à l'interpénétration des économies socialistes par la coopération et la spécialisation, elle permettait aux pays membres de cette zone d'accroître considérablement leurs échanges commerciaux. Autre étape fondamentale, l'adoption en 1971 d'un « Programme » dont le but est l'intégration économique des pays socialistes.

Il fut mis en place un système de calcul de la valeur du commerce intra-COMECON et des montants de dette entre les pays membres de cet organisme économique du bloc de l'Est.

La longue période stalinienne et la rigidité de la pensée monolithique soviétique qui l'a suivie, jusqu'à la prise du pouvoir par Mikail Gorbatchev ont fait oublier les riches débats contradictoires au sein du Parti communiste de l'URSS de 1917 à novembre 1930, date à laquelle Joseph Staline a concentré entre ses mains tous les pouvoirs. Le dictateur le plus sanglant de l'histoire russe n'était pas un théoricien et encore moins un créateur de modèles économiques. Le Géorgien d'origine fut un grand manœuvrier s'alliant avec les courants de la gauche (incarnée par Léon Trotsky, Zinoviev et Evgueni Preobrajenski) et la droite (représentée par Nicolas Boukharine, Mikhaïl Kalinine et Kliment Vorochilov) du parti selon les rapports de force du moment. Dans son testament, Lénine avait mis en garde les dirigeants du PC du danger d'une prise du pouvoir par Staline. La Nouvelle Politique économique (NEP) mise en œuvre en URSS à partir de 1921 devait redynamiser l'Union soviétique en introduisant des mécanismes de marché et une réhabilitation de la loi de la valeur. Il s'agit pour Lénine d'un « repli stratégique » dans la construction du socialisme justifié par le retard économique de la Russie : « [...] Nous ne sommes pas assez civilisés pour pouvoir passer directement au socialisme, encore que nous en ayons les prémices politiques ».

D'après Preobrajenski, la plus-value ne peut provenir que de l'agriculture qu'il faut soumettre à une ponction massive, ce transfert alimentant le développement d'un secteur industriel, propriété de l'État. C'est ce qu'il appelle « l'accumulation socialiste primitive ».

La NEP est assimilée à la coexistence d'un capitalisme d'État pour l'industrie et d'un capitalisme privé pour la petite production paysanne.

La formule de Boukharine à l'intention des exploitants agricoles « enrichissez-vous » est conforme à son analyse de la permanence sous des formes différentes de la loi de la valeur en période de transition et des « voies tortueuses de l'économie de marché ».

D'après E. Boukharine, la « réactivation de la grande industrie » doit répondre aux mécanismes de marché, mais de façon contrôlée. « Il faut tantôt accélérer, tantôt ralentir, mais ne jamais forcer outre mesure. De même il ne faut pas idéaliser une planification rigide et absolue, mais sans pour autant y renoncer. »

La grande question du maintien de la vérité des prix en période de transition et de certains mécanismes de marché voulu par la droite du PC de l'URSS ne sera plus en débat depuis 1927. C'est le début d'une gestion aberrante des entreprises par la suppression de la concurrence et un système de fixation des prix et des salaires dénué de toute logique économique. D'où l'écroulement de ce système. Lire mon article :

« Les ex-pays socialistes : faillite d'un modèle et échec de la transition vers l'économie de marché » (journaldunet.com)

LA RUSSIE : DU JUMELAGE À LA PROSPECTION GLOBALE

Le jumelage avec la ville de Mytichtchi située dans la banlieue de Moscou fut signé en 1973, dans la foulée de la première rencontre franco-soviétique à Marseille organisée par la Fédération mondiale des villes jumelées. La convention fut signée par Marcel Dufriche, maire de Montreuil et M.Jilikov, président du comité exécutif du Soviet des députés des travailleurs de la Ville soviétique. Parmi les points stipulés dans l'accord, outre les formules d'usage du désir d'entente et de développement de relations amicales, on peut citer : l'échange d'information relative aux services municipaux et aux établissements urbains, l'échange d'expositions concernant les services de l'urbanisme, la santé publique, la culture et le sport en vue d'améliorer leur fonctionnement, la mise en relation des organismes de santé, des bibliothèques et des écoles. La justification de ce jumelage par le maire de Montreuil est exprimée par une gratitude vis-à-vis du premier pays qui a construit le socialisme sur son sol et a vaincu le nazisme à Stalingrad et libéré l'Europe de l'Est jusqu'à Berlin au prix de 20 millions de morts.

En 2010, cette ville où est implanté l'aéroport de la capitale russe Sheremetyevo, compte 173 341 habitants, une superficie de 34,59 km2. Elle a été fondée en 1460. Le nom vient de la taxe commerciale sur le portage (volok) des navires marchands entre la rivière Iaouza et la Kliazma. Le secteur dominant est la construction mécanique dont l'illustre représentant est l'usine de voitures de métro Metrovagonmach faisant partie du groupe Transmach. Fondée en 1897, cette usine emploie 5 700 salariés et a équipé le réseau du métro de Moscou et d'autres villes.

J'ai effectué plusieurs missions économiques à Mytichtchi pendant l'ère soviétique et après la dislocation de l'URSS, dans le cadre de délégations conduites par le député et maire de Montreuil Jean-Pierre Brard ou avec notre club d'entreprises l'AMIE (ex-AMDCEI), qui a été créée en février 1988.

Entre 1986 et 1991, nous avons été reçus pompeusement dans la maison des syndicats qui appartenait à l'État soviétique comme les principaux bâtiments et institutions. Nous constations les privilèges des dirigeants locaux et nationaux qui jouissaient des biens publics sans en être les propriétaires juridiquement parlant.

Les entreprises visitées étaient à l'image du modèle soviétique : des mastodontes, comptant des milliers de salariés sur le papier, mais seulement quelques centaines réellement présentes.

Nous avons visité plusieurs usines, afin de mieux cerner les possibilités de coopérations avec des entreprises de l'Est parisien. Cependant il fallait prendre en compte le manque de performance de ces entreprises publiques, leurs sureffectifs, la qualité médiocre des machines-outils et des moyens de production, l'absence de marketing et/ou d'affichage commercial qui plait au consommateur. Ce dernier est le grand sacrifié de ce système censé être égalitaire, mais en réalité il profitait à une élite qui pouvait se faire approvisionner sur des circuits parallèles. Le système communiste pratiqué lors de cette période fut basé sur la planification impérative, chaque unité économique est spécialisée dans la production d'un bien, peu importe sa qualité et son design, l'essentiel est la quantité de produits de grande consommation ou technologiques destinés à d'autres entreprises. D'où les pénuries constatées par les citoyens que nous pouvions observer en visitant les magasins dans les quartiers populaires ou même en centre-ville dans les galeries appelées « goum ». En réalité les salaires étaient fixés par la loi. Notre traductrice qui était enseignante gagnait plus que son mari médecin. Des aberrations comme celle-ci étaient légion. Afin d'éviter que leur personnel ne perde beaucoup de temps à chercher les produits alimentaires dont chacun avait besoin, de grandes usines distribuaient pour une somme modique des pommes de terre, des choux et autres denrées alimentaires. D'où l'existence d'un marché parallèle des biens et services produits à un prix réglementé très bas, mais vendus à un prix de marché non officiel à des prix plus élevés. L'idéologie héritée de Staline se voulait équitable en donnant des avantages certains aux citoyens comme l'éducation gratuite pour tous, les crèches dans les entreprises et les villes, la gratuité des services, la mise à disposition des logements, des transports à des prix modiques, un emploi assuré à vie au prix de sureffectifs dans les entreprises et par-là même la cause de leur inefficacité. La pénurie des produits est la conséquence d'un déséquilibre entre offre et demande. Les Soviétiques n'étaient pas pauvres, mais ne pouvaient pas se procurer les produits de base. L'achat d'une voiture exigeait de s'inscrire sur une liste d'attente pendant des années tandis que celui d'un manteau ou d'une paire de bottes d'hiver imposait des heures d'attente devant les lieux de vente sans certitude de trouver sa taille. Les Soviétiques ne disaient pas « je vais acheter, mais je vais me procurer une marchandise ». L'inefficacité de l'appareil productif soviétique n'est pas la seule cause de l'effondrement du système économique, mais les dépenses militaires en compétition folle avec les États-Unis qui a engagé une guerre des étoiles et une course aux armements. « Le pays du socialisme réel » possède un arsenal d'armes nucléaires et de missiles balistiques très avancés. Autre facteur aggravant l'exploration spatiale et une compétition avec l'oncle Sam qui fut à l'avantage de l'URSS, en envoyant un homme Youri Gagarine en orbite. Les seules ressources exportables sont le pétrole et le gaz et quelques autres matières premières et agricoles. Mais la chute des cours des hydrocarbures a eu raison des revenus de l'empire soviétique. Ceci a compliqué la tâche réformatrice de Mikhaïl Gorbatchev qui voulait introduire des mécanismes de marché.

Par un hasard de calendrier, j'étais avec Jean-Pierre Brard, député et maire de Montreuil à Mytichtchi quelques jours après l'échec du coup d'État visant à renverser Mikhaïl Gorbatchev le 19 août 1991. Des communistes conservateurs contestaient sa ligne réformatrice qu'il a lancée à grand fracas en 1985, sous le slogan de la Perestroïka ayant comme objectif de réformer le système soviétique en profondeur pour le rendre « plus efficace et moins bureaucratique ». Tandis que la Glasnost fut synonyme de transparence et de son corollaire, la liberté d'expression et d'information. Le nouveau dirigeant du Parti communiste soviétique âgé de seulement peut-on dire de 54 ans a ouvert les archives sur les millions de crimes de Joseph Staline durant son règne entre 1924 et 1953. L'inflation et les difficultés du quotidien ont rendu Mikhaïl Gorbatchev impopulaire aux yeux de la population russe alors qu'il jouissait d'une popularité à l'international, jamais atteinte par un dirigeant soviétique. Certains lui ont reproché d'ouvrir la boîte Pandore sans période de transition comme l'ont fait les dirigeants chinois emmenés par Deng Hsia Ping en réformant d'abord l'économie avant d'ouvrir le jeu politique. Ayant prospecté dans les deux pays, je m'abstiens de ce genre de parallélisme. L'URSS n'était pas un pays c'était un empire cosmopolite hétérogène avec des cultures différentes et des aspirations divergentes. En outre le peuple chinois fut imprégné de la volonté de réussir collectivement et de gagner des parts de marché ensemble. Les Russes ont toujours compté sur l'État omniprésent, omnipotent suivant cette citation de l'époque : « l'État fait semblant de nous payer et nous, nous faisons semblant de travailler ». Les privilégiés de la Nomenklatura communiste et ceux qui gravitent autour du pouvoir sont devenus les profiteurs d'un nouveau système corrompu sans foi ni loi, après l'échec du putsch orchestré par un « Comité pour l'état d'urgence ». Celui-ci fut composé par des personnalités de premier plan du régime soviétique : « le vice-président de l'Union soviétique, le Premier ministre Valentin Pavlov et plusieurs dignitaires du régime, dont les responsables du KGB et de l'armée ».

Sur les chaînes de télévision russes, on pouvait entendre ceci :

« Cette Perestroika était tombée dans l'impasse. Des forces extrémistes ont émergé pour tenter de liquider l'Union soviétique et prendre le pouvoir. Il fallait sortir de la crise le plus vite possible » déclarait, selon ce journal télévisé, les auteurs du coup d'État. Guennadi Lanaïev, le vice-président de l'URSS, était nommé président par intérim et le comité investi de tous les pouvoirs. « Sa première décision a été de proclamer l'état d'urgence dans tout le pays pour une durée de six mois. »

Au moment du journal télévisé, le président, Mikhaïl Gorbatchev, n'avait pas réapparu. Le commentaire précisait : « Officiellement, il était en vacances en Crimée depuis le début du mois d'août, mais les premiers flashs de la radio soviétique qui ont annoncé sa destitution ont annoncé des raisons de santé pour expliquer son départ. Il semble que ce soit une simple clause de style, la réalité étant un limogeage pur et simple de celui qui était au pouvoir depuis six ans en Union soviétique. » Le reportage s'achevait sur la prudence des « capitales occidentales » alors qu'« une colonne de plus de 150 blindés se dirigeait vers le centre de Moscou. » Boris Eltsine, président de la Fédération de Russie et rival de Mikhaïl Gorbatchev, mena la résistance contre les putschistes et on le voit monter sur un char au centre de Moscou pour demander le soutien de la population qui répondit présent.

Conclusion du commentaire d'un journaliste d'Antenne 2 présent sur les lieux : « Boris Eltsine n'aura pas eu de mal à convaincre leurs gradés que les ordres du ministère de la Défense étaient scélérats. Les officiers n'accepteront donc pas d'être les instruments des conservateurs qui ont déposé Boris Eltsine. » Ainsi, une tentative de prise du Parlement, où se trouvait Boris Eltsine, fut un échec et les troupes qui devaient marcher sur Moscou se rangèrent auprès des Moscovites. Le 21 août 1991, le coup d'État avait échoué.

Dans les archives du 22 août 1991, Antenne 2 faisait le bilan d'événements qui laissaient entrevoir la chute définitive de l'URSS. « Ce n'est pas le moindre des paradoxes, Eltsine, symbole de la résistance anticommuniste, apparaît donc comme le sauveur de

Gorbatchev, alors qu'il y a encore deux mois, il exigeait publiquement sa démission. » Giles Rabine, envoyé spécial sur place, confirmait la fin d'une époque : « Quand les Soviétiques ont entendu [Mikhaïl Gorbatchev] lancer des brassées de remerciements et exprimer sa reconnaissance et sa gratitude envers Boris Eltsine, alors tous ont compris que l'ère Gorbatchev était finie, même si le Prix Nobel de la paix, sacré homme de la décennie par les Occidentaux, regagnait son bureau du Kremlin. »

Il concluait : « L'armée et le KGB cassés après la trahison de leurs chefs, le parti communiste définitivement discrédité malgré un sursaut de dernière minute, l'essentiel des instruments du pouvoir de Mikhaïl Gorbatchev a disparu. [...] Ceux qui se méfiaient de l'immense popularité de l'ancien apparatchik Boris Eltsine disaient qu'il lui restait à prouver sa conversion à la démocratie. Eh bien, c'est fait. Et avec quel éclat ! » Quelques semaines plus tard, Mikhaïl Gorbatchev démissionnait, au profit de Boris Eltsine.

Le 25 décembre 1991, Mikhaïl Gorbatchev a officiellement démissionné de son poste de président de l'Union soviétique. Le lendemain, le 26 décembre, le parlement du pays — le Soviet suprême — reconnaît officiellement l'indépendance de 15 nouveaux États indépendants, mettant ainsi fin à l'existence de l'Union soviétique. Le drapeau rouge orné de la faucille et du marteau, autrefois symbole de l'un des pays les plus puissants du monde, est abaissé au-dessus du Kremlin.

Bertrand Dufourcq, Ambassadeur de France, qui nous a reçus a eu cette formule qui résume les luttes de pouvoir à Moscou : « Gorbatchev est doué d'une grande intelligence et fort perspicace, mail il était mal entouré tandis que Boris Eltsine est brutal sans culture politique transcendante, mais il est bien entouré ». La suite des événements donnera raison à cette citation. Boris Eltsine laisse l'image d'un président qui a lâché les brides à la corruption, à tous les niveaux. Cette période est pleine d'enseignements qui permettent de comprendre les événements actuels, notamment la guerre en Ukraine. La Russie postsoviétique voulait tourner la page des années d'égalitarisme débridée où le nivellement se faisait par le bas. Fini les queues interminables devant les magasins et bienvenue aux produits occidentaux de milieu et haut de gamme. Le revers de la médaille est que les prix ont changé à la hausse. Certains produits importés sont réservés aux couches de la population les plus aisées. Ma traductrice russe a été recrutée par une grande société moscovite spécialisée dans la distribution des produits cosmétiques, parfums et produits de luxe. Elle m'appelait tous les jours pour lui trouver des interlocuteurs chez les grandes marques parisiennes. Nous recevions régulièrement des cadres bancaires ou d'autres secteurs russes qui voulaient apprendre les techniques occidentales. Les Russes avaient envie de tourner la page de la période communiste et se rapprocher de l'Europe de l'Ouest. Gorbatchev a cru aux promesses de Reagan et ensuite Bush père de ne pas interférer dans la zone d'influence de l'ex-URSS. Il n'en a rien été : « les promesses n'engagent que ceux qui les entendent ». Cette volonté de rapprochement avec l'Occident s'est concrétisée par des transferts de capitaux russes, souvent de façon illicite vers l'Europe, par participations capitalistiques dans des clubs de football au Royaume-Uni ou des villas somptueuses sur la Côte d'Azur ou ailleurs.

Pour ma part je pense que c'est Boris Eltsine qui a accéléré la dislocation de l'URSS, afin de priver Gorbatchev du poste qu'il occupait comme président de l'URSS.

La création de son succédané la CEI (Communauté des États Indépendants) en tant qu'organisation intergouvernementale composée de neuf des quinze anciennes Républiques soviétiques, n'a pas cimenté une relation disloquée. La preuve est que parmi ses fondateurs, outre la Russie, la Biélorussie on retrouve l'Ukraine. C'était le 7 et 8 décembre 1991. Le seul succès notable est la création de la Fédération de Russie en regroupant 18 des 20 républiques autonomes de Russie.

Autre signe de fin de la guerre froide, ce que nous avions constaté en visitant des entreprises liées à l'industrie d'armement à Mytichtchi et à Nijni Novgorod : la plupart d'entre elles cherchaient des partenaires étrangers en vue de leurs reconversions dans des activités civiles.

Le changement de régime et de méthodes de gouvernance nous l'avions perçu clairement au cours de nos derniers voyages officiels à cette ville jumelle. Au cours de nos déplacements, la traductrice nous indiquait naïvement les belles maisons devenues propriétés privées du maire et comment les notables de la ville se sont approprié les meilleurs terrains, immeubles et datchas. Quelques mois après notre retour à Montreuil, le maire Jean-Pierre Brard reçoit un courrier en russe de son homologue mytichtchtien demandant un don de 100 000 francs français cash en grande coupure. Pure folie, naïveté, méthode pratiquée avec d'autres villes asiatiques par exemple ? Nous n'en savions rien. La réponse n'était pas difficile à faire : un rappel à la loi française qui interdit tout transfert de ce genre ; toute manipulation d'argent liquide, toute dépense communale doit être justifiée après appel d'offres de services concrets à la population montreuilloise. Le débat fut clos.

Au cours de cette ultime visite à Mytichtchi en mai 1998 j'ai été reçu dans un autre cadre que l'habituelle réception à l'hôtel de ville. La réunion s'est déroulée dans une grande salle d'un hôtel de luxe. En face de moi j'avais le représentant de la Municipalité, des banquiers et un entrepreneur qui d'après moi est un des chefs de la mafia locale, je suppose, puisqu'il se déplaçait avec un garde du corps. Au cours d'entretiens avec des commerçants et entreprises, j'ai posé la question sur les montants des loyers payés par ces derniers. La réponse est laconique : « ils ont de quoi payer par rapport à leurs gains substantiels ». Cette dernière mission a scellé la fin de ce jumelage que je n'ai pas décidé, n'ayant pas le pouvoir municipal, mais que j'ai recommandé à la Municipalité et j'ai été suivi. L'avenir de cette cité m'a donné raison. Sa proximité avec Moscou suscite des convoitises, notamment parmi les personnes aisées qui cherchent des datchas ou des investissements immobiliers.

L'agglomération de Mytichtchi est d'une superficie de 438,3 m^2. Sa population compte 266 436. L'augmentation est forte +73,3 % entre 1975 et 2015 et de +15,7 % entre 2000 et 2015.

Mytishchi est située à 19 km au nord-est du centre de Moscou, sur la rivière Yauza. Il borde directement la capitale le long du périphérique de Moscou, dans la zone des autoroutes Yaroslavskoye et Ostashkovskoye. L'un des plus grands centres culturels, scientifiques et industriels de la région de Moscou. Dans un article de l'AFP en date du 16 avril 2017, il est titré « À Mytichtchi, l'immobilier grignote forêts et vieilles datchas […] la spéculation immobilière fait rage dans la très prisée banlieue de Moscou. Mais face à l'appétit des promoteurs, prêts à raser des centaines d'hectares de forêts et des villages entiers, la résistance s'organise. »

Après une procédure longue et pénible pour les habitants, la décision de la Cour suprême arrive tard et n'impose qu'une obligation de construire des immeubles moins hauts. L'argument des promoteurs et des responsables locaux est que Moscou compte 12 millions d'habitants, alors que sa région est 18 fois plus vaste, mais peuplée seulement de 7 millions d'habitants.

Une destruction d'une forêt de 103 hectares, sa vente à un promoteur immobilier moscovite, Novaïa Zemlia, afin de construire un nouveau quartier de 20 000 habitants, est une conséquence de ces dérives.

EXPOSITION France TECH 2003 A MOSCOU
Deux événements majeurs franco-russes !

Du 7 au 10 octobre 2003 s'est déroulé à Moscou un salon professionnel dénommé France Tech Russie 2003 où près de 150 entreprises françaises, dont 80 % de PME et de PMI, ont exposé leur savoir-faire, leurs produits, leurs services, leur technologie.

Organisé par UbiFrance et la mission économique de l'Ambassade de France à Moscou, cet événement avait pour objectif de présenter aux décideurs russes la vitrine technologique française sur des secteurs aussi divers que les NTIC, les transports, l'aéronautique, l'énergie, l'environnement, le BTP, les biotechnologies, la santé et la pharmacie…

Grâce à ces rencontres professionnelles, les organisateurs espèrent favoriser les exportations de produits français en Russie, permettre de développer les implantations tricolores dans le pays, renforcer la notoriété de celles qui y sont déjà présentes et surtout encourager de futurs partenariats avec les entreprises russes. Parallèlement, colloques, séminaires sectoriels et débats ont été organisés sur divers aspects des relations commerciales et industrielles entre les deux pays. En marge de l'exposition, d'autres manifestations (conférences de presse, visites de personnalités politiques et économiques…) ont appuyé l'offre française.

Parmi les partenaires russes de l'exposition, citons le RSPP (l'Union russe des Industriels et des Entrepreneurs, le syndicat patronal russe).

La présence de la Chambre de Commerce russe et du ministère de l'Industrie a illustré l'intérêt qu'a provoqué cet événement en haut lieu.

Environ 85 % des sociétés françaises représentées sont des petites et moyennes entreprises (PME), qui ont le souci de conclure des partenariats avec des entreprises russes. Les besoins sont grands et les perspectives importantes : en 2002, la France a occupé seulement la septième place dans la liste des pays investisseurs en Russie. Les secteurs prioritaires pour la Russie et pour la France sont connus : l'énergie, l'aéronautique, l'environnement, les services.

Mais l'exposition a permis aux relations économiques de se développer dans d'autres domaines.

Les Russes comme les Français ont décidé de présenter quelques stands régionaux. Du côté russe, ce sont par exemple la République de Tchouvachie, les régions Viatskaya, Permskaya, ou encore Kostromskaya qui y participent. Du côté français, le Languedoc-Roussillon, le Rhône-Alpes, le Midi-Pyrénées… Parallèlement à la présentation des entreprises françaises, beaucoup de séminaires ont eu lieu. Ils sont importants pour le développement des relations bilatérales, par exemple le séminaire intitulé « Les innovations : du laboratoire au marché » où sera discutée la question très délicate de la propriété intellectuelle.

D'après Paul Hunsinger, qui dirigeait la mission économique de l'Ambassade de France à Moscou, « pour le moment nous sommes en phase avec le développement russe. » Les dirigeants français ne voient pas d'obstacles sérieux à une collaboration accrue, et ils espèrent que FranceTech Russie 2003 permettra aux deux pays d'apprendre à mieux se connaître. FranceTech n'est pas une simple manifestation destinée à renforcer les relations bilatérales. D'après Igor Yurguens, Premier vice-président du RSPP, « c'est un pas sérieux vers un partenariat stratégique. »

Les immenses efforts de modernisation et de stabilisation économique et politique accomplis par la Russie commencent manifestement à porter leurs fruits. Les prix des hydrocarbures ont permis au pays de réduire notablement son endettement extérieur et ont continué à tirer la croissance : 4,3 % en 2002, des prévisions supérieures à 5 % pour 2003.

La demande interne, en hausse de 9,1 % en 2002, et l'appréciation du taux de change réel (6,1 % pour 2002) devraient continuer à favoriser la croissance, dans laquelle l'investissement joue un rôle nettement plus important que les années précédentes, gage du dynamisme à moyen terme de l'économie.

Cette analyse plutôt optimiste est partagée par les experts de l'OCDE, qui viennent de relever d'un cran leur appréciation du risque-pays, après l'avoir déjà relevée en octobre 2000, puis en janvier 2002. Il s'agit donc d'une performance assez remarquable qui traduit, à n'en pas douter, l'amélioration de la perception générale du pays par les milieux économiques et financiers.

Dans ce contexte porteur, la présence française est en progressions (notre part de marché était de 4,1 % en 2002) et les entreprises hexagonales jouent, dans la Fédération, un rôle significatif avec plus de 400 implantations et un stock d'investissements qui a atteint environ 750 millions d'euros, les projets en cours devant leur faire passer la barre du milliard d'euros dans quelques mois.

Cette évolution est satisfaisante, mais encore insuffisante, par comparaison avec les résultats enregistrés par nos principaux concurrents et au regard de l'évolution et des perspectives de la Russie.

Les entreprises françaises peuvent, en effet, vendre davantage sur le marché russe. Cela concerne toutes les entreprises, les grandes, mais aussi les petites et les moyennes qui devraient pouvoir tirer avantage de tous les facteurs de transformation de la Russie : une classe moyenne de consommateurs au pouvoir d'achat en croissance avec un très fort appétit pour les produits venant d'Europe occidentale. Il convient d'y ajouter un système bancaire qui facilite désormais l'accès au crédit, un tissu industriel qui se restructure et qui doit donc investir en nouveaux moyens de production, les services de toute nature que requiert une économie moderne, les infrastructures de transport, de télécommunications, de services publics...

Les rencontres Russie ont pour ambition de les encourager à découvrir et, pour certaines d'entre elles, à redécouvrir la Russie, et à constater à quel point ce pays évolue, et à saisir les nombreuses opportunités d'affaires. Certes, ce marché n'est pas toujours d'un accès facile.

Il est recommandé que toute la prudence d'une bonne gestion soit de mise, en partageant les expériences et les contacts de la communauté d'affaires en Russie. Mais l'enjeu justifie de s'intéresser d'urgence à la Russie.

L'ambassadeur de France en visite

M. Jean CADET, Ambassadeur de France en Russie, a visité le salon FranceTech mercredi 8 octobre 2003, en compagnie notamment de M. Trotignon, le Directeur général d'Ubifrance et de la CFCE, ainsi que de Georges Régnier, de la Mission économique de Moscou.

Il a parcouru les stands de nombreuses entreprises – notamment celui de l'AMIE – déjà implantées en Russie ou cherchant à y développer une activité.

Il a ainsi visité des entreprises ayant réalisé de gros investissements en Russie, comme Renault ou Total et des PME comme Captels Weighing. Il s'est aussi rendu sur les stands de régions, comme sur le stand collectif de la région Île-de-France, où il a pu rencontrer les représentants des entreprises exposantes (Magyar, SBM, FMC, BSDV, Buracco et le groupe Roy), et ceux d'entreprises venues en mission (SFAT Industrie, le textile indémaillable, CFI, CERMEX, CHARLATTE).

Parmi les entreprises qui se sont illustrées par leur constance sur le marché russe on peut citer Tractel (matériel de levage et de manutention), SB Conseil (gestion et finance), l'AFPA (formation professionnelle), Aucouturier (machines d'emballage), Complices (partenariat en produits textiles).

L'occasion pour M. CADET, qui est arrivé en Russie depuis fin septembre 2002, de mieux faire connaissance avec les entreprises françaises présentes dans le pays et avec celles qu'il attire.

Moment fort de la visite, M. CADET a pu s'entretenir avec le vice-ministre de l'Industrie, Andeï Foursenko. Discutant sur FranceTech, ils ont estimé que c'était un pas important dans les relations franco-russes.

Décembre 1991 : date de fondation de l'Union russe des Industriels et des entrepreneurs (RUIE). Après la désintégration de l'URSS, cette organisation fut enregistrée sous l'appellation : Organisation nationale russe. Le changement du nom signifiait aussi une nouvelle orientation de statut et des buts à atteindre.

Au cours des années 1992-2000, les efforts de l'Union des industriels furent principalement :

– La définition de sa propre analyse des problèmes consécutifs à la crise et des solutions à leur trouver.

– L'élaboration de propositions relatives aux domaines économiques et sociaux.

– La recherche de moyen permettant d'agir d'une façon active sur le contenu des réformes.

Le changement de siècle, nouveau statut de la RUIE : un dialogue positif

Au cours des années 2000 – 2001 de nombreux changements économiques en Russie, ajoutés aux engagements de quelques entrepreneurs influents ont contribué à la modification du statut de la RUIE. Compte tenu de l'importance officielle prise par les industriels et les entrepreneurs, l'Union accroît l'importance des partisans de réformes structurelles en matière d'économie et de politique sociale. De nouvelles formes d'activités, telles que des rencontres entre les industriels et le président, ainsi que la désignation des adhérents de la RUIE en qualité de membres ou de conseillers du gouvernement, sont destinées à conférer une plus grande importance aux décisions relatives à l'économie de marché.

La structure de l'Union a donc enregistré quelques modifications ; son organigramme a été remanié : un bureau composé de 27 entreprises importantes fut élu ainsi que des personnalités influentes, promues pour décider des grandes lignes des réformes nécessaires.

ZOOM SUR UN PRÉCURSEUR : ALBAN MULLER INTERNATIONAL

Alban Muller de par ses connaissances et ses multiples voyages de prospection dans les pays de l'Est européen fut président de la commission

URSS/Europe de l'Est au sein de l'AMDCE devenue AMIE. Étonnant personnage parlant une dizaine de langues et pouvant se mouvoir parmi différentes cultures et des marchés émergents. Les deux activités principales d'Alban Müller International sont : produire et distribuer des matières premières pour la beauté et la santé humaine et offrir l'assistance technique pour tout ce qui concerne les produits naturels, avec des techniques de contrôle permanent au cours de la fabrication. Légumes, fruits, plantes, fleurs permettent la création de tous les produits cosmétiques en fonction des types de peau ou des parties du corps. On peut utiliser les écorces, les feuilles, les racines ou les fleurs et il est impossible de citer ici, la liste impressionnante de végétaux qui servent à la fabrication des huiles et des essences naturelles pour des produits de beauté, mais aussi pour l'industrie alimentaire comme les arômes naturels, les jus concentrés ou les vinaigrettes diététiques.

En réalisant plus de 50 % de son chiffre d'affaires à l'exportation, cette société est dans les 1 000 premières entreprises exportatrices de France. Ses produits répondent aux normes de qualité internationales et sont reconnus dans tous les pays du monde. « Pour réussir, il y a des recettes », raconte Alban Müller, « il faut avoir la volonté de les appliquer. Une entreprise, ce n'est pas un seul point, c'est un ensemble : il faut une bonne gestion, une bonne organisation, un développement commercial, des techniciens compétents et une politique sociale. Si l'on veut améliorer ses performances, il s'agit d'en donner les moyens au personnel, lui offrir un confort de travail.

L'objectif, c'est que tout le monde aille dans la même direction et donc partage le fruit de l'expansion avec un intéressement au résultat. Il est souhaitable aussi que chacun trouve un intérêt dans son travail, puisse être indépendant et qu'il y ait des échanges.

Plus il y a d'échanges, plus le progrès est possible et c'est en maintenant cet équilibre que l'on peut créer des produits de qualité et vendre plus. Je suis un peu comme un mécanicien qui règle son moteur.

Cela représente beaucoup de travail et beaucoup de persévérance.

Les nouveaux laboratoires d'Alban Müller international où sont fabriqués des produits de beauté à base d'extraits de plantes sont flambant neufs.

En plus de nos agents internationaux, nous sommes trente, il est possible que notre équipe s'agrandisse encore, mais nous ne voulons pas être une très grande structure pour garder ce rapport direct avec le personnel. »

RELIEF : DÉBUT DE L'INTERNATIONALISATION

La société Reliet a mis au point un procédé d'animation d'images de synthèse en trois dimensions.

Après une année de développement, le procédé est parfaitement au point. La société Relief vient donc de présenter sa première réalisation : « Le Pantin », petit personnage en bois, prend vie sous les yeux de son créateur. C'est une métaphore de 72 secondes qui illustre l'histoire de « Relief ». Ses créateurs, Raymond Perrin et Frédéric Nagorny, ont développé leur procédé qui permet d'obtenir une excellente qualité d'animation. Il répond aux exigences actuelles de délais, soit environ 10 secondes par jour pour une animation complexe, comme c'est le cas pour le pantin puisque ce personnage ne compte pas moins de 21 articulations. Ce qui suppose des délais beaucoup plus courts dans le cas d'objets industriels plus simples. Le personnel de la société « Relief » (six au total) voit l'avenir avec sérénité. Dans un premier temps, il s'agit de faire connaître cette première réalisation qui met en évidence tout le savoir-faire à l'occasion de l'exposition de Moscou. RELIEF participe aux salons spécialisés ouverts aux professionnels et aux conférences.

LES RELATIONS FRANCE/RUSSIE : LES DONNÉES

Jusqu'au déclenchement de la guerre en Ukraine le 24 février 2022, la France bénéficiait d'une position économique stratégique en Russie : deuxième stock d'IDE dans le pays (16,8 milliards de dollars) et premier employeur étranger (160 000 salariés) ; 500 filiales françaises sont implantées dans des domaines variés (dont 35 entreprises du CAC 40). La France est le sixième fournisseur avec une part de marché avoisinant les 3,5 %. Les domaines de coopération sont l'énergie, l'aéronautique, le nucléaire et le spatial, l'agroalimentaire, la finance, la distribution, l'automobile, la construction et les services urbains, les transports et la pharmacie : https://www.tresor.economie.gouv.fr/Pays/RU/les-relations-commerciales-bilaterales-franco-russes-juin-2018.

D'après une note de la Direction du Trésor publiée le 11 mars 2021, le déficit commercial s'est réduit en faveur de l'Hexagone (graphique 1), mais il s'élève à -566 millions d'euros en 2020, contre -3,1 milliards d'euros en 2019.

Graphique 1 : Échanges de biens entre la France et la Russie

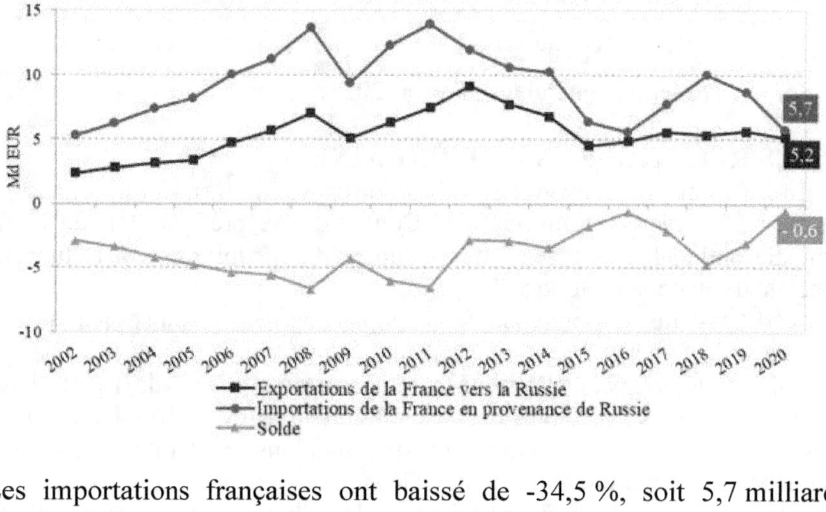

Les importations françaises ont baissé de -34,5 %, soit 5,7 milliards d'euros en 2020. Cela s'explique par la baisse des approvisionnements en

pétrole et ses dérivées qui représentent 77,1 % du total en 2020. Rappelons que la Covid-19 est passée par là. La France est le 18e client de la Russie. Celle-ci est le 17e fournisseur de notre pays. Les principaux produits importés depuis la Russie sont : les produits pétroliers raffinés et coke (45 %), Hydrocarbures naturels et autres produits des industries extractives (32,1 %), produits chimiques, parfums et cosmétiques (7,3 %), Produits métallurgiques et métalliques (6 %) et le matériel de transport (1,5 %).

Les exportations françaises vers la Russie ont fléchi de 8 % en 2020, s'élevant à 5,2 milliards d'euros. Les principaux produits exportés vers la Russie en 2019 sont : Matériel de transport (24,3 %), produits chimiques, parfums et cosmétiques (21,4 %), machines industrielles et agricoles, machines diverses (10,7 %), produits pharmaceutiques (8 %) et produits informatiques, électroniques et optiques (7,2 %).

La France est le 6e fournisseur de la Russie et son 3e fournisseur européen.

Graphique 2 : Parts de marché de la France en Russie et de ses principaux concurrents (%)

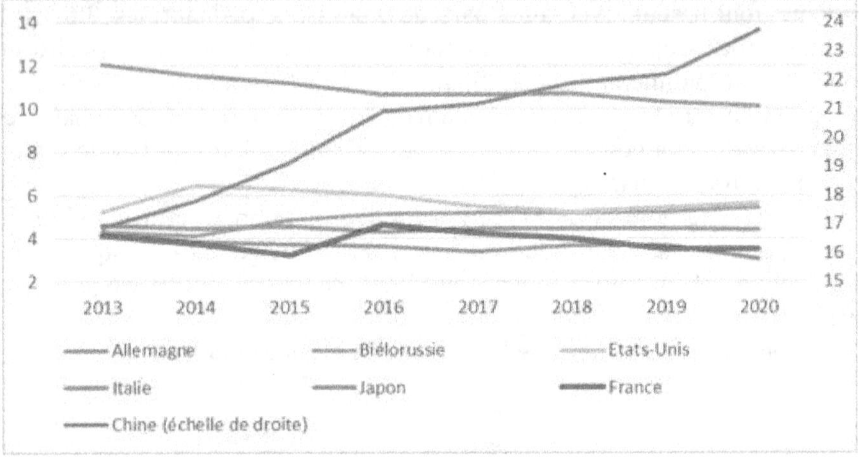

Source, Direction générale du Trésor, 2021.

LES RELATIONS AVEC L'UKRAINE

En 1991, lors d'un voyage de prospection en Russie et en Ukraine, nous avions aidé les Ukrainiens à imprimer les Coupons, une préfiguration de la future monnaie nationale : la grivna. Les Coupons furent imprimés à I' Imprimerie Spéciale de Banque à Montreuil.

Les États-Unis, qui ont encouragé les pays de l'ex-Union soviétique à sortir de cette union, les ont abandonnés ensuite.

Voici le témoignage d'Yves-Michel Pattegay, P.-D.G. de l'ISB sur cette mission et d'autres : « Le président de la République est en Russie, à Moscou et à Saint-Pétersbourg. Il s'entretient des relations bilatérales, mais surtout d'économie. Il est d'une importante délégation de chefs d'entreprise qui vont, à cette occasion, discuter de leur projet avec leurs homologues russes sous l'égide des plus hauts représentants économiques français en poste en Russie. »

« Lorsqu'une PME disposant d'un produit exportable, projetant de coopérer avec un interlocuteur étranger ou de transférer sa technologie, désire tenter l'aventure de l'export, les choses se passent fort différemment.

Nous sommes généralement reçus courtoisement par les postes d'expansion économique à l'étranger (PEE). On nous écoute, on note nos demandes et nos contacts, puis, pour tout viatique, on nous remet des documentations générales et des statistiques, puis on nous prodigue des conseils de prudence appuyés qui, s'ils étaient pris à la lettre, décourageraient les plus entreprenants d'entre nous.

Il existe, bien entendu, des exceptions, mais j'ai vécu cette situation de nombreuses fois.

La conséquence logique de cet état de fait est une désaffection chronique des représentants de PME vis-à-vis des PEE à l'étranger. Montreuil dispose d'une structure spécifique dont l'un des atouts majeurs et de pallier cette situation : l'AMDCEI.

J'ai eu l'occasion de participer souvent à des missions organisées pour les PME par notre association. Le changement d'attitude des autorités françaises locales est radical ! La mission est perçue comme une initiative du député-maire, c'est encore plus vrai lorsque Jean-Pierre Brard peut y participer physiquement.

Les portes s'ouvrent, les fonctionnaires qui ne manquent pas de compétences, ni de connaissance du terrain, se mettent à notre disposition et redécouvrent les mérites et le dynamisme des petites et moyennes entreprises.

Les liens bilatéraux tissés par la mairie de Montreuil, parfois depuis longtemps, avec des pays aujourd'hui émergents, permettent d'établir des contacts directs avec les opérateurs locaux et facilitent grandement la progression de nos projets.

La préparation des missions est effectuée avec une grande compétence par Camille SARI, l'animateur de notre Association.

Elle implique une connaissance approfondie du tissu économique de Montreuil et des possibilités de nos entreprises.

C'est pourquoi je voudrais encourager les PME de Montreuil à participer à nos travaux et à se tenir au courant des opportunités offertes par l'export.

Les conditions économiques actuelles nous poussent à rechercher de nouveaux marchés : l'export est une des solutions possibles, j'en ai moi-même fait l'expérience.

Je voudrais ajouter pour ceux de mes collègues qui sont et c'est bien naturel, jaloux de leur indépendance, que les principes que revendique Jean-Pierre Brard et qui inspire les animateurs de l'association, sont très stricts : il s'agit d'accompagner les entreprises dans leur démarche et de leur laisser faire seuls leur métier à partir du moment où les conditions nécessaires sont réunies. »

Yves-Michel Pattegay, responsable de la commission pays de l'Est.

LA RÉPUBLIQUE TCHÈQUE ET LA SLOVAQUIE, MISSIONS POST-DIVORCE.

Notre mission fut à 100 % d'ordre économique, sans accompagnement politique. À Prague, comme le reste de la République tchèque, nous avions affaire à des entreprises et organismes économiques qui étaient fort proches de leurs homologues allemands. On appelle ce pays « le petit jardin germanique » ou l'arrière-cour de l'Allemagne. Ce pays, qui faisait partie du COMECON au nom de la Tchécoslovaquie, lorsque son destin était lié à celui de la Slovaquie. Pendant la Seconde Guerre mondiale, cet État n'était pas reconnu par l'Axe qui l'occupait, contrairement aux alliés. Au lendemain de la victoire des Alliés contre l'Allemagne, les tentatives d'une Tchécoslovaquie indépendante n'ont pas résisté aux décisions de la conférence interalliée de Moscou en octobre 1944 et de Yalta en février 1945. Le pays doit céder la Ruthénie à l'URSS qui l'intègre à la République socialiste soviétique d'Ukraine. Les Allemands Sudètes, accusés de collaboration avec les nazis, sont définitivement expulsés du pays. En 1948, le « coup de Prague » consacra la domination du Parti communiste tchécoslovaque et la satellisation du pays à l'URSS. Le nom officiel de « République socialiste tchécoslovaque » fut adopté le 11 juillet 1960 et termina son parcours en 1989. Grâce à une tradition industrielle, ce pays a traversé l'ère socialiste avec un taux de croissance officiel de 7 % en moyenne par an.

Même s'il y a exagération des chiffres officiels, les citoyens avaient l'impression d'une vie meilleure par rapport à ce qu'ils ont connu entre 1939 et 1945 :

« [Cela] n'a pas empêché le "Printemps de Prague" qui a entraîné l'intervention des forces armées du Pacte de Varsovie, afin de mettre en échec le projet d'Alexandre Dubcek de "sauver le socialisme réel". La forme fédérative, composée de la République socialiste tchèque et la République socialiste slovaque, consacra la poursuite de l'emprise du Parti communiste, jusqu'à la "révolution de velours" du 28 novembre 1989. Le monde entier gardera l'image du Slovaque Alexandre Dubcek, père du "socialisme à visage humain" recevant l'accolade du Tchèque Vaclav Havel en 1989, président tchécoslovaque en 1989-1990. La IVe République tchécoslovaque est dissoute d'un commun accord et de façon pacifique, le 31 décembre 1992, au bout de 2 ans et 8 mois. »

L'ÉCONOMIE TCHÈQUE : un marché plus étroit

En janvier 1991, la thérapie de choc est qualifiée par le FMI comme un « big bang ». 96 % des prix sont libérés, l'inflation est stabilisée autour de 10 %, le taux de chômage est maintenu à des niveaux bas., la balance des paiements présente un solde positif, le taux de change de la couronne est stable, les exportations sont réorientées vers le Marché commun et la dette extérieure est sous contrôle, parmi les plus basses de la région. La libre convertibilité de la couronne tchèque est atteinte fin 1995. La gestion des Finances publiques est stricte avec une maîtrise de la politique fiscale et du déficit budgétaire. Afin de rattraper le retard par rapport à l'Europe de l'Ouest, des réformes structurelles sont opérées touchant le secteur bancaire, les télécommunications, les transports. L'objectif est atteint : attirer des capitaux des États-Unis et de l'Allemagne.

Les privatisations se sont faites en trois étapes : la « petite » privatisation qui consista à vendre aux enchères aux managers des 23 000 petites entreprises. Deuxième étape ; la privatisation par coupons est engagée au 1er octobre 1991 et se finit officiellement en 1996. Chaque foyer fiscal peut acheter, pour une somme modique, un « carnet de coupons » qui donne un « droit » (un call dans le jargon de la finance) pour acquérir des actions des entreprises à privatiser.

La troisième étape est plus « pragmatique », par opposition aux options fortement idéologiques de la précédente, prend alors le relais.

Dès décembre 1994, 80 % des entreprises sont privatisées. La privatisation par coupons prend fin officiellement au 31 décembre 1996 sans convaincre les Tchèques. Des phénomènes d'escroquerie et de mauvaise gestion ont laissé sceptiques 80 % des citoyens.

Certains monopoles et quelques très grandes entreprises sont encore publics. Mais de grandes sociétés ont été vendues à des groupes belges, français, espagnols ou allemands.

La restitution des biens immobiliers et des terrains à leurs propriétaires s'est limitée aux biens confisqués par le régime communiste en février 1948.

La dette de l'État fédéral tchécoslovaque est partagée entre les États qui lui succèdent au prorata des populations respectives, soit de deux tiers pour la République tchèque et un tiers pour la Slovaquie. Chaque État crée sa monnaie excluant toute union monétaire. Une couronne tchèque vaudra une couronne slovaque, mais fin 1995, la première vaudra 1,11 de la deuxième. La République tchèque a des ressources minières comme le charbon (16e rang mondial), le lignite (8e rang mondial) et l'uranium (11e rang mondial). L'autosuffisance agricole est acquise grâce à une population active dédiée de 3,41 % et 1,5 % du PIB.

Le français Pernod-Ricard a acquis, en 1997, le producteur de la Becherovka, une boisson alcoolisée renommée. Danone s'est partagée, en 1992, avec Nestlé le géant tchécoslovaque de l'agroalimentaire Cokoladovny (le premier gardant les activités chocolat et le second la biscuiterie).

L'industrie représente 39,6 % de la population active (selon le CSU) et 35 % du PIB (selon DREE en 2003).

Les secteurs les plus porteurs comprennent l'équipement électrique, la mécanique, la construction automobile, les moyens de transport, l'environnement, la construction et la réhabilitation de logements. La fabrication d'armes, notamment CZ, armes longues et de poing, réputées pour leur précision et leur fiabilité.

LA SLOVAQUIE

En arrivant à Bratislava en provenance de Prague, le contraste est saisissant : un décalage en termes de standard de vie et niveau de développement des infrastructures et des bâtiments publics et privés ainsi que des entreprises visitées. Depuis le 1er janvier 1993, la Slovaquie est indépendante avec une population de 5,3 millions d'habitants contre 10,4 millions pour la République tchèque. Le commerce entre ces deux pays a chuté d'un tiers, avec un excédent en faveur de la Slovaquie. La partition leur a coûté très cher, puisque les ventes à l'autre pays constituaient 30 % du PIB de la Slovaquie contre 15 % du PIB tchèque. Les économies des anciens membres du COMECON étaient interdépendantes et commerçaient grandement entre eux et avaient noué des relations de division du travail. Depuis la dislocation du bloc socialiste en 1989, la production industrielle a chuté de 35 %, le chômage atteint 12 % de la population active. Le PIB a chuté de 30 %. La Slovaquie souffre de l'hypertrophie du secteur de l'armement dont 60 % sont destinés au pacte de Varsovie s'est effondré, car la Slovaquie comme les autres pays de l'Est européens sont désormais tournés vers l'Union européenne qui succédera à la Communauté économique européenne le 1re novembre 1993, suite à l'adoption du traité de Maastricht. Les industries lourdes et la métallurgie, représentant 15 % de la production industrielle en 1992, n'étaient pas aux standards de l'UE comme les industries chimiques (17 %). Les activités industrielles bénéficiaient d'un coût de l'énergie plus compétitif venant de l'URSS. Les produits exportables vers les pays de l'Ouest sont l'acier et d'autres produits intermédiaires. Les hausses des exportations de biens de consommation (+50 %) et de machines (+38 %) ne sont qu'un leurre, car ces produits étaient vendus à des entreprises tchèques, en tant que donneurs d'ordre. Ce n'est qu'en 2000 que l'économie slovaque retrouve une forte croissance grâce à l'intégration européenne et des réformes libérales menées par le gouvernement Mikulas Dzurinda. Le taux de croissance est passé de +0,3 % en 1999 à 8,8 % en 2007.

D'après Wikipédia, l'ancienne ministre (de 1998 à 2002) Brigita Schmögnerová explique :

« Il y a toujours un consensus des dirigeants sur le dumping social. Depuis l'élargissement de l'Union européenne, les sociétés étrangères recherchent la main-d'œuvre la moins chère, mais, au lieu d'unir leurs forces, les gouvernements de la région rivalisent pour proposer le niveau de taxes le plus faible possible. »

Lors de son entrée dans l'Union européenne, en 2004, la Slovaquie est ainsi devenue le premier pays de l'OCDE à mettre en place une imposition au taux unique intégral : 19 %, tant sur les bénéfices des sociétés que sur les revenus ou les biens de consommation. L'absence de progressivité de l'impôt conduit à une forte augmentation des inégalités. Les dépenses en matière de santé, d'éducation ou de logement sont inférieures à la moyenne européenne.

À la faveur d'une main-d'œuvre assez qualifiée, des salaires faibles et un droit du travail flexible, le pays attire de nombreuses entreprises industrielles. Grâce à l'arrivée de Volkswagen, PSA Peugeot Citroën, Hyundai et bien d'autres, le secteur automobile représente 35 % du PIB en 2006, soit 550 000 voitures et 900 000 en 2010.

Le PIB en 2008 s'élevait à 95,4 milliards de dollars grâce aux secteurs de la métallurgie, le bois et ses dérivées, les biens d'équipement, l'électronique et l'habillement. Les importations étaient de 73,620 milliards de dollars tandis que les exportations se montent à 72,57 milliards de dollars cette même année. Les pays qui commercent le plus avec la Slovaquie sont : l'Union européenne, la Russie, la Corée du Sud et la Chine.

Les entreprises de notre association qui ont participé à la mission en République tchèque et en Slovaquie sont :

– AUCOUTURIER : cette PME familiale dispose d'un service export avec du personnel polyglotte familier des économies est-européennes a équipé des entreprises tchèques et slovaques en machines et systèmes de conditionnement.

– LEVRAT : a conclu des contrats d'achat de la visserie, boulonnerie, outillage et fournitures industrielles.

– L'Imprimerie Spéciale de Banques (ISB) a voulu s'implanter dans des pays qui s'ouvrent sur l'UE et a besoin d'impression fiduciaire de documents officiels sécurisés ainsi que des coupons slovaques.

– LEVASSEUR SYSTÈMES : cherchait des sous-traitants pour sa fabrication de matériels de protection incendie, système de fermeture automatique.

– Ella Baché et Alban Muller : deux sociétés très novatrices en produits cosmétiques trouvent dans ces deux pays nouvellement ouverts sur l'Ouest et les produits de luxe et de marque français, de nouveaux marchés.

– SOFRESID : ce groupe d'ingénierie voulait développer la gazéification du charbon et la valorisation des industries minières

– FIVES-LILLES, souhaitait apporter sa contribution dans la modernisation des industries tchèques et slovaques

– AFPA (Association de Formation Professionnelle) s'est positionnée sur des formations professionnelles bénéficiant de concours européens.

Les relations économiques franco-tchèques

D'après une note de l'Ambassade de la République tchèque publiée en 2023, les échanges économiques avec la France se sont accélérés depuis l'adhésion de la République tchèque à l'Union européenne en 2004. 880 filiales de sociétés françaises emploient 67 000 salariés. Les échanges commerciaux franco-tchèques ont atteint 17,7 milliards d'euros en 2023. La France est le sixième partenaire commercial de la République tchèque.

Les exportations tchèques vers la France ont atteint 11,5 milliards d'euros en 2023 et les importations de la France vers la République tchèque pour la même période se sont élevées à 6,2 milliards d'euros. La République tchèque exporte plus que ce qu'elle n'importe d'où une balance commerciale positive en sa faveur avec un solde de 5,2 milliards d'euros. Les importations françaises sont constituées d'automobiles, moyens de transport, machines-outils, équipements industriels, équipements électriques, électroniques et de télécommunication.

Les principaux produits exportés par l'Hexagone sont : les produits pharmaceutiques, les équipements de transport, les équipements électriques et électroniques et les produits de beauté.

Échanges commerciaux franco-tchèques de biens (en milliards d'euros) :

	2021	2022	2023*
Les importations tchèques depuis la France	5,1	6,1	6,2
Les exportations tchèques vers la France	8,9	10,7	11,4
Balance des échanges commerciaux	-3,8	-4,6	-5,2

Source : Institut national de la statistique tchèque

* estimation

La France compte parmi les 5 premiers investisseurs en République tchèque dans les secteurs de l'automobile, la gestion de l'eau et des déchets, de l'énergie, de la construction, de la finance et de l'industrie alimentaire. Les grands investisseurs français en République tchèque sont : la Société Générale, Schneider Electric Pisek (depuis 1993) et qui est actif dans la production de dispositifs électromécaniques, pour le marché mondial. Faurecia est l'un des principaux équipementiers automobiles mondiaux. Valéo est un équipementier de l'industrie automobile.

Parmi les autres investisseurs français importants en République tchèque figurent Vinci (construction), Veolia Eau (eau et assainissement), Ondeo (eau), Sodexo (restauration), Alstom (transport), Danone (industrie alimentaire), Lafarge (construction), Saint-Gobain (matériaux de construction), Bongrain (industrie alimentaire) ou bien Capgemini (services informatiques).

France/Slovaquie : des niches à exploiter

D'après une note de la Direction générale du Trésor, les investissements français en Slovaquie ont été l'œuvre de 488 filiales françaises ou des groupes comme : GDF et EDF en 2002, PSA en 2003 et Suez Environnement depuis 2012. Orange est implantée depuis 1997 et est considérée comme le premier opérateur du pays. Véolia est actif dans le domaine des réseaux de chaleur.

https://www.diplomatie.gouv.fr/fr/dossiers-pays/slovaquie/relations-bilaterales/#:~:text=La%20France%20est%20le%205e,et%20de%20mat%C3%A9riels%20de%20transports.

La France est le 9e fournisseur de la Slovaquie et son 5e client. Elle exporte 3,2 milliards d'euros en 2022 de biens constitués principalement des produits métallurgiques et métalliques et de matériels de transport.

SERBIE, CROATIE ET SLOVÉNIE : PROSPECTION DANS UNE FÉDÉRATION EN MORCEAUX

La Yougoslavie étant formée de peuples hétéroclites de par la religion, l'appartenance ethnique, linguistiques… mais ils ont été fédérés par Joseph Broz Tito qui a su libérer son pays du joug nazi, avant l'arrivée des troupes soviétiques. À sa mort en 1980, les Albanais du Kosovo ont revendiqué le statut de République. La dislocation de la fédération intervient au début des années 1990, après des conflits et les accords entre dirigeants des composantes des six Républiques de Yougoslavie : Bosnie-Herzégovine, Croatie, Macédoine, Monténégro, Serbie et Slovénie. Les tensions avec les Serbes vont durer 10 ans.

Entre juin 1991 et avril 1992, les guerres entre différentes nationalités (en Croatie et surtout en Bosnie-Herzégovine) affaibliront l'ensemble des pays de l'ex-Yougoslavie. Les conséquences désastreuses sur leurs économies dureront plusieurs décennies. Une partie des habitants de l'ex-Yougoslavie sont nostalgiques des avantages sociaux dont ils bénéficiaient en matière de logements, santé, éducation et la possibilité de voyager et de se procurer des produits.

Lors de notre séjour en Slovénie, en Croatie et en Serbie, le directeur de l'usine de Renault basée à quelques kilomètres de Ljubljana, la capitale slovène, m'a confié : « Avant on fabriquait 2 millions de voitures pour 23,5 millions de Yougoslaves et maintenant, notre marché domestique ne compte que 2 millions d'habitants ». Heureusement pour le groupe français, il y a l'exportation. Les Croates furent les alliés de l'Axe et les Serbes étaient du côté des Alliés. Le nombre des victimes de la Deuxième Guerre mondiale en Yougoslavie s'est élevé à 1 704 000. Avant l'éclatement de la fédération, le taux de croissance du PIB dépassait les 6 %. La Yougoslavie était une puissance industrielle régionale et un succès économique. *A contrario*, les dépenses militaires étaient les plus élevées de la zone. Josip Broz Tito fut l'un des fondateurs des pays « non alignés » aux côtés de pays du « Tiers-Monde » ou ce que j'appelle le « Monde tiers ». Le Maréchal contribua à la fondation du « Groupe des 77 » en tant qu'interface entre l'Est et l'Ouest. Les régions développées (Slovénie et Croatie), pensaient que leur maintien dans l'Union fédérale leur est défavorable et « payaient pour les autres », tandis que les habitants du Kosovo en retard de développement pensaient qu'ils étaient « laissés-pour-compte ».

La Yougoslavie se mettra dans les fourches caudines du FMI, en 1981, en contractant un prêt de 19,9 milliards de dollars. En outre, le nombre de chômeurs dépassait le million en 1980. La croissance forte engendra une surchauffe de l'économie et par là même une poussée inflationniste et par ricochet une récession économique. Des affaires de corruption et les difficultés socio-économiques vont entraîner les grèves de 1987-1988.

Slobodan Milošević (président de la Ligue des communistes de Serbie [SKS] depuis mai 1986) devint le plus puissant homme politique de Serbie, le 22 septembre 1987.

En Croatie, le nationaliste controversé Franjo Tudman fut élu au pouvoir, sous la promesse de « protéger la Croatie de Milošević », qui plaidait publiquement pour la souveraineté croate. La Serbie avait imprimé pour 1,8 milliard de dollars d'argent neuf sans aucun soutien de la part de la banque centrale yougoslave. Les Serbes de Croatie contestent le gouvernement croate.

Lors de la réunion, Petar Gračanin, responsable de l'armée, expliqua aux responsables politiques serbes de Croatie comment organiser leur rébellion. Il leur demanda également d'installer des barricades et d'assembler des armes de toutes sortes, en déclarant : « Si vous ne pouvez rien obtenir d'autre, utilisez des fusils de chasse. »

Une vaste majorité de résidents vota pour l'indépendance en Slovénie, soit 88,5 % de tous les électeurs (94,8 % des participants).

Le 2 mai 1991, 93,24 % des électeurs croates votèrent pour l'indépendance.

La Slovénie et la Croatie déclarèrent toutes deux leur indépendance le 25 juin 1991. L'armée populaire yougoslave montrera ses muscles, mais sans tirer la première.

La reconnaissance de la Slovénie et de la Croatie par l'Allemagne, à la veille de Noël 1991, se fait en dehors de la solidarité européenne. À l'exception des négociations secrètes entre les ministres des Affaires étrangères Genscher (Allemagne) et Mock (Autriche), cette reconnaissance unilatérale fut une mauvaise surprise pour la plupart des gouvernements de l'Union européenne et des États-Unis, avec lesquels il n'y avait pas eu de consultation préalable. Le président américain George Bush exprima son opposition.

Milošević refusa l'éclatement de la Yougoslavie, car cela reviendrait à diviser le peuple serbe en quatre républiques (Serbie, Monténégro, Bosnie-Herzégovine et Croatie).

Au début de la guerre, l'armée et la marine yougoslaves à majorité serbe attaquèrent des zones civiles de Split et Dubrovnik ainsi que des villages croates à proximité.

À Vokovar, les paramilitaires serbes commirent des atrocités contre les Croates, faisant plus de 200 morts et en déplacèrent d'autres, pour en ajouter à ceux qui fuirent la ville lors du massacre.

De 1991 à 1992, la situation dans la Bosnie-Herzégovine multiethnique se tendit. Son parlement était fragmenté sur des bases ethniques en une faction majoritaire de Bosniaques et des factions minoritaires serbes et croates.

La Bosnie-Herzégovine déclara son indépendance le 3 mars 1992. Le même jour, les Serbes répondirent en déclarant l'indépendance de la Republika de Srpska et mettent le siège sur Sarajevo.

La République de Bosnie-Herzégovine devient membre de l'Organisation des Nations unies le 22 mai 1992. C'est le coup de grâce à la République fédérative de Yougoslavie.

Par une résolution de l'ONU du 22 septembre 1992, la république fédérative de Yougoslavie fut empêchée d'occuper le siège de l'ONU en tant qu'État successeur de la République socialiste fédérative de Yougoslavie. Restera à répartir les créances et les dettes entre les États successeurs, y compris des Ambassades de nombreux pays.

La guerre dans l'ouest de l'ex-Yougoslavie prit fin en 1995 avec des pourparlers de paix parrainés par les États-Unis à Dayton (Ohio), d'où les accords qui prendront le nom de cette ville. Les cinq années de tensions et de guerres séparatives conduisirent à un boycott et à un embargo qui ont provoqué l'effondrement de l'économie.

La guerre du Kosovo durera trois ans entre 1996 et 1999, année du bombardement de la Yougoslavie par l'OTAN.

Une année plus tard, Slobodan Milosevic est battu à l'élection présidentielle fédérale par Vojislav Kostunica et il quitta le pouvoir le 5 octobre 2000. Déjà le 24 mai 1999, il est inculpé par le Tribunal international pour crimes de guerre, crimes contre l'humanité et génocide dans l'ex-Yougoslavie.

Suite à un ultimatum des États-Unis, l'ancien dirigeant serbe fut arrêté par la Police ex-Yougoslavie le 1er avril 2001 pour abus de pouvoir et corruption et est livré à l'ONU en juin 2001. Les sanctions imposées à la Serbie, notamment par les États-Unis, ont fait chuter le PIB par habitant qui passe de 3 240 dollars en 1989 à 1 450 dollars en 1999. Le taux de chômage a explosé, passant de 14 % en 1991 à 39 % en 1993. Des restrictions ont été appliquées à l'essence, à l'électricité, au chauffage, aux médicaments et aux aliments.

Le 4 février 2003, l'Union étatique de Serbie-et-Monténégro succéda à la République fédérale de Yougoslavie, mais elle sera dissoute en 2006. L'indépendance du Monténégro fut soutenue par 55,5 % des électeurs, le 3 juin 2006. La Serbie devenant membre de l'ONU.

Le 17 février 2008, le Kosovo devient indépendant et sera reconnu par la France, les États-Unis et une grande partie de l'Union européenne. La Serbie et une partie de la communauté internationale, notamment la Fédération de Russie, l'Espagne et la Chine, ne reconnurent pas la déclaration d'indépendance du Kosovo. Depuis juillet 2015, le Kosovo est reconnu comme un État indépendant par une majorité simple de la communauté internationale (56 % des États membres des Nations unies).

C'est dans ce contexte que les entreprises de notre Association AMIE, ont noué des contacts commerciaux avec l'aide des services économiques des

Ambassades de France. Notre parcours a commencé par la Croatie, ensuite la Serbie et nous avions fini par la Slovénie.

Le représentant de la société Aucouturier, nous a révélé comment il a négocié, la vente des machines d'emballage et de conditionnement avec leurs homologues serbes sous le bruit des explosions de bombes.

Les règlements par la partie serbe ne se faisaient qu'en espèces ou par des intermédiaires étrangers, car la Serbie était sous embargo économique et financier.

Notre objectif est justement de ne pas aller sur des marchés « faciles » fort concurrencés, mais de prospecter en priorité des pays » difficiles « où la concurrence est moins vivace. Il s'agit également de préparer l'avenir lorsque les canons se tairont et les affaires reprendront leurs cours normaux.

OUZBÉKISTAN ET KAZAKHSTAN : 1993 ET 1998 NOUVELLES RÉPUBLIQUES ET NOUVEAUX MARCHÉS

La mission au Kazakhstan et en Ouzbékistan fut décidée comme une démarche innovante de faire du « Grand Export » notre marque de fabrique et « chasser en meute », en préparant minutieusement les rendez-vous des sociétés participantes.

Ces deux pays n'avaient pas de conflits politiques, suite à la dislocation de l'URSS et ont gardé des relations économiques entre les membres de la CEI (Communauté des États indépendants) qui a succédé à l'ancienne Union soviétique.

L'ancien nom de la capitale du Kazakhstan Alma Ata signifie en arabe « la Station ou Escale ».

Certainement, cela fait allusion aux conquêtes arabo-musulmanes de ces contrées, qui représentent l'Asie centrale, par la dynastie des Omeyyades, dont la capitale était Damas au VIIIe siècle.

Cette mutation religieuse et civilisationnelle se poursuivra sous les Abbassides (750-1259). Des interactions avec le pouvoir turc et l'expansion des Mongols sous Gengis Khan jetèrent les bases d'une culture musulmane « turco-mongole ».

L'ère européenne de l'Asie centrale commença par l'expansion militaire russe dans cette région, qui se renforça avec les « lois sur la terre dans les steppes » de 1889 et 1891 et l'expansion démographique russe.

La révolution bolchevik, en octobre 1917, va créer une homogénéisation des systèmes économiques, culturels et même linguistiques avec la suppression du persan.

Les frontières des Républiques soviétiques deviennent définitives sous Staline en 1936, qui encouragea les Russes à s'installer partout où ils le peuvent.

C'est ce qui nous a frappés dès notre arrivée au Kazakhstan où il y a cette cohabitation qui n'a pas suivi le même chemin que les colonies française, britannique, espagnole, portugaise ou belge.

Cela s'explique aussi par le concept soviétique de « l'Homme nouveau » et la primauté de l'idéologie et l'adhésion au communisme comme idéal commun. Lénine a voulu fonder une Union des républiques socialistes soviétiques sur des bases égalitaires et en plaidant pour le droit des peuples à l'autodétermination.

Ce droit a ensuite été inscrit dans la constitution de l'Union soviétique, accordant à chaque République socialiste le droit inconditionnel de faire sécession.

Ce débat ressurgit avec la guerre en Ukraine, puisque le 21 février 2022, Vladimir Poutine, accuse les bolcheviks d'avoir créé l'Ukraine.

Selon Poutine, « l'Ukraine moderne a été entièrement créée par la Russie ou, pour être plus précis, par la Russie bolchevik et communiste.

Ce processus a commencé pratiquement juste après la révolution de 1917, et Lénine et ses associés l'ont fait d'une manière extrêmement brutale pour la Russie ; en séparant en coupant ce qui est historiquement une terre russe. »

Cette vision est plus proche de Staline que de Lénine.

À Yalta, le président de l'URSS a négocié le partage de l'Europe en un bloc à l'Est d'obédience communiste et un bloc à l'ouest capitaliste démocratique.

Lénine aspirait à construire le communisme visant, entre autres, la disparition de l'État et des Nations ainsi que des classes sociales. Utopique Lénine : oui, mais loin de lui de préconiser l'oppression d'un peuple par un autre.

Autodétermination et socialisme

Comme Karl Marx avant lui, Lénine ne croit pas que le droit à l'autodétermination doit se réaliser par la multiplication des États-nations.

Au contraire : Lénine soutenait que le prolétariat devait s'opposer à toutes les formes d'oppression nationale, de sorte que les prolétaires de tous les pays puissent se réunir dans une union volontaire et sans domination-oppression des uns sur les autres.

C'est une rupture avec l'empire tsariste ou les Russes (la moitié de la population) étaient aux commandes par rapport aux autres peuples.

Il ne faut pas oublier que les bolcheviks ont accordé l'indépendance à la Finlande, tout comme ils ont défendu le droit à l'autodétermination de l'Ukraine.

Évidemment cette vision fut utopique et les travers des hommes reviennent au galop. Les tentatives de répandre l'idéologie islamiste par l'Iran de Khomeini en 1979 aux Républiques d'Asie centrale ont échoué, car cette mosaïque de peuples n'avait pas connu le même sort que les anciennes colonies européennes par exemple.

C'est que nous avons constaté durant nos missions entre 1993 et 1998.

Voici le tableau de répartition des populations de ces Républiques par origines (en pourcentage des populations)

	KAZAKHSTA N	OUZBÉKISTA N	TURKMENISTA N
Kazakhs	44,3	4,1	2
Ouzbeks		71	9,2
Turkmènes			77
Russes	35,8	6	6,5
Ukrainiens	5,1		
Allemands	2		
Tatars	1,6	2,4	
Tadjiks		4,7	
Coréens		0,9	
Karakalpak s		2	
Ouighours	1,8	0,5	0,3

Source : Ministère des affaires étrangères.

La diversité humaine caractéristique de l'Asie centrale s'est accentuée à la fin du XIXe siècle, par l'arrivée de plus d'un million d'Européens (Russes et autres slaves, Allemands, mennonites en particulier), essentiellement des ruraux. Les religions représentées sont : l'Islam, le Judaïsme, le Christianisme, le Bouddhisme, le Chamanisme. Les déportations et transferts de populations opérées par Staline furent douloureuses et contre leurs propres volontés. Les Coréens de Vladivostok, les Tatars de Crimée, les Allemands de la Volga, les Grecs, les Ouighours et les Afghans, chaque peuple a été arraché de ses terres pour une raison religieuse ou pour les éloigner des influences de pays voisins. Parfois ce sont des raisons économiques ; la découverte d'un eldorado pour les éleveurs, les jardiniers, les caravaniers, les artisans et commerçants. La collectivisation de 1929 à 1939 des terres et des exploitations a sédentarisé les peuples nomades et a créé la famine et la désorganisation totale de l'économie.

Mais la planification soviétique a entraîné l'industrialisation de l'Asie centrale et la diversification des richesses de son sous-sol et favorisé l'implantation d'industries de transformation. Mais a contrario elle a engendré la monoculture du coton. Les relations au sein de l'URSS, avant 1991, étaient basées sur des prix d'achat et de vente de produits en Républiques à des prix qui ne reflétaient pas les coûts de production. Cette anomalie va être réparée après la disparition de l'Union. Les Républiques d'Asie centrale ont diversifié leurs relations économiques et créent leurs propres monnaies. Les relations deviennent marchandes et non plus basées sur l'assistance technique, l'aide, la formation, l'expertise partagée. Au cours de nos missions au Kazakhstan et en Ouzbékistan en 1993 et 1998, nous avons enregistré la déception et le désenchantement qui n'ont d'égales que les illusions d'une vie meilleure, une fois que le pouvoir est confié à des dirigeants proches, à proximité à Almaty ou à Tachkent.

Le salaire mensuel au Kazakhstan en 1996 ne dépasse pas 70 dollars, alors que de nouveaux riches vont former la nouvelle bourgeoisie qui n'est pas tout à fait méritante.

Cette élite est opportuniste et a saisi la fin du communisme pour s'approprier les secteurs du pétrole, des métaux et des minerais. Les services publics se dégradent que ce soit l'éducation, la santé, les crèches des entreprises.

Le salaire moyen en Ouzbékistan est de 80 dollars. En outre le niveau de vie a été sérieusement affecté par la récession. La situation alimentaire est déséquilibrée, d'où les problèmes de santé, conjuguée à des difficultés d'accéder aux soins médicaux.

Nous avons eu le flair d'anticiper une expansion des pays riverains de la mer Caspienne eu égard à leurs importantes ressources énergétiques.

Ressources énergétiques de l'Asie centrale (1995)

	Gaz (1)	Pétrole (2)	Charbon (2)	Electricité(3)
Kazakhstan	4,7	23	130	65,6
Ouzbékistan	50	8	3,8	48

Sources : Ministère des Affaires étrangères, BP statitiscal review en milliards de m3, (2) en milliards de tonnes, (3) en milliards de kwhs.

Grâce aux coopérations internationales en dehors du carcan soviétique, ces pays ont su développer de nouveaux gisements, de nouvelles explorations de pétrole et de gaz.

L'Ouzbékistan était voué à la production de coton et le Kazakhstan aux productions agricoles, particulièrement le blé.

Les réserves énergétiques de la région de l'Asie centrale sont considérables et le Kazakhstan recèle des minerais comme l'Uranium (3e rang mondial), le tungstène (1er rang mondial), le manganèse (4e rang mondial), et le fer (9e mondial).

L'Ouzbékistan est le 7e producteur d'or et d'importantes réserves en uranium, cuivre, zinc et plomb.

Le secteur agricole et alimentaire représente, dans ces deux pays, environ 20 à 30 % du produit intérieur brut et emploie plus de 40 % de la main-d'œuvre totale.

Les ressources agricoles en 1995 (en millions de tonnes)

	COTON	CÉRÉALES	VIANDES
Kazakhstan	0,2	10	1,6
Ouzbékistan	1,1	2,7	0,68

Sources : CFCE

Les États s'intéressant à la région tantôt sont concurrents ordinaires, tantôt fauteurs de troubles, sources de conflits : la Turquie, les États musulmans, l'Occident, les États d'Extrême-Orient et l'Asie du Sud. Israël a poussé ses pions. Faute de financements français nos entreprises ont utilisé des fonds européens TACIS dans les domaines de la formation, des études de faisabilité de projets et formations de cadres dirigeants et de techniciens. Le rôle de la COFACE a été interpellé par les membres de notre Association lors de conférences sur les aides publiques à l'exportation. Pour l'export lointain, comme c'est le cas de ce qu'on appelle « le grand export », il a été demandé le relèvement des plafonds de financements COFACE. Cet organisme considérait que ces pays de la CEI sont plus risqués que la Russie. Il lui a été demandé de diminuer les primes de crédit COFACE, dont les niveaux sont handicapants pour l'offre française et sa compétitivité, et une plus grande mansuétude vis-à-vis des banques kazakhes et ouzbèkes. Les niveaux des exportations entre la France et le Kazakhstan atteignaient 250 millions de francs contre 179 en 1995, soit une hausse de 44 %. Les importations françaises en provenance du Kazakhstan ont augmenté de 8 %, passant de 197 millions à 216 millions de francs. D'où un déficit de 19 millions de Francs en 1995 et un excédent de 34 millions de francs en 1996.

Les échanges commerciaux franco-kazakhs (en millions de francs, prix courants, exports FOB, imports CIF)

	Importations de la France	Exportations de la France	Solde de la balance commerciale
1992	26	75	+53
1993	198	387	+189
1994	280	606	+326
1995	197	179	–19
1996	216	250	+34
1997 (3 mois)	65	84	+19

Sources : Douanes françaises

La France exporte vers ce pays : les produits industriels, les appareils mécaniques et électroniques professionnels et les produits chimiques. Les biens de consommation courants sont concentrés sur l'agriculture et l'agroalimentaire très demandés par le marché kazakh et sont en augmentation de 25 % entre 1995 et 1996. La France importait en 1995, le cuivre, le nickel, les ferro-alliages, le plomb et le zinc. À signaler les gros contrats ; l'un signé par Technip pour une distillerie à hauteur de 85 millions de Francs et le deuxième par Thomson pour le contrôle aérien soit un montant de 75 millions de Francs.

L'Ouzbékistan ne représentait qu'un marché marginal dans les échanges commerciaux de la France avec 0,03 % du commerce extérieur français. La France représente 1,5 % du commerce extérieur ouzbek avec des exportations qui ont fortement augmenté de +178 % en 1996, dégageant un solde commercial positif. En 1998, des contrats exceptionnels ont été conclus en faveur de l'Hexagone de +178 % en 1998. La France exportait en 1994 des denrées de base comme les céréales, les alcools, les viandes. Il convient d'y ajouter en 1996 les ventes de biens d'équipement, grâce aux contrats signés par Thomson-CSF (modernisation du système de contrôle aérien), dont une usine se trouvait avenue Faidherbe à Montreuil. Technip a eu la charge de construire une raffinerie de pétrole dans la région de Boukhara.

Les échanges commerciaux franco-kazakhs (en millions de francs, prix courants, exports FOB, imports CIF)

	Importations de la France	Exportations de la France	Solde de la balance commerciale
1992	26	75	+53
1993	198	387	+189
1994	280	606	+326
1995	197	179	–19
1996	216	250	+34
1997 (3 mois)	65	84	+19

Sources : Douanes françaises

La structure des importations françaises reste concentrée sur le coton (92 % des achats français). Bouygues a obtenu la construction de l'hôtel 4 étoiles à Tachkent en 1997.

En 2021, les échanges entre la France et le Kazakhstan ont progressé de 15 %. En effet, les importations françaises ont augmenté de 30 % pour s'établir à 2,05 milliards d'euros. Le Kazakhstan est le deuxième fournisseur de pétrole brut de la France.

La France est le 10e fournisseur du Kazakhstan cette même année. Les exportations françaises vers le Kazakhstan sont principalement composées d'aéronefs, d'engins spatiaux, de matériels ferroviaires et de préparations pharmaceutiques. L'Hexagone est le 7e débouché des exportations du Kazakhstan. Alstom a investi plusieurs dizaines de millions d'euros en 2022 dans des projets de maintenance et production ferroviaire.

Dans le domaine scientifique, les spationautes français sont souvent accueillis par le Kazakhstan dont Thomas Pesquet à Baïkonour.

Le 17 septembre 1993, François Mitterrand a achevé sa visite à Almaty (ex-Alma-Ata) au Kazakhstan. Notre mission politique s'est déroulée quelques jours avant cette visite présidentielle. Mais le député et maire de Montreuil est intervenu auprès de l'Élysée, afin que le P.-D.G. du groupe d'ingénierie SOFRESID fasse partie de la délégation conduite par le président français. Les clients et partenaires de ce groupe montreuillois, les géants Elf et Total se sont intéressés à la prospection pétrolière. Bouygues a construit le palais présidentiel et le nouvel aérodrome d'Almaty, Sucres et Denrées, trouve dans ce pays de quoi faire, compte tenu du potentiel agricole et agroalimentaire. La France accorda des lignes de crédit à moyen terme pour un montant annuel de 300 millions de francs. François Mitterrand était l'hôte du président Noursoultan Nazarbaïev, un homme de l'ancien régime qui a rejoint le nouveau pouvoir installé par Boris Eltsine en Russie. Il devient président de la République du Kazakhstan en 1990.

Malgré les accusations d'autoritarisme, il est largement réélu à 5 reprises entre 1991 et 2015. Auparavant, il a occupé le poste de chef du parti communiste de l'URSS le 22 juin 1989 et fut président du Soviet suprême du 22 février au 24 avril 1990. En dépit de sa proximité avec Mikhaïl Gorbatchev, il n'a pas été désigné vice-président de l'Union soviétique en 1990, mais il fut le premier président du Kazakhstan élu par le Soviet suprême sorte de parlement de l'URSS. Noursoultan Nazarbaïev soutient le président de la Russie Boris Eltsine, face aux insurgés (Comité d'État sur l'état d'urgence), qui ont mené le coup d'État en 1991.

Après 29 ans à la tête de l'État, il démissionne de la présidence, mais conserve le poste de président du parti au pouvoir et celui du Conseil de sécurité nationale. Les manifestants de 2022 obtiendront son départ et son successeur Kassym-Jomart Tokaïev se détache de son prédécesseur et du culte de sa personnalité et rebaptisera le nom de la capitale Astana au lieu de Noursoultan.

Lors de la visite du président Mitterrand au Kazakhstan, son président Noursoultan Nazarbaïev s'est inquiété de la situation politique en Russie, pays avec lequel son pays a gardé des liens économiques et militaires les plus étroits : *« Certains souhaitent faire éclater la Fédération [russe]…* Oui à une coopération, mais non à toute nouvelle forme d'empire », a-t-il observé.

Dans sa conférence de presse à Almaty, le président français déclara :

« Je pense que des pays comme les vôtres doivent résoudre un double problème, ce qui n'est pas une contradiction. À la fois celui de rester associé aux pays voisins, républiques qui ont entre elles des liens anciens, multiples et très forts et s'il ne faut pas faire de choses artificielles — naturellement c'est votre région à vous, dans laquelle vous devez vous développer — il vous faut travailler avec les républiques sœurs. En même temps vous devez affirmer votre souveraineté et votre identité. Ce n'est pas toujours facile pour un pays comme le vôtre où il y a des ethnies différentes, beaucoup de populations et surtout deux principales dont l'origine n'est pas la même, mais qui sont maintenant habituées à vivre ensemble depuis longtemps. Il vous faut donc, à la fois, d'un côté être un état fédérateur pour l'ensemble des pays de la région et un peuple qui trouve et qui affirme son identité, le début d'une nation, c'est ce que vous êtes en train de faire. »

Les entreprises qui ont participé à cette double mission Kazakhstan et Ouzbékistan sont les suivantes :

– HEURTEY PETROCHEM est une société d'ingénierie en pétrole et pétrochimie était dans la droite ligne des aspirations kazakhes de moderniser leurs installations pétrolières.

– AUCOUTURIER a proposé leurs machines de conditionnement et d'emballage pour des sociétés de la région, souhaitant améliorer leur marketing.

– L'Imprimerie Spéciale de Banques (ISB) aide des pays nouvellement indépendants à sécuriser leurs documents administratifs, bancaires et financiers.

LEVASSEUR SYSTÈMES : propose un transfert de technologie en tant que fabricant de matériels de protection incendie, système de fermeture automatique.

Ella Baché et Alban Muller se sont intéressés à de nouveaux pays qui s'ouvrent sur l'esthétique et le bien-être.

SOFRESID : ce groupe d'ingénierie a fait partie de la délégation présidentielle et s'est intéressé aux activités pétrolières et pétrochimiques du Kazakhstan.

– FIVES-LILLES, souhaitait apporter sa contribution dans la modernisation des industries ouzbèke et kazakhe.

– AFPA (Association de Formation Professionnelle) était dans la lignée de la position officielle française d'accompagner ces deux nouvelles Républiques dans la modernisation de leurs systèmes éducatifs et la formation professionnelle.

GÉORGIE 2000 : UN VOYAGE SANS SUITE

La mission en République de Géorgie fait suite à une sollicitation pressante de l'Ambassadeur de ce pays en France. Le député Jean-Pierre Brard était dirigeant de la commission parlementaire avec ce pays. Il n'y avait pas d'entreprises, car ce fut un voyage exploratoire. En effet, la taille du marché géorgien et ses potentialités limitaient les possibilités de coopérations et d'échanges. Dans sa fiche-pays, la Coface cite plus de points faibles que de points forts. Le rapport pointe les atouts suivants :

– Potentiel touristique, agricole, minéral et hydroélectrique (quasi-autosuffisance électrique)

– Position géographique stratégique entre l'Asie centrale, la Russie, l'Europe et la Turquie

– Soutien international, de nombreux accords commerciaux

– Environnement des affaires de relativement bonne qualité

Les handicaps d'après la COFACE :

– Faible diversification de l'économie, faible activité manufacturière (8 % du PIB en 2021) et faible productivité de l'agriculture (7 % du PIB, en 2021)

– Déficit commercial structurel et faible valorisation des exportations

– Système bancaire encore très dollarisé (53,5 % des dépôts et 44,3 % des crédits en mars 2023)

– Pauvreté, économie informelle et population rurale élevées

– Instabilité politique : division pro-occidentaux/pro-russes, Abkhazie et Ossétie du Sud occupées par les forces militaires russes

– Déficit commercial structurel et faible valorisation des exportations.

Les déficits structurels de la balance commerciale sont compensés partiellement par le tourisme. La Géorgie exporte les vins et eaux minérales.

C'est un pays de transit des hydrocarbures d'est en ouest de la mer Caspienne vers l'Europe et marginalement du Nord au Sud entre la Russie et l'Arménie.

Du point de vue des échanges commerciaux, la Géorgie se tourne de plus en plus vers la Chine, le Japon, et la Turquie, l'Allemagne, la Bulgarie et la Roumanie aux dépens de l'Arménie, l'Azerbaïdjan, la Russie et l'Ukraine.

Selon la Banque mondiale, 20 % des Géorgiens vivent sous le seuil de pauvreté. Le salaire moyen est de 216 euros et le taux de chômage dépasse 20 %. Le droit du travail et de la santé est faiblement protecteur.

Les Investissements directs étrangers représentent 2,015 milliards de dollars en 2007 pour chuter à 1,8 milliard de dollars en 2016. La Géorgie subit les à-coups des conflits et crises du voisinage et de la guerre russo-géorgienne de 2008.

La structure du PIB était la suivante en 2016,

– Industrie : 25,1 %

– Immobilier, location et activité commerciale : 16,9 %

– Commerce : 12 %

– Construction : 11,7 %

– Transport et communication : 9,1 %

– Agriculture et pêche : 8,1 %

Données géographiques

Superficie : 69 700 km2

Capitale : Tbilissi (1,17 million d'habitants).

L'ambassadeur de Géorgie a proposé au député et maire de Montreuil un jumelage avec Koutaïssi. Il n'y a pas eu de suite à cette proposition.

Données démographiques

Population (au 1er janvier 2023) : 3 736 400.

Densité (2023) : 53,49 habitants/km2.

LA LITUANIE : UN MARCHÉ ÉTROIT

Ce voyage était plus politique qu'économique, eu égard à l'étroitesse du marché lituanien et à la crise énergétique et économique que traverse le pays. En effet, Jean-Pierre Brard souhaitait rencontrer les nouveaux responsables du pays qui ont été élus sur un programme proche de ses convictions.

Alfredas Slezevicius a été nommé Premier ministre par le président Brazauskas, qui comme lui est un ancien membre du Parti communiste. « Les Lituaniens ont été déçus d'un manque de solidarité de la part des États-Unis et des Occidentaux après l'indépendance de cet État balte qui faisait partie de l'URSS. Ils ont voté pour le Parti travailliste. Nous étions logés dans un hôtel de luxe, mais non chauffé, ce qui nous obligea à être couverts dans nos chambres de vêtements chauds et de plusieurs couvertures. La raison en est que la Russie a coupé les vannes du pétrole et du gaz, en représailles aux velléités de quitter l'URSS. En réalité l'Union soviétique accordait à ses satellites des prix des hydrocarbures préférentiels. La Lituanie était le fournisseur de composants électroniques aux pays membres du COMECOM. Après la dislocation de l'Union, plusieurs usines lituaniennes étaient à l'arrêt. Il en a résulté une inflation de 25 % en 1991, pour se stabiliser à 2 % en 1993. La Lituanie a reçu une aide de 200 millions de dollars des institutions internationales, mais doit ponctionner 48 millions pour importer l'énergie et chauffer les bâtiments publics et les immeubles collectifs. Ce pays est amené à poursuivre les négociations avec la Russie, son principal partenaire qui représente 40 % de ses échanges.

Le nouveau gouvernement s'est donné comme objectif l'accélération des privatisations, tout en évitant l'émiettement de l'actionnariat et l'éclatement des entités économique. D'où l'incitation à la vente des actions ou leurs locations. Lors d'une visite d'une entreprise de fabrication de microprocesseurs, son dirigeant nous a expliqué fièrement et avec le sourire, comment lui et ses cadres ont accaparé les actions distribuées par l'État à tous les salariés. Ces derniers ne voyaient pas l'utilité d'en posséder. Alors, moyennant quelques vils avantages ou promotions, ils cédaient leurs parts dans l'entreprise. On peut soupçonner que les nouveaux propriétaires des entreprises utilisaient des méthodes moins avouables et moins douces.

Sous domination russe depuis 1795, la Lituanie passe sous le contrôle de l'Allemagne en 1915, jusqu'à 1918, année de déclaration de son indépendance reconnue par la Russie en 1920. En 1940, les nazis réoccupent les pays baltes jusqu'à leur défaite. Ensuite ces derniers deviendront des Républiques fédérées au sein de l'URSS. L'indépendance de la Lituanie est déclarée en 1991. En 1993, la Lituanie adhère au conseil de l'Europe et en 2004 à l'OTAN et à l'Union européenne. Cette même année, le gouvernement sortant de gauche passe un accord avec le parti travailliste du milliardaire d'origine russe Viktor Ouspaskitch, vainqueur des élections législatives du mois d'octobre 2004, pour former une coalition. L'ancien Premier ministre, Algirdas Brazauskas, dirigea le nouveau gouvernement de coalition. Le 1er janvier 2015, la Lituanie adopte la monnaie unique ; l'euro.

En 2020, la France est le 11e fournisseur et le 14e client de la Lituanie. Les exportations ont atteint 1,060 milliard d'euros tandis que ses importations se sont élevées à 952 millions d'euros. Après des années de déficit, le solde commercial français envers la Lituanie s'est amélioré depuis 2020. Il s'établit à 110 millions d'euros en 2023. L'Hexagone vend des automobiles, des produits pharmaceutiques, les vins et spiritueux, les produits de la construction aéronautique et spatiale.

La Lituanie exporte les meubles, les engrais et les produits chimiques. Les entreprises françaises implantées en Lituanie sont 40 et emploient 3 000 salariés. On peut citer :

JC Decaux, Roquette Frères, Consolis, Atos, Coface, Ipsen, Servier, Total, Schneider, Accor.

CONFÉRENCE HONGRIE : ÉCLAIRAGE SUR DE NOUVEAUX HORIZONS

Les échanges économiques avec la Hongrie

Coopérer, favoriser les échanges avec les pays de l'Est, en tenant compte de leur nouvelle situation économique, telles sont les idées qui ont été avancées le 9 janvier 1990 lors de la conférence-débat sur les échanges commerciaux avec la Hongrie.

L'AMDCEl avait invité Jozsef Gölöncser, chef de la représentation commerciale de l'Ambassade de Hongrie, Ferenc Toth, Toll Koroly, et Fonal Ildiko, tous trois secrétaires commerciaux attachés à l'ambassade de Hongrie.

Dans la salle, de nombreux représentants des sociétés installées à Montreuil. Jean-Pierre Brard ouvre le débat : « Le rôle de la municipalité de Montreuil, ce n'est pas de vendre des produits, mais de favoriser les échanges et permettre une meilleure coopération. »

À l'écoute de partenaires européens, la Hongrie devient un terrain privilégié pour les entreprises de Montreuil. Elles peuvent coopérer sans problème, tout en sachant, que le FMI (fonds monétaire international) impose des conditions très sévères.

L'Assemblée nationale hongroise vient d'adopter les lois sur l'introduction des sociétés étrangères, dans le cadre de son économie.

Membre très actif du COMECON (zone politique économique des pays de l'Est) qui s'est réuni début janvier 1990, la Hongrie mène une politique monétaire classique et se prépare à une éventuelle entrée dans le marché commun.

Sous l'initiative de l'AMDCEI, les sociétés montreuilloises entretiennent déjà d'excellentes relations avec les pôles économiques de l'Algérie et de la RDA.

Il était donc intéressant pour elles de se tourner vers ce pays de l'Est et de participer à la foire qui a lieu en mars 1990 à Budapest. Il y a une très grande méconnaissance de la Hongrie. Peu de sociétés françaises se sont en effet hasardées pour l'instant sur le sol hongrois. Pour M. Szita, représentant la société montreuilloise AVS, spécialisée dans l'équipement high-tech (haute technologie) en électronique : « Il faut matérialiser les "joint-ventures" (société mixte à participation étrangère), dans le cadre du marché européen ».

Pourtant, continue M. Szita, « j'ai intérêt à travailler avec la Hongrie, mais je ne peux pas ne pas tenir compte de l'exigence technologique ». Le représentant des établissements Guyot, spécialisés dans le bois et le traitement des dérivés, s'interroge quant à lui sur l'obtention d'un partenariat. M. Jozsef Gölöncser lui répond qu'il n'y a pas de barrière : « On peut en Hongrie agir seul avec le partenaire hongrois, sans blocage administratif du côté hongrois ».

L'essentiel des exportations est destiné au marché commun.

Ce qui implique pour la Hongrie l'installation permanente de rapports bilatéraux avec la France et une coopération très étroite avec le FMI et la Banque mondiale. Le point faible des rapports économiques n'est pas le volume de l'échange de marchandises, mais surtout le niveau très bas de la coopération. Ces rapports vont s'intensifier dans le domaine de l'électronique, l'informatique, l'agroalimentaire, l'industrie chimique, le bâtiment et les machines agricoles. En 1988, environ 1 350 nouvelles sociétés privées par actions ont été créées dont 200 avec une participation étrangère. Jusqu'à présent 600 sociétés « joint-ventures » dans les dix derniers mois ont été constituées dont seulement 10 françaises.

M. Gölöncser et M. Toll Koroly ont souligné cette carence des investisseurs français. La France importe pour 130 millions de machines et biens d'équipement alors qu'elle n'en exporte que 45 millions.

Quelques chiffres de la Hongrie : un PNB (produit national brut) par habitant de 8 260 dollars, une dette extérieure s'élevant à 15,6 milliards dollars des exportations, dont 10 milliards de dollars vers le COMECON et 45 % dont 25 % pour l'URSS. Les importations représentent 9,4 milliards de dollars venant du COMECON, soit 44 %, dont l'URSS qui représente 25 %.

La Hongrie : mission du 5 au 11 juin 1994.

Enfant terrible de l'ancien bloc de l'Est, la Hongrie est un marché prometteur qui a reçu, entre 1989 et 1993, 4 milliards de dollars d'investissements étrangers. Ce montant correspond à la moitié des sommes investies dans l'ensemble des anciens pays de l'Est.

La Hongrie possède un certain nombre d'avantages : elle a une position géographique centrale au cœur de l'Europe de l'Est, qui fait de Budapest la métropole de cette portion du continent.

Il n'y a pas de problème politique grave en Hongrie à l'inverse d'autres pays de cette région. L'alternance est respectée.

Il y a un consensus général en faveur de l'économie de marché, qui se concrétisa dans une politique très libérale, prévoyant une privatisation à 50 % de l'économie entre 1990 et 1995. Contrairement à la Russie, la Roumanie, les ex-Républiques soviétiques qui ont privatisé en distribuant les actions aux salariés, qui d'une manière ou d'une autre, les ont transférées à une poignée de cadres, la Hongrie a cherché des apporteurs de capitaux en devises venant des pays d'Europe de l'Ouest notamment.

On peut également noter une avance sensible de la Hongrie par rapport aux pays voisins dans l'adoption des réflexes de l'économie de marché. La Hongrie est dotée d'un système plus libéral que beaucoup d'autres pays.

L'entreprise privée n'y était pas inconnue lors du régime socialiste, d'où une approche commerciale plus facile pour les exportateurs.

La France est le quatrième investisseur en Hongrie.

Sur 18 établissements étrangers bancaires, six sont français.

Mais la France n'est que le 10e fournisseur. Or la France jouit d'une bonne côte dans ce pays, proche par la culture et qui souhaite diversifier ses partenaires économiques en dehors du monde germanique omniprésent.

Le projet d'intégrer la CEE s'est concrétisé assez rapidement. Jacques Delors a accueilli favorablement cette adhésion dès 1996 et les négociations iront bon train jusqu'à 2004, date de l'entrée de 10 pays dans l'Union européenne, dont la Hongrie, la Pologne, la République tchèque, la Slovaquie, la Slovénie, la Lettonie, la Lituanie, l'Estonie, Malte et Chypre. Ils ont été rejoints en 2007 par la Roumanie et la Bulgarie puis en 2013 par la Croatie.

L'exposition « France 2000 » à Budapest du 25 au 28 avril 2000

La France et le premier pays de l'Union européenne qui a organisé une grande exposition multisectorielle à Budapest. Rappelons que la Hongrie est avec la Pologne et la République tchèque un candidat sérieux à l'entrée dans l'Union européenne.

Dès 2002, les produits industriels européens entreront en franchise de droits en Hongrie. C'est au terme d'études approfondies par rapport aux besoins du marché hongrois que le Poste d'Expansion économique de Budapest a sélectionné une trentaine de secteurs professionnels porteurs :

– Biens d'équipement et hautes technologies.
– Construction et second œuvre.
– Sidérurgie, métallurgie.
– Infrastructures fer, route, transport.
– Équipements agroalimentaires et agro-industriels.
– Matériel électrique et électronique.
– Télécommunications, informatique.
– Santé : matériel hospitalier et pharmacie.
– Industries chimique, gazière et pétrolière.
– Service.
– Environnement : eau, air, déchets.
– Banques, assurances, services collectifs.
– Tourisme : développement hôtelier, voyage.
– Transport et logistique.
– Biens de consommation : produits alimentaires, diététique, ingrédients.
– Produits cosmétiques et parapharmaceutiques.
– Jardinage, outillage, bricolage.
– Textile, confection, chaussures.
– Habitat et décoration.
– Tissu d'ameublement, linge de maison, mobilier, fournitures, arts de la table.

Dès le changement de régime en 1989-1990, les autorités hongroises ont instauré une politique économique libérale, caractérisée par la mise en place des instruments juridiques nécessaires au fonctionnement d'une économie de marché.

Ceci grâce à la réorientation des échanges vers l'Ouest et par une politique de privatisation, particulièrement ouverte et dynamique.

Malgré quelques hésitations lors de l'alternance de 1994, le gouvernement, conduit par les socialistes, a confirmé et même renforcé cette orientation, en procédant à la privatisation du secteur énergétique. Paradoxalement, c'est le gouvernement de droite au pouvoir, depuis 1998 qui a réintroduit un certain nationalisme économique.

La politique commerciale est dominée par la perspective de l'adhésion à l'Union européenne.

La Hongrie a conclu dès 1991 un accord d'association avec l'UE, dont les dispositions ont conduit à la suppression des droits de douane, à l'entrée des produits industriels hongrois, sur le territoire de l'Union, depuis le 1er janvier 1998, cette mesure devant s'appliquer aux produits industriels de l'union le 1er janvier 2001.

Le stand de l'AMIE a regroupé plusieurs sociétés : L.A.M., SIPD, ELLA BACHÉ, IMESG, DRON, CORVULCA, SAFE.

Le ministre français et les organisateurs du CFME n'ont pas manqué de relever l'effort de la ville de Montreuil en faveur des PME.

Il s'en est ensuivi plusieurs reportages dans la presse. Ainsi Radio France internationale a diffusé, samedi 13 mai 2000, mon interview, dans le cadre de l'émission « les Français dans le monde ». Le dynamisme de Montreuil a été mis en valeur.

Plusieurs contacts ont eu lieu sur le stand augurant de concrétisations futures.

Échange franco-hongrois en 2022

Les échanges commerciaux entre la France et la Hongrie ont été multipliés par trois en 20 ans, passant de 3,8 milliards d'euros en 2003 à 10,02 milliards d'euros en 2022.

Le déficit français a dépassé 1,26 milliard d'euros, contre -961,5 M€ en 2021.

La France est le 11e partenaire commercial de la Hongrie en 2022, la Hongrie est son 26e marché (0,8 % de ses exportations). Le pays exporte des produits industriels pour un montant de 1,94 milliard d'euros, viennent ensuite les équipements mécaniques, matériels électriques, électroniques et informatiques totalisant 1,51 milliard d'euros, et les matériels de transport pour une valeur de 552 millions d'euros. Les équipements électriques et ménagers représentaient 497 millions d'euros, le matériel de distribution et de commandes électriques pour un montant de 258 millions d'euros. Les autres produits français exportés sont : le matériel d'installation électrique augmente (103 millions d'euros), les ventes de machines industrielles et agricoles, machines diverses sont d'une valeur de 514,85 millions d'euros, les produits chimiques, parfums et cosmétiques s'élèvent à 519,3 millions d'euros en 2022.

– les ventes de produits chimiques de base, produits azotés, matières plastiques et caoutchouc synthétique représentent 218 millions d'euros

– celles de parfums, cosmétiques et produits d'entretien : 63 millions d'euros

– les produits pharmaceutiques : 406,7 millions d'euros.

– le matériel de transport et les véhicules automobiles : 313,4 millions d'euros,

– les accessoires pour véhicules automobiles : 195,7 millions d'euros.

– les aéronefs : 3,3 millions d'euros

– le secteur agroalimentaire (produits agricoles + produits des industries agroalimentaires) : 334,9 millions d'euros.

– le secteur agroalimentaire, les produits des industries agroalimentaires : 187,7 millions d'euros

– les produits agricoles, sylvicoles, de la pêche et de l'aquaculture : 147 millions d'euros

– les céréales, légumineuses et oléagineux sont en hausse de 13,3 %

En 2022, l'Hexagone se positionne au 12e rang des fournisseurs de la Hongrie, avec 2,8 % de parts de marché.

Le déficit de son solde commercial atteint 499 millions d'euros. En 2022.

La France se situe au 5e rang des investisseurs étrangers avec un stock d'investissements de 4,8 milliards d'euros derrière l'Allemagne, l'Autriche, les États-Unis et la Corée du Sud. Parmi les investisseurs nous comptons les secteurs suivants : l'énergie (Veolia), l'industrie (Valeo, Schneider Electric, Michelin, PSA, Lafarge, Legrand) ou l'agro-industrie (Bonduelle, Eureden, Axéréal), le secteur financier (Groupama, BNP Paribas), la distribution (Auchan, Décathlon), l'industrie pharmaceutique (Sanofi, Servier, Ceva), et l'environnement (Veolia, Suez, Ereco).

Les 491 entreprises françaises recensées (source CCI FH/Service économique) emploient plus de 45 600 salariés pour un chiffre d'affaires de 9 milliards d'euros.

CHAPITRE 8 : LA PROSPECTION EN ASIE ; QUELS ENSEIGNEMENTS ?

Dans le cadre du partenariat économique, technologique et culturel entre la ville de Montreuil et Changchun, la capitale de la province du Jilin, des missions de prospection furent organisées chaque année depuis 1994.

Mon premier voyage en Chine intervient en plein boycott de ce pays par le monde occidental, suite aux manifestations à l'emblématique place Tian'anmen ou « place de la porte de la Paix céleste ». Il s'agit du cœur de la capitale chinoise où se trouve le mausolée de Mao Zedong, le palais du peuple, la cité impériale, la cité interdite.

Quatrième plus grande place dans le monde, elle subjugue le visiteur et fascine par sa forme rectangulaire d'environ 880 m du nord au sud et 500 m de l'est à l'ouest couvrant une superficie d'hectares dont l'essentiel est couvert de 488 dalles de granite. C'est de cette place que le grand Timonier Mao Zedong a proclamé le 1er octobre 1949, la naissance de la République populaire de Chine.

Il n'y a pas eu de morts sur la place Tian'anmen, mais l'on se souvient de cet homme aux allures frêles qui a essayé d'empêcher le passage d'un char. Cette personne a disparu et personne ne sait ce qu'elle est devenue.

Cet événement politique, le plus important de l'après-révolution culturelle, est un mouvement d'étudiants, d'intellectuels, et d'ouvriers qui dénoncèrent la corruption qui s'étalera du 15 avril 1989 jusqu'au 4 juin 1989, date de l'intervention de l'armée et l'instauration de la loi martiale. Le nombre de victimes à l'échelle de toute la Chine serait entre quelques centaines à dix milles sans aucune certitude à ce propos.

Ce mouvement est-il la résurgence du courant « la bande des quatre » menée par la veuve de Mao Zedong et qui ont contesté la ligne réformatrice menée depuis 1986 par Deng Xiaoping ? Était-ce la conséquence de l'ouverture du système socialiste à la propriété privée et à la possibilité de s'enrichir par l'entrepreneuriat, suivant la formule de Den Xiaoping : « peu importe si le chat est noir ou blanc ; pourvu qu'il attrape les souris » ?

Le vent de la Perestroïka et de la Glasnost a soufflé sur l'empire du Milieu.

Les étudiants réclamèrent de meilleures conditions d'études et les enseignants veulent être mieux payés. Le népotisme fait partie du rituel des rouages de l'État et est présent à tous les échelons. Je l'ai constaté lors de mes contacts et rencontres de la façon dont les responsables municipaux, provinciaux et étatiques parlent avec dédain et parfois seulement avec les gestes à leurs subordonnées et les terrorisent. Notre interprète, tellement terrorisé par sa responsable, est entré dans notre salle de réunion à la mairie de Montreuil pour nous dire que sa cheffe voulait le projet de protocole de jumelage le soir même. Il a bravé tous les codes et voulait exécuter les ordres coûte que coûte.

Les relations hiérarchiques et de subordination broient l'individu au profit du collectif. Vous êtes comme dans un terrain de football, vous jouez pour l'équipe (l'arrondissement, l'entreprise, l'administration, la commune, la province et l'État), afin de la faire gagner et vous devez donner tout ce qui est en votre capacité avec abnégation et don de soi.

Mais dans ce système, les chefs restent au-dessus du lot et jouissent de tous les privilèges dus à leur rang. Nous sommes loin de l'égalitarisme prôné par le parti communiste. Lors d'un séjour d'une délégation conduite par le secrétaire du parti communiste de la province du Jilin, nous leur avions réservé le meilleur hôtel de Montreuil, mais sans succès. Le chef de la délégation a choisi un hôtel 5 étoiles au cœur de Paris et lui-même occupait une suite royale. Ils ont réglé la facture cash.

Aux moments de sortie en shopping, leur interprète et guide s'est fait gronder, car il a emmené les membres de la délégation de Jilin dans un centre commercial de notre région. Nos invités ont exigé de faire leurs emplettes dans les magasins parisiens de luxe où le costume vaut 1 500 euros et les chaussures pareillement.

À Pékin, lors d'une de nos visites, nous avons été invités à un repas où le nombre de plats doit dépasser 13 au minimum, chiffre qui indique que l'on est bien reçu. Nos hôtes nous ont présenté leurs épouses qui sont par hasard des commerçantes. Après le dîner les responsables nous ont laissés avec leurs épouses, afin de nous proposer des bijoux, des perles, dont nous n'avions aucune idée sur leurs qualités ni leurs valeurs. Nous avons compris leur stratagème : ces membres du comité central du parti communiste chinois ont des salaires bien définis eu égard à leurs statuts et ne peuvent prétendre à un train de vie de riches. Mais ils vont justifier de leurs biens mal acquis par « les bonnes affaires » conclues par leurs conjoints.

Plus anecdotiques, les déjeuners ou les dîners officiels répondent à un rituel bien codé. Les invités sont placés en face de la porte. C'est une pratique millénaire, où il y avait des craintes d'être poignardé par quelqu'un qui arrive par-derrière. C'est plus rassurant d'être bien placé et observer les va-et-vient des serveurs et nouveaux arrivants. Chaque convive doit prononcer un petit discours au cours d'un toast et lève son verre rempli d'eau-de-vie et dit « 'cambey » ce qui veut dire « boire en coup sec ». S'il y a 20 convives, il y aura au minimum 20' « cambey », car certains faisaient du zèle en prononçant plusieurs toasts. J'ai constaté qu'il y avait plus de beuveries dans les villes de province reculées comme Yanji, Hebei ou Chengdu qu'à Pékin et Shanghai. Plus les années passaient et plus nos interlocuteurs chinois devenaient raisonnables. Mais plus vous buvez et davantage vous êtes considérés comme un ami fiable. Les mets servis aux étrangers sont curieusement le moins habituellement connus dans les restaurants asiatiques en dehors de la Chine. Il nous est proposé des scorpions, des tortues, des serpents, du chien et d'autres insectes. Lorsque nous réclamions du canard laqué, du poisson ou des crevettes, la réponse : « c'est indigne de vous, ce que nous vous proposons est ce qui est rare et précieux. »

L'une des spécialités culinaires de Changchun et la province du Jilin est la soupe au chien. Sans nous avertir parmi les dizaines de plats servis, il y avait un plat avec une viande rosâtre qui m'a intrigué, car j'étais déjà informé par la documentation lue auparavant de cette tradition culinaire. Quand j'ai posé la question à un mon voisin de table, si c'était du chien ? Il a affiché un sourire sans me répondre. J'ai insisté en disant : « c'est du chien, n'est-ce pas ? » Il a hoché la tête affirmativement. Je sais que j'ai déjà mangé du serpent à mon insu. Je regrette que l'on ne nous demande pas notre avis. Tout cela se faisait avec le sourire et le zen à la chinoise.

Cette manière de nous mettre devant le fait accompli est la marque de fabrique des autorités chinoises afin d'imposer leur culture et leur politique.

Parmi les actions menées dans le cadre du jumelage Montreuil-Mytichtchi, une mission conjointe à Yanji, préfecture Yanbian. Un homme d'affaires chinois très actif dans les affaires et installé dans la ville russe a réussi à convaincre la municipalité mytchitchienne de conclure un jumelage avec Yanji. Décision prise de me confier la mission exploratoire en privilégiant les futurs partenariats économiques sur tout le reste. En février 1993, je me rends à Mytichtchi, pour une visite de contacts avec des entreprises et des élus locaux. Ensuite un minibus nous amena à l'aéroport en compagnie du maire de la ville russe, son responsable des relations internationales, un entrepreneur russe spécialiste de la chirurgie réfractive et optique. Notre homme d'affaires chinois faisait office de guide, d'intermédiaire avec les autorités chinoises et de facilitateur de nos rencontres institutionnelles. Notre interprète habituelle faisait partie du voyage, une directrice d'un collège à Mytchitchi. Comme à l'accoutumée on ouvre une bouteille de vodka, du pain en tranche et des boîtes de conserve de poisson. Dans le vol de nuit Moscou-Pékin affrété par Aeroflot ; un Iliouchine rustique peu confortable il y avait très peu de femmes à l'exception de jeunes filles « travaillant » dans des hôtels de luxe de la capitale chinoise. Le reste, des hommes d'affaires emportant en Chine tout ce qu'ils peuvent vendre comme matériels qui sont stockés non seulement en soute, mais également en cabine. Ces businessmans étaient rustres et peu aimables. Nous avions eu juste le temps de prendre des photos à la place Tien An Men et nous voilà dans un train de nuit avec couchettes, qui relie Pékin à Yanji, en passant par toutes les gares des villes et des villages en 30 heures. Ce fut long et pénible, surtout les lieux communs comme les toilettes qui ne sont nettoyées que rarement. Il n'y a pas de restaurant, mais notre « guide » chinois et les Russes avaient préparé des boîtes de conserve qui ont fait l'affaire. Il y avait même un gâteau à la crème, afin de fêter « dignement » l'anniversaire du maire. Pendant le trajet je n'ai pas perdu mon temps, j'ai écrit des pages et des pages en préparation de ma thèse de doctorat (le 2e après celui obtenu en 1987).

J'ai eu l'occasion de constater la misère et le dénuement des villageois qui travaillaient les champs dans le froid et la neige. À un moment du trajet, l'interprète chinois-russe qui a rejoint notre mission signala l'arrêt à Changchun (3 millions d'habitants), chef-lieu de la province du Jilin qui comptait 27 millions d'habitants. Ce fut le déclic : « c'est là qu'on doit prospecter avec nos entreprises », ai-je pensé.

Nous arrivâmes à la gare de Yanji tard le soir et nous étions attendus par les autorités locales. À peine j'ai posé mes deux valises juste le temps de saluer nos hôtes, que la petite d'entre elles disparaît. Je ne crois pas que c'était un vol, cela a duré 2 secondes et nous étions bien entourés. En outre, dans un État policier, rien ne se fait par hasard. Les services de renseignements chinois devaient être intrigués par le nombre de pages que j'ai rédigées, pensant que c'étaient des rapports sur je ne sais quoi. J'ai hurlé de toutes mes forces réclamant mon bagage et notre « hôte » me dira à la fin, il n'y a aucun espoir de le retrouver. Monsieur Li s'employa à plaire aux Russes et leur faisait visiter les grands magasins, ce qui ne m'intéressait pas, j'ai fait des milliers de kilomètres pour remplir une mission d'études et de prospection. J'ai appris les caractéristiques de cette région qui est proche de la Corée du Nord et des échanges nourris se passaient entre cette zone nommée Préfecture autonome coréenne de Yanbian (chinois : 延边朝鲜族自治州 ; pinyin : yánbiān cháoxiǎnzú zìzhìzhōu ; en coréen : 연변조선족자치주, RR : Yeonbyeon Joseonjok Jachiju) en tant que subdivision administrative du Nord-Est de la province du Jilin. Son chef-lieu est la ville de Yanji. On ne peut comprendre les liens politiques et économiques qui unissent la Chine à la Corée du Nord, en omettant ce lien fort entre des populations coréennes appartenant à deux pays, mais constituant le même peuple. Autre enseignement révélateur de la méthode chinoise : Yanji fut un laboratoire d'expérimentation des taxis privés. En cas de succès toute la Chine pourrait se doter de ce moyen de transport privé dans un pays-continent où le secteur public est omniprésent et omnipotent.

La population de Yanji est de 686 100 habitants, vivant dans un climat où les hivers sont rudes et froids (jusqu'à -30 degrés), tandis que les étés sont doux et frais. La culture coréenne se manifeste dans les activités folkloriques et les mets culinaires. L'Université polyvalente a été fondée en 1949 et forme des étudiants dans plusieurs disciplines avec un accent mis sur la recherche scientifique avec des budgets dépassant ceux pratiqués dans certains pays occidentaux. Cependant à l'école primaire et secondaire, le bilinguisme est de mise ; les langues coréenne et chinoise sont pratiquées concomitamment. Cette région est à la croisée des chemins entre la Russie, la Corée du Nord et la Chine. Un autre chemin mène à Yanji en suivant le tracé transsibérien jusqu'à Vladivostok et bifurque ensuite vers le sud et la Corée du Nord.

À mon retour, j'ai fait un compte rendu détaillé de mon déplacement à Moscou et à Yanji et j'ai proposé de ne pas se jumeler avec cette ville peu industrialisée et d'opter pour un jumelage avec Changchun capital de la province du Jilin. S'ensuivront des missions de prospection avec des entreprises est-parisiennes dans cette province et d'autres en Chine.

CHANGCHUN CAPITALE DE LA PROVINCE DE JILIN

Avant de me rendre à Changchun en 1994, j'ai voulu avoir des informations et le point de vue de l'Ambassade de France à Pékin. C'est une pratique qui a été bénéfique à nos missions à l'étranger. Les représentations diplomatiques françaises dans le monde entier sont dotées de fonctionnaires et agents de qualité à quelques exceptions près. J'avais visité la capitale chinoise en 1992, ainsi que Yanji, mais Changchun c'était l'inconnu. L'ambassadeur et ses collaborateurs du Poste d'Expansion économique n'avaient pas aucune connaissance de cette province, étant donné qu'il n'y avait pas d'implantations françaises significatives qui méritaient leur déplacement. Pour les diplomates français, Jilin et sa capitale chinoise sont des bastions de l'Allemagne. La France est implantée dans la province de Hubei.

Pour la petite histoire, Deng Xiao Ping, futur secrétaire général du Parti communiste chinois de 1956 à 1967 et chef de l'État de 1978 à 1992 a été ouvrier ajusteur dans le site de Renault à Boulogne-Billancourt du 6 novembre au 12 décembre 1925. Renault a exporté vers la Chine dans les années 1930 des châssis de type O.S. de 10 chevaux).

La création d'une joint-venture Sanjiang Renault Automotive Company (SRAC) à Xiaogan (province du Hubei, à 80 km de Wuhan) a fait de cette localité le centre de la coopération franco-chinoise où l'Ambassadeur de France est reçu comme un chef d'État avec des drapeaux tricolores partout.

Dongfeng Peugeot-Citroën Automobile compte en 2006 deux implantations industrielles à Wuhan et à Xiangyang dans la province du Hubei. Après la troisième usine de Wuhan inaugurée en juin 2013, PSA obtient durant l'été 2014 l'autorisation pour une quatrième usine à Chengdu.

François Plaisant, ambassadeur de France à Pékin qui m'a reçu lors de ma mission exploratoire en 1994, m'a dit : « la ville de Changchun compte 3 millions d'habitants, probablement votre ville sera jumelée avec un district équivalent à sa taille soit 100 000 habitants ». C'était sans compter sur notre capacité de convaincre et de bien présenter notre projet. Effectivement le protocole portait sur un jumelage de Montreuil avec la ville de Changchun dans son entièreté.

Changchun bien qu'elle soit la capitale de la province du Jilin, elle est administrée comme une ville sous-provinciale comprenant sept districts, un comté et trois villes de niveau comté. Changchun avait une population de neuf millions sous sa juridiction. C'est la plus grande ville du nord-est de la Chine. Changchun est classée parmi les 40 premières villes en termes de recherche scientifique. Elle abrite plusieurs grandes universités.

Le PIB de la ville s'élève à 46,02 milliards de dollars se répartissant selon les secteurs suivants : agriculture et agroalimentaire (3,5 milliards de dollars), l'industrie (23,77 milliards de dollars) et le secteur tertiaire (18,75 milliards de dollars).

Cette ville accueille une grande usine de fabrication FAW (First Automobile Works), de voitures et véhicules utilitaires, des bus et des camions. C'est le troisième constructeur automobile chinois, avec 3 080 millions de véhicules fabriqués en 2014.

En 1990, FAW développa un partenariat avec Volkswagen et en 2003 une coproduction avec Toyota et Mazda. Les autorités chinoises imposent ces mariages forcés comme condition pour s'implanter en Chine et s'ouvrir un marché de plusieurs centaines de millions de consommateurs. Depuis mon premier voyage dans l'empire du Milieu en 1992, j'ai constaté une diminution des vélos et motos et leur remplacement par les voitures.

Volkswagen a été autorisée à augmenter son capital dans la joint-venture en passant de 40 % à 50 % moyennant 5 milliards de dollars.

Ce que gagne la Chine ? Un transfert de technologies, la formation d'ingénieurs qui effectuèrent des stages en Allemagne et la modernisation de l'appareil productif de l'usine, mais aussi des sous-traitants. Lors de nos visites des ateliers de sous-traitance, nos hôtes chinois nous montraient fièrement les anciens ateliers, lugubres, vétustes et gris alors que les ateliers nouveaux sont plus modernes.

FAW produit 9 % des automobiles du pays et abrite les marques de luxe Red Flag, ainsi que des coentreprises avec Audi, Volkswagen et Toyota. En 2012, FAW a vendu 2,65 millions d'unités d'automobiles. Le chiffre d'affaires de FAW s'est élevé à 56,45 milliards de dollars. Changchun qualifiée de « Détroit de la Chine » est aussi le bastion de machines de transport, 50 % des trains de passagers et 10 % des tracteurs de la Chine sont produits dans cette ville.

Changchun Railway Vehicles, l'une des principales succursales de China CNR Corporation, a créé une coentreprise avec Bombardier Transport pour construire des voitures de métro Movia pour le métro de Guangzhou et le métro de Shanghai que pour le métro de Tianjin (Wikipedia). La ville a réussi à attirer 4,1 milliards de dollars en 2012, dont Coca-Cola avec 20 millions de dollars.

Nous avons visité les zones de développement économique suivantes :

Zone de commerce et de développement économique et commercial de l'automobile de Changchun

Les secteurs représentés sont la bio-ingénierie, l'ingénierie automobile, la fabrication de nouveaux matériaux, la photo-électricité et les technologies de l'information.

Zone de développement économique et technologique de Changchun

Cette zone, créée en avril 1993, occupant une superficie de 112,72 kilomètres, intègre cinq industries de pointe : les pièces et composants automobiles, l'information photo-électrique, les produits biopharmaceutiques, la transformation fine des aliments et les nouveaux matériaux de construction. La zone a également enregistré une production industrielle totale de 38,28 milliards de dollars en 2007.

Je suis retourné plusieurs fois à Changchun, depuis mon premier déplacement en 1994 et à chaque fois j'avais l'impression que sa physionomie change à vue d'œil. Ville très dense, gardant les stigmates d'une planification réalisée lors de l'occupation japonaise qui a laissé des traces. Plusieurs musées retracent cette période d'occupation nippone féroce. Habiles, les autorités japonaises ont installé un hôpital et mènent des actions culturelles et humanitaires, afin de séduire et faire oublier la période d'occupation. C'est pour ces raisons que notre société montreuilloise, Adavanced Audio Visuel Systems de haute technologie en matière de conception et d'installation d'équipements pour les studios de télévision AAVS est spécialisée dans le secteur d'activité de la fabrication d'équipements d'émission et de transmission hertzienne a été évincée d'un marché important lancé par la télévision de la Province au profit d'un concurrent japonais. Nous avons appris que les entreprises nippones « offraient » des avantages à leurs homologues chinois comme l'accueil de leurs progénitures, à leurs proches et à eux-mêmes.

Nous avons pourtant signé des protocoles de coopérations qui stipulaient que nos firmes seraient avantagées dans les appels d'offres et qu'il y aurait des facilitations en matière d'information et d'accès aux contrats. Nous avons joué notre rôle, mais côté chinois nous avons noté que l'adage qui circule dans les milieux d'affaires occidentaux selon lequel : « Les interlocuteurs chinois signent des accords sur papier carbone » est bien une vérité. Autrement dit, ils ne respectaient pas leurs signatures. Par contre, la conclusion d'un contrat et le paiement des livraisons ainsi que les investissements directs étrangers sont honorés. En réalité, ce dont ont besoin les opérateurs et institutionnels chinois et qu'ils ne se fabriquent pas en Chine est importé. Nos hôtes nous disaient franchement : « ce qui est fabriqué en Chine ne peut être acheté à l'étranger ». Ainsi les équipements et technologies allemands sont très demandés. De même que sont demandés les biens de luxe français comme le champagne, les parfums et tous les produits cosmétiques haut de gamme, les vins et spiritueux, le foie gras, du prêt-à-porter. Le prêt-à-porter français est soit contrefait, soit fabriqué dans les mêmes usines que les vraies marques, mais écoulé sur le marché parallèle de la vraie-fausse marque ou ailleurs.

Mais progressivement, les fabricants chinois vont fabriquer du foie gras et des vins français, dont ils ont importé les cépages.

D'après le site : Une introduction au vin chinois (Guide régional avec cartes) — choix des vins : le cabernet sauvignon, le cabernet gernischt (alias carménère), le merlot et le marselan sont les principaux cépages de la production de vin chinois. En Chine, cabernet est roi.

Au tout début du boom du vin chinois, l'influence des bordeaux était primordiale. La sélection variétale, les techniques de vinification et même les vignobles reflétaient la célèbre région viticole française.

EXPOSITION COMMERCIALE DE CHANGCHUN

Depuis les années 1990, les vins rouges ont connu une forte consommation en Chine. Ce qui m'a surpris lors d'une exposition en Chine, ce sont les prix qui pouvaient se chiffrer à des dizaines de milliers de dollars. Notre club d'entreprises, l'AMIE (ex-AMDCEI) a en effet réservé un stand collectif avec une quinzaine de ses adhérents à la Foire économique d'Asie du Nord-Est de Changchun du 3 août au 11 septembre 2006. Des faits saillants s'y sont déroulés et dénotent du climat des affaires en Chine. Un jeu de cache-cache entre la police et des individus qui squattent des stands, afin de vendre des produits de consommation comme le poisson séché, des fruits et légumes emballés sous sachet, de la charcuterie… Les forces de l'ordre se déplacèrent avec des poubelles et jetèrent tout ce qui est déposé sans autorisation et sans lien avec l'exposition. C'est dire l'agressivité des commerçants chinois.

Plus sournois, un matin j'arrive sur les lieux de la foire avant l'heure d'ouverture et je constate un homme, téléphone portable à la main, visiblement en communication avec son patron, tournait et retournait un fauteuil exposé par un de nos membres : la société Quinette-Gallay. Je ne comprends pas le chinois, mais c'était flagrant, cet intrus expliquait les caractéristiques de ce siège qui est très prisé par les centres des expositions et de conférences les plus prestigieux à l'échelle planétaire.

Depuis 1947, Quinette-Gallay conçoit, développe et fabrique des fauteuils de salles de spectacles, de conférences et de cinéma. Avec plus de 5 000 références dans le monde entier. Quinette-Gallay, figure parmi les leaders mondiaux en équipant les salles les plus prestigieuses. À la fois créateurs, scénographes et techniciens, les femmes et les hommes de Quinette-Gallay œuvrent, dans une tradition d'excellence, au service du confort et de la qualité tout en développant un savoir-faire unique acquis depuis 70 ans. Quinette-Gallay, fabrique ses fauteuils depuis sa propre unité de production française de 5 000 m².

Le stand de Quinette-Gallay combinait des sièges inclinables confortables. Le résultat final, c'était un design chaleureux et élégant, avec des éléments en bois foncé, qui a attiré les visiteurs du salon et ils ont apprécié son stand comme lieu de rencontre pour discuter de leurs projets. Mais notre visiteur trop matinal n'était pas là pour discuter affaires, mais pirater le procédé de fabrication et une fois « sa mission accomplie » il est reparti sans nous dire un seul mot.

Quinette-Gallay a décroché le marché consistant à équiper en fauteuils le « Grand Théâtre national de Chine » à Pékin.

L'autre déception de la part de notre délégation et notre ville, c'est la non-réciprocité et la volonté chinoise de profiter de notre relation sans rien mettre dans la balance qui ferait cette coopération profitable aux deux parties. Il a été signé un protocole qui stipule d'organiser conjointement des opérations commerciales sur des marchés tiers. Nous n'avions rien obtenu de la part de nos partenaires chinois. Par contre nous leur avions ouvert des perspectives en Algérie.

Les élus de chacune des deux villes devaient accompagner les entreprises installées sur leur territoire pour les aider à développer leurs activités sur le marché international. Montreuil a joué le jeu en accueillant des entreprises de Changchun sur son stand collectif à la Foire internationale d'Alger en juin 2007. Le montant des exportations chinoises vers la Chine en 2023 s'est établi à 8 milliards de dollars.

La Chine est devenue le premier fournisseur de l'Algérie avec 17 % de parts de marché, suivie par la France (10 %) et l'Italie (7 %).

Les principaux secteurs exportateurs chinois vers l'Algérie sont : la téléphonie (7,7 %), les machines automatiques de traitement des données (5,2 %), les circuits intégrés électroniques (4,3 %), les semi-conducteurs (1,8 %) et les accumulateurs électroniques (1,6 %).

Le nombre de Chinois en Algérie varie entre 30 000 et 100 000. Les premiers arrivants au milieu des années 1990 au moment où des milliers d'Algériens quittèrent leurs pays sous la menace islamiste et la guerre civile. Ce fut aussi la période où les Occidentaux ne voulaient pas ou ne pouvaient pas séjourner en Algérie suite aux menaces explicites du Front islamique du Salut (FIS).

Des chantiers furent confiés à des entreprises dans le domaine de la construction et plus généralement le Bâtiment et Travaux publics, les routes et autoroutes (Est-Ouest par exemple). L'implication des résidents chinois dans les commerces a créé des tensions avec les commerçants algériens qui voient en eux des concurrents agressifs commercialement et vendant des produits peu chers, mais de mauvaise qualité. Les ouvriers chinois vivent en autarcie dans des baraquements où règnent l'omerta et l'absence de transparence sur leurs conditions de vie. Certains Chinois se sont mariés avec des Algériennes, mais l'inverse est rarement vrai. Ils apprennent l'arabe et veulent sécuriser leur séjour. Lorsque nous préparions la venue de la délégation économique de Changchun à la Foire internationale d'Alger, nous avions sollicité l'Ambassade de la République populaire d'Algérie à Pékin afin que les consulats facilitent la délivrance de visas à nos invités. Il nous a été répondu que 50 000 Chinois étaient candidats à s'expatrier en Algérie. Mais les exposants de Changchun ont pu participer à la FIA sans souci.

Hasard ou non, le constructeur automobile basé à Changchun FAW est devenu un fournisseur important de l'Algérie. En 2013 une société algérienne privée Arcofina a signé un accord avec FAW, en vue de réaliser un investissement de 46 millions d'euros « et cela ira crescendo » selon le P.-

D.G. algérien Abdelouahab Rahim. L'usine est détenue conformément à la législation algérienne à 51 % par Arcofina et à 49 % par FAW

« C'est une chance qu'en Algérie il y ait deux constructeurs qui s'installent en même temps », a estimé M. Rahim en faisant allusion à Renault, qui a lancé en septembre 2013 la construction d'une usine d'assemblage de voitures de tourisme dans la région ouest d'Oran. Cependant, le constructeur français a réclamé un monopole de production en Algérie pendant au moins trois ans.

« Une telle clause ne peut pas exister », a affirmé M. Rahim. « Un constructeur, quel qu'il soit, ne peut pas avoir le monopole sur un pays », a-t-il poursuivi.

Par ailleurs, Alain Dereux, P.-D.G. d'Ella Baché qui faisait partie de notre délégation à Pékin m'a montré une plaquette qui affichait en grand et en gras la phrase : « The French Ella Bache vous propose des produits cosmétiques ». Le choix de cette société est tout sauf un hasard. Les auteurs de cette fraude ne pouvaient pas se nommer L'Oréal ou Dior : c'est trop flagrant et ils auront affaire à une armada d'avocats et d'interventions de l'Ambassade de France. Mais Ella Baché, qui n'a pas les moyens d'engager une procédure judiciaire, car trop coûteuse pour un résultat improbable, est une marque idéale de taille moyenne.

Pourtant, cette société montreuilloise a une histoire étonnante et passionnante. La fondatrice Ella LASZLO, dite Ella BACHÉ, est née à Budapest, en Hongrie, en 1900. Elle obtient son diplôme de pharmacienne à l'université de Budapest en 1920. Très vite elle se passionne pour le soin de la peau et se servira de la science pour améliorer la beauté. Elle s'installa à Paris en 1927, afin de fuir l'antisémitisme et le nazisme. En 1930, elle développa les premiers soins make up visant à protéger les modèles de la Maison de haute couture parisienne, abîmées par le maquillage. En 1936, elle créa la première consultation médicale de beauté. En 1941, elle élabore dans son laboratoire new-yorkais un produit culte, la crème Intex. Pendant des décennies elle va élaborer des produits et des molécules révolutionnaires. Ella Baché créa des produits de beauté à partir d'extraits actifs uniques. En effet, ils sont issus d'aliments naturels. Ainsi, la tolérance et l'assimilation sont maximales.

Comme beaucoup de sociétés occidentales qui veulent protéger leurs créations, fruits de plusieurs années de recherche-développement, coûteuses en ressources humaines et en moyens financiers, notre délégation a rencontré des cabinets d'avocats internationaux basés à Pékin. Il en est ressorti un sentiment de lassitude et d'impuissance et même de résignation de leur part. La difficulté est dans le recouvrement de ses droits devant un État puissant qui ne sanctionne pas ses entreprises et laisse faire. C'est de l'intérêt de l'économie nationale chinoise dont il s'agit. Nous connaissons l'affaire de la contrefaçon de la marque Lacoste. La société chinoise incriminée par ses avocats rétorqua : « nos tee-shirts, sweat-shirts, polos et autres vêtements de

Lacoste sont estampillés d'un crocodile dont la gueule est ouverte et sur ceux de notre client on voit un crocodile avec une gueule fermée ». J'ai vu aussi des chaussures et des vêtements avec un dessin qui ressemble à celui de Nike, mais avec une légère déformation.

D'autres méthodes plus pernicieuses sont utilisées comme l'envoi de stagiaires, qui gardaient un lien avec les services de renseignement de leur pays, la Chine. J'ai enseigné à l'IUT de Lieusaint (Université Paris-est-Créteil), en licence professionnelle dans les métiers du commerce international. Ce qui était étonnant c'est le nombre important d'étudiants venant de Chine. Ils étaient incapables d'écrire une phrase sans fautes de français. Le responsable de la formation est régulièrement invité en Chine et entérine cette situation. Comme j'étais de bonne foi, je ne pouvais pas accorder des notes au-dessus de la moyenne à des copies mal rédigées et même incompréhensibles. D'autres enseignants m'ont dit que c'est un sujet tabou et que le niveau des étudiants chinois est toujours escamoté. Est-ce la course au nombre d'étudiants inscrits, des avantages accordés aux responsables de la filière ou les deux ? Ce que nous savons est que nombre de ces étudiants dans cet établissement et d'autres universités et grandes écoles doivent effectuer un stage en entreprise. Nous savons maintenant que certains d'entre eux profitaient des pauses-déjeuner pour consulter les ordinateurs des cadres dirigeants et prendre les informations stratégiques et les transmettre à des entités chinoises.

Des cadres et dirigeants de grands groupes européens et états-uniens ont été piégés lors de leurs déplacements en Chine. Ils ont eu la faiblesse de succomber aux charmes de jeunes et belles filles chinoises. Leurs relations intimes sont filmées et photographiées et le reste est un jeu d'enfant. Le chantage est en ces termes : la publication de ces images ou la fourniture de secrets de conception et de recherche en cours de la société qui les a envoyées. D'autres modes d'espionnage industriel plus classiques sont utilisés, l'hameçonnage et le phishing, le pompage de données informatiques, le noyautage interne en faisant embaucher un technicien de haut niveau qui sera l'espion pour le compte de l'entreprise chinoise… Évidemment, mon propos n'est pas de diaboliser les comportements des opérateurs et institutions chinois, mais il convient de ne pas être naïf. Après la fin de la guerre froide est-ouest, l'espionnage de pays occidentaux, et notamment états-unien, s'est donné des objectifs économiques et stratégiques davantage que politiques.

Ceci étant, les progrès prodigieux réalisés par les acteurs économiques chinois ne doivent rien au hasard : du travail intensif, un acharnement dans la tâche confiée à chacun, l'individu joue pour le collectif et des moyens réglementaires et financiers sont mis à disposition des entreprises. Le droit du travail laisse à désirer. J'ai vu de ma chambre d'hôtel à Pékin des ouvriers travailler la nuit sur des chantiers qui sont achevés en un temps record. La durée du temps de travail hebdomadaire est plus longue et les salariés ne bénéficient pas des protections, ni des avantages salariaux que leurs homologues occidentaux. Les dépenses militaires chinoises sont de l'ordre de 292 milliards de dollars en 2022 contre 1475 milliards de dollars pour les États-Unis. Les deux premières puissances économiques n'ont pas eu dans leurs histoires respectives les mêmes interventions en dehors de leurs frontières. Ce qui est dépensé dans une guerre depuis le Vietnam jusqu'à l'Afghanistan en passant par la guerre du Golfe est de nature à creuser les déficits budgétaires. Les bases militaires et les navires de guerre des États-Unis sont improductifs pour ce pays. La Chine s'est engagée dans peu de conflits (en Corée du Nord et dans une moindre mesure au Vietnam).

Rappelons que les PIB des deux pays en 2024 sont les suivants :

États-Unis : 26 185 milliards de dollars avec une croissance prévue de 2,1 %.

Chine : 21 643 milliards de dollars avec un taux de croissance prévue de 4,7 %.

Jean-Pierre Brard, député et maire de Montreuil, conduisait notre délégation à Pékin. Nous avions été reçus au Palais de l'Assemblée du peuple qui accueille les réunions de la conférence consultative politique du peuple chinois et de l'Assemblée nationale populaire de la République populaire de Chine. Il est situé sur le côté ouest de la place Tien an men. Ce jour-là j'ai failli perdre un bras, dans la précipitation, j'ai voulu emprunter les portes-tourniquets avec d'autres membres de notre mission lorsque celle-ci se referma. Plus de peur que de mal.

Notre hôte, le président de l'Assemblée populaire de la République populaire de Chine, nous accueille aimablement et nous invite à rentrer dans le grand Hall du Tibet. C'est symbolique, les dirigeants occidentaux et leurs médias soutiennent l'indépendance du Tibet.

D'après Wikipédia, depuis son exil, le dalaï-lama est dénoncé systématiquement par le gouvernement chinois qui le qualifie d'« indépendantiste ». Malgré cela, le Dalaï-lama persévère dans la voie de la non-violence et demande à la Chine de négocier pour aboutir à un compromis politique. Le 9 mars 1961, il lança un appel à l'Organisation des Nations unies en faveur d'une restauration de l'indépendance du Tibet. Puis, après l'ouverture de Deng Xiaoping qui déclara en 1979 qu'en dehors de l'indépendance tout sujet pouvait être discuté, le dalaï-lama opta pour la politique de la voie médiane dans un intérêt mutuel pour les Tibétains et les Chinois. Cette voie préconisée par le dalaï-lama dans ses négociations avec le gouvernement chinois propose de réunifier en une entité administrative autogérée démocratiquement les territoires tibétains morcelés en cinq zones rattachées à des provinces chinoises. Le différend avec le pouvoir chinois est par rapport au maintien des cultures et religions ancestrales qui morcelleraient la Chine. C'est pourquoi les Tibétains sont répartis entre plusieurs provinces. L'idéologie communiste est antagonique avec les appartenances culturelles et religieuses.

La province du Jilin, qui est située au nord-est de la Chine, est frontalière de la Corée du Nord et à l'est par la Russie et à l'ouest par la Mongolie intérieure. Jilin s'est industrialisée très tôt et s'est spécialisée dans l'industrie lourde. La privatisation des entreprises a perturbé ses activités économiques. D'où la réaction du gouvernement central qui a lancé le mot d'ordre « Revitaliser le Nord-est. La région contient d'importants gisements de schiste bitumineux.

LA PROVINCE DE JILIN : CULTURE CORÉENNE ET MANDCHOUE

Jilin compte 24 millions d'habitants en 2020 occupant 187 400 km2 et 35 216 km d'autoroutes, dont plus de 500 km d'autoroutes. La province dispose d'un réseau ferroviaire, commencé par les Japonais, avec Changchun comme plaque tournante principale. En 2011, le PIB nominal de la province du Jilin s'élevait à 167,1 milliards de dollars. Entre 2003 et 2007, son taux de croissance a grimpé de 51 %. Le PIB par habitant est en progression atteignant 3 848 dollars en 2009.

J'ai accompagné, en 1999, une délégation du département de l'Allier en Chine et plus précisément à la province du Jilin afin de nouer des partenariats avec cette province dans le domaine agricole, l'élevage et l'agroalimentaire. Pourquoi cette initiative ? Le directeur des services départementaux en poste à ce moment était auparavant directeur général des services de la Ville de Montreuil et ce faisant il était imprégné de la relation de coopération internationale.

L'Allier, qui est principalement rural à dominante agricole (notamment l'élevage et la sylviculture), comptait en 1917, 338 000 habitants et seulement 15 % d'entre eux travaillent dans le secteur industriel. L'agriculture occupe 21 300 personnes sur 129 700 emplois en 2010 et représente 8 % du PIB départemental.

Le tourisme et surtout le thermalisme attirent des touristes français et étrangers. La délégation conduite par le vice-président du département a pu visiter des usines de soja, de poulets, l'élevage de vaches et des usines de transformations de produits agricoles. Les éleveurs de la province du Jilin sont intéressés par les génisses de race reproductibles. Un protocole a été signé entre la province du Jilin et le département de l'Allier dans l'objectif d'échanger des délégations d'agriculteurs et des industriels agroalimentaires et des éleveurs. Au cours d'un dîner offert en l'honneur de la délégation française, un de nos hôtes m'a lancé un défi : « on trinque, gān bēi (cul sec), celui qui arrête est déclaré vaincu ». J'ai accepté, mais mon challenger n'était pas loyal puisqu'il s'absentait aux toilettes afin de régurgiter ce qu'il buvait. Mais j'ai eu le dernier mot… euh le dernier toast. J'ai eu des difficultés à monter dans le bus tellement j'ai perdu mon discernement. Le lendemain, certains responsables de la province sont venus à l'hôtel pour prendre le petit-déjeuner avec nous et ils m'ont serré la main chaleureusement. Je ne suis pas chinois, mais j'ai joué le jeu de l'amitié. Si c'était à refaire, je ne le ferais pas.

L'élevage bovin n'est pas très moderne ni innovant au contraire de l'élevage de moutons. La production agricole de Jilin est dominée par le riz, le blé, le maïs et le sorgho. La province occupe le 6e rang pour la production de bois et un grenier à céréales. Jilin est un important centre pharmaceutique. Dans les gares, aéroports et magasins en ville, il n'est pas rare de trouver du ginseng et le bois de cerf. Des racines sont extraites de la montagne et utilisées à des fins pharmaceutiques. En tant que province à vocation industrielle, Jilin dispose de plusieurs zones de développement économique et technologique.

Zone de développement de l'industrie nouvelle et de haute technologie de Jilin

La zone fondée en 1992 et implantée dans la ville de Jilin s'étend sur 818 km2. Les principales activités sont : les produits chimiques raffinés, l'intégration du photoélectron et des mécanismes, l'électronique, la médecine et la bio-ingénierie, produits chimiques raffinés, la bio-ingénierie, le traitement fin des fibres chimiques et les produits agricoles.

Zone de développement économique et technologique de Changchun

Cette zone, que notre délégation a visitée, a été fondée en 1993, a une superficie totale de 112,72 km^2. Pas moins de 1656 entreprises y sont implantées, dont 179 entreprises à capitaux étrangers. Le PIB régional de la zone a atteint 14,07 milliards de dollars. CRRC Corporation Limited est une société d'État sous contrôle direct du gouvernement chinois, fabrique des trains à grande vitesse.

Hunchun, Zone frontalière de coopération économique

Cette zone franche est une coopération sino-russe. Elle bénéficie d'un emplacement stratégique à la jonction des frontières de la Chine, de la Russie et de la Corée. Il se concentre sur le développement de la transformation des fruits de mer, de la fabrication de produits électroniques, des produits biopharmaceutiques, de l'industrie textile et d'autres industries. Au cours d'un conseil d'Administration de notre association l'AMIE, nous avons pris la décision de prospecter dans des provinces reculées de la Chine où il y a peu d'étrangers et donc de concurrents potentiels. C'est pourquoi nous avions décidé de prospecter dans les provinces de Chengdu et Chonqchin.

DE NOUVEAUX TERRITOIRES D'UNE CHINE-CONTINENT

LA VILLE DE CHENGDU

Je suis arrivé à Chengdu la nuit et je n'ai pas trouvé une seule personne parlant anglais ou français. Il y avait que des chinois. J'ai essayé de demander au taxi de m'emmener à mon hôtel, sans succès, puisqu'il ne comprenait pas le nom qui était indiqué sur mon voucher. J'ai commencé à m'inquiéter lorsque se sont mises autour de moi des personnes hilares qui m'observaient comme si j'étais un panda. Plus les rires s'intensifiaient et moins j'étais rassuré sur mon séjour. Ce n'est que par miracle qu'un chauffeur de taxi a compris à peu près phonétiquement le nom de mon hôtel. Mais rien n'était sûr. Le pari fut gagnant puisque l'hôtel où je suis arrivé était le bon.

Le lendemain, j'ai commencé mes contacts qui m'ont réservé un bon accueil et les visites d'entreprises s'enchaînèrent. J'ai pris l'habitude depuis le début de mon aventure de prospecteur international de m'appuyer sur le réseau des PEE (Poste d'Expansion Économique), qui dépendent du ministère de l'Économie et des Finances en raison de la qualité des responsables et collaborateurs qui y travaillent. Ce ne sont pas des diplomates, mais des diplômés de grandes écoles publiques ou privées, rarement des universitaires. Mais dans le pays où ils s'y trouvent, leurs locaux sont installés dans l'enceinte de l'ambassade et sont placés sous l'autorité de l'ambassadeur qui lui dépend du Quai d'Orsay. D'où parfois des conflits ou malentendus. Les conseillers commerciaux, à de rares exceptions, sont des fonctionnaires de qualité et connaissent bien leurs dossiers. Ils fournissent des informations-pays, des fiches sectorielles, des études de marché et organisent les rendez-vous des cadres ou chefs d'entreprise souhaitant prospecter dans le pays ciblé. Nos délégations sont à chaque fois reçues par l'ambassadeur qui nous livre un panorama complet ou presque sur la situation politique du pays et nous met au courant sur des enjeux locaux qu'on ne trouve pas dans la presse ou les livres. Leurs sources sont des personnalités locales qui viennent leur livrer leurs positions et leurs analyses, mais ils ont le personnel local qui leur apporte le ressenti de la population. Mais chaque Ambassade a des attachés militaires et à n'en pas douter des services de renseignements et certainement des espions. Les entrepreneurs et les voyageurs d'affaires leur apportent aussi des informations.

Les chambres de commerce et d'industrie françaises aussi organisent des missions de prospections et participent à des salons, foires et expositions. Le seul souci c'est qu'elles manquent de moyens humains et financiers. La plus importante chambre de commerce et d'industrie à l'étranger est celle de Casablanca (Maroc) qui dispose de locaux en plein centre-ville et des moyens humains. Paradoxalement dans les années 1990, la chambre de commerce française en Chine se résumait à un cadre chinois et une secrétaire… une aberration !

Chengdu est capital de la province du Sichuan et compte 20,937 735 millions d'habitants selon le recensement de 2020. C'est la 4e ville la plus peuplée de Chine.

Les conseillers commerciaux des ambassades sont triés sur le volet et sont affectés dans les pays les plus prisés comme les États-Unis, la Chine, l'Allemagne, selon leurs classements par la direction du Trésor au ministère de l'Économie et des Finances. Ils ne peuvent rester dans un pays qu'au maximum 5 ans et ensuite ce sont les déménagements avec femmes et enfants, changements de continents et de climats pour tous et abandons des copains d'écoles et de nouveau camarades qui attendent leurs progénitures. Il arrive que la nouvelle affectation soit synonyme de sanction ou de promotion.

Ce qui est remarquable dans cette Chine des années 1990 et 2000, c'est le dynamisme industriel dans les provinces les plus reculées. Il n'y a pas une seule zone économique sans la présence de firmes multinationales étrangères. Dans cette ville de Chengdu, des usines d'habillements et vestes en cuir, l'industrie manufacturière, des industries du cuir et du prêt-à-porter cohabitent avec des entreprises de composants électroniques et des filiales de sociétés taïwanaises. Officiellement la Chine populaire est en guerre contre l'île où s'est réfugié Tchang Kaï-Chek après sa défaite contre les troupes menées par Mao Dzedong, mais sur le plan des affaires les deux Chines sont des partenaires. Le réalisme économique est une orientation née du pragmatisme qui veut que seuls les intérêts à long terme comptent. Les autres considérations passent après. Les autorités chinoises ont désigné Chengdu comme le centre occidental de la logistique, de la finance, de la science, du transport, de la communication et de la technologie du pays. L'agriculture et l'agroalimentaire sont favorisés par une terre riche et on voit de l'avion des tapis de verdure et de plantations sur des plaines et des monts. Chengdu a été déclarée « ville de référence pour l'environnement des investissements dans l'intérieur de la Chine » par la Banque mondiale en 2007.

CHONCHINQ : UNE VILLE-PROVINCE

297 km séparent Chengdu de Chonqchin et c'est par train que mon voyage s'effectua.

Cette ville qui était sous tutelle de la province du Sichuan est devenue ville-province compte tenu de sa population dépassant 32 millions d'habitants sur une superficie de 82 401 km2, soit la superficie de l'Autriche. Elle fut créée dans les années 1990 pour qu'elle devienne un pôle économique majeur et intégrer les populations déplacées par la mise en eau du barrage des Trois-Gorges. Le PIB nominal de Chongqing s'élevait à 433 milliards de dollars US et près de 2,41 % du PIB chinois, la classant au 16e rang des unités administratives provinciales. Le secteur primaire représente 30 milliards de dollars, le secteur secondaire ; 174 milliards de dollars, le secteur tertiaire ; 230 milliards de dollars. La plupart des usines sont tournées vers le marché local et se sont spécialisées dans les aliments transformés, les véhicules de tous genres, les produits chimiques, les textiles, les biens d'équipements y compris sportifs et l'électronique. Chongqing est le troisième pôle de production automobile de la Chine (1 million de voitures) et le plus important pour les motos (8,6 millions de motos). Les principaux fabricants sont Changan Automotive Corps, Lifan Hongda Entreprise et Ford Motor Company avec trois usines dans cette localité. Chongqing est un gros producteur de fer, acier et aluminium de la Chine ainsi que le charbon

(4,8 milliards de tonnes métriques), le gaz naturel (270 milliards de m3) et une quarantaine de types de minéraux. Chongqing est membre de la zone économique du Triangle de l'ouest avec Chengdu et Xi'an.

Cette ville-province comprend plusieurs zones de développement économique comme :

– Zone franche d'exportation de Chongqing
– Nouvelle zone de Liangiiang
– Centre de cloud computing de Liangiiang
– Parc industriel chimique de Chongqing
– Zone de développement économique et technologique de Chongqing
– Zone de développement de l'industrie de haute technologie de Chongqing

Les sociétés françaises implantées à Chongqing sont les suivantes :

Air Liquide installée dans le sud-ouest de la Chine grâce à ses filiales à Chengdu, Chongqin Mianyang et Melshan. Les trois sites de Chongqing concentrent l'essentiel de leur activité dans les domaines de l'industrie, de l'électronique et la branche gaz électronique.

Hutchison, établie en 2014, dispose à Chongqing d'une usine spécialisée dans la fabrication de pièces d'étanchéité pour les vitres automobiles produites en matériaux qui se substituent au caoutchouc classique pour certains usages.

Mersen est un expert mondial des spécialités électriques et des matériaux avancés et particulièrement du graphite isostatique. Présent en Chine depuis 1998 avec 10 sites de production dans sept villes, dont Chongqing en tant que deuxième site de production de graphite. L'usine produit 6 000 tonnes par an de graphite isostatique établi en 2004 et compte 121 employés.

Schneider dispose d'un centre d'innovation pour la fabrication verte et intelligente appelée Schneider Green Intelligent Manufacturing dont l'objectif est d'apporter aux entreprises partenaires des solutions globales numériques et de valoriser l'expertise et le savoir-faire français dans la transformation intelligente et numérique.

SUEZ a une filiale Sino-French Water Supply pour l'approvisionnement d'eau. La joint-venture Chongqchin Sino-French Trangjiauto Wastewater pour le traitement des eaux gère un bassin pour un million d'habitants et en charge de l'assainissement des eaux résidentielles pour une zone de 100 km2. L'installation s'étend sur 23 hectares et traite un flux de 400 000 tonnes par jour. Les innovations technologiques mises en œuvre permettent de réduire des émissions de carbone de 1 280 tonnes par an et un taux d'autosuffisance énergétique atteignant jusqu'à 28 %.

LA RELATION AVEC HEBEI : LE CONCUBINAGE OUI, MAIS LE MARIAGE C'EST NON !

Hebei est à quelques kilomètres de la capitale, Pékin. Hebei est la 3e plus grande région viticole de Chine, avec 32 130 acres (13 000 hectares) de vignes. Elle abrite l'un des plus grands producteurs nationaux : la Grande Muraille. En fait, le vin est la principale industrie du Hebei, avec un marché de 1,4 milliard de dollars. Le Hebei possède différents terroirs, des plaines et des chaînes de montagnes, mais il existe deux régions viticoles distinctes : Huailai et Changli. Les consommateurs chinois sont plus habitués aux alcools durs, à la bière et aux vins mousseux doux. Leurs goûts pour les vins français furent modérés et j'ai assisté au mélange de ces derniers avec le Coca-Cola ou une boisson sucrée. Les Chinois cherchent des vertus à la nourriture et aux boissons qu'ils ingurgitent. Plusieurs études internationales vantaient les bienfaits du vin. Citons l'une d'elles publiées par « Sciences et Vie » qui affirme : « La découverte de sa richesse en antioxydants a paré le vin rouge de mille vertus : bon pour le cœur et les artères, il préviendrait l'infarctus et autres maladies cardio-vasculaires. Sauf que ses bénéfices n'ont jamais été rigoureusement démontrés sur le long terme.

Et s'il suffisait de boire deux verres de vin rouge chaque jour pour se protéger des maladies cardio-vasculaires ? Depuis les années 1990 et la découverte du fameux "French paradox" (ou comment les Français peuvent-ils avaler autant de graisses animales et afficher un taux d'infarctus si bas en comparaison des États-Unis, par exemple), le vin rouge serait — dit-on — le meilleur allié de notre cœur. »

Le 22 novembre 1996, une convention a été signée entre la ville de Montreuil et la province chinoise de Hebei (10 millions d'habitants, à proximité de Pékin). Elle tend à établir des rapports économiques de longue durée entre la ville et cette province d'un immense pays en plein développement économique. La délégation chinoise a visité des entreprises locales et les bureaux de « Vitrine de Chine », rue de Lagny.

Au cours de nos contacts à Pékin, il nous a été proposé un jumelage avec la province Hebei et devant l'insistance des autorités de cette sixième province la plus peuplée de Chine (75 millions d'habitants), nous avons accepté de leur rendre visite. Une mise au point préalable fut faite par le député et maire de Montreuil : « nous ne pouvons pas nous marier deux fois, étant donné notre jumelage avec Changchun, mais une relation de partenariat (sorte de concubinage) est possible. » Nous arrivâmes à Shijiazhuang dans une voiture conduite par le responsable des relations internationales qui fut très en verve et loquace sur les qualités des infrastructures et le dynamisme de la Province en matière économique. La réalité sur le terrain fut différente : des installations vétustes, grises, des canalisations apparentes et non enterrées et des bâtiments industriels d'un autre âge. La grande muraille de Chine arrive jusqu'à cette province, car la Mongolie intérieure n'est pas loin. Elle fait partie de la Chine, mais pendant des siècles ses peuples furent une menace réelle pour toute la Chine. La province du Hebei est limitrophe de municipalités administrées directement de Pékin. Il nous a été rapporté qu'en cas d'inondations menaçant la capitale chinoise, les cours d'eau sont orientés vers Hebei, notre interlocuteur officiel nous a parlé « de sacrifice de celle-ci ». La province est le premier producteur d'acier de Chine alors que l'industrie sidérurgique est à l'origine d'une pollution de l'air aggravée. Cinq sites sont classés au patrimoine de l'Unesco : la Grande Muraille de Chine, la station de montagne de Chengde, le Grand Canal, les tombes des Qing de l'Est et les tombes des Qing de l'Ouest.

En 2007 le PIB du Hebei s'élevait à 462 milliards de dollars, soit le sixième rang de la Chine.

Les secteurs primaire, secondaire et tertiaire ont contribué respectivement à hauteur de 28,12 milliards, 121 milliards et 74,30 milliards de dollars. Le taux de chômage enregistré en milieu urbain était de 3,96 %.

Les industries du Hebei comprennent le textile, le charbon, l'acier, le fer, l'ingénierie, la production chimique, le pétrole, l'énergie, la céramique et l'alimentation. 40 % de la main-d'œuvre du Hebei travaille dans les secteurs de l'agriculture, de la sylviculture et de l'élevage, la majorité de la production de ces industries étant destinée à Pékin et à Tianjin. Les principaux produits agricoles du Hebei sont les cultures céréalières, notamment le blé, le maïs, le millet et le sorgho. Des cultures commerciales comme le coton, l'arachide et le sésame sont également produites.

Zones de développement économique et technologique :

– Baoding, Zone de développement de l'industrie de haute technologie
– Croc de Lang, Zone franche d'exportation
– Qinhuangdao, Zone de Développement économique et technologique
– Zone franche d'exportation de Qinhuangdao
– Shijiazhuang, Zone de développement industriel de haute technologie
– Le Xiong'an, Nouvelle zone

Exposition des entreprises françaises à Shanghai du 17 au 21 mai 1997

Organisée par le CFME (Centre français des manifestations à l'Étranger) et les Postes d'Expansion économique de Chine, dans le cadre de la visite du président Jacques Chirac qui a visité tous les stands.

La Chine comptait 1,3 milliard d'habitants et a entamé une révolution économique grâce à l'adoption du principe d'économie de marché socialiste. Sa croissance fut exceptionnellement élevée à deux chiffres dépassant les 10 % par an. Shanghai est une porte d'entrée privilégiée du continent chinois. Ce salon industriel est multisectoriel regroupant tous les secteurs d'activité. Sa caractéristique et d'englober de grands groupes comme des PME avec un savoir-faire pointu.

Shanghai est une ville industrielle depuis le début du XXe siècle. La littérature communiste, notamment les écrits de Mao Zedong, parlait d'un bastion de la classe ouvrière. Elle représente 30 % du PIB national, attire 30 % des Investissements directs étrangers et est la deuxième bourse asiatique et la quatrième mondiale. Le PIB par habitant est six fois supérieur à celui de la moyenne nationale. Les industries de cette mégapole sont diversifiées. Cela va de l'acier, les machines, la fabrication de produits électroniques et les textiles. Certains démographes estiment que c'est la ville la plus peuplée au monde avec 80 millions d'habitants.

Shanghai était en 2021 le deuxième port au monde avec un trafic cargo de 769,7 millions de tonnes et le premier port à conteneurs avec 47 millions. Son essor s'est accéléré durant les années 1980 à la faveur des réformes Deng Xiaoping.

Les grands groupes français sont présents et représentés. Avec les Chambres de Commerce et d'Industrie de Paris et la région Île-de-France, nous avions tenté de négocier le système de portage, c'est-à-dire que des PME puissent bénéficier des services de ces géants de l'industrie française. Les résultats sont cependant maigres compte tenu des coûts de prospection et de présence sur place.

À Shanghai, la présence des entreprises françaises est significative.

Voici quelques-unes des sociétés françaises qui ont établi leur présence dans cette ville dynamique. Les locomotives de la présence française à Shanghai sont :

– Air France : la compagnie aérienne française

– Alcatel China Ltd, (Bureau de représentation à Shanghai) : spécialisée dans les télécommunications

– Bureau Veritas : une entreprise de services d'inspection, de certification et de tests

– Carrefour : la chaîne de supermarchés française

– China Europe International Business School (CEIBS) : une école de commerce international

– Decathlon : le détaillant d'articles de sport

– Lafarge Onoda Gypsum (Shanghai) Co., Ltd. : entreprise spécialisée dans les matériaux de construction

– Michelin Asia (H.K.) Ltd. (bureau de représentation à Shanghai) : Fabricant de pneus

– Suez : une entreprise de services environnementaux

À part des entrepreneurs chevronnés qui ont le produit rare et dont ont besoin les partenaires chinois, les PME ont du mal à percer, car soit leurs produits sont copiés, soit il y a des barrières qui se dressent contre elles.

La Chine est le pays qui protège le plus son marché, dès lors que les rouages de la production à la distribution sont contrôlés par la puissance publique.

De ces échanges avec des partenaires chinois à Shanghai, Changchun et Pékin sont nées des délégations de part et d'autre. Nous avions reçu des maires, des secrétaires du parti communiste chinois des provinces, des représentants des entreprises publiques et privées. Un projet immobilier préoccupait le propriétaire d'un immeuble bien situé à la limite de Saint-Mandé et à quelques pas du périphérique parisien. Mais la crise du début des années 1990 a poussé MM Martinez père et fils à se tourner vers la Chine, afin de trouver des investisseurs. La transaction a échoué pour une raison inattendue : des fenêtres, on pouvait apercevoir un cimetière. Pour les acquéreurs potentiels chinois, c'est signe de malheur.

Mais les autres délégations cherchaient des partenariats industriels.

Ainsi du 29 au 31 octobre 2000, nous avions reçu une délégation du bureau des investissements étrangers de Changchun dont voici la composition :

– M. Jin Xiangqi, secrétaire en chef de la commission des investissements de la province du Jilin

– M. Zhao Anwu, vice-président de la commission des échanges et de l'économie de Jilin

– M. Wang Guoying, vice-président de la zone de développement de Jiyue

– M. Tong Mingda, chef de division du bureau des investissements étrangers de Jilin

– M. Wang Zhuoyuan, vice-président de la société de Changchun Aero Machinery

– M. Zhang Wuhua, directeur du département développement et planification du groupe FAW Mould Manufacturing Co. Ltd.

– Mme Xu Zhe, directrice du bureau des investissements étrangers

Cette délégation en tournée en Europe s'intéressait particulièrement à des collaborations avec les sociétés Levrat SA, Modelage mécanique de Montreuil, Levasseur Systems, AAVS et Girso.

Outre les visites de ces sociétés, les membres de la délégation ont rencontré des responsables de l'Aéroport de Paris et d'Alstom.

Levrat SA importait de la visserie boulonnerie de la Chine via des sociétés italiennes. M. Levrat, son P.-D.G., dit qu'il est en relation d'affaires avec une société de Shanghai. Le chiffre d'affaires de sa société est en progression constante +20 % par an.

La société AERO était en mesure de proposer de la visserie boulonnerie de bonne qualité. Elle utilise la norme allemande DIN qui convient à Levrat. Un premier contrat fut conclu à Changchun.

Levasseur Systèmes, fabrique des ferme-porte, tourne à pleine capacité. Le représentant de la société AIRBORNE ne fabrique plus de ferme-porte, car le prix de l'aluminium a augmenté, mais il serait prêt à importer des portes d'accès et systèmes de fermeture de portes. AIRBORNE peut fabriquer et vendre à Levasseur des pièces déjà importées par la société montreuilloise.

Le directeur commercial Olivier Bouleau s'est engagé à envoyer les plans des pièces et les demandes de cotations.

Modelage mécanique de Montreuil (MMM), est un spécialiste de moulage par injection automobile. C'est un processus de fabrication sophistiqué qui a révolutionné la production de composants automobiles, offrant efficacité, précision et polyvalence. Le moulage par injection automobile a transformé la façon dont les composants des véhicules sont conçus, fabriqués et assemblés. MMM s'intéressait à la Chine depuis plusieurs années. Son fondateur et P.-D.G. Daniel Defouloy a participé à notre mission de septembre 1994. Il a reçu plusieurs délégations de Changchun et a confié à Monsieur Denoun, qui a vécu en Chine dans le cadre de la représentation de MATRA et a déjà conclu des contrats avec le constructeur automobile de Changchun FAW. MMM n'a pas souhaité dans un premier temps créer une Joint-Venture, mais a proposé un transfert de technologie. MMM se situe à un niveau supérieur d'innovation et d'utilisation de mélanges de matériaux dans le modelage, ce qui a impressionné le représentant de FAW. Après de nombreuses discussions, un protocole fut signé entre MMM et FAW.

Visite de l'Aéroport de Paris

Lors de mon déplacement à la province du Jilin en août 2000, mes interlocuteurs du gouvernement de la Province m'avaient remis des plans et des cartes en vue de la construction d'un aéroport moderne. Ces documents, je les ai transmis à M. Starling chargé des relations avec la Chine, qui s'engagea à examiner ce dossier avec ses collègues du bureau de Pékin d'ADP, lors de son prochain déplacement. Notre objectif fut de sensibiliser les membres de la délégation aux compétences et au savoir-faire d'Aéroport de Paris. L'objectif fut atteint grâce à la visite du Hall F à Charles de Gaulle-Roissy par M. Bernard Lamourère.

L'aéroport international de Changchun Longjia se situe à 31 kilomètres au nord-est de la capitale de la province Changchun et à 76 kilomètres au nord-ouest de la ville de Jilin : la gestion de l'aéroport est partagée par ces deux villes. L'aéroport de Changchun est un hub régional pour la compagnie aérienne China Southern Airlines. La décision de construire cet aéroport fut prise en 1998 et les travaux ont démarré le 29 mai 2003. Ce qui est stupéfiant et dénote du dynamisme de cette nation est deux ans plus tard, l'aéroport est devenu opérationnel ; le 27 août 2005 et vient remplacer l'ancien aéroport de Changchun Dafangshen, construit par les Japonais en 1941 et fut à usage uniquement militaire.

L'aéroport international de Changchun Longjia qui accueillait en 2013 près de 6,7 millions de passagers annuels est le 30e plus important aéroport du pays.

– Visite d'Alstom

Lors de notre déplacement en août 2000, les responsables municipaux nous informèrent que le projet de Tramway est en cours de réalisation. Monsieur Mingda s'est engagé à transmettre l'ensemble des documents et informations aux responsables du projet à Changchun. Monsieur Robert Vallet, responsable de la Chine a mis l'accent sur la réalisation par Alstom de plusieurs projets en Chine.

Changchun Alstom Railway Vehicles Co. Ltd. (CARC) participe à l'ensemble des projets ferroviaire, avec une gamme complète de matériel roulant (trains à grande vitesse, voitures de voyageurs, locomotives, métros, navettes automatisées, monorail et tramways), des composants de pointe (systèmes de traction, bogies, moteurs de traction, amortisseurs), des services personnalisés, ainsi que des solutions d'infrastructure et de signalisation.

Alstom a remporté son premier marché en Chine en 1958, en fournissant 25 locomotives à la ligne Baocheng, le premier chemin de fer électrifié de Chine. Alstom Chine compte treize Joint-Ventures, sept entreprises à capitaux entièrement étrangers et plus de 11 000 employés, 6 000 voitures de transport ferroviaire de grandes lignes, 1 530 locomotives électriques, 7 194 voitures de métro, 536 voitures de monorail, 168 voitures de navettes automatisées et 191 de tramway au marché chinois du transport ferroviaire.

Mission de prospection du 18 au 26 octobre 2003 en Chine

Notre association l'AMIE a participé à la mission de prospection organisée par le Chambre de Commerce et d'Industrie de Paris en Chine

26 entreprises y ont participé.

À souligner la forte implication de certaines sociétés montreuilloises ou ayant des liens de groupe à filiale :

L'AFPA développe des partenariats avec des provinces du Centre de la Chine et a investi le Nord-Est

Saint-Gobain dispose d'un bureau à Pékin. Son responsable nous a indiqué sa disposition à pratiquer le portage pour des PME montreuilloises (mise à disposition de moyens d'un groupe au bénéfice d'une PME).

EMCE est spécialiste des ingénieries de projets comme la dépollution des lacs par injection de bactéries

SAFE est intéressée par des coopérations dans le domaine des citernes en caoutchouc et des bandes transporteuses.

– UBI Soft qui ne cesse de développer ses productions en Chine et par là même rayonner sur les marchés avoisinants. UBI SOFT a connu un développement fulgurant en Chine. À l'origine de la saga d'Ubi Soft, une fratrie. Les Guillemot sont les fils d'un entrepreneur breton, qui se sont lancés dans la production, l'édition et la diffusion de logiciels de jeux dès 1986.

Sur le marché des logiciels de loisirs interactifs, le groupe Ubi Soft crève l'écran. À Montreuil, ils sont près de 400 jeunes génies du numérique à travailler presque en jouant.

Pas de bureaux à proprement parler dans cet immeuble du Bas-Montreuil habité par les troupes d'Ubi Soft, mais des rangs d'ordinateurs et d'écrans qui s'étirent sans fin, étage par étage.

Le plus souvent assise face à l'écran, parfois debout près des fontaines d'eau (comme dans les films américains), s'active une jeunesse au cerveau bien connecté. Les principaux atouts de l'entreprise : nulle porte, on travaille ici en réseau et en équipe. L'utilisation, voire l'anticipation des technologies multimédia sont poussées à leur maximum. Les employés en poste sont avant tout des as de consoles et autres CD, conçus rien que pour jouer. Moyenne d'âge 27 ans, les 400 personnes sont basées à Montreuil, 200 sont réparties entre les dix filiales implantées à l'étranger.

À partir de 1994, elle développe une grosse structure de produits multimédias intégrés. Elle est alors également présente en Roumanie, au Japon, en Espagne, en Italie. Suivront l'Australie, le Québec, la Chine.

Le déclic grand public et le succès planétaire sont arrivés en 1995 avec le personnage de jeu devenu fétiche, Rayman, un héros qui évolue dans un univers non violent, contrairement à beaucoup de jeux vidéo. Ce même Rayman sera plus tard repris en version junior (exercices de calcul et de lecture très rigolos).

La production de cd-rom éducatifs et culturels est un département d'Ubi Soft en constant développement. Le principe du jeu est utilisé dans des collections d'entraînement scolaire — auxquelles collaborent des enseignants — comme celle de Tim 7 avec aide personnalisée via Internet. Parmi les produits phares, se distingue aussi Pod, un jeu de course automobile futuriste. Par branchement, toujours avec Internet, on peut y jouer à plusieurs.

Antoine Darnaud permet de sonoriser les jeux, de donner la parole aux personnages, mais aussi y obtenir des versions différentes (par téléchargement).

Ainsi alimenté, un jeu peut ne jamais mourir.

Derrière la qualité du scénario, du graphisme et du son se trouve une performance technologique. Avec Pod, Ubi Soft a été le premier au monde à sortir un produit utilisant la version MMX du processeur Pentium en janvier 1994.

La société ne se contente pas de diffuser ses produits, elle commercialise d'autres productions multimédias, qui avant passeront dans ses studios pour les adapter à la langue, mais aussi à l'environnement technique et culturel de chaque pays où elles seront exportées.

Toutes les équipes de la firme travaillent bien entendu en messagerie Internet et en visioconférence. Le téléphone et la télécopie font ici figure d'outils de l'âge de pierre. Le vocabulaire utilisé va de l'interactivité, de la jouabilité, de la fluidité, de la quadriphonie jusqu'aux DVD, 3D Temps réel, Approval…

La famille Ubi contient autant de matheux que d'artistes, avec un harmonieux partage des codes de langage. De la conception à la commercialisation, la liste des métiers présents est longue. Parmi eux, les testeurs : ils « jouent » à chercher toutes les possibilités du jeu, tous les cas de figure sont passés au crible sur le plan technique comme sur la cohérence du scénario. C'est un échantillon du public ciblé qui se prête au jeu du dernier test. Quant au studio de création, avec le travail sur palette graphique, près de 400 personnes travaillent sur le site du Bas-Montreuil. Moyenne d'âge : 27 ans.

Ubi Soft a pu s'introduire sur le second marché de la Bourse de Paris, en 1993. Pari réussi, là encore, un an après, le titre a progressé de 80 %. À ce jour, plus de mille produits sont commercialisés. Le dernier-né à diffuser sera un jeu écolo Tonic Trouble. Son héros, Ed, démarche de maladroit, doit sauver sa planète de l'invasion de légumes mutants. Un jeu fondé sur la réflexion avec un superbe graphisme. Durant un an et demi de travail, 120 nounous se sont penchées sur son berceau…

LA CCIP ET L'AMIE SE DÉPLOIENT DANS D'AUTRES RÉGIONS CHINOISES

Différentes étapes ont marqué ce déplacement. Tout le groupe s'est rendu à Shanghai et à Pékin Une partie se limitant aux membres du comité d'échanges franco-chinois, a fini le voyage au Liaoning (province proche de Jilin). Nous avons saisi cette occasion, afin de réitérer notre demande au vice-président de la CCIP et aux responsables de ce comité afin de réfléchir à une prochaine mission en Chine incluant dans son parcours, la province du Jilin et plus précisément sa capitale, la ville de Changchun. Le choix de Shanghai s'est fait en raison du potentiel fort de cette ville de province et le fait que cette dernière organise l'Exposition universelle. Nous disposons des cartes de visite des responsables de la municipalité de Shanghai et des organisateurs de cette exposition. Une rencontre avec des cabinets d'avocats français a porté sur la contrefaçon et le dépôt des marques. Des conseils utiles ont été fournis. Les organismes rencontrés à Shanghai et à Pékin sont disposés à faciliter les contacts avec les entreprises et les organismes chinois. En premier lieu, citons la mission économique et financière de l'Ambassade de France à Pékin dont les responsables ont changé.

Les Organisations chinoises rencontrées :

- Des membres du gouvernement chinois (mars 2003)
- Les élus de la Municipalité de Shanghai (mars 2003)
- Présentation de la CCPIT (China Council for the Promotion of International Trade) et de CCOIC (China Chamber of International Commerce)
- Présentation du « Shanghai Foreign Investment Service Center »

TEDA (Tianjin Economic and Technological Area)

Représentation française en Chine

- Les attachés commerciaux l'Ambassade de France à Pékin
- Les membres de la Mission économique de Shanghai et de Pékin
- Présentation de la CCIFC (Chambre de Commerce et d'Industrie française en Chine)

Présentation des cabinets d'avocats à Shanghai

Informations pratiques sur la Chine

Sur 20 ans, le PIB par habitant a augmenté en moyenne de 8 % par an. La Chine est déjà la 6e puissance économique mondiale en termes de PIB

(1 200 milliards de dollars en 2002) après les USA, Japon, Allemagne, Royaume-Uni et la France.

Le niveau atteint par la Chine est cependant encore modeste, si on tient compte de la taille de la population : le PIB par tête reste peu élevé (moins de 1 000 USD par habitant encore en 2002) et classe toujours la Chine dans les pays en voie de développement.

La Chine a entamé en 1978 un processus graduel de libéralisation de l'économie. L'agriculture a d'abord été libéralisée avant que les activités industrielles privées ne soient autorisées. L'ouverture sur l'extérieur s'est manifestée par l'afflux des investissements directs étrangers qui ont décollé à partir de 1992. Les investissements directs étrangers (plus de 400 milliards de dollars en stock) ont fortement contribué à la transformation de la Chine et notamment à l'augmentation de ses échanges avec le reste du Monde. Les entreprises à capitaux étrangers, qui sont plus de 400 000 en Chine, contribuent à plus de la moitié des exportations chinoises.

En 2002, l'économie chinoise maintient une croissance solide (+ 8 %), une stabilité de la monnaie (un taux de change resté fixe par rapport au dollar) et réalise de bonnes performances dans les échanges commerciaux.

Les moteurs de la croissance :

– Investissements étrangers

– Commerce extérieur

– Demande interne

Les problèmes structurels :

– La faiblesse agricole.

– La Chine doit nourrir 22 % de la population mondiale sur 7 % des terres cultivables.

Les déséquilibres régionaux :

– L'écart entre une Chine côtière et une Chine intérieure n'a cessé de se creuser. En 2002, la différence du revenu entre les habitants urbains et ruraux a atteint 3 contre 1.

– L'État chinois soutient les provinces du Nord dont Jilin.

– La gestion des entreprises d'État.

– L'emploi

La réforme des entreprises d'État

Difficile réforme des entreprises d'État.

Elles peuvent être « privatisées », regroupées pour créer des conglomérats. Le gouvernement affirme vouloir privatiser. La réalité est différente, les autorités laissent les entreprises fusionner ou se vendre dans les secteurs non stratégiques et non rentables. Les entreprises par actions, c'est 60 % du capital des entreprises cotées en Bourse qui serait détenu par l'État ou des investisseurs institutionnels.

Elles pourront licencier du personnel. 100 millions d'ouvriers travaillent dans les entreprises d'État, il devrait y avoir 30 millions de licenciements supplémentaires pour les rendre compétitives et rentables.

– Elles pourront mettre en place un système d'actionnariat.

– Elles pourront liquider les parties non rentables.

– Des intérêts étrangers pourront acquérir des secteurs d'entreprises publiques (hors certains domaines).

Les conséquences négatives

– Licenciements massifs et risques de troubles sociaux.

– Risque de transferts massifs de populations vers les centres les plus développés.

– Entreprises d'État bureaucratiques, improductives et déficitaires.

Les conséquences positives

– Un secteur public plus efficace et plus dynamique : diminution du coût de revient des services et des produits, amélioration de la qualité de ces derniers et rationalisation des prix.

– Une structure industrielle compétitive dans un environnement concurrentiel loyal.

– Assainissement financier par élimination de l'obligation pour les banques de financer des entreprises déficitaires.

– Fin du monopole administratif dû au mélange des fonctions du gouvernement et de celles de l'entreprise. Il est décidé de réglementer les rapports entre l'administration et l'entreprise.

En avril 2024, la Commission européenne a publié un rapport de 700 pages dénonçant les pratiques de la Chine, notamment les distorsions de concurrence induites par les aides d'État à l'économie chinoise dans les secteurs de l'acier, l'aluminium, les télécommunications, les semi-conducteurs, les équipements ferroviaires ou véhicules électriques. Il s'agit de concurrence déloyale engendrant un dumping caractérisé. Selon une étude réalisée par l'institut Kiel, les subventions accordées par la Chine à ses entreprises sont de trois à neuf fois supérieures à celles accordées par d'autres pays de l'OCDE, tels que les États-Unis ou l'Allemagne.

Les constructeurs de véhicules « à nouvelles énergies » ont exporté massivement depuis 2022 avec une progression de 160 %. Le texte souligne que « la croissance rapide du secteur a conduit à une situation de surcapacité [...] et le gouvernement encourage les producteurs à explorer les marchés étrangers, avec un soutien aux entreprises en place. » Il ajoute : « le niveau de contrôle exercé par le gouvernement est si élevé que son intervention interfère directement avec les forces du marché (accès préférentiel au financement, application insuffisante des lois sur les faillites, traitement spécial des marques nationales) ».

LE PÉRIPLE DU SUD-EST ASIATIQUE : CAMBODGE ET VIETNAM DE 1992 À 2008

Le point de départ de l'intérêt de la municipalité de Montreuil fut porté sur le Cambodge. En effet, Mikael EAP, un promoteur immobilier franco-cambodgien ayant des projets avec la société d'économie mixte, la SEMIMO-B connaissait la politique municipale en matière de coopération internationale et a proposé de jouer le rôle d'intermédiaire auprès des autorités cambodgiennes. En matière de relations économiques, le marché cambodgien est étroit et c'est pourquoi j'ai proposé que la prochaine mission englobe le Vietnam et le Cambodge au cours du même déplacement.

Finalement ces pays qui nous paraissaient lointains géographiquement le sont moins intellectuellement et historiquement. En effet, j'étais adolescent et je ne manquais pas un seul jour sans m'enquérir sur la guerre du Vietnam.

En tant que militants de l'extrême gauche marocaine, nous étions sous le choc de l'arrestation d'Abraham Serfaty et ses camarades en 1974 et le début de la fin d'un changement radical du régime marocain. Bien évidemment avec le recul ce « projet révolutionnaire » fut une utopie qui a emporté des milliers de jeunes utopiques. La libération du Vietnam du Sud dirigé par le gouvernement pro états-unien en 1975 était la bonne nouvelle et a suscité l'enthousiasme. La défaite de la colonisation française à Diên Biên Phu le 7 mai 1954 fut le signal à tous les États colonisés qu'il est possible de vaincre la colonisation. La décolonisation de plusieurs colonies et protectorats dont le Maroc en 1956 était perçu comme la prise en compte par la France des aspirations des peuples à s'affranchir du joug colonial et à entamer un nouvel ordre mondial. Le retrait français n'a pas mis fin aux souffrances des Vietnamiens. Les accords de Genève vont diviser le pays en deux zones : au nord la République démocratique du Vietnam dirigée par le Parti communiste, avec à sa tête Hô Chi Minh en septembre 1945 et soutenue par la République populaire de Chine. Au sud du 17ᵉ parallèle, un régime nationaliste soutenu par les États-Unis est proclamé par Ngô Đình Diệm en 1955 à la suite d'un coup d'État qui a déposé Bảo Đại sous prétexte d'un plébiscite déguisé en référendum.

L'entrée en guerre des États-Unis contre le régime communiste du Vietnam du Nord en août 1965 a été provoquée par un incident au golfe du Tonkin. Les Historiens s'accordent sur le fait que le président Johnson attendait ce moment pour lancer les bombardements sur le Nord-Vietnam. Le conflit va s'étendre aux pays voisins dès 1959 du fait que les forces nord-vietnamiennes utiliseront le territoire du Laos et celui du Cambodge afin de mener des opérations au sud Vietnam, ce qui provoqua une guerre civile cambodgienne entre le gouvernement proétatsunien et les Khmers rouges procommunistes. La pression des opinions publiques internationales et états-uniennes va pousser Washington à plier bagage. Nous nous rappelons cette image de l'ambassadeur des États-Unis qui quitte Saigon avec le drapeau à étoiles sous le bras. Cette première défaite de l'Oncle Sam dans son histoire aura des conséquences sur l'évolution de la région d'où le boycott économique et politique du Vietnam qui a endommagé l'avenir de toute une génération.

Mon voyage préparatoire en 1992, je l'ai effectué en ajoutant le Japon à l'ancienne Indochine. Mes rendez-vous furent préparés par les services économiques des ambassades de France dans ces pays. La tâche n'était pas facile. Un certain M. Guédé qui a travaillé avec le Vietnam devait organiser mon voyage préparatoire, mais il a tergiversé, certainement dans l'objectif de faire avorter notre mission. Ce monsieur s'est avéré un roublard en affaire et a escroqué des sociétés, ses salariés, ses fournisseurs et même les restaurants où il déjeunait.

Même réunifié sous l'emprise d'un parti communiste omnipotent et omniscient, il y a deux Vietnam l'un au nord avec sa capitale Hanoï et l'autre au Sud où la concentration du potentiel économique est synonyme de dynamisme pro-entrepreneuriat à l'image de l'ancienne capitale de la République nationaliste vietnamienne, Hô Chi Minh ville anciennement Saigon. Ma première étape fut dans cette dernière. Le constat est sans appel, le sud est bien le centre du commerce, de l'industrie et de l'agriculture. Le dynamisme est flagrant et fulgurant. Chaque année le développement économique se constate à l'œil nu. Jamais je n'ai observé un tel phénomène. Les vélos sont remplacés par des motos, les tenues vestimentaires sont plus élégantes, notamment chez les femmes. Les commerces sont en pleine mutation, se modernisent et innovent. Les immeubles de bureaux et d'affaires changent d'allures et de physionomie.

En 1986 le Vietnam opère un virage économique, mais non politique appelé Đổi mới (Doi Moi) qui signifie « renouveau » qui fera du Vietnam une puissance régionale. Cette initiative du Parti communiste visait une libéralisation économique. Rappelons le contexte qui a inspiré cette orientation vietnamienne. En Chine Deng Xiaoping est devenu le leader de la Chine en décembre 1978 et lança le programme Boluan Fanzheng afin de corriger les erreurs de la révolution culturelle et lança la réforme économique chinoise en 1978. La Chine lança une guerre d'un mois avec le Vietnam. Le parti communiste chinois mené par Deng Xiaoping ne se limita pas à la réforme économique, mais va introduire des réformes politiques en fixant des limites de mandat pour les « hauts dirigeants » et en proposant une révision systématique de la Constitution chinoise en 1978.

Les communistes vietnamiens et chinois ne suivront pas la perestroïka imposée par Gorbatchev, en interdisant toute libéralisation politique.

J'ai été témoin lors de notre déplacement du 17 au 29 mai 1992 d'un système politique fermé, opaque et autoritaire. Chaque fax que j'envoyais de mon hôtel à Hô Chi Minh-Ville ou Hanoï, l'agent d'accueil en faisait une copie et le glissait dans un dossier qui est envoyé aux autorités. On peut parler d'un État-policier avec un maillage très dense et une surveillance de tous les instants. Dès que j'entamais une conversation avec des Vietnamiens dans la rue, vous avez quelqu'un qui s'arrête à proximité pour écouter notre conversation.

Confronté à l'échec du système économique centralisé, le Doi Moi visa la rénovation des rapports économiques en intégrant les mécanismes de marché. En réalité, c'est le retour à la théorie de Boukharine et à la NEP (Nouvelle Politique économique), initiée par Lénine en 1921 qui meurt sans l'avoir achevée. Nous connaissons la suite : une reprise en main par Staline de l'économie en centralisant la planification et en supprimant la propriété privée. Toutes les lois du marché sont bannies et remplacées par le tout État.

La Russie qui a connu les ravages de la Première Guerre mondiale et une guerre civile causant la famine et des millions de morts avait besoin d'un « repli stratégique » dans la construction du socialisme justifié par le retard économique de la Russie : « [...] Nous ne sommes pas assez civilisés pour pouvoir passer directement au socialisme, encore que nous en ayons les prémices politiques », déclara Lénine. Pour le leader bolchevik, la NEP ne pouvait pas durer moins de dix ans et plus de 25 ans.

Le Doi Moi intervient après des décennies de pauvreté et de privation, suite à une guerre contre la colonisation française et ensuite les bombardements états-uniens et une guerre civile contre le régime du sud du Vietnam. Tout cela justifie et impose ces réformes. Mais le Vietnam qui souhaite s'intégrer à l'économie internationale subit un embargo américain féroce dans le but de punir un pays qui a osé leur tenir tête. Notre association l'AMIE (ex-AMDCEI) faisait preuve d'opportunisme et de prospections dans des pays difficiles, parfois lointains et où la présence étrangère est encore balbutiante. Notre délégation a fait fi des sanctions états-uniennes qui peuvent être contournées, mais cela limite quand même le développement du pays sanctionné. C'est en 1995 que le président Clinton décida de lever progressivement l'embargo. Cette nouvelle était plus ou moins anticipée par les entreprises et banques étrangères installées au Vietnam, ainsi que les chancelleries dont l'Ambassade de France et les experts.

Les États-Unis ont un consulat général à Hô Chi Minh-Ville et le Vietnam et un consulat à San Francisco.

En 1994, les États-Unis ont exporté 172,9 millions de dollars de marchandises vers le Vietnam et ont importé 50,5 millions de dollars de marchandises en provenance de ce pays. C'est trop faible.

En 2006, les exportations états-uniennes vers le Vietnam s'élevaient à 1,1 milliard de dollars de marchandises vers le Vietnam et les importations à 8,6 milliards de dollars. En 2006 les entreprises états-uniennes ont investi directement au Vietnam seulement 444 millions de dollars. Cependant les banques états-uniennes ont participé à l'aménagement des infrastructures vietnamiennes à hauteur de 1,5 milliard de dollars.

En 2015, les États-Unis occupèrent le 7e rang des investisseurs au Vietnam et exportaient 7,071 milliards de dollars et ils importaient 37,993 milliards de dollars.

Les exportations vietnamiennes vers les États-Unis ont presque doublé entre 2019 et 2022, passant à 127 milliards de dollars cette année.

En 1992, le Vietnam bénéficiait d'un environnement régional dynamique et s'intéressant peu aux conflits politiques dans le domaine des échanges économiques et les investissements. Ainsi les Japonais ont occupé le Vietnam en septembre 1940 et y sont restés jusqu'à la fin de la Seconde Guerre mondiale en août 1945. Le prétexte de cette invasion était la guerre entre le Japon et la Chine, qui a débuté en 1937.

Nous avons constaté en 1992 que des produits électroménagers et électroniques japonais bon marché ont envahi les marchés et magasins vietnamiens. Mon collègue au sein du groupe de réflexion mathématico-économique à l'Université Paris 1, Ngo Manh Lan, était en mission au Vietnam et j'ai pu le rencontrer à Hanoï, où il m'a expliqué que les Japonais qui ont des crimes à se faire pardonner investissent au Vietnam et font du dumping afin de créer un climat d'amitié et de sympathie auprès de la population vietnamienne. Le Japon n'était pas le seul pays présent au Vietnam, mais aussi la Thaïlande, les Philippines, l'Indonésie, la Malaisie, Singapour, le Laos et le Cambodge. Cette coopération se concrétisa par l'adhésion du Vietnam en 1995 à l'Association des nations de l'Asie du Sud-Est (ASEAN ou ANASE). Il sera suivi par le Laos et la Birmanie le 23 juillet 1997 et le Cambodge le 30 avril 1999.

Lors de la visite du mausolée de Hô Chi Minh, à Hanoï, étaient présents :

Mikael Eap, Jean-Pierre Brard, André Boixel (société Audiotexti), Jean-Jacques Gentric, PDG de la société AVS et son adjoint Charles Semanne, Yves-Michel Pattegay et moi-même.

Accompagné par le député-maire, ce séjour a permis d'établir plusieurs jalons de coopération économique diversifiée.

Aimé Jalabert, P.-D.G. de la société INGEROP a entrepris l'installation au Cambodge d'une usine de traitement de caoutchouc et la création au Vietnam d'une société d'économie mixte toujours dans la production du latex.

La société Villa Parc a acheté un terrain à Phnom Penh pour y installer un centre d'affaires.

Elle a offert au gouvernement cambodgien 50 machines à traitements de textes avec imprimantes et elle a réalisé l'installation, au Cambodge, d'une quincaillerie. AVS devrait se charger de l'équipement TV de la mission de l'ONU, de RFI et de Radio FM parmi d'autres. Au Vietnam, on lui a confié l'équipement de la télévision à Hanoï et la rénovation de deux studios à Hô Chi Minh-Ville.

L'entreprise ISB était sollicitée pour un projet sur la loterie et la monnaie nationales…

La société Ceccinter a conclu des contrats dans l'hôtellerie et Datagraphic dirigée par un franco-cambodgien a œuvré dans le domaine de la formation et la coopération informatique.

Notre délégation a été reçue au Cambodge par le prince Norodom Sihanouk, par le président de l'État, M. Che Sim et par le Premier ministre, M. Hun Sen, que nous avions accueilli à Montreuil au printemps 1991.

Les missions collectives se déroulaient parallèlement aux rendez-vous d'entreprises, un volet politique et institutionnel consistant à prendre des contacts avec de hauts dirigeants de l'État et des responsables d'organismes d'investissements pour le compte du député et maire de Montreuil. Le député-maire ne voulait pas être reçu par des fonctionnaires de second rang, mais au niveau du sommet du pouvoir. Mon rôle était de me rendre aux pays prospectés en amont seul et de préparer les rendez-vous institutionnels et économiques en lien avec les Ambassades de France. Au Vietnam, nous avons pu réaliser une prouesse. La délégation municipale fut reçue par Phan Van Khaï, alors Vice-Premier ministre de la République socialiste du Vietnam.

Le parcours de ce haut responsable est riche depuis son enfance.

À l'âge de 14 ans, il rejoint la révolution en 1947, dans les rangs de l'Armée du Salut national de la commune.

En 1950, il adhère à l'Union de la jeunesse de Gia Dinh, Front Office, Bureau du Comité provincial de Gia Dinh Ninh.

De 1954 à 1959, il s'installe dans le Nord, voyageant dans le cadre de la réforme agraire et des études culturelles. Pendant ce temps, il a rejoint le Parti des travailleurs du Vietnam. Il a également étudié les langues étrangères, étudiant l'économie à l'université Plekhanov d'économie nationale de Moscou (URSS) jusqu'en 1965.

En 1973, Phan Van Khai rejoint le « Viêt-Cong » pour former la future administration communiste du sud Vietnam. En 1974, il revient à Hanoï pour travailler pour le Comité de réunification national du Gouvernement. À la fin de la guerre du Vietnam en avril 1975 et à la chute de Saigon, il est nommé vice-directeur de la planification du comité populaire de Hô Chi Minh-Ville. Élu maire d'Hô Chi Minh-Ville en 1985, il est membre du Comité national du Plan en 1981. Il est nommé vice-président du Conseil des ministres du gouvernement vietnamien et membre du Bureau du parti communiste et premier vice-premier ministre en 1992 avant d'être élu Premier ministre en 1997. L'ambassadeur Claude Blanchemaison en poste à Hanoï en 1992 était stupéfait que Gérard Longuet en visite au Vietnam un mois auparavant n'ait pas eu l'honneur d'être reçu par le vice-premier ministre. Il nous a fait une présentation très riche sur l'évolution de ce pays.

Les relations franco-vietnamiennes se sont enrichies des classes bilingues avec des programmes structurants pour le redémarrage d'une relation politique. Malheureusement les nouvelles générations (contrairement aux anciennes qui ont connu la colonisation française) préféraient parler l'anglais. Ils pensent que c'est la langue des affaires et celle pratiquée par les voisins asiatiques en visite touristique ou commerciale. D'après ce diplomate chevronné, les années 1989-1992 sont exceptionnelles. Son livre en vietnamien reconstitue le contexte de l'époque en ces termes : « C'était l'époque où le Vietnam entreprenait de se réformer, de s'ouvrir aux investissements étrangers et de diversifier ses relations extérieures. » Il ajoute ceci : « J'ai un profond respect pour le peuple vietnamien, notamment pour les femmes vietnamiennes. Pendant mes quatre ans en tant qu'ambassadeur, je n'ai rencontré aucune difficulté. »

Lors de notre rencontre, Claude Blanchemaison a évoqué sa carrière diplomatique et notamment les quatre années durant lesquelles il a été ambassadeur de France au Vietnam (1989-1993). Durant cette période, il a sillonné le pays du Nord au Sud et rencontré fréquemment des dirigeants, mais aussi des artistes, des écrivains, des journalistes, des entrepreneurs, des artisans. Il était confiant sur l'avenir de ce peuple sérieux, travailleur et plein d'ambitions.

AAVS, ISB, HEVEAS, SANOFI, SOFRESID, SAINT GOBAIN.

Comme disait Yves-Michel Pattegay P.-D.G. de l'Imprimerie Spéciale de Banques (ISB) et président de l'AMIE : « grâce aux relations politiques du député et maire de Montreuil, les portes s'ouvrent ». Mais il est important de cibler notre offre et se caler par rapport aux besoins du marché. Au cours de mon voyage préparatoire de la mission de mai 1992, j'avais une information selon laquelle l'État du Vietnam avait besoin de moderniser ses studios de télévision.

C'est alors qu'entre en compétition la société AAVS (Advanced Audio Visuel Systems) se positionna et son P.-D.G. rencontra les responsables administratifs et techniques de la principale chaîne nationale vietnamienne. Le marché fut conclu et a généré des retombées sur la société montreuilloise.

AAVS avait comme activités :

– Ingénierie et installation de centres de radio, télévision, télécommunications professionnelles

– Fabrication de matériels audio et vidéo professionnels, conception et installation de systèmes informatiques dédiés aux centres de télévision et radio.

ZOOM SUR AAVS

En 1990, dans ses nouveaux locaux de Montreuil, la société AVS, spécialisée dans la réalisation des studios pour les radios et les chaînes de télévision, est à la pointe des meilleures techniques dans le domaine du son et de l'audiovisuel.

En 1980, six personnes décident de créer leur entreprise. Ces entrepreneurs n'ont peur de rien. Ni des frontières, ni même des grosses sociétés dont la notoriété est déjà installée. Une équipe de 50 ingénieurs et techniciens de haut niveau fournit, clefs en main, des complexes audiovisuels, uniques en Europe, aux chaînes de télévision et aux stations de radio du monde entier. AAVS est devenu le premier installateur français dans ce domaine, financièrement totalement indépendant.

L'équilibre entre la création, la technique et la gestion de cette entreprise, c'est le fruit de l'engagement des hommes et des femmes qui y travaillent.

« La première qualité pour réussir, explique Jean-Jacques Gentric, P.-D.G., c'est la capacité de savoir travailler avec les autres.

Considérer les salariés comme de véritables partenaires, déléguer les responsabilités, faire en sorte que chacun s'épanouisse et enrichisse sa culture générale. Nous sommes alors comme une équipe sportive, la responsabilité des individus est de défendre son équipe.

Le développement de la société, de ses locaux, n'existerait pas sans le concours de tous les salariés et, à ce titre, il est normal que tous reçoivent financièrement une partie des bénéfices. Pour le personnel, le service et la qualité des prestations sont les principales préoccupations. »

Par ailleurs, Sanofi qui avait des laboratoires de production de médicaments à Montreuil a aussi bénéficié de notre message à l'attention des responsables vietnamiens à savoir le partenariat et la coopération mutuellement avantageuse de long terme.

Nous avons aussi soutenu les projets de Céramique Desmarquet, filiale de Saint-Gobain qui avait une usine de céramique destinée à l'industrie de textiles et la Robinetterie.

Des PME se sont jointes à notre délégation dans les domaines de la transformation de l'hévéa en caoutchouc et en latex.

Les plantations d'hévéas remontent à 1898. En 1906 Belland le commissaire de la Sûreté de Saigon avait fait planter des hévéas. D'importantes sociétés ont été créées telles la Plantation des Terres rouges ou la Société des plantations d'hévéas. D'où l'arrivée massive de capitaux français en Indochine. Michelin investit massivement en 1925.

La Banque de l'Indochine qui deviendra en 1974 la Banque Indosuez, rachetée en 1996 par le Crédit agricole, investit dans les plantations, via sa filiale SIPH. Ces exploitations vont inspirer le film *Indochine* (1992), de Régis Wargnier, avec Catherine Deneuve et Vincent Pérez.

Le Groupe porteur de ce projet est INGEROP qui constitue un ensemble diversifié pour l'ingénierie des infrastructures, du bâtiment et de l'industrie présent en France et à l'étranger. INGEROP, qui fut représenté par Alain Jalabert, rassemble environ 1200 collaborateurs, dont 550 ingénieurs et cadres techniques.

FIVES-LILLES avait ses bureaux rue de la République à Montreuil près du métro et du périphérique. C'est un holding industriel regroupant une trentaine de sociétés qui réalisent des biens d'équipements lourds pour la plupart des industries de base. Ses principales usines sont :

– FCB ensembles complets et équipements de procédés pour cimenterie, sucrerie, aluminium et métallurgie.

– DMS laminoirs et équipements mécaniques pour la sidérurgie.

– Stein Heurtey, fours de traitement pour la sidérurgie et le verre.

– Nordon tuyauterie industrielle, malteries et brasseries. Le maltage consiste à faire germer une céréale (principalement orge et blé) et à la faire sécher rapidement pour préparer l'amidon contenu dans le grain à être dégradé lors de la fabrication de la bière. Le malt trouve d'autres débouchés alimentaires annexes, mais reste peu développé à l'échelle locale.

Dragon concasseurs et cribles

– Pierre Guérin-équipements inox pour l'industrie alimentaire

– Procedaire épuration des gaz

– Pillard et Stordy équipement de combustion

Les partenaires vietnamiens étaient preneurs d'une offre aussi large tant leurs besoins sont en pleine croissance.

Comme dans les pays de l'est de l'Europe et l'URSS, le système économique centralisé et la collectivisation des terres agricoles ont engendré des pénuries. 70 % de la population vivait sous le seuil de la pauvreté.

Quatre secteurs ont été concernés par le Doi Moi : la privatisation de l'agriculture, les entreprises publiques, le secteur privé et la loi sur les investissements étrangers.

La privatisation de l'agriculture consiste à partager les terres entre les paysans en tenant compte du nombre de personnes dans la famille et de leur capacité à gérer la terre. La récolte est privative, une fois les diverses taxes payées à l'État. Les coopératives s'occupent uniquement des tâches d'irrigations, mais sont appelées à réduire leurs interventions.

Les entreprises qui produisent des biens de consommation répondent désormais aux lois du marché et à l'obligation d'être gérées selon les règles comptables et viser la rentabilité, sinon elles risquent la dissolution. Seules 35 unions d'entreprises stratégiques ont un régime spécifique. Il s'agit des secteurs du transport, communications, produits chimiques, acier, charbon.

Les entreprises publiques peuvent conclure librement des marchés, embaucher leurs salariés, fixer les salaires et investir. En revanche, elles doivent payer un impôt sur les bénéfices.

En juillet 1988, le bureau politique du parti communiste adopte la résolution numéro 16 qui stipule que « l'État garantit les intérêts légitimes, y compris le droit de propriété et d'héritage des petits entrepreneurs et des capitalistes nationaux engagés dans la production industrielle. » La constitution de 1992 interdit toute nationalisation, ce qui rassure les petites et moyennes entreprises.

Loi sur les investissements étrangers

La loi promulguée le 9 janvier 1988 autorise plusieurs formes d'investissements étrangers : la Joint-Venture ; entreprise à 100 % étrangère ; le contrat de coopération d'affaires entre entités économiques vietnamienne et étrangère.

Plusieurs avantages sont consentis aux investisseurs étrangers, comme la garantie contre toute nationalisation ou expropriation et la possibilité de transfert des profits et des capitaux, exonération totale des impôts les deux premières années, exonérations de droits de douane sur les équipements importés, garantie contre la nationalisation ou l'expropriation, ainsi que pour le rapatriement des capitaux et des profits.

L'afflux des Investissements directs étrangers est passé de 180 millions de dollars américains en 1990 à 2,6 milliards de dollars en 1997.

Grâce à ces réformes, le Vietnam a gagné sa place à l'OMC en 2007, ce qui consacra son insertion à l'économie mondiale et à son développement économique accéléré avec des niveaux de croissance du PIB dépassant les 7 % en 2019. Le Vietnam est devenu 2e exportateur de riz (derrière la Thaïlande). En parallèle, d'autres cultures se sont également développées : la canne à sucre, le thé, le poivre, le caoutchouc ou le coton. Le café et l'aquaculture sont aussi deux très grandes sources de revenus pour le pays. Mais les exportations de produits manufacturés représentent 70 % contre 12 % pour les produits agricoles. Le Vietnam est dorénavant un « nouveau pays industrialisé ».

Mais il y a coupure entre le Sud plus orienté affaires, investissements entrepreneuriat et le Nord plus bureaucratique, davantage ancré dans le système socialiste et administratif. De cette mission de mai 1992, les autorités vietnamiennes ont tenu à proposer une prise de contact au cours d'une visite de Hai Duong en vue d'un jumelage. Notre déplacement de Hanoï, en parcourant 58 km, par la route nationale a commencé très tôt le matin et ce qui nous a frappés c'était ces femmes et ces hommes qui travaillaient dans les rizières manuellement et de façon appliquée et concentrée sans se parler, ni se faire distraire. Les agriculteurs vietnamiens étaient fiers de réaliser deux récoltes par an, alors que les voisins cambodgiens n'en réalisaient qu'une seule.

RÉCEPTION DU PRÉSIDENT VIETNAMIEN

Le 22 mai 1998, une importante délégation du Vietnam, conduite par le président LE KHAN PHIEU, s'est recueillie sur les éléments de la chambre de l'immeuble qui était situé 9, Impasse COMPOINT à Paris ou a vécu le jeune Hô Chi Minh entre 1921 et 1923. Ce fut l'occasion d'inaugurer l'espace Hô Chi Minh au musée de l'histoire vivante au milieu du beau parc Montreau, dans ce lieu symbolique. On y trouve aussi des photographies, des films documentaires et un site Internet permettant de mieux connaître le premier président de la République socialiste du Vietnam.

Cet espace a été inauguré par l'ambassadeur du Vietnam en France le 19 mai 1995.

L'espace Hô Chi Minh a toute sa place à Montreuil. Le 19 décembre 1972, le conseil municipal a appelé la population à agir sous toutes les formes, pour que les peuples d'Indochine puissent décider de leur sort et que Nixon mette fin aux bombardements du Vietnam.

En séance extraordinaire le 30 avril 1975, le conseil municipal saluait la victoire remportée par le peuple vietnamien à qui il souhaitait également de remporter d'aussi grands succès dans la reconstruction du pays. Nécessaire après les grandes années de guerre contre la France et les États-Unis que le Vietnam a connus. L'inauguration de l'espace Hô Chi Minh a été l'occasion de saluer l'importance du partenariat culturel et économique qui existe entre la ville et le pays d'Hô Chi Minh.

Le député et maire a rappelé que plusieurs missions économiques avec des entreprises de Montreuil avaient été menées au Vietnam. Au cours de celles-ci, divers projets ont trouvé concrétisation, comme l'équipement de grands hôtels par Quinette Galley, des partenariats dans le domaine de l'informatique par la société Solva, la formation de techniques aux nouvelles technologies par CIRNEA., la réalisation d'un système de transmission radio par la société ICM. D'autres projets se sont concrétisés, avec la société AVS, AFPA, ISB, ISI : commerce électronique.

Pour J.-J. Gentric, président de la société AVS, cette visite est une très bonne chose. « C'est très important de recevoir le numéro 1 du Vietnam. J'ai pu lors de cette visite déjeuner à côté du président des télécommunications et du ministre du plan de ce pays. C'est une chance et l'occasion rêvée de faire avancer ce dossier. J'ai eu cette opportunité et j'ai l'intention d'exploiter les retombées de ces rencontres.

Depuis 1993, ce sont 30 contrats signés avec le Vietnam. Ce qui correspond à un peu plus de 100 emplois créés pour nous et les sociétés partenaires. »

M. Ledroit, P.-D.G. d'ISI à propos de ses relations économiques avec le Vietnam dit ceci : « nous avons construit un partenariat technologique et nous avons des débouchés importants pour les années à venir. Quand vous collaborez avec le Vietnam, vous créez aussi des liens avec l'Association des Nations du Sud-Est asiatique (Asean), l'équivalent de la CEE dans cette région du monde, car les économies de ces nations sont étroitement imbriquées. » Pour Y. M. Pattegay, président de l'AMDCEI : « notre organisme est une chance pour aider les entreprises à se développer ».

Jacques Chirac, président de la République, et le Premier ministre, Lionel Jospin, ont rencontré Le Kha Phieu, avant d'être accueillis à Montreuil pour l'ouverture de l'espace Hô Chi Minh au musée de l'Histoire vivante.

Ces personnalités ont ainsi visité des entreprises, telles que l'ISB, SAFE, AVS, Quinette, Mélanie… avec lesquelles des contrats furent concrétisés.

Ceci fait suite à la délégation de chefs d'entreprise au Cambodge et au Vietnam fin mai 1992.

En 2013, l'ASEAN représentait :

– 620 millions d'habitants (environ 8,8 % de la population mondiale)

– Le PIB total est de 2 400 milliards de dollars
– 76 milliards de dollars d'investissements étrangers (2010)

Cette intégration régionale, qui s'est réalisée en mettant de côté les conflits politiques et les différents sur les frontières, sans compter les haines qui se sont ancrées entre les populations de ces pays, a inspiré mes publications et plaidoyers en faveur d'une communauté économique maghrébine comme première étape avant une union économique d'Afrique du Nord et aussi une intégration africaine multizone.

À côté de la présence asiatique, lors de cette période sous embargo, il y avait des banques et entreprises françaises et européennes. J'en ai rencontré les représentants. Certaines banques comme le Crédit lyonnais ont répondu positivement à la demande de l'État vietnamien en s'installant à Hanoï, alors que le cœur économique est à Hô Chi Minh-Ville. Tandis que la BNP a envoyé un conseiller qui avait comme bureau son domicile, une maison confortable et se contentait de collecter des informations d'ordre macroéconomiques et microéconomiques. Ils suivaient les évolutions politiques, mais surtout réglementaires. L'objectif de la BNP est d'être prête lorsque l'embargo états-unien sera levé. Société générale a été aussi parmi les premières banques françaises à s'installer au Vietnam. Elle contrôle actuellement 20 % du capital de Seabank au Vietnam.

Plusieurs grands groupes internationaux avaient une présence au Vietnam dans des immeubles bien visibles ayant pignon sur rue, mais attendaient la normalisation à l'échelle internationale de ce pays par la levée des sanctions états-uniennes.

À côté de ces mastodontes, il y avait une myriade de petites et moyennes entreprises qui ne craignent pas des représailles venant de la justice états-unienne, en cas de non-respect de l'embargo. Parmi ces PME certaines étaient dirigées par des Vietnamiens d'outre-mer. D'après Wikipédia, ces derniers comptent 4,5 millions d'expatriés au monde en 2018. La moitié vit aux États-Unis, soit 2,1 millions de Vietnamiens.

Le terme de « Vietnamiens résidant à l'étranger » est utilisé dans l'article 3 de la *Loi sur la nationalité de la République socialiste du Vietnam* de 2009. L'appellation *Việt Kiều*, qui désigne les Vietnamiens vivant à l'extérieur de leur pays, a une connotation plutôt négative, car elle fait référence aux exilés politiques qui s'opposaient au régime communiste. C'est ainsi que les Franco-Vietnamiens qui ont fait partie de notre délégation et/ou que j'ai rencontrés sur place se sentaient discriminés et connotés comme des traîtres. Mais le régime de Hanoï les acceptait dans les affaires et aussi profitait de leurs apports financiers à leur pays d'origine par les recettes touristiques, les investissements directs ou par le biais d'associés étrangers, sans oublier les transferts de fonds au bénéfice de leurs familles restées au Vietnam. Notre association l'AMIE a été heureuse de compter parmi ses membres des citoyens Franco-Vietnamiens qui nous apportaient des informations sur la culture vietnamienne, les us et coutumes, le climat des affaires et les spécificités du marché vietnamien.

Ces Vietnamiens qui ont fui le pouvoir communiste sont à la fois jalousés et aussi enviés par leurs concitoyens restés au pays.

Interagra est un groupe de négoce international qui a été fondé par Jean-Baptiste Doumeng en 1946. Ce résistant communiste s'est lancé dans les affaires à partir de 1946 en créant l'Union des coopératives agricoles du Sud-ouest (UCASO) qui fournissent des produits au prix coûtant. À son apogée Interagra était crédité d'un chiffre d'affaires de 20 milliards de francs et était bien introduit dans les pays socialistes, non pas seulement toléré par les Occidentaux, mais encouragé, car il a réussi à écouler les excédents agricoles, agroalimentaires et d'élevages de la CEE (Communauté Économique européenne). Grâce au coup de pouce de Waldeck Rochet, chargé des questions agricoles au Parti communiste français, il noue des liens privilégiés avec les milieux financiers proches de Moscou qui se renforceront avec la montée d'un courant d'affaires entre des pays socialistes peu ouverts sur le monde occidental et des Européens qui souhaitent vendre leurs excédents agricoles. À l'époque, le Sud-Ouest produisait des pommes de terre en quantités astronomiques et la Tchécoslovaquie était à l'inverse un producteur d'industrie lourde et des récoltes faibles à cause de ses terres peu fertiles. Alors Doumeng proposa un troc sous forme d'échange de marchandises. C'est le début d'une aventure commerciale fulgurante et une extension de ses activités à tous les secteurs de l'agroalimentaire : viande, beurre, céréales, agrumes, vin. Jean-Baptiste Doumeng est reçu au Kremlin en limousine officielle et devient un acteur incontournable de cette relation de coopération gagnant-gagnant lors d'une période marquée par un rideau de fer.

La manne agricole essentielle du groupe reposait sur les excédents de la CEE, que Jean-Baptiste Doumeng a eu le premier l'idée de vendre à bas prix en URSS. Marché dont il avait fait son domaine réservé :

« Quand sont apparus les excédents européens, j'étais bien placé parce que j'avais convaincu les Soviétiques d'acheter du beurre ayant deux ans de stockage alors que tous les autres clients exigent du beurre de trois mois, expliquait-il. Si je suis seul sur ce marché, c'est parce que je l'ai monté. Je trouverais donc injuste qu'on me le dispute. »

Mais la montagne de beurre, de viande congelée ou de céréales va diminuer et fondre à cause de la réforme de la PAC (politique agricole commune).

Interagra achète, échange et vend une vaste gamme de produits allant de la nourriture aux bois durs tropicaux, fait des affaires dans 65 pays et s'est concentré fortement sur le commerce avec l'Afrique et le Vietnam. Ce groupe a contrôlé de fait la totalité du commerce agroalimentaire entre la France et l'URSS des années 1960 à 1981, date à laquelle Édith Cresson, ministre de l'Agriculture décida de reprendre en main par l'État, les échanges commerciaux avec le bloc de l'Est. Mais le coup de grâce viendra avec l'arrivée aux responsabilités de Gorbatchev en Union soviétique et la chute du mur de Berlin.

À la mort de Jean-Baptiste Doumeng, son groupe pesait 30 milliards de francs, l'équivalent de 4,5 milliards d'euros.

Pour la petite histoire, j'ai été approché par un ami qui était conseiller de ce groupe et m'a présenté au directeur général de CED Viandes (spécialiste du commerce de gros interentreprises de viandes de boucherie) qui gravitait autour de la galaxie Interagra, afin de diriger ses services financiers. Le salaire proposé fut alléchant et montrait l'aisance financière de cette filiale. J'ai décliné l'offre, car je ne voulais pas d'un travail sédentaire où j'aurais le nez sur les comptes et les mouvements comptables au lieu de poursuivre mon activité de relations économiques internationales et de conseil aux entreprises. J'étais rarement présent dans mon bureau.

L'empire Doumeng s'est développé au-delà des produits agricoles et s'engagea dans le pétrole avec la Compagnie européenne des pétroles (CEP) et l'ingénierie agroalimentaire avec la fourniture d'usines clefs en main et des entrepôts, afin d'alimenter en nourriture des villes de certains pays en développement. Les viticulteurs français accusaient Doumeng de favoriser les importations aux dépens de leurs productions.

Parmi les « six commandements du savoir » de Jean-Baptiste Doumeng, figuraient notamment celui du « savoir s'adapter » et celui du « savoir où aller » ; il citait d'ailleurs volontiers Sénèque : « Il n'y a pas de bon vent pour celui qui ne sait où il va ». La mort du « milliardaire rouge » en 1987, n'est pas la seule explication du déclin de son empire. C'est l'effondrement du régime soviétique à l'est de l'Europe et l'insertion des pays d'obédience communiste comme le Vietnam dans l'économie mondiale. C'est ce que j'ai constaté lors de ma rencontre avec le représentant de la galaxie Interagra à Hô Chi Minh-Ville. L'homme était taciturne et semblait être perdu. J'ai lu dans son visage la fin de son histoire dans ce beau pays qu'est le Vietnam et l'agonie du groupe. C'est la preuve que le Vietnam n'a plus besoin d'intermédiaire exclusif et peut désormais diversifier ses contacts et ses partenaires.

Les sociétés françaises présentes au Vietnam se répartissent entre celles qui réalisent ou veulent réaliser de grands projets, celles qui font de l'importation depuis l'Asie et celles qui ont des projets de transformation ou d'assemblage de produits à réexporter.

D'après l'INSEE, en 2018, il y avait dans ce pays 156 filiales françaises implantées employant 25 000 salariés.

JUMELAGE AVEC HAÏ DUONG

La ville de Hải Dương est la capitale de la province de Hải Dương. Son nom signifie « océan ». Elle occupe une superficie de 71 km2 et compte 170 420 habitants en 2009 et 2013 639 habitants en 2012. Elle est à 45 km de Hai Phong et à 80 km de la baie d'Halong.

La province de Hai Duong comprend sa capitale Hải Dương et Chi Linh. Sa superficie est de 1 648 km2 et fait partie de la zone économique du Nord. En 2008, elle comptait 1 732 814 habitants pour une superficie de 1 651,8 km^2.

En 2021, Hai Duong est la 8e plus grande unité administrative du Vietnam en termes de population avec 1 936 774 personnes. Un taux de croissance du PIB de 8,5 %. Le PIB a atteint 6,480 milliards de dollars, le PIB par habitant a atteint 3 347 dollars.

Contribuant à la croissance globale de 8,6 %, le groupe de l'industrie de l'énergie renouvelable a diminué de 0,3 point de pourcentage ; l'industrie et la construction ont contribué à hauteur de 6,7 points (dont 6,1 points pour l'industrie et 0,6 point pour la construction) ; les services ont contribué à hauteur de 2,2 points de pourcentage.

La structure économique continue d'évoluer dans une direction positive, réduisant la proportion de l'agriculture, de la sylviculture et de la pêche, augmentant la proportion de l'industrie, construction et services.

En 2018, l'industrie des énergies renouvelables a connu une forte croissance (+5,9 %), ce qui a contribué à l'augmentation du PIB de 0,7 %. Cependant, en 2019, une baisse estimée à 3,1 % a freiné la croissance de la province de 0,3 %. C'est la principale raison pour laquelle le PIB de la province a augmenté de 0,7 % de moins que l'année précédente. La raison en est que la production des cultures de riz et de litchi a diminué, la production animale a été affectée par la peste porcine africaine.

L'industrie et la construction de la province ont maintenu une croissance élevée, dans laquelle l'industrie de la transformation et de la fabrication a continué à s'affirmer comme un point positif, le principal moteur de la croissance économique avec une forte augmentation de 13,5 %, ce qui est dû à la principale contribution des industries de fabrication de produits électroniques ; industrie de la fabrication de vêtements, production de produits en béton et en ciment… L'industrie de la construction a tout de même maintenu un taux de croissance élevé, soit un taux d'augmentation de 10,1 %, contribuant à hauteur de 0,6 % à la croissance globale.

En ce qui concerne l'attraction des investissements nationaux, en 2019, des investissements ont été approuvés pour 192 projets nationaux en dehors des parcs industriels (y compris : 128 nouveaux projets et 64 projets ajustés), le capital d'investissement total a attiré environ 10 764,6 milliards de dôngs et 23 projets récupérés.

La province a attiré 808,3 millions de dollars, en hausse de 25 % par rapport à la même période en 2018. Le capital d'investissement total réalisé est estimé à 700 millions de dollars. Dans la province de Hai Duong, il y a eu 451 projets d'investissement étranger, avec un capital total de 8, 382 milliards de dollars.

En 2019, Hai Duong est classée 5e parmi les provinces économiques clefs du Nord et au 11e rang du pays. Le revenu par habitant se situe au 19e rang et les recettes budgétaires de l'État ont atteint 790 millions de dollars. C'est l'une des 16 provinces et villes à équilibrer les recettes et les dépenses budgétaires à partir de 2017.

L'un des faits saillants qui dénotent l'ambiance dans cette région du nord du Vietnam : un haut-parleur qui réveille toute la population à 5 heures du matin, sans tenir compte des malades, des personnes âgées, des enfants en bas âge, des visiteurs qui ne sont pas obligés d'aller travailler tôt le matin. C'est le symbole de l'autoritarisme du pouvoir et de l'uniformisation des comportements individuels.

Plusieurs accords entre la municipalité de Montreuil et la ville de Haï Duong furent conclus en 2001, complétés par deux avenants en 2003 et en 2004, ce qui a permis la valorisation des atouts de la province sur un plan politique et économique et la mise en place en 2003 d'un centre de coopération chargée de promouvoir la francophonie.

Géré avec le soutien d'un professeur de l'éducation nationale française envoyée dans la province, il contribue à la formation de professeurs de français dans les lycées. Depuis 2003, trois jeunes de la province de Haï Duong sont accueillis à Montreuil chaque année, où ils ont intégré un cursus universitaire. Deux professeurs de français sont accueillis à Montreuil chaque année afin de parfaire leurs connaissances de la culture et de la langue française.

Par ailleurs, un protocole a été signé en 2000 avec le musée Hô Chi Minh de Hanoï, renouvelé en 2005. En 2003, Montreuil a accueilli trois universitaires du musée vietnamien venu poursuivre leur recherche sur la vie du président Hô Chi Minh lors de son séjour en France. Pour célébrer le cinquantenaire des accords de Genève signé en 1954 qui marqua la fin de la première guerre d'Indochine d'indépendance entre la France et la République démocratique du Vietnam, des expositions et des conférences ont été organisées avec le concours du centre d'information et de documentation sur le Vietnam et le musée de l'histoire vivante de Montreuil qui depuis 1990 a inauguré un espace consacré au président Hô Chi Minh.

Ce travail mené en commun prend diverses formes : il concerne aussi bien les échanges économiques pour aider les entreprises françaises et vietnamiennes à trouver d'éventuels partenaires sur leur territoire respectif, la formation des cadres en gestion municipale, l'accueil de médecins au centre hospitalier André Grégoire et dans les centres de santé. Le gouvernement vietnamien et la province de Haï Duong participent activement à la mise en œuvre de programmes d'appui au développement durable de Yalimané au Mali (PADDY). Les experts vietnamiens apportent leurs compétences en matière de riziculture, d'arboriculture et de diversification agricole. Cette mission tripartite franco-vietnamo-malienne a été réalisée avec le concours financier, matériel et humain de la FAO, de la Coopération française et de la ville de Montreuil.

MISSION AU VIETNAM EN FÉVRIER 1994

Notre mission au Vietnam et au Cambodge du 26 janvier au 5 février 1994 a été un franc succès. Nous avons obtenu tous les rendez-vous demandés. La qualité des personnalités rencontrées à Hanoï et à Hô Chi Minh-Ville témoigne du degré de notoriété de notre Association et de notre Ville dans ce pays. Nos interlocuteurs ont accueilli favorablement nos offres. Ils ont promis aides et soutiens aux démarches qui seront effectuées par nos entreprises. Le contexte est également propice : un mouvement des investissements en infrastructures et en équipements divers (opéra, salles de conférences, hôtellerie…) dans la perspective de la conférence de la francophonie qui a eu lieu en 1997.

Nos relations avec le comité populaire de la ville de Hanoï ont facilité les contacts avec les réalisateurs de ces projets.

Nous avions atteint plusieurs objectifs : faire participer un nombre appréciable de nos adhérents. Toutes les entreprises qui ont fait les déplacements en mai 1992 et février 1994 ont concrétisé des contrats dans les domaines suivants :

– Les projets audiovisuels se sont concrétisés par AVS

– Les billets de loterie et les documents administratifs sécurisés (passeports…) ont été confiés à l'Imprimerie Spéciale de Banques (ISB)

– Les projets d'hévéas en vue d'une transformation en caoutchouc et en latex ont été remportés par INGEROP.

– Le bureau d'études BERIM installé à Montreuil à l'époque s'est penché sur la question de l'assainissement et des déchets (collecte et traitement) comme une priorité avait la charge de s'impliquer à Haï Duong. BERIM a une implantation à Hanoï sise à Long Bien District.

Tremplin pour les produits et le savoir-faire français vers le marché vietnamien :

La Semaine française au Vietnam du 6 au 12 avril 2008 — Hô Chi Minh-Ville.

Un tremplin idéal pour promouvoir les produits et le savoir-faire français sur le très dynamique marché vietnamien.

En avril 2008, pour la première fois, l'ensemble des acteurs du monde économique français au Vietnam s'unissent pour organiser la Semaine française. Cette manifestation exceptionnelle est un rendez-vous pour découvrir le Vietnam, nouveau « Dragon » asiatique, démontrer le dynamisme et le modernisme de la France, de sa culture et de ses entreprises auprès des acheteurs et consommateurs vietnamiens.

Depuis l'ouverture économique du Vietnam, dans les années quatre-vingt-dix, la communauté française, ses entreprises et ses institutions ont acquis une connaissance approfondie du pays, de ses structures et de ses réseaux.

L'ambassade et le consulat de France au Vietnam, la chambre de commerce française au Vietnam, Ubifrance et les Missions économiques de Hanoï et Hô Chi Minh-Ville, les conseillers du commerce extérieur de la

France et l'Amicale des francophones au Vietnam se sont unis afin de mettre leurs expériences au service des entreprises françaises qui souhaitent investir le très prometteur marché vietnamien et les faire bénéficier d'une subvention dans le cadre de la labellisation.

La Semaine française est soutenue par :
– Ministère de l'Économie, des Finances et de l'Emploi
– MEDEF International
– UBIFRANCE
– UCCIFE
– Les CCI de Paris, Lyon, Rhône-Alpes, Vaucluse, Midi-Pyrénées, etc.
– CGPME Rhône-Alpes
– Euro-Toques

Grâce à la Semaine française, il a été possible de rencontrer des professionnels vietnamiens ou français présents sur place, explorer les nombreuses opportunités du marché, trouver le bon partenaire commercial et démarrer ou développer de manière efficace les affaires au Vietnam. La Semaine française fut un outil de communication permettant de toucher un très large public grâce à ses différentes animations médiatisées.

Située au cœur du complexe moderne de Phu Tho construit en 2004 pour les Jeux asiatiques, la salle d'exposition offre 3 000 m² climatisés et sécurisés, 2 aires fermées à l'extérieur, 5 parkings et une liaison directe avec le centre de la ville, à 20 minutes.

La CCIFV, Ubifrance et les Missions économiques en collaboration avec les institutionnels vietnamiens (DPI, ITPC, CCIV…) invitèrent les décideurs et les leaders d'opinion vietnamiens qui furent ciblés en fonction des profils des exposants. Les entreprises françaises présentes localement ont fait partager leurs expériences du marché avec les entreprises venues de l'hexagone.

Programme de l'exposition
– L'exposition française s'est tenue du 9 avril au 11 avril.
– Le mardi 8 est réservé à la mise en place des stands.
– Les journées du mercredi 9 et jeudi 10 avril sont réservées aux professionnels français et vietnamiens sur invitation.
– La journée du vendredi 11 avril est ouverte au public vietnamien.
– Les exposants sont regroupés en zones thématiques.
– La France et ses régions (éducation, arts et artisanats, produits régionaux, entreprises régionales).

– Le secteur de services regroupa : les télécoms, l'informatique, les transports, l'import-export, la banque, l'assurance, la gestion, la finance, les communications, le conseil en entreprise, les médias et l'édition, le tourisme, les loisirs, l'hôtellerie.

– Industrie et biens de consommation (construction BTP, filières mécanique, automobile, électronique-informatique, textile-cuir, bois, chimie-pétrochimie).

– Les métiers de bouche (agroalimentaire, restauration, vins et spiritueux, agriculture, matériel de cuisine).

– Santé/Beauté/Sport (pharmacie, parapharmacie, cosmétiques et parfumerie, sport santé, hygiène de vie).

– Luxe et prestige (haute couture, bijouterie/horlogerie, arts de la table, linge de maison, accessoires, décorations).

Un Village V.I.P. a permis aux exposants de recevoir leurs clients et contacts professionnels dans un cadre de prestige, servis par des chefs cuisiniers français renommés. Les stands modulaires sont équipés et ajustables aux besoins des entreprises.

Des conférences thématiques furent organisées.

L'exposition multisectorielle fut complétée par des conférences de très haut niveau, attirant les décideurs politiques et économiques de tout le Vietnam, mais aussi de l'ASEAN (présence officielle du Laos et du Cambodge). Ce cycle de conférences s'est ouvert sur deux thèmes majeurs : la santé, premier poste d'exportations de la France vers le Vietnam et l'énergie qui représente à la fois le plus important investissement français au Vietnam et la plus forte demande vietnamienne.

L'AFD, Agence française de développement, organisa un séminaire sur l'efficacité énergétique (maîtrise de l'énergie et énergie propre au Vietnam) auquel participait une centaine de décideurs de l'administration vietnamienne (ministères, comités populaires), une vingtaine de conférenciers ainsi que des entreprises du secteur énergétique.

Un espace spécifique « énergie » a été matérialisé par une énorme « bulle » dans laquelle se sont déroulées les conférences sur l'énergie, complétées par des séminaires sur l'écoconstruction et la gestion énergétique dans les transports. Dans le domaine de la Santé, la commission santé de la CCIFV, avec le soutien et la participation du LEEM (Les Entreprises du médicament) et d'AVES (Association Vietnam Europe Santé), a réuni les entreprises pharmaceutiques et les opérateurs de santé français implantés au Vietnam, des médecins et responsables vietnamiens du secteur. À noter la présence importante d'exposants dans l'espace santé et l'implication des entreprises dans les événements sportifs.

– Agroalimentaire Euro-Toques, la plus grande association européenne réunissant plus de 4 000 chefs, a présenté au public son expertise à travers des thèmes comme l'emballage sous vide et l'origine des produits (AOC), des dégustations de vins ou produits régionaux. Cette présentation sera enrichie par un séminaire agroalimentaire.

– Éducation/Formation : cette commission fait le point sur les formations existantes, leur évolution ainsi que les besoins des entreprises. Deux autres conférences sont au programme : le « Management interculturel des entreprises étrangères », par l'université de Toulouse, et « Les mathématiques et la technologie de l'information » par le PUF, Pôle universitaire français.

La Semaine française a constitué avant tout un outil de communication important, touchant un public très large au travers de ses différentes animations largement médiatisées dont deux défilés de mode, une exposition de photos, des concerts, un semi-marathon, et une soirée Montmartre organisée dans les jardins du consulat par l'Amicale des francophones au Vietnam.

Lors de la Semaine française, les contacts pour le vin et les alcools sont nombreux. Gérard LETOFFE, président de l'AMIE, a bien posé les jalons d'une collaboration féconde. Il a réussi à commercialiser des casques pour cyclistes.

La visite de Haï Duong conduite par Gilbert ROGER, Vice-président du Conseil général et la C.C.I.P de la Seine–Saint-Denis, s'est avérée difficile.

Le Conseil général 93 et la CCIP93 n'envisagent aucune mission à Hai Duong en 2009, mais n'excluent pas une visite en 2010 à l'occasion de la semaine française. Le débat est de savoir si dans 2 ans les responsables de cette Province auront pris conscience des demandes émanant de nos entreprises, à savoir la nécessité pour elles d'entrer directement en contact avec les entreprises de Hai Duong, et si la Province sera dotée de structures économiques au moins proches de ce qui existe à Hanoï et Hô Chi Minh-Ville.

Le sentiment général est que Hai Duong accuse un retard très significatif par rapport à ces deux Villes. La Chambre de commerce et d'industrie de Paris a jugé que Haï Duong n'était pas prête à coopérer avec les entreprises françaises.

La ville de Montreuil et le département de la Seine–Saint-Denis ont *a contrario* développé des échanges culturels, linguistiques et éducatifs.

Le déplacement à Hai Duong avec la participation de la CCIP, le Conseil départemental et nous-mêmes fut court : une journée seulement (le samedi 12 avril 2008) pour visiter une société à capitaux taïwanais, une visite des plus sommaires de la zone de développement où nous n'avons rien vu et une rencontre plénière irréaliste. Le vice-président qui fait un discours et qui répond de façon approximative aux questions. Les chefs d'entreprise de Hai Duong n'ont pas pris la parole et dès la fin de la réunion, ils sont partis sans nous laisser leurs documentations ou leurs cartes de visite. C'est le sentiment général de la délégation multipartite.

D'après le Conseil général de la Seine–Saint-Denis, et la Chambre de commerce et d'industrie de Paris, il convient d'attendre que les responsables de cette Province prennent conscience des demandes émanant de nos entreprises.

Finalement la Ville de Montreuil et le Conseil du département de la Seine–Saint-Denis ont poursuivi leurs jumelages dans plusieurs domaines.

Voici ce qui est annoncé sur le site officiel de la ville de Montreuil :

« La ville de Montreuil entretient depuis 1999 des liens d'amitié et de coopération avec la province de Hai Duong, province rurale située au nord du Vietnam, à l'est de Hanoï.

Un protocole de coopération a été signé en 2001. Il concerne principalement des échanges de compétences et d'expériences entre les deux villes, dans les domaines de l'éducation, de la santé et de l'environnement. Plusieurs délégations de Haï Duong et de Montreuil se sont ainsi respectivement rendues dans chacune des deux villes.

Cette coopération est menée en lien étroit avec le Département de la Seine–Saint-Denis, qui a également initié une coopération avec la province à partir de 2006.

En 2007, la Ville de Montreuil a accueilli les 7es assises de la coopération décentralisée franco-vietnamienne. »

Le site officiel du département de la Seine–Saint-Denis précise que le protocole de coopération avec la Province de Hai Duong a été signé en mai 2006, s'appuyant sur la coopération existante entre la Ville de Montreuil et celle-ci. Cette coopération de longue date a permis des échanges riches entre les deux collectivités sur des enjeux partagés par les deux territoires. Parmi les axes de collaboration, l'eau, l'assainissement et l'environnement sont considérés comme un enjeu stratégique eu égard au réchauffement climatique.

Dans un quartier de la ville de Hai Duong, le Département a contribué à la réalisation d'un réseau d'assainissement, bénéficiant à des centaines de foyers, ainsi qu'à la construction d'une station d'épuration desservant deux hôpitaux. Ces ouvrages ont été inaugurés en 2013.

Le département a également participé à la réalisation d'un schéma directeur d'assainissement dans le village de Dông Can, caractérisé par la production, de nouilles, de riz et l'élevage de porcs. » Peut-on lire sur les documents officiels du Département. Les intervenants sont : le Syndicat interdépartemental pour l'assainissement de l'agglomération parisienne (SIAAP), MEAE et le Comité populaire de Hai Duong

Autre objectif : le renforcement des compétences et capacités des collectivités vietnamiennes, ainsi qu'Action Vietnam Eau.

Quatre acteurs franciliens de coopération décentralisée dans plusieurs régions du Vietnam, dans le domaine de l'eau et de l'assainissement ont rejoint le projet : le Conseil départemental de Seine–Saint-Denis, le Conseil départemental du Val-de-Marne, le Conseil régional d'Île-de-France et le Syndicat interdépartemental pour l'assainissement de l'agglomération parisienne (SIAAP). Des besoins communs de formation dans leurs collectivités vietnamiennes partenaires ont été identifiés.

Le projet AVEC a vu le jour en 2009 au bénéfice d'Action Vietnam Eau et consiste en partage d'expériences et renforcement des compétences. Celui-ci vise à soutenir les autorités locales des provinces de Hai Duong et Yen Bai et des villes de Hanoï et Hué, dans les domaines de l'eau, de l'assainissement et du traitement des déchets.

Le département de la Seine–Saint-Denis a soutenu le projet Phu Nu, mené par l'association Batik International, visant à améliorer l'accès aux droits et visant l'amélioration des conditions de vie et de travail des femmes migrantes venues des campagnes pour travailler dans les villes.

Ont bénéficié de ce programme 30 clubs de femmes assurant la formation de 90 femmes. 560 réunions se sont tenues et 17 logements ont été réhabilités.

Les partenaires sont les suivants : Batik International, GRET, Centre pour le développement et l'intégration (Vietnam), Union des femmes et Syndicat des travailleurs de Hai Duong et Vinh Phuc Partenaires financiers : AFD, CCFD-Terre solidaire, Fondation Abbé Pierre, Oxfam, Fondation Weave Our Future, FIND.

Le département finança une formation qualifiante en informatique via l'association Innotech. C'est une formation qualifiante de niveau master et concerne 15 étudiants formés. Le budget débloqué s'élève à 230 000 euros sur 2 ans pris en charge respectivement par le Conseil Départemental du 93 à hauteur de 80 000 euros et la même somme incombera au ministère des Affaires étrangères.

La 2e phase de notre périple fut au Cambodge.

LE CAMBODGIEN : LE POUVOIR À PORTÉE DE MAIN

Une fois notre mission au Vietnam terminée en mai 1992, nous avions pris la route vers Phnom Penh par bus en provenance de Hô Chi Minh, soit un parcours de 213 km d'une durée de 8 heures. La route fut périlleuse et parsemée de danger, car les Khmers rouges, certes n'étaient plus au pouvoir, mais sont restés aux alentours des villes et dans les campagnes, en fomentant des attentats et en organisant une guérilla meurtrière. Les Cambodgiens étaient marqués par cet épisode sombre de leur Histoire. Le *Programme d'étude sur le génocide cambodgien* de l'université de Yale évalue le nombre de victimes à environ 1,7 million soit plus de 20 % de la population de l'époque. Les dirigeants sont chassés du pouvoir au début de 1979 par l'entrée des troupes vietnamiennes du Cambodge qui libèrent la population des Khmers rouges. Ces derniers mènent ensuite une nouvelle guérilla, jusqu'à leur disparition à la fin des années 1990.

« Khmers rouges *» est le surnom d'un mouvement politique se revendiquant d'un communisme* pur et dur s'inspirant du Maoïsme, mais se voulant plus radical et pensant bruler les étapes en supprimant la période de transition vers le socialisme. Leur objectif : bâtir une société communiste « égalitaire » où il n'y a plus de classes sociales. Cette société communiste devait bannir les classes sociales, ethniques et toute influence capitaliste et coloniale occidentale, ainsi que de la religion. Le pouvoir du Parti communiste du Kampuchéa a duré entre 1975 et 1979 et fut dirigé par Saloth Sâr, plus connu sous le nom de Pol Pot. Ce régime décréta l'évacuation de

toutes les villes du pays, contraignant les populations citadines à travailler dans les campagnes.

Les Khmers rouges prennent le pouvoir au terme de plusieurs années de guerre civile, les opposants au régime de Lon Nol, président du Cambodge soutenu par les États-Unis qui ont quitté ce qui fut l'Indochine, en avril 1975.

Le surnom « Khmers rouges » qui signifie « Cambodgiens communistes » leur a été attribué par Norodom Sihanouk vers la fin des années 1950.

Norodom Sihanouk, roi du Cambodge et personnage singulier et étonnant qui a traversé les révolutions et contre-révolutions, survivra politiquement à tous les renversements de situations. En 1972, il réprima les communistes cambodgiens avant de former une alliance avec eux pour reprendre le pouvoir.

Le 18 mars 1970, à l'instigation du prince Sisowath Sirik Matak et avec le soutien des États-Unis, Lon Nol déposa Norodom Sihanouk, alors que ce dernier se trouvait à Moscou.

Sihanouk, se réfugia en Chine et diffusa sur Radio Pékin un message promettant de lutter pour la « justice ». Phạm Văn Đồng, Premier ministre du Nord Vietnam, s'est rendu à Pékin et a rencontré Sihanouk pour lui demander s'il était prêt à coopérer avec les Khmers rouges.

En mars 1973, Norodom Sihanouk et son épouse, la reine Monique, ont visité la zone khmère rouge, après être passés par la ville de Hô Chi Minh.

Les soldats khmers rouges ont manipulé de jeunes adolescents, des paysans n'ayant jamais visité la ville et des guérilleros ayant vécu durant des années dans la jungle.

Au moment de leur prise de pouvoir, l'appareil des Khmers rouges se composait d'environ 120 000 militants et sympathisants, pour la plupart très récents.

L'ordre d'évacuation de Phnom Penh est mis à exécution, dans un climat catastrophique, accompagné d'accrochages entre diverses forces du Front uni national du Kampuchéa, également appelé le Front uni national khmer. Le FUNK était un mouvement politique et militaire cambodgien créé en 1970 par Norodom Sihanouk, roi déchu du royaume du Cambodge lors de son exil à Pékin. Ce mouvement cessa d'exister en 1975 lors du renversement de la République Khmer et la victoire des Khmers rouges. Prétextant d'un bombardement imminent des États-Unis, ces derniers ont poussé deux millions à quitter les villes, soi-disant provisoirement. Plus de 10 000 personnes n'ont pas survécu à cet exode. Il y a eu plusieurs objectifs : réaliser leur projet d'un communisme pur et dur, priver le prince Sihanouk d'une assise urbaine et « purifier » la population des « réactionnaires et capitalistes ».

Les Cambodgiens n'ont droit à aucune vie privée, à aucune liberté de conscience. Les moindres manquements dans le travail forcé peuvent être punis de mort. L'arbitraire des sanctions est total, le régime khmer rouge n'ayant aucun appareil judiciaire.

Le nombre total de victimes du Kampuchéa démocratique est estimé entre 740 000 et 2 200 000 morts, sur une population d'environ 7 890 000 habitants pour des causes variées.

Aidé par l'armement de l'URSS, le pouvoir vietnamien s'est préparé à renverser un régime, qui est devenu xénophobe et hostile aux Vietnamiens.

Le 25 décembre 1978, l'Armée populaire vietnamienne pénètre au Cambodge et renverse la défense mise en place par les Khmers rouges.

Sihanouk est évacué vers Pékin avec son épouse Monique. Le 7 janvier 1979, les premiers blindés vietnamiens pénètrent dans Phnom Penh désertée par ses défenseurs et un provietnamien de la République populaire du Kampuchéa, Heng Samrin est nommé président et le jeune Hun Sen devient ministre des Affaires étrangères. Les Khmers rouges trouveront un allié passif, la Thaïlande qui s'inquiétait du poids grandissant du Vietnam dans la région. Ils vont se réfugier le long de la frontière thaïlandaise. La Chine qui a imposé une réconciliation entre Khmers rouges et Sihanouk vont jusqu'à tenter d'envahir le Vietnam le 16 janvier 1979. Les Vietnamiens mettront en échec cette opération chinoise, obligeant Pékin à retirer ses troupes en mars. Plus surprenant, l'Assemblée générale de l'ONU reconnaît le gouvernement des Khmers rouges en exil et ses alliés, la Chine, la Thaïlande, les États-Unis, le Royaume-Uni et le prince Sihanouk. Ce dernier lâchera les Khmers rouges responsables de massacres de plusieurs de ses enfants et ses petits-enfants. En 1986, Mikhaïl Gorbatchev annonça la fin du soutien aux guerres et conflits locaux. De son côté, le Vietnam commença à se retirer du Cambodge et le Premier ministre cambodgien Hun Sen rencontra Norodom Sihanouk à Fère-en-Tardenois en France. Les accords de Paris sur le Cambodge de 1991 prévoient des élections libres et le désarmement des différentes factions. Le pays est placé sous le contrôle d'une Autorité provisoire des Nations unies au Cambodge (APRONUC). En novembre 1991, Khieu Samphân et Son Sen se rendent à Phnom Penh afin d'y inaugurer la mission du Parti du Kampuchéa démocratique. La police de Hun Sen n'intervient pas, mais ils doivent prendre la fuite, car malmenés par une foule en colère.

Malgré la signature des accords de Paris, les Khmers rouges ne désarment pas et violent plusieurs fois le cessez-le-feu en 1991 et 1992, semant la terreur dans les régions où ils sont présents.

En janvier 1993, les Khmers rouges réaffirment leur intention de boycotter les élections de l'APRONUC et renoncent à organiser le scrutin dans les zones sous leur domination. En 1993, les Khmers rouges contrôlent plus d'un demi-million de Cambodgiens, soit quatre fois plus qu'en 1991. Malgré la tentative de scission de certains membres du Parti du peuple du Cambodge mené par l'un des fils de Sihanouk, Norodom Sihanouk Norodom Chakrapong que nous avons rencontré lors de notre délégation ainsi que Norodom Sihanouk qui a été élu chef de l'État par l'Assemblée constituante. Un double système de gouvernance est constitué. Le prince Norodom Ranariddh, leader du

FUNCINPEC devient Premier ministre et Hun Sen deuxième Premier ministre.

En septembre 1993, la monarchie est rétablie et Sihanouk redevient roi. Les Khmers rouges restent cependant exclus, de leur propre fait, de la « réconciliation nationale ». Financés par le commerce du bois précieux et leurs accords d'exploitation minière avec des sociétés thaïlandaises (activités qui leur rapportent environ 200 millions de dollars par an), ils continuent la lutte armée tandis que les tensions entre les deux formations au pouvoir se multiplient.

Le 25 juillet 1997, lors d'une réunion publique, Pol Pot est condamné à la « prison à vie », mais dans les faits il est assigné à résidence.

Le 6 mars 1999, Ta Mok est à son tour capturé, livré par les militaires thaïlandais et incarcéré, ce qui met un point final à l'existence des Khmers rouges en tant que mouvement rebelle. Il mourra le 21 juillet 2006.

Le 6 mai 2007, un ancien chef de la prison Kang Kek Douch est capturé et emprisonné. Nuon Chea, Ieng Sary et Khieu Samphân sont arrêtés en 2007 et un Tribunal spécial pour juger les Khmers rouges est institué en collaboration avec l'ONU.

Pour l'anecdote, quand l'agence de voyages qui s'est chargée d'organiser notre voyage, s'est rendue à l'ambassade du Cambodge pour demander nos visas, le conseiller ne voulait pas croire que je n'étais pas cambodgien… à cause de mon nom qui ressemblait à celui de l'ex-ministre des Affaires étrangères khmer rouge, Ieng Sary.

En arrivant à notre hôtel au Cambodge en mai 1992, nous étions attendus par deux Français d'un certain âge qui dénotent une longue expérience derrière eux. C'étaient des représentants de Total en Asie. Ils avaient l'air inquiets et soucieux. Certainement qu'ils étaient au courant de notre arrivée dans la capitale cambodgienne, par le service économique de l'Ambassade de France à Phnom Penh. Ils savaient que nous avions une audience avec le Premier ministre Hun Sen. Les deux cadres de la compagnie pétrolière française ont commis une erreur stratégique et ils espéraient du député et maire de Montreuil d'intercéder en leur faveur. Leur problème est qu'ils ont voulu jouer les opportunistes en choisissant « Le chef d'État » le roi Sihanouk aux dépens du Premier ministre. L'erreur fut fatale : dès que Jean-Pierre Brard a évoqué leur dossier, car en tant que représentant de la nation, il était normal qu'il défende l'entreprise française qui par ailleurs a des locaux à Montreuil. Hun Sen s'est mis en colère contre ses appentis stratèges. La faute aussi au manque de formation géopolitique des pays prospectés par les grands groupes, dont les contrats se déroulent en présence de contraintes politiques et diplomatiques. C'était évident que le titre porté par Hun Sen importe peu eu égard à la réalité de son pouvoir. La plus brève histoire récente du Cambodge citée ci-dessus nous renseigne sur le combat mené par celui-ci. C'est Hun Sen qui tient l'armée, la police, les renseignements généraux, l'Administration et les réseaux. Le roi Norodom Sihanouk qui nous a reçus longuement se plaisait dans son rôle au-dessus des partis. Il finit ses jours dans son palais, sans grand faste, loin de son exil et avec les humiliations qui en découlèrent. « Sans perdre le nord », l'ancien prince du Cambodge laissait ses deux fils tenter leur chance : Norodom Chakrapong et surtout Norodom Ranaridh qui lui a succédé sur le trône. Le deuxième est plus subtil, plus instruit que le premier. C'était notre sentiment après nos différentes rencontres avec les tenants du pouvoir. Lorsque j'étais à l'honneur près de lui, le prince Chakrapong répétait aux chefs d'entreprise de notre délégation : « Dieu vous a donné deux yeux et vous ne regardez qu'avec un seul ». Sa tentative de prendre le maquis contre Hun Sen a échoué et a jeté le discrédit sur la famille royale sans pour autant lui faire perdre le pouvoir.

Montreuil avait une présence au Cambodge grâce à la présence des autobus arborant le logo de la Ville. Mikael EAP, qui avait des accointances auprès des dirigeants de son pays d'origine, a acheté des bus d'occasion à la RATP et les a offerts à la ville de Phnom Penh. Un autre Franco-Cambodgien Chan Thol Var qui a réussi dans l'immobilier en France a bâti un centre d'affaires à Phnom Penh qu'il a baptisé Villa Parc. Il expliquait à sa sœur restée au pays : « nous venons de loin, nous marchions en haillon à l'époque des Khmers rouges ».

Création d'une chambre de commerce et d'industrie franco-cambodgienne

Répondant à la demande du gouvernement cambodgien de voir naître une Chambre de commerce et d'industrie franco-cambodgienne, une assemblée générale fondatrice s'est réunie à la salle du Conseil de l'hôtel de ville de Montreuil en juin 1993, avec la participation de grands groupes et des PME. Son président était Jean-Pierre Brard et le secrétaire général fut ma modeste personne. Mais il y a eu un désaccord avec l'Union des chambres de commerce et d'industrie françaises à l'étranger (UCCIFE) sur la nature de nos activités et le souci de l'indépendance de notre action.

Cette dernière impose ceci : « Lorsqu'un "club d'affaires" souhaite adopter, dans un pays, l'appellation "Chambre de Commerce", ses responsables doivent s'engager à respecter un certain nombre de principes de fonctionnement, en particulier : l'ouverture à toutes les entreprises françaises qui recherchent appui et conseil pour développer leurs activités dans le pays concerné.

Dans cette perspective, toutes les CCIFE informent sur les marchés et les pratiques d'affaires. »

D'où l'idée de transformer cette chambre de commerce en Association de coopération Franco-Cambodgienne. De ce fait, nous avions élargi notre champ d'intervention à tout l'Hexagone.

La vocation première est d'animer un réseau de partenariats franco-cambodgien, organiser des événements de relations publiques, des rencontres de membres, des pavillons collectifs dans les foires et salons en France et au

Cambodge. Les membres de ce club d'entreprises pour échanger des informations commerciales et bénéficier de l'appui et des expertises des spécialistes des marchés asiatiques et européens.

L'Association regroupe et anime des entreprises françaises qui souhaitent former une communauté d'affaires et un réseau de contacts en se dotant de structures multiculturelles ancrées dans les réalités locales. Des services sur mesure sont proposés aux entreprises.

L'Association Franco-Cambodgienne organise des séminaires, des forums, des tables rondes et des journées d'informations pour les entreprises en France et parfois délocalisées au Cambodge. Nous organisions une première approche du marché, des actions commerciales, les études de marché, la prospection, le partenariat d'entreprises ainsi que l'accompagnement de la création de filiales.

Selon la CNUCED, les flux d'Investissements directs étrangers entrants au Cambodge se sont élevés à 3,5 milliards de dollars en 2021. La diversification sectorielle des IDE se confirme dans les secteurs de la finance, de l'immobilier et de l'industrie légère, les pays asiatiques dominent les flux, avec plus de 80 % des investissements en 2021. Les IDE français vers le Cambodge n'ont atteint que 19 millions d'euros en 2021, le même montant qu'en 2020. En parallèle, le stock d'investissements français s'est redressé à 685 millions d'euros € fin 2021, ce qui est supérieur à la période pré-COVID-19. La politique d'ouverture économique menée au Cambodge ces vingt dernières années a permis d'offrir un climat favorable aux investisseurs étrangers, qui bénéficient théoriquement des mêmes conditions que les investisseurs cambodgiens (hormis de très rares restrictions).

L'expansion des IDE au Cambodge a été considérable ces vingt dernières années, le stock d'IDE étant passé de 1,6 milliard de dollars fin 2000 à 41 milliards de dollars fin 2021, selon la CNUCED.

La Chine conforte sa place de premier investisseur, fournissant à elle seule 48,2 % des flux d'IDE en 2021. Sa présence au Cambodge est de plus en plus marquante, avec notamment de nombreux contrats remportés par des entreprises chinoises dans la construction d'infrastructures en concession (routes, aéroports…) et le secteur de l'énergie (barrages hydrauliques et centrales au charbon notamment), mais aussi dans l'industrie, l'immobilier et la finance. Les autres investisseurs asiatiques sont Singapour (8,3 %), la Corée du Sud (8,1 %), le Japon (5,9 %) et d'autres pays de l'ASEAN.

La présence économique française reste la première parmi les pays occidentaux. Elle se caractérise par une implication dense des entrepreneurs français, dirigeants de PME de droit cambodgien, dont le nombre est évalué à plus de 400. Concentrées dans l'hôtellerie et la restauration, secteurs qui ont souffert dans le passé, ces entreprises sont également présentes dans de nombreux autres secteurs de l'économie cambodgienne, où elles fournissent bien souvent un point d'appui pour le développement des exportations et des investissements français.

De grands groupes français sont présents dans le secteur de l'énergie. On dirait que l'intervention du député et maire de Montreuil auprès de Hun Sen, Premier ministre en 1992 a porté ses fruits confortant la présence du groupe TotalEnergie, qui distribue 25 % des carburants du pays et poursuit le développement de son réseau de stations-service.

Les activités dans l'énergie solaire via sa filiale Total Solar se sont renforcées en 2021. L'implantation de Total EREN, complète les implantations des sociétés Green Yellow, Quadran, Schneider ou encore Legrand. Suez, à travers sa filiale Safège, et Egis offre des services d'ingénierie dans le domaine de l'eau.

Parmi les participants à nos missions, Saint-Gobain est présent de même que Vinci Construction Grands Projets, qui sont investis dans la construction de la station d'eau potable de Bakheng (Phnom Penh), ainsi que le chantier d'agrandissement de l'aéroport de Sihanoukville. Les trois aéroports internationaux du pays (Phnom Penh, Siem Réap et Sihanoukville) sont encore exploités par une filiale de Vinci, Cambodia Airports, ce qui en fait l'investissement français le plus important dans le pays.

Le groupe Accor possède cinq hôtels à Siem Réap et Phnom Penh. En 2016, le groupe Citystar a investi dans l'hôtellerie haut de gamme, avec l'ouverture d'un hôtel de luxe sur une île au large de Sihanoukville. Le groupe NEWREST (restauration collective) s'est implanté en 2020 en rachetant EFE.

Les entreprises pharmaceutiques françaises sont implantées de longue date au Cambodge, avec les laboratoires Servier et Pierre Fabre. Dans la logistique, CMA-CGM investit dans des barges conteneurisées sur le Mékong (à destination du Vietnam) et utilise le port de Sihanoukville.

Le groupe Bolloré est présent par l'intermédiaire de ses filiales (Bolloré Logistics, Havas). Lors de nos missions. Nos entreprises ont soumissionné aux marchés publics proposés par la mission de l'ONU à Phnom Penh.

En effet, le 23 octobre 1991 sous l'égide des Nations Unies, les accords de Paris ont permis d'installer l'APRONUC (Autorité provisoire des Nations unies au Cambodge, l'opération de maintien de la paix de 1992 à 1993 au Cambodge), qui a profité aux Cambodgiens tant en apports financiers et accompagnement sur des projets structurants que la facilitation du processus démocratique.

Plusieurs marchés ont été attribués à nos sociétés présentes sur le marché cambodgien :

– L'Imprimerie Spéciale de Banques (ISB) a apporté sa contribution en matière d'impression de documents officiels sécurisés ainsi que des produits financiers et bancaires dans un pays encore désorganisé sur le plan administratif et financier.

– AAVS a équipé la radio et télévision nationales cambodgiennes.

– Sanofi a eu la charge d'adapter les médicaments et traitements aux spécificités biologiques asiatiques et cambodgiennes précisément.

– Le Groupe INGEROP a eu l'idée d'aider à la création de dérivés des hévéas et la transformation en préservatifs et autres produits à base de latex.

– FIVES-LILLES a eu l'opportunité d'investir dans les procédés pour cimenterie dans un pays en pleine reconstruction et investissements immobiliers.

– AFPA (Association de Formation Professionnelle) a eu l'opportunité d'utiliser des fonds de l'ONU, mais aussi du gouvernement français, afin de former des formateurs et de créer ainsi une chaîne de démultiplication de bénéficiaires de la formation professionnelle adaptée au contexte cambodgien.

– Aucouturier fabrique et exporte des machines d'emballages et de conditionnement pour produits alimentaires

– Autovision, le spécialiste du contrôle technique de voitures arrive dans un marché vierge, mais s'inscrit dans une démarche d'implantation de long terme

– CIRNEA a proposé des produits de communication et l'utilisation de supports vidéo et plaquettes

– SOFRSID s'est positionné sur des marchés d'ingénierie dans le domaine agricole et agroalimentaire

– Tractel est un spécialiste du matériel de levage et de manutention, nacelle manuelle et motorisée, échafaudage participant ainsi aux grands projets immobiliers. Cela tombe bien, le Cambodge est un gros chantier à ciel ouvert.

Le Cambodge des années 2020, toujours dirigé par la famille Hun Sen en la personne du nouveau Premier ministre, le fils aîné Hun Manet se rapproche de plus en plus de la Chine et tourne le dos à son ancien allié le Vietnam.

Phnom Penh va lancer la construction d'une grande voie d'eau artificielle permettant de relier les usines de la capitale à ses ports sur le golfe de Thaïlande.

Même si ce projet de 1,7 milliard de dollars suscite l'hostilité de plusieurs organisations de défense de l'environnement et du Vietnam. Le financement rentre dans le cadre des « nouvelles routes de la soie », déployées par la Chine, afin d'accroître son influence en Asie du Sud-Est.

Par ce nouveau canal, les producteurs de textile installés autour de Phnom Penh, vont éviter de sortir leurs marchandises du pays en empruntant soit des convois routiers et ferroviaires entre la capitale et le port de Sihanoukville, soit en les chargeant sur des barges motorisées qui descendent le Mékong jusqu'aux grands ports vietnamiens situés dans le delta du fleuve.

L'INDE : UN MARCHÉ VASTE ET COMPLEXE

Dans le cadre d'une exposition à New Delhi, organisée par le CFME, nous avons réservé un stand collectif pour les entreprises de l'AMDECI.

La note de la Coface en janvier 2024 conclut à des points forts : une croissance diversifiée, la jeunesse de sa main-d'œuvre et sa diversité, un secteur informatique en pleine expansion, des transferts de la diaspora indienne, des exportations de vêtements, de véhicules, de médicaments ainsi que le tourisme. L'Inde est un pays peu endetté.

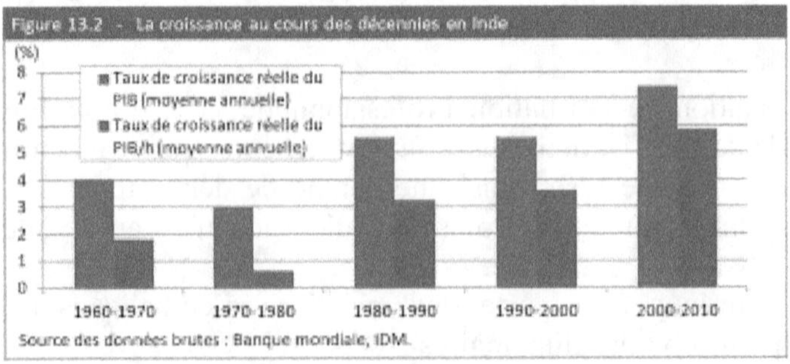

Source : Banque mondiale

Les points faibles résident dans : l'endettement élevé des entreprises et prêts non productifs, dépendance en hydrocarbures et produits énergétiques jusqu'à 40 % des importations, infrastructures peu développées, finance publique fragile en raison du faible ratio impôts/PIB, inégalités sociales et défaillance des systèmes éducatifs, conflits interrégionaux et interreligieux, aléas climatiques…

https://read.oecd-ilibrary.org/economics/etudes-economiques-de-l-ocde-inde-2019-version-abregee_6be3d465-fr#page31

Grâce à un PIB s'élevant à 3 530 milliards d'euros, en 2022, l'Inde est classée 5e puissance économique mondiale selon le FMI.

D'après les chiffres du FMI, la population indienne (1,252 milliard de personnes) est en train de dépasser celle de la Chine (1,385 milliard).

La limitation des naissances en Chine fait que les moins de 14 ans sont de 250 millions contre 364 en Inde. La croissance annuelle indienne est de 1,3 % contre 0,5 % en Chine. Pays plus industrialisé, la Chine compte moins de ruraux (48 %) que l'Inde (68 %). La mortalité infantile est de 44 pour mille en Inde, alors que ce chiffre n'est que de 12 pour mille en Chine. La part de la population vivant avec moins de 2 dollars par jour est plus élevée en Inde (68,8 %) qu'en Chine (27,2 %). Le PIB par habitant en 2014 est de 1 626 dollars en inde alors qu'il est de 7 275 dollars en Chine.

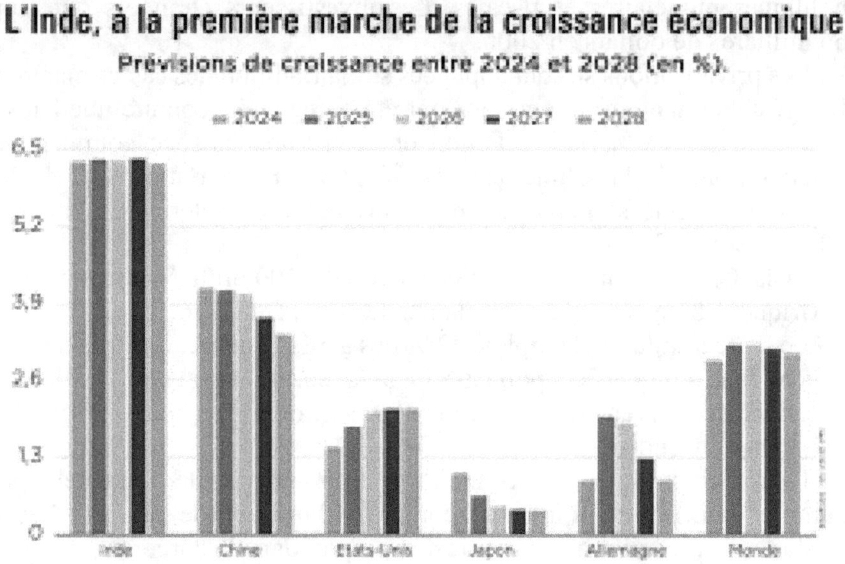

Source : FMI

Mais 630 millions d'Indiens sont classés pauvres selon le PNUD, soit 55 % de la population. La Banque Mondiale a néanmoins estimé que le taux de pauvreté est tombé à 38 % en 2007 puis à 21 % en 2017, soit 300 millions de pauvres.

L'agriculture qui ne représente que 20 % du PIB du pays, mais mobilise plus que la moitié de la population.

Selon les économistes Damien Bazin et Naceur Kheraief (2016), l'agriculture indienne est en proie à de profondes mutations conjoncturelles ces dernières années impliquant des externalités (positives et négatives) avec d'une part, le recours aux OGM (versus justice/contestations paysannes) et avec d'autre part, l'avènement du développement durable en matière agraire.

Selon Global Nutrition report 2015, 35 % des enfants vivent une situation de malnutrition. En 2024, 40 % de la richesse nationale est concentrée entre les mains de 1 % des plus riches. Les mille plus grandes entreprises indiennes sont administrées à 93 % par des castes supérieures. Les dalits sont ultra-minoritaires dans les sociétés indiennes les plus importantes.

L'économie indienne était curieusement gérée selon le modèle soviétique, sans son système social et en plus la corruption est endémique. Le pays fut isolé volontairement au nom d'un nationalisme en réaction à son passé colonial. Ce n'est que lorsque les Premiers ministres Narasimba Rao (1991) et Manmohan Singh (en 2004 et 2014) ont mis en branle des réformes visant à libéraliser les IDE (Investissements directs étrangers), à réduire substantiellement les droits de douane, à moderniser et privatiser partiellement le système financier et à donner une nouvelle impulsion aux politiques monétaires et fiscales. Les investisseurs étrangers ont rapporté 66 milliards de dollars en 2006.

Les privatisations se sont appuyées sur la tradition des castes marchandes. Des résultats macroéconomiques ont été enregistrés, comme une hausse du PIB entre 8 et 9 %, une inflation en recul, une balance commerciale en amélioration. Si la Chine est tournée vers l'exportation (60 % de ses richesses), l'Inde s'appuie sur une consommation intérieure s'appropriant 70 % de son PIB.

Si la Chine a un courant d'échanges de 200 milliards de dollars avec l'Afrique, l'Inde échange 71 milliards de dollars en 2016.

Le secteur industriel emploie 22 % des actifs, mais beaucoup d'usines sont situées dans des quartiers populaires à la faveur d'un prix de l'immobilier bas et les locaux servent la nuit de dortoirs aux ouvriers, mais parfois ils sont victimes d'incendies.

La construction en Inde connaît une croissance à 10 %, mais elle peut se dérouler dans le secteur informel comme 340 millions de salariés. C'est aussi un domaine précaire sans garantie de l'emploi dans la durée.

Selon la National Commission for Entreprises in the Unorganised sector (NCEUS), le droit du travail et peu appliqué et laisse les travailleurs dans la précarité, des risques pour leur santé et une vulnérabilité qui fragilisent leurs conditions de vie, ainsi que leurs familles. La durée de travail journalier peut dépasser les 10 heures. Les conditions de vie pour les familles sont des plus difficiles avec la malnutrition, les conditions d'habitat indigne, l'alcoolisme, l'eau non potable. Les immigrés sont les plus mal lotis.

Ces conditions de travail dégradées se retrouvent aussi dans l'industrie minière où l'Inde était 4ᵉ producteur mondial de fer en 2003, avec une production de 140 millions de tonnes et 8ᵉ producteur d'acier avec 32 millions de tonnes. En outre, la production indienne de charbon et de lignite place l'Inde en 3ᵉ position sur le plan mondial. Parmi les industries florissantes qui rayonnent dans le monde entier, on retrouve le textile qui emploie 35 millions de personnes et contribue à hauteur de 4 % du PIB et à 27 % des exportations indiennes.

Le secteur automobile a été dynamisé grâce à des constructeurs internationaux comme Suzuki (43 %), Hyundai (18 %), Toyota (4 %) et Honda (3 %) et d'autres joint-ventures.

D'après une note de la Direction générale du Trésor, les échanges avec l'Inde totalisent 15,5 milliards en 2022 et font de la France le 24ᵉ fournisseur de l'Inde et son 17ᵉ client. Mais la part de marché est modeste (1 %).

Ce qui pèse le plus dans les exportations françaises, ce sont les secteurs aéronautique, chimique et pharmaceutique, ainsi que les technologies de l'information et de la communication.

La France est le 16ᵉ fournisseur de l'Inde avec une part de marché de 1,2 %, le 6ᵉ déficit commercial sur le continent asiatique. L'Inde est le 3ᵉ client de l'Hexagone après la Chine et Hong Kong. Depuis l'embargo sur le gaz et le pétrole russes, l'Inde importe massivement les hydrocarbures raffinés pour un montant de 1,5 milliard d'euros.

Le stock des investissements étrangers (IDE) français en Inde est de 25 milliards d'euros en 2022, faisant de l'Hexagone le 6e investisseur mondial).

Les entreprises françaises sont au nombre de 540 et emploient 300 000 salariés. 48,5 % des investissements se concentrent sur le secteur des services en 2021, selon la DG du Trésor. Les IDE français sont sous-évalués, car des investissements français transitent par des espaces tiers comme les Îles Maurice et Singapour, les Pays-Bas, la Suisse et le Luxembourg. C'est ainsi qu'opèrent Airbus, Legrand, Schneider Electric, et Renault (100 millions d'euros d'investissement). BNP Paribas et Crédit Agricole ont acquis des filiales indiennes. Plus de 100 filiales françaises sont prestataires informatiques pour leur maison-mère à l'instar de Sopra Steria, Capgemini (150 000 employés), la BNP Paribas (15 000 salariés), la Société Générale (7 000). Des Joint-Ventures ont été conclues par Dassault Aviation avec Reliance dans le domaine de la défense, Alstom (ferroviaire), ADP a noué un partenariat avec GMR et CMA-CGM avec Adani (secteur des infrastructures) et Total avec les filiales d'Adani (énergie). D'après une enquête menée en 2020, par INSEE/OFATS, 716 filiales françaises ont été recensées en Inde et 1 051 implantations embauchant 450 000 salariés et réalisant 15,2 milliards d'euros.

L'évolution du PIB indien depuis l'arrivée de Narendra Modi au pouvoir en pourcentage tournait autour de 7 % à 8 %. En 2015 : 7,3 %, 2016 : 8 %, 2017 : 8,3 %, 2018 : 6,8 %, 2019 : 6,5 %, 2020 : 3,9 %, 2021 : -5,8 %, 2022 : 2022 : 9,7 %, 2023 : 7 % et 2024 (prévision) : 7,6 %

D'après le ministère de l'Électricité indien, les sources d'énergie sont encore dominées par le charbon (59,9 %), suivie des renouvelables 15,9 %, ensuite l'hydraulique (14 %) et le gaz (8,1 %).

La part des secteurs dans le PIB en 2018 est la suivante :
– l'immobilier : 15 %
– services financiers : 7 %
– transports, communication : 7 %
– hôtels, restaurants : 12 %
– construction : 8 %
– électricité, gaz, eau : 2 %
– secteur manufacturé : 18 %
– secteur minier : 3 %
– secteur agricole : 14 %
– autres services : 7 %
– services publics : 6 %

Les investissements publics sous l'impulsion de l'État représentent en 2015 : 11 milliards d'euros, 2016 : 14,3 milliards d'euros, 2017 : 14,3 milliards d'euros, 2018 : 16,5 milliards d'euros, 2019 : 17,6 milliards d'euros, 2020 : 20,9 milliards d'euros, 2021 : 18,7 milliards d'euros, 2022 : 25,3 milliards d'euros, 2023 : 37,4 milliards d'euros, 2024 (prévision) : 53,9 milliards d'euros.

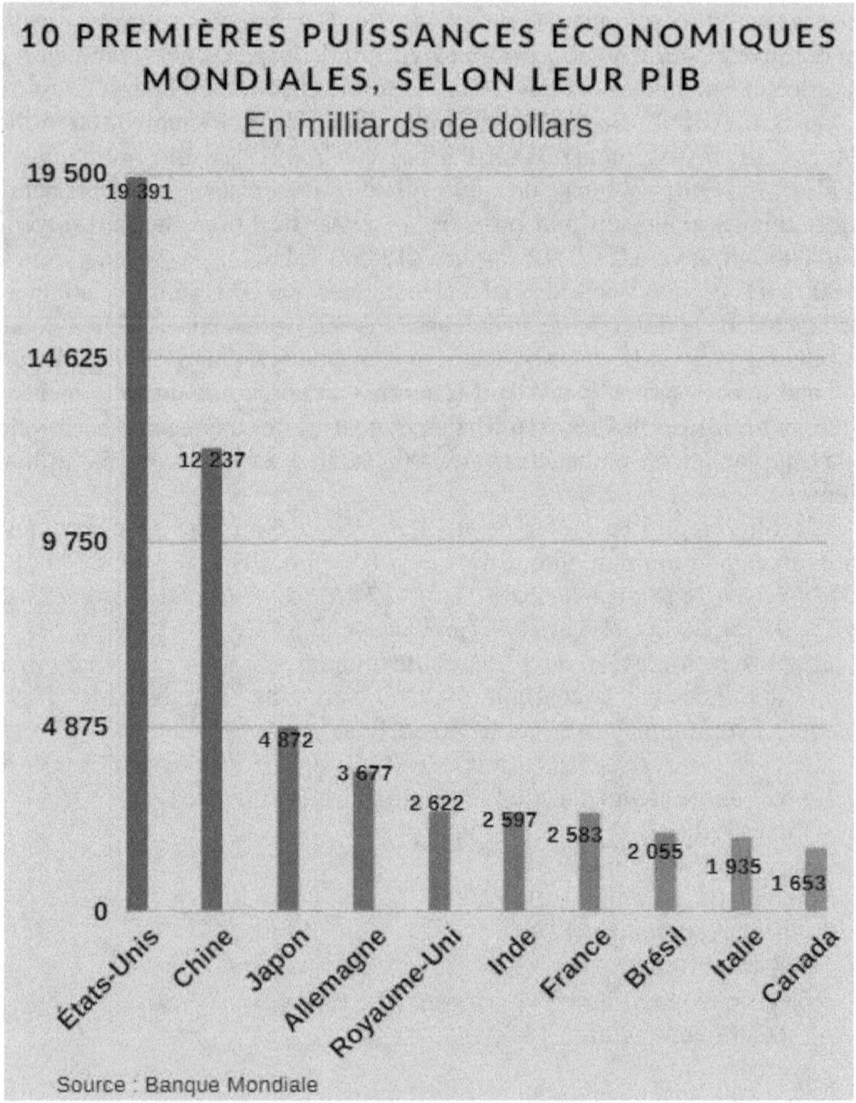

Source Banque mondiale

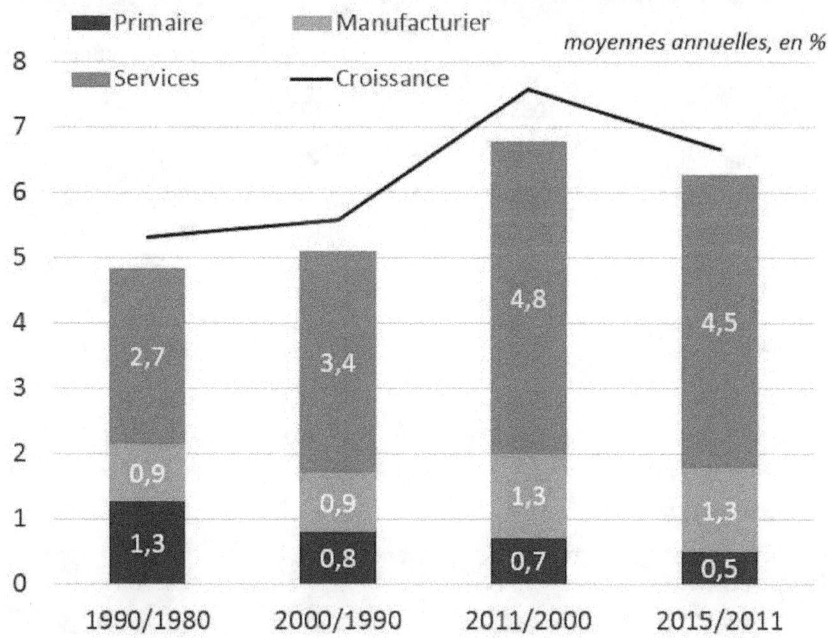

Source : FMI

Un débat divise les économistes concernant le rattrapage de la Chine par l'Inde ou du moins son devenir en tant qu'usine du monde, notamment grâce aux évolutions divergentes de leurs démographies respectives.

Prenons les composantes du PIB :

La consommation tourne autour de 46 à 49 % en Chine contre 63 à 67 % en Inde. Les investissements en Inde représentent 22 à 26 % du PIB, alors qu'en Chine, les chiffres sont plus importants (entre 36 % et 45 %). Les exportations nettes en pourcentage du PIB sont négatives en Inde : -1,4 % en 1987 et -1,3 % en 2003. En Chine les chiffres sont positifs : 0,1 % en 1987, 2,7 % en 1990, et 2,6 % en 2004.

Tableau I. Constituants de la demande

% du PIB aux prix courants

Chine	1987	1990	1995	2000	2004
Consommation	49,8	49,1	46,1	47,9	43,3
Gouvernement	12,5	12,1	11,4	13,1	12,0
Investissements	36,1	34,7	40,8	36,3	45,3
Exportations nettes	0,1	2,7	1,7	2,5	2,6

Inde	1987	1990	1995	2000	2003
Consommation	72,5	67,0	64,0	64,8	63,8
Gouvernement	12,4	11,6	10,8	12,6	11,3
Investissements	22,1	24,1	26,5	22,6	26,2
Exportations nettes	- 1,4	- 1,5	- 1,2	- 0,9	- 1,3

Source : FMI

CHAPITRE 9 : D'UN CONTINENT À L'AUTRE ; DE L'ASIE À L'AFRIQUE

L'Algérie, notre première destination en dehors des pays de l'Est de l'Europe et l'Asie

En mai 1986, Jean-Pierre Brard, maire de Montreuil m'appelle et me propose de nous rendre à Alger en compagnie de son adjoint Raphaël Grégoire. Ce dernier symbolise l'opposition du Parti communiste français à la guerre en Algérie, puisqu'il a refusé de partir comme appelé du contingent en Algérie et fut condamné à de la prison ferme. Tous ceux qui sont nés entre 1932 et 1943 sont envoyés dans cette colonie française, afin de faire face à une guerre commencée la nuit du 1er novembre 1954. Cela a concerné 1,5 million d'appelés du contingent (au sein d'une armée de 2 millions de soldats).

Tirant les leçons de la défaite française à « Diên Biên Phu », les dirigeants du Front de libération nationale (FLN) déclenchèrent la révolution du 1er novembre 1954. Soixante-dix attentats simultanés ont été perpétrés. Ce que le gouvernement français appela les « événements d'Algérie » a eu comme riposte les « opérations de maintien de l'ordre », de « pacification » et par l'envoi d'un grand nombre de soldats du contingent.

D'une durée normale de douze mois (loi n° 46-188 du 14 février 1946), la période probatoire qu'est le service militaire est ensuite prolongée à dix-huit mois (loi n° 50-1478 du 30 novembre 1950). Les conscrits sont par conséquent mobilisés à 20 ans en métropole. Des appelés ont été maintenus sous les drapeaux au-delà de la durée légale de leur service, étendu à 27 mois après le vote par l'Assemblée nationale des « pouvoirs spéciaux », le 12 mars 1956, proposés par le président du Conseil Guy Mollet.

Ainsi, entre 1956 et 1962, environ 400 000 à 470 000 hommes sont stationnés en permanence en Algérie et disséminés dans des départements français (ou « wilayas »). Certains d'entre eux furent envoyés aux frontières avec la Tunisie et le Maroc, désormais indépendants depuis 1956. Ceux enrôlés dans les unités parachutistes ont été mobilisés pendant la « bataille d'Alger » (7 janvier — 9 octobre 1957) où furent appliquées les méthodes de la guerre psychologique avec le système arrestation-détention, la torture et de très nombreuses disparitions de nationalistes (dont la plus emblématique est celle du mathématicien communiste et militant anticolonialiste Maurice Audin).

Dans le livre paru chez les Éperviers en 2012 et intitulé « Les soldats du refus pendant la guerre d'Algérie, appelés réfractaires et journalistes combattants », des témoignages racontent le prix de la désobéissance, les séjours en prison, au bagne. Ils expliquent ce refus par le soutien au combat algérien et leur dénonciation des actes commis par l'armée française. Ils décrivent leurs séjours dans les centres pénitentiaires français ou algériens, les transferts, les violences, le froid, l'absence de toilettes, l'épuisement, la détérioration physique, la soif, la nourriture rare. Un des appelés réfractaires, Jean Clavel, revient sur un moment douloureux : « Je suis resté six mois et demi au cachot, sans voir personne, dans l'obscurité la plus complète » (p. 35). Il se souvient aussi de ses mois au bagne militaire de Timfouchi dans le désert algérien et parle « d'une hiérarchie militaire impitoyable » (p. 36). Les prisonniers dormaient au « tombeau » (p. 36), c'est-à-dire dans un trou qu'ils creusaient dans le sable. Ces soldats racontent la solidarité entre détenus qui sont regroupés selon leurs origines, Arabes, Kabyles, Français, mais aussi la solitude du réfractaire, expliquant comment l'armée préférait les déserteurs aux soldats du refus, car il n'y avait pas d'effet politique dans la désertion.

Le message exprimé par notre délégation municipale était porteur du message suivant : « la ville de Montreuil était solidaire de l'Algérie combattante pour son indépendance ».

L'histoire de cette initiative remonte au 10 février 1985, date du 25e congrès du PCF qui s'est tenu à Saint-Ouen. Il était de coutume que des responsables et des élus communistes prennent en charge l'accueil et l'accompagnement des membres des délégations étrangères. Le FLN fut présent lors de ce congrès comme invité. Ses représentants ont eu l'occasion d'aborder avec Jean-Pierre Brard les possibilités de coopération avec la Ville de Montreuil. D'où l'idée de faire le déplacement à Alger pendant la Foire internationale d'Alger qui se déroulait habituellement en juin chaque année. À l'évocation de la participation montreuilloise à la Foire de Leipzig, les dirigeants répondirent : « nous aussi nous avons une grande manifestation économique : la Foire internationale d'Alger ».

Nous nous sommes rendus à Alger, sur invitation du FLN, en 1986 et fûmes logés dans un hôtel tout près de l'Assemblée populaire nationale où descendirent les députés algériens. Le 2e jour de notre arrivée, un responsable de l'hôtel nous prévient : « nous avons besoin de récupérer une de vos chambres, vous devrez dormir à deux dans la même chambre ». C'était la première manifestation d'un système à la fois bureaucratique, autoritaire et mal organisé. J'ai appelé notre interlocuteur du FLN et la cause fut entendue. N'oublions pas que c'est encore le parti unique qui régnait sur l'Algérie. Par contre les visites organisées selon nos vœux furent instructives. Nous avons visité une coopérative agricole qui est révélatrice d'un système économique sous administration centralisée, que j'ai qualifié dans plusieurs de mes ouvrages de « 'soviétique », d'où une insuffisance de productions agricoles et des importations en masse de produits de base, que la terre algérienne pouvait offrir en quantité suffisante, afin de satisfaire les besoins de la population. L'Algérie postcoloniale a choisi l'industrie industrialisante chère à Gérard Destannes de Bernis, avec lequel j'ai collaboré au sein de l'Institut de sciences mathématiques et économiques appliquées, et qui me recevait chez lui à Grenoble. Son soutien aux mouvements de libération nationale et sa défense des idées communistes sont indéniables. Lors d'un dîner dans les années 1980 avec G. de Bernis, je me souviens de sa défense du système économique de l'URSS qui « a des résultats tangibles en matière d'industrie spatiale ». Je répondis : « certes c'est un fait, mais les Soviétiques ont concentré tous leurs efforts et moyens humains et financiers à rivaliser avec les États-Unis dans les industries de l'armement et l'espace, mais ont sous-performé dans les autres secteurs ». Les deux principales contributions de ce théoricien de la régulation dans les années 1975-1990 et la théorie du développement avec son concept : « l'industrie industrialisante ». S'inspirant de son ancien professeur François Perroux qui défendait l'idée de pôle de croissance, de Bernis a soutenu que certaines industries lourdes peuvent jouer un rôle de moteur dans le développement d'une économie autocentrée et indépendante de l'extérieur. Contrairement à Samir Amin et André Gunder Frank qui ont défendu la théorie de la déconnexion, G. De Bernis plaide pour un développement avec une ouverture sur l'extérieur, maîtrisée cependant par l'État, afin que les industries s'épanouissent. Ces idées ont été mises en application par le pouvoir algérien dont il fut un conseiller écouté et respecté.

Rappelons que les auteurs théorisant les relations internationales sont la plupart en rupture avec le consensus de Washington, doctrine ultralibérale sous l'ère Reagan et prônant le tiers-mondisme et la défense des pays du Sud (ou Périphérie) contre les pays du Nord (Centre). L'échange est inégal entre les puissants et les faibles. D'où l'idée de la déconnexion qui se confond avec le processus d'accumulation interne, ce qui les orienterait vers un développement plus autonome, libéré de la dynamique et des intérêts économiques, sociaux et culturels des pays du centre et plus encore de ceux des élites économiques et des multinationales. Malgré les nuances entre de Bernis et Amin, ils sont tous deux partisans d'un développement industriel productif au lieu de productions de biens exportables profitables aux pays développés, et en échange, ces derniers leur vendent des technologies et des produits finaux à haute valeur ajoutée. L'Algérie n'a fait que suivre le modèle soviétique dont les théoriciens tiers-mondistes n'ont pas disséqué ses dérives et ses dysfonctionnements.

Notre visite à l'entreprise ENIEM à Tizi Ouzou fut instructive. Dès le début de la visite, des frictions étaient visibles entre le directeur général de l'usine, les représentants du syndicat unique et ceux du FLN. Les sureffectifs et la vétusté du matériel étaient visibles à cause d'une maintenance qui était défaillante.

E.N.I.E.M Entreprise nationale des Industries de l'électroménager est devenue une entité de plein droit le 2 janvier 1983, mais ses activités remontent à 1974 sous tutelle de l'Entreprise SONELEC. Les unités de production Froid, Cuisson, et Climatisation sont implantées à la zone industrielle à Tizi Ouzou où se trouve le siège social. ENIEM est leader de l'électroménager en Algérie, elle possède des capacités de production et une longue expérience dans le domaine de la fabrication et le développement dans les différentes branches de l'électroménager, notamment : les appareils ménagers domestiques, les appareils de collectivités, les lampes d'éclairage et les produits sanitaires.

Ce système basé sur la propriété d'État fixait une grille de salaires selon le statut général des travailleurs (SGT) et ne prenait aucunement en compte les performances des uns et des autres, ni la productivité, ni l'implication dans les tâches attribuées à chacun. Les prix sont fixés de façon administrative défiant les lois du marché. Lorsque les déficits s'accumulent, ce qui était souvent le cas, des banques publiques renflouaient les caisses et en cas de non-remboursements des crédits, les fonds prêtés deviennent des concours définitifs. Les établissements bancaires vont se tourner vers la Banque d'Algérie, la Banque Centrale afin de se renflouer. Cette dernière n'ayant pas les contreparties réelles et les devises suffisantes se met à faire tourner la planche à billets. D'où l'inflation et la dépréciation du dinar sur les marchés parallèles. Ainsi en 1986, un dinar algérien (DA) valait 1,20 franc français (FF) au niveau des banques commerciales. Sur le marché noir des devises, 1 FF cotait 4 DA en 1986.

Au cours de notre mission, nous fûmes reçus par de hauts responsables ministériels dans les domaines de l'économie et des finances publiques, le ministère de l'Industrie lourde, le ministère de l'Industrie légère, la Banque d'Algérie, le ministère de l'Intérieur, le ministère des Affaires étrangères, le Wali d'Alger, le Wali de Tizi Ouzou ainsi que l'ambassadeur de France à Alger.

Notre visite de la Foire internationale d'Alger, en juin 1986, s'est inscrite dans le cadre d'une préparation de participation montreuilloise aux prochaines éditions. Nous y avons rencontré des exposants du pavillon France et quelques Montreuillois qui sont devenus nos éclaireurs sur le marché algérien.

La phase 1967-1980 : Le développement par l'industrie

Les dirigeants algériens, au sortir de la colonisation et plus puissamment à la fin des années 1960, ont donné la priorité à l'investissement sur la consommation. Il en résulta un taux d'accumulation durant la décennie 1970-1979 atteignant 55 %. Cet effort gigantesque d'industrialisation s'est fait au détriment du secteur agricole ; 10 % en 70-73 et 14,4 en 85-89 (Ourabah, 1982).

La marginalisation du secteur agricole est à l'origine de pénuries de certains produits alimentaires, eu égard à l'évolution démographique et à une distribution des revenus par trop inégalitaire. Fait révélateur ; la masse des importations de produits alimentaires qui va en s'accroissant, détournant ainsi une partie des revenus en devises vers l'acquisition de produits que l'agriculture nationale aurait pu fournir, si elle avait bénéficié de plus de sollicitude.

Cette priorité s'appuie sur le concept d'industrie industrialisante développé par (de Bernis, 1966 P. 427 et suivantes), comme étant des industries de grandes dimensions se situant dans le secteur des biens de production, et qui sont hautement ou très hautement capitalistiques. L'ossature de cette « industrie industrialisante » est constituée des hydrocarbures (Thabet, 1989) et de la sidérurgie, ensuite viendront se greffer les industries mécaniques, électromécaniques, métalliques et la chimie.

L'État algérien montre au cours des décennies 1970 et 1980 son incapacité à freiner la domination des hydrocarbures. Cela s'est traduit par une stagnation de l'économie hors pétrole et gaz et une faible croissance. Le secteur agricole est de plus en plus atrophié. Une tendance à renforcer un secteur exportateur (dont dépend fortement la croissance), qui ne trouve pas de relais dans le reste de l'économie. La stratégie de l'industrie industrialisante montre son incapacité à générer une diffusion d'une valeur ajoutée locale et de création d'emplois dans des secteurs directement ou indirectement liés aux hydrocarbures.

Cette première phase de l'industrialisation se traduisit par la création de sociétés nationales, propriété publique regroupant pratiquement une branche d'activité par société.

On peut noter une baisse relative de l'emploi agricole et une forte hausse de l'emploi industriel et une explosion des effectifs de l'administration (+60 %). Cet effort d'embauche accompagnait une évolution démographique galopante.

Les investissements sont pour l'essentiel de base avec une rentabilité obtenue seulement à long terme (dans le cas algérien, on peut estimer qu'elle est nulle). Les infrastructures et les besoins de formation, nécessaires au développement d'une jeune nation qui sort d'une guerre coloniale, ont été réalisés dans des conditions non optimales et donc non équilibrantes.

L'évolution des deux composantes essentielles des importations commande la demande de devises. La politique de mise en sommeil de l'industrialisation et de relance de la consommation ébauchée par le président CHADLI est devisétivore. On ne peut pas expliquer le développement du marché noir des devises et celui des biens, uniquement par la crise pétrolière de 1986 (effondrement des prix du pétrole et chute du dollar).

Le changement du mode de consommation des Algériens a favorisé l'importation de produits (électroménagers et habillement) non pas seulement parce qu'ils ne sont pas disponibles sur le marché national, mais aussi par goût pour une qualité supérieure.

L'industrie textile et du cuir algérienne peut subvenir aux besoins nationaux, mais la qualité ne suit pas. Il est vrai que ce secteur est touché par la pénurie de devises qui l'empêche d'importer les matières premières et les produits semi-finis, certains économistes critiquent les autorités pour avoir sacrifié le développement au profit des importations alimentaires et pour avoir mis en place un programme d'importations anti-pénuries (PAP) qui aurait vidé les caisses de l'État.

Le PAP adopté par le gouvernement au mois d'octobre 1979 visait la lutte contre les pénuries. Un budget de 5 milliards de DA, soit 1,25 milliard de dollars a été consacré pour résorber les pénuries dans les secteurs suivants :

– matériaux de construction, pièces détachées, aliments du bétail,
– biens finaux de consommation
– biens de consommation alimentaires.

Les importations de matériaux de construction, des pièces détachées et des aliments du bétail permettent de relancer des investissements, maintenir la machine économique en fonctionnement et répondre à certains besoins.

L'importation de produits électroménagers s'est accrue en raison de :

– l'augmentation du nombre des ménages (100 000 ménages par an).
– L'augmentation des salaires a joué également un rôle non négligeable.
– L'augmentation des importations alimentaires qui s'explique par l'évolution démographique, la sécheresse et l'accroissement des prix pratiqués sur les marchés internationaux.

Si l'économie algérienne est dépendante de l'extérieur, c'est parce qu'elle ne génère pas de capacités à l'export comme c'était prévu au moment du lancement de l'industrialisation.

Les réserves en devises dépendent largement de la contrainte extérieure, car l'économie nationale est incapable de satisfaire la demande intérieure et de générer des ressources nouvelles en devises. D'où les tensions sur les marchés parallèles de biens et services et celui des taux de change.

Lorsque le plan quinquennal (1980-1984) a commencé à être mis en œuvre, la dette extérieure contractée avant 1980 dépassait 16 milliards de dollars US.

Réformes économiques et autonomie d'entreprise

La restructuration des entreprises a été envisagée dans le cadre de la réorganisation de l'économie. Elle a eu pour finalité la satisfaction grandissante des besoins de l'économie et des citoyens par :

– l'amélioration des conditions de fonctionnement
– une plus grande maîtrise de l'appareil de production
– l'obligation de résultat des activités des entreprises au regard des objectifs assignés par la planification nationale »

La mission principale des sociétés publiques au cours des années 1970 a été fondée sur la mobilisation d'importantes ressources financières internes et externes. La forte concentration des structures, la centralisation de la gestion sans rigueur aux niveaux comptable et financier ont engendré des gâchis énormes. Les modes de fixation des prix et des salaires et la mauvaise allocation des ressources humaines sont des facteurs aggravants. Les choix d'investissements ont privilégié des technologies de pointe difficilement maîtrisables aussi bien en maintenance qu'en adaptabilité aux conditions propres à l'Algérie.

La restructuration des entreprises visait notamment à :

– favoriser l'initiative créatrice des organes de l'entreprise

– renforcer la décentralisation des organes de l'entreprise

– renforcer la décentralisation et la déconcentration de la gestion

– établir des relations complémentaires entre les entreprises

– rechercher une plus grande adéquation entre la taille de l'entreprise, son niveau d'intervention et sa compétence territoriale.

Les réformes de l'entreprise ont commencé en 1980. Mais les problèmes ont persisté.

L'industrie industrialisante ou comment accroître sa dépendance vis-à-vis de l'étranger

On peut dire que les autorités politiques ont accéléré les réformes économiques proposées à l'Assemblée populaire nationale dès le premier semestre 1988, en raison des difficultés croissantes nées de la baisse considérable (-40 %) des recettes d'exportation en 1986 et une perte supplémentaire résultant de la baisse du dollar. L'économie algérienne est soumise à des tensions majeures qui ont exigé la mise en œuvre d'une politique économique extrêmement rigoureuse, laquelle n'a pas manqué d'affecter le fonctionnement de l'appareil productif du pays et l'approvisionnement de la population en biens de consommation.

La baisse brutale des revenus pétroliers a contribué à détériorer fortement la situation économique algérienne. Le secteur industriel, qui demeure l'axe prioritaire du pays, continuera à être privilégié en matière d'allocation de ressources. Cependant, un certain nombre de constats critiques ont été établis sur son fonctionnement :

– existence simultanée de pénuries et de surstockages.

– productivité limitée.

– mauvais résultats financiers.

– choix parfois hasardeux « d'investissements ».

– écarts importants entre production et objectifs planifiés…

Après une phase de développement axée sur les grandes structures, l'Algérie prend conscience de la lourdeur de son appareil productif et tente de favoriser le développement d'un outil économique en mesure de répondre aux impératifs à court terme, notamment en matière de sous-traitance et de maintenance. L'investissement privé a un rôle à jouer dans le développement économique national. Cette politique prend en compte les potentialités locales jusqu'alors inexploitées en encourageant la création des petites entreprises privées, acceptant de reconnaître l'inertie structurelle des grandes entreprises qui affecte considérablement leur productivité.

Autres volets de la réforme économique ; la décollectivisation des terres pour ne pas parler de privatisation. En Algérie, depuis la fin de la colonisation et la récupération de la propriété économique des gisements, le surplus économique n'est plus extrait de l'agriculture. Il est constitué par les gains externes tirés de la mise en valeur internationale des hydrocarbures. Dès l'origine l'application du modèle des « industries industrialisantes » est biaisée par la source et la nature du surplus. Une rente prélevée sur la plus-value mondiale se substitue à une valeur ajoutée produite localement. Les autorités algériennes, grâce à la centralisation des ressources et à la planification des emplois, peuvent peser sur l'allocation de ce surplus externe. Mais contrairement à un surplus économique d'origine interne, elles n'en maîtrisent pas les conditions de formation, c'est-à-dire l'évolution de l'industrie pétrolière et des marchés de l'énergie à l'échelle mondiale.

La contrainte extérieure prend la forme de différents déficits : déficit alimentaire, déficit commercial et déficit financier (déficit budgétaire et endettement). Les origines de ces déséquilibres remontent à la période coloniale durant laquelle les structures productives et d'échange ne pouvaient répondre aux besoins spécifiques des populations. Le modèle algérien de développement repose sur l'utilisation extensive des ressources naturelles. La spécialisation des productions et le modèle de croissance sont responsables dans les échecs économiques. Il est paradoxal de constater que l'indépendance économique qui devait se réaliser grâce à l'industrialisation a sombré dans une dépendance inextricable. Cette tendance fut accentuée par un taux de change du dinar surévalué lors du remplacement des produits locaux par des produits importés. La différence de prix n'est pas la seule explication, la qualité joue un rôle majeur. Cela est à l'origine de l'épanouissement des marchés informels de biens et de devises.

La dépendance totale à l'égard des revenus tirés des hydrocarbures constitue un handicap très grave pour l'avenir de l'Algérie. Au cours des trente dernières années, le pays a vécu avec l'idée que les hydrocarbures pourraient se substituer aux autres sources de revenus en devises. La volonté d'indépendance poussait vers un développement introverti de l'économie (refus d'intégration au marché extérieur) et tendait à éviter toute dépendance vis-à-vis du marché international. Cette certitude dans une option indépendantiste (économiquement parlant) a empêché la mise en valeur d'autres sources de recettes en devises : les transferts des travailleurs algériens à l'étranger, les exportations autres que les hydrocarbures (agricoles et industries légères), le tourisme, l'artisanat...

En réalité l'économie algérienne est foncièrement extravertie. L'architecture du système productif contenait les ingrédients d'une dépendance inextricable (Importations par les entreprises publiques de matières premières et de pièces de rechange, etc..). La facture alimentaire et les importations de médicaments sont en constante augmentation. Il convient de sortir le secteur du tourisme de sa léthargie en privatisant des installations hôtelières qui sont des « grands bateaux en pleine déperdition », dixit un gérant d'un grand hôtel à Alger. Un pays comme l'Algérie, qui dispose d'atouts climatiques et géographiques aussi comparables que ses voisins devraient tirer profit d'une politique touristique hardie. Mais des réticences d'ordre politique et culturel l'en empêchent. L'État devrait encourager les investissements privés, tant nationaux qu'étrangers, et développer ce gisement, source de revenus en devises. Cela aiderait à créer des emplois et induirait des retombées économiques sur les populations.

Rééchelonnement, Plan d'ajustement structurel et politique de change

Le FMI voit dans l'inconvertibilité un moyen de protection des PVD, alors que ces pays (au même titre que les ex-économies socialistes) n'aspirent qu'à rendre leurs monnaies convertibles. L'institution internationale ne voit que les intérêts des pays développés à pénétrer ces marchés. Elle se soucie peu des conditions de réalisation de cette convertibilité et les conséquences sur les économies en développement d'une libéralisation des échanges non maîtrisée. Sur le plan méthodologique, les trois pays maghrébins ont adopté des approches différentes.

L'Algérie a opté pour la méthode du « tout tout de suite ». Dès 1991, ce pays a supprimé certaines restrictions de change sur les transactions internationales courant l'objectif étant d'établir de jure la convertibilité courante. L'Algérie est confrontée à une réduction drastique de ses réserves de change et à un déficit important des moyens de financements extérieurs. Ce sont là des facteurs qui ne peuvent qu'altérer la marche vers la convertibilité.

Par l'instauration d'un double marché des changes, on reconnaît implicitement la nécessité de dévaluer la monnaie nationale. Pour certains biens et services, on dévalue réellement le taux de change du dinar. Le taux de change préférentiel utilisé pour favoriser les opérations à protéger est institué pour une période provisoire. Le but visé étant l'obtention d'un taux de change unifié.

La dévaluation est moins un choix volontaire que la conséquence de structures inadéquates et de politique économique inappropriée. Ces structures en Algérie mettent beaucoup de temps à changer. Les mouvements sont très lents et non perceptibles. La difficulté de changer rapidement les structures fait que les problèmes liés à celles-ci sont laissés de côté. La dure réalité intervenant à moyen et long terme ne laisse plus un grand choix de solutions. Il ne faut pas oublier que la croissance économique est le résultat d'une certaine activité économique. Le principal rôle du gouvernement est de la prévoir et de la gérer de manière à obtenir un équilibre harmonieux entre les variables économiques.

En 1993, le niveau d'importation envisagé, tous produits confondus tourne autour de 8 milliards de dollars. Les besoins du secteur économique sont estimés à 14 milliards de dollars par an. Il s'agit des biens intermédiaires destinés à faire fonctionner les entreprises publiques et privées de façon convenable. C'est dire l'importance pour l'Algérie de trouver les ressources nécessaires ou de diminuer les remboursements de ses dettes pendant une période suffisamment longue afin de réussir les réformes.

Afin de sortir du cercle vicieux besoins de financement > endettement > remboursement > besoins de financement > ralentissement économique > endettement, le débat tourne autour de la question du rééchelonnement et de la dévaluation.

Au total c'est un reprofilage de la dette qui devient une dette à moyen et long terme alors qu'elle était à court terme. Par ailleurs l'étau se desserre sur l'Algérie qui voit sa dette changer de détenteurs ; les crédits non assurés et les crédits commerciaux pèsent de moins en moins. Ce qui vient d'être développé démontre le contexte qui a guidé l'intervention de nos entreprises sur le marché algérien.

FOIRE INTERNATIONALE D'ALGER 1986 : UNE MISSION EXPLORATOIRE

Cette foire qui s'est déroulée du 23 avril au 4 mai 1986 est l'événement économique le plus important pour l'Algérie. C'est l'occasion pour les industriels français d'exposer leurs produits, se faire connaître, négocier des marchés, signer de nouveaux contrats.

Les entreprises de Montreuil n'ont pas manqué ce rendez-vous. La municipalité non plus. 5 entreprises de Montreuil ont participé à cette foire d'Alger version 1986 : ACE, AC FLEXFRANCE, POMPES GREGORY, HEURE ET CONTRÔLE, TRACTEL…

Les exportations françaises avec l'Algérie atteignaient 23,6 milliards de francs. Les industriels de Montreuil ont le sentiment à l'issue de la foire industrielle qu'il faut être combatif, car les exportations françaises n'ont pas le ticket d'entrée exclusif sur le marché algérien. Le maire et son adjoint que j'avais accompagné ont rencontré Michel Noir ministre du Commerce extérieur, ainsi que l'ambassadeur de France et de nombreuses personnalités algériennes.

Le ministre a eu des entretiens avec la délégation montreuilloise et a encouragé les sociétés à participer massivement à la relance du commerce franco-algérienne, tout en étant circonspect quant à notre capacité à fédérer les entreprises.

PREMIÈRE PARTICIPATION À LA FOIRE INTERNATIONALE D'ALGER (FIA), 1987

Notre première participation à la Foire d'Alger, en 1987, était sous la bannière de la FIMTM (Fédération des industries mécaniques et transformatrices de métaux), ce qui en soi est une prouesse : une organisation patronale qui rassemble 19 syndicats professionnels dans le domaine de la mécanique collabore avec une Mairie dirigée par l'Union de la gauche à direction communiste.

La Fédération représente les intérêts des 11 700 entreprises de plus de 10 salariés du secteur, réparties entre la transformation et le travail des métaux, la fabrication de machines et équipements de production pour tous les secteurs industriels ainsi que la fabrication d'équipements médicaux, de précision et d'optique. Elle est la représentante auprès des pouvoirs publics et mène des actions communes en matières économiques et propose des axes d'une politique industrielle volontariste et conseille les adhérents sur l'évolution de leur activité.

En France la mécanique représente 120 milliards d'euros de chiffre d'affaires et occupe le 6e rang mondial. Elle est constituée de 11 700 entreprises composées de 10 salariés et plus, dont plus de 95 % sont des PME. L'industrie mécanique, avec 602 500 salariés, se place au rang de premier employeur de France.

Lors de cette FIA, le nombre de nos exposants était dix-sept, un chiffre honorable, mais les conditions furent compliquées : le maire de Montreuil voulait que sur l'espace qui nous est dédié, des panneaux montrant, photos à l'appui, la solidarité de Montreuil avec la Résistance algérienne, pendant la guerre de libération. Prenant en compte l'opposition de l'Ambassade de France, mais surtout celle des chefs d'entreprise montreuilloises, j'ai fait remonter ces prises de position et les affiches ne furent jamais sorties de la réserve du stand. Nous avions martelé notre mot d'ordre : « développons une coopération mutuellement avantageuse de longue durée ». Ce qui a suscité le scepticisme des diplomates français et l'ironie du ministre du commerce extérieur Michel Noir venu spécialement en visite officielle à Alger.

Le paradoxe est que 25 ans plus tard, l'Ambassadeur de France, présent sur le pavillon France, afin d'y accueillir le président algérien Abdelaziz Bouteflika disait aux exposants français : « Notre slogan est : partenariat ! partenariat ! partenariat ! » C'est dire que nous étions dans le vrai.

En juin 1987, notre réception au restaurant El Gourbi à Ain Taya (banlieue d'Alger) fut un succès. Les autorités algériennes ont bien saisi notre message de solidarité et notre nouvelle approche partenariale qui contribue au développement de l'Algérie, en même temps qu'elle apporte des retombées positives à nos entreprises : du gagnant-gagnant. D'après le responsable de la FIMTM et des diplomates français, jamais un organisateur français n'a réussi à réunir autant de cadres et dirigeants d'entreprises et de banques et de hauts responsables de l'Administration algérienne. Nous avons appliqué le principe : « chasser en meute », en partageant nos carnets d'adresses et en partageant nos expériences et nos ressentis. En ce qui me concerne, j'ai été la boîte d'enregistrement de ce que j'entends et ce que je lis sur les situations macroéconomique et microéconomique et les remontées des chefs d'entreprise de notre groupe. J'ai eu aussi le rôle de caisse de résonance et de diffusion des informations et des analyses aux sociétés exposantes sur notre stand collectif. J'ai été responsable supervisant et « mettant en musique » tous les aspects pratiques et organisationnels ainsi que des contacts politiques pour le compte de la délégation municipale conduite par le maire de Montreuil et des élus locaux et des chefs d'entreprise. Certains représentants de sociétés françaises étaient aguerris et chevronnés. Ils savaient négocier avec leurs homologues algériens et connaissaient les clefs de succès sur un terrain chargé d'histoire où il faut être l'ami, le partenaire crédible et le bon conseiller de la meilleure offre dans un pays qui a connu une guerre coloniale il y a à peine 25 ans. D'autres exposants novices ont commencé à prendre leurs marques, mais d'autres ont créé un fossé imaginaire avec la partie algérienne. Forts de cette expérience réussie, les chefs d'entreprise et la municipalité ont décidé de créer une Association de promotion des sociétés basées à Montreuil à l'international. L'Assemblée générale constitutive s'est réunie le 12 février 1988. Le nom proposé dans un cénacle bureaucratique de l'administration municipale a voulu définir, dans une dénomination, plusieurs références, ce qui l'a rendu imprononçable : l'Association montreuilloise pour le Développement de la Coopération internationale (AMDCEI). Le président de droit étant le maire, mais les vice-présidents sont des chefs d'entreprise et un (e) élu (e) en charge du développement économique. Plusieurs années qui suivirent vont marquer une plus grande autonomie de l'Association. Une loi interdira aux élus des collectivités territoriales de présider et de subventionner les associations, de mettre à leur disposition des locaux, des ressources humaines et financières. De ce fait l'AMDCEI est devenue, par la volonté des entrepreneurs, l'Association pour l'Initiative des Entreprises (AMIE). Un clin d'œil autant aux membres que vis-à-vis des partenaires nationaux qu'internationaux.

Juin 1988, c'est la confirmation et l'amplification de notre participation à l'édition de la Foire internationale d'Alger avec 20 exposants. Mais cette fois-ci, après le retrait de la FIMTM, nous avons opté pour une participation au sein du stand collectif du CFME (le centre français des manifestations économiques à l'étranger).

Lors de cet événement économique en Algérie, Montreuil est représentée par des entreprises performantes.

C'est une véritable politique de soutien aux entreprises de Montreuil : en favorisant leur participation à la foire d'Alger pour la 1re année, comme pour celle de Leipzig. Il y a intérêt à appuyer des relations bilatérales plus bénéfiques d'autant plus que les partenaires ont de fortes capacités financières et productives. C'est le cas de l'Algérie. Ce pays fait preuve d'une dynamique économique en exportant des produits très demandés (les hydrocarbures). Il faut d'ailleurs rappeler que la France est le 1er fournisseur de l'Algérie et son 1er client. En se rapprochant d'Alger, l'AMDCEI s'inspire d'une complémentarité d'intérêts.

Cette démarche est originale non seulement par son aspect novateur, mais aussi parce qu'elle assure un rôle de formation et de mise en relation des partenaires algériens avec nos entreprises. Les sociétés exposantes furent :

ABS : protection incendie

ACE : pièces détachées, transmission, engins de travaux publics.

AC FLEXFRANCE : flexible et tuyaux, bonde transporteuse.

AISE : flexibles et tuyaux, bandes transporteuses.

ALVAR ELECTRONIC : matériel d'électronique médicale.
ARTS MANUELS : fours céramiques.
ASSFODESS : école de maquettisme, design.
BERIM : bureau d'études en bâtiment.
BET TREFEL : bureau d'études bâtiment :
BIP : bobinage industriel de précision.
BJM : pompes à moteur.
CLAMENS SA : montage et réalisation de stands.
DEMFF : ensemble mécanique et pneumatique.
GIBRAT : balances romaines.
HEURE ET CONTRÔLE : sécurité électronique industrielle.
NICOLLE SA : rondelles pour automobiles et SNCF.
QUINETTE GALLAY : sièges et fauteuils de spectacles et conférences.
SOFRESID : Ingénierie.
TARATTE : machine-outil manuelle.
TRACTEL : matériel de levage.

Lors de mon voyage préparatoire, j'ai pu rencontrer les différents ministères concernés, les chefs de wilaya (régions), ainsi que des représentants de l'Ambassade de France. De ce travail prospectif, en a résulté la venue de 20 entreprises de Montreuil qui ont exposé sous un stand collectif. Car ces entreprises furent bien placées pour apprécier l'environnement économique algérien et découvrir ses potentialités.

L'Algérie multiplie ses relations de coopération. Elle montre sa volonté d'agir contre l'austérité et les restrictions budgétaires réclamées par le FMI (le Fonds monétaire international). C'est aussi le pari pour ne pas accepter la récession et le chômage. Les entreprises montreuilloises et algériennes en sont les principales bénéficiaires. Parmi les exposants, citons Heure et Contrôle, membre actif de l'Association AMDCEI et modèle de prospection dynamique à l'international.

ZOOM SUR HEURE ET CONTRÔLE

Les nouveaux locaux « Heure et Contrôle » ont été inaugurés publiquement le 6 mai 1987, marquant une nouvelle étape dans son développement. Cette société, spécialisée dans la sécurité électronique industrielle, accueillait de nombreux invités pour célébrer la fin des travaux d'agrandissement de ses locaux, lui permettant ainsi d'améliorer sa production.

Deux cents personnes se sont retrouvées à l'heure du déjeuner autour du directeur de l'entreprise, du maire de Montreuil et de plusieurs élus. Les salariés d'« Heure et Contrôle » n'étaient pas les seuls à se réjouir. Il y avait aussi des clients et des fournisseurs, des représentants d'EDF, des Postes et Télécommunications, de la SNCF, etc.

Dans l'après-midi, c'était au tour du public montreuillois de participer à ce buffet. Dès le début de cette opération d'agrandissement, la population proche de la place de la République a été consultée et a été informée sur le projet.

La volonté de la municipalité a donc porté ses fruits. H et C a pu développer sa surface de production, grâce à l'action menée par La Semimob et l'AMDCEI.

En favorisant cette extension, la municipalité montre une nouvelle fois son attachement à agir et contrer la désindustrialisation pour le maintien et le développement de l'emploi dans la ville.

Maintenir l'activité économique, tenir compte des besoins de la population et entretenir un esprit de concentration avec les habitants de Montreuil : un triple objectif tenu par l'équipe municipale. C'était bien cela qui était à l'honneur lors de l'inauguration des nouveaux locaux.

LA FIA ÉDITION 1988

La participation de 42 entreprises montreuilloises à la foire internationale d'Alger édition 1988 fut l'occasion de renforcer les relations de coopération avec les partenaires algériens.

La délégation municipale a été reçue par le secrétaire général du ministère du Commerce, par l'Ambassadeur de France à Alger, ainsi que par les directeurs des échanges extérieurs des ministères des Industries lourdes et des industries légères.

Plus de 300 hauts responsables algériens ont assisté à la réception qui fut l'occasion de nouer des contacts et échanger les cartes de visite.

À l'occasion de cette foire, les demandes algériennes concernant les produits exposés sur le stand collectif se sont multipliées; certaines entreprises montreuilloises ont conclu des contrats sur place ou des mois plus tard.

La relance des échanges franco-algériens s'est accélérée à la faveur de la conclusion du contrat gazier et l'octroi d'un prêt de 7 milliards de francs à l'Algérie.

La bonne image de marque de la ville de Montreuil dans ce pays a permis à nos entreprises d'accroître leur influence sur le marché algérien.

L'ouverture croissante de l'Algérie sur les marchés extérieurs se concrétisa par la possibilité de constituer des sociétés mixtes avec des partenaires étrangers pouvant détenir 50 % du capital. L'engagement de ce pays vers des réformes économiques accorde une plus grande importance au secteur privé. Ces facteurs, conjugués à une bonne image de marque de la ville de Montreuil, devraient inciter les entreprises montreuilloises à maintenir leur présence en Algérie. La commission Algérie-Maghreb de l'Association montreuilloise pour le développement économique international (AMDCEI) a déterminé un certain nombre d'actions permettant de faciliter les rencontres entre les différents partenaires :

– un voyage de prospection sur place début mai 1988,

– une mise en commun de tous les contacts des entreprises,

– l'organisation de rendez-vous pendant la manifestation pour les entreprises qui le souhaitent,

– les renseignements sur des produits à l'exportation et les différentes démarches à effectuer.

Ce pays fait preuve d'un dynamisme économique en exportant des produits de plus en plus variés. Il faut d'ailleurs rappeler que la France est le premier fournisseur de l'Algérie et son premier client.

En se rapprochant d'Alger, la municipalité de Montreuil s'inspire donc d'une complémentarité d'intérêts.

Le stand de Montreuil regroupe les entreprises suivantes :

ACE, AUCOUTURIER, ADIS, ALBAN MULLER, ATO, BAILLY, BAPEAUNE, BERIM, BETTREFEL, BONZINI & Cie, CHEDEVILLE SA, COFARI, CORVULCA, DOXA, DE M2F, ENRAF MONIUS FRANCE SA, SCHIFFERS, E. S., EURINDUSTRIES, FEAL INTERNATIONAL, GO FAST TRANSPORTS, FLEXFRANCE, HYPERBOLE, IMPRIMERIE SPE-CIALE DE BANQUE, LE LAS, MOTEURS FRES.

CHARD, ORMODENT SA, POLYDICT, POMPES BJM MARTIN, POLYTRANS, QUINETTE GALLAY INTERNATIONAL SA, SAEF, SYSCOM, TRACTEL SA, TOURS TARATTE, VMH, VM CONSTRUC-TIONS, VM NAUTISME, VM BOIS, VM SERVICES, LVA BENODET, SEA TOURS.

Les activités des exposants montreuillois sont les suivantes :

A.B.S : protection incendie.

A.C.E : pièces détachées, transmission/engins travaux publics.

A.C FLEXFRANCE : flexibles et tuyaux, bandes transporteuses.

AISE : flexibles et tuyaux, bandes transporteuses.

ALVAR ELECTRONIC : matériel d'électronique médicale.

ARTS MANUELS : fours céramiques.

ASSFODESS : école de maquettisme, design

BERIM : bureau d'études bâtiments

BET TREFEL : bureau d'études bâtiment

B.I.P : bobinages précision

B.J.M : montage de pompes immergées

CLAMENS : montage de stands

D.E.M.F.F : ensembles pneumatiques

GIBRAR : balances romaines

NICOLLE SA : rondelles pour l'industrie automobile, SNCF..

QUINETTE INTERNATIONALE. SA : fabrication de sièges et fauteuils

SOFRESID : ingénierie

TARATTE : machines-outils automatiques

TRACTEL : matériel de levage et de manutention

Voici ce que j'ai déclaré à *Montreuil Dépêche* le magazine local en janvier 1991 :

« Nous entretenons, tout au long de l'année, des échanges d'informations que nous sélectionnons pour les entreprises, en fonction de leurs activités.

Nous avons constitué une banque de données grâce à laquelle les adhérents peuvent se documenter, par pays, ou par produit. Nous avons créé une bonne image de la ville avec par exemple un reportage diffusé sur plusieurs chaînes de TV dans le monde.

Cette année, nous avons développé notre action de coopération en Roumanie. Suite à plusieurs voyages de prospection, nous prévoyons une participation à la foire de Bucarest du 13 au 20 octobre 1991. Après plusieurs visites en URSS, un voyage d'affaires est prévu du 4 au 9 février 1991 avec les entreprises intéressées et le maire.

Bien sûr, nous participerons à la foire d'Alger du 5 au 16 juin et à la foire de Leipzig du 11 au 17 mars prochain. Le 11 janvier, nous organiserons une conférence sur les échanges commerciaux avec la Finlande. Le 28 novembre a lieu le forum import/export à la Chambre de Commerce de Bobigny et rassemblera des entreprises roumaines, tchécoslovaques, hongroises et allemandes. Si nous avons des contacts privilégiés avec Bistrita et Slough, grâce au jumelage, nous avons élargi notre champ d'action à toute la Roumanie et l'Angleterre.

L'AMDCEI tient à renforcer les relations créées depuis deux ans et à ouvrir d'autres frontières pour les sociétés montreuilloises. Nous avons déjà un rôle d'informateur et de mise en relation entre les entreprises locales et les partenaires étrangers avec une commission qui travaille sur la CEE (communauté économique européenne). »

Des événements en Algérie, notre principale destination, avec des débouchés certains, auraient pu contrarier nos projets. Il n'en fut rien de ces inquiétudes. Les manifestations sanglantes en octobre 1988 à Alger, Annaba, Oran, Constantine, Tizi-Ouzou et Béjaïa s'expliquent par des raisons économiques, mais aussi politiques. Tout d'abord 1988 marqua une baisse des prix du pétrole autour de 15 dollars le baril. Nous savons que 98 % des exportations algériennes sont constituées des hydrocarbures et donc affectent les recettes budgétaires et le niveau des importations afin de répondre aux besoins de la population.

Les luttes intestines entre le président Chadli Bendjedid qui a succédé à Houari Boumediene en 1972 en tant qu'homme de compromis entre l'aile du pouvoir qui soutenait Abdelaziz Bouteflika et ceux qui soutenaient Mohamed Salah Yahiaoui, responsable du FLN. On prête à Kasdi Merbah, patron de la Sécurité militaire un plan tendant à éliminer les deux candidats et de choisir un homme sans envergure et surtout sans ambition, afin qu'un jour il puisse lui succéder lui-même. Le 19 septembre 1988, le président Chadli prononça un discours virulent contre l'immobilisme du FLN et du gouvernement. Il était absent de l'Algérie de juin à septembre de façon inexpliquée. Le 2 et

3 octobre, des émeutes éclatèrent au niveau de la banlieue d'Alger, dans les lycées Abane Ramdane à El-Harrach et les Eucalyptus à Bourouba. Ensuite elle se propagea dans la nuit du 4 au 5 octobre dans le quartier de Bab-El-Oued à Alger et s'étendit dans plusieurs villes du Nord comme Oran. Au départ, les jeunes s'en prenaient aux commerces et aux voitures pour ensuite s'attaquer aux bâtiments publics comme les commissariats et les ministères. Des barrages se dressèrent dans les quartiers populaires et tentèrent de les occuper en interdisant l'accès aux forces de l'ordre. Les révoltés sont hétéroclites : des étudiants, des chômeurs, des lycéens, et des travailleurs. Aucun mouvement ou courant d'opposition n'a eu d'emprise sur cette insurrection qui demeura sans programme, ni slogans clairs, ni projets de sociétés. Le 10 octobre sonna le tocsin, s'ensuivra une répression sanglante. Le général-major Khaled Nezzar était chargé du maintien de l'ordre pendant l'état de siège lors de ces révoltes, déclara dans un témoignage dans le livre de Sid Ahmed Semiane : « Jusqu'au moment où nous avons constaté que les émeutes se poursuivaient, bien que nous ayons ceinturé les rues par les unités de l'armée. Les chars étaient pris d'assaut par des cocktails Molotov. » Il dira plus tard que l'armée a tiré à balles réelles, car elle manquait de balles en caoutchouc (sic).

Le bilan officiel est : « cent cinquante-neuf morts dont cinq éléments des services de sécurité, cent cinquante-quatre blessés et cent soixante et un milliards de centimes de dégâts occasionnés aux édifices publics et aux biens publics et privés ». Plus de 500 morts d'après les sources hospitalières, des milliers d'arrestations, et les personnes libérées témoignent des tortures subies.

Le président Chadli Bendjedid a opéré une libéralisation économique, mettant fin à l'industrie industrialisante et au tout production industrielle à une société de consommation, mais dans les limites des devises et des budgets dont dispose le pays. La chute des cours des hydrocarbures en 1987 freina ce dessein. Viennent ensuite les réformes politiques qui se concrétisent par la fin du parti unique, le multipartisme et la liberté de la presse qui profitera amplement à nos entreprises, puisque nombreux sont les quotidiens et magazines qui réservaient des articles et reportages aux activités de notre Association et à nos exposants à la Foire internationale d'Alger.

La nouvelle constitution de février 1989 donna une assise légale aux islamistes qui ne manqueront pas d'utiliser les bienfaits de cette démocratie naissante en usurpant le monopole de la religion et les ressentiments de la population vis-à-vis d'une classe dirigeante qu'elle juge corrompue pour créer une situation insurrectionnelle sans précédent. Un ami cadre au ministère de l'intérieur algérien me disait : « le Front de Salut islamique est le seul parti politique qui tient cinq meetings par jour (les cinq prières dans les mosquées) et un congrès par semaine (la grande prière du vendredi) avec des participants captifs qui affluent de toutes parts ». Le FIS fut fondé le 18 février 1989 dans la mosquée Al-Sunna de Bab el Oued à Alger par Abbassi Madani et Ali

Belhadj. Le programme fut adopté dans une autre mosquée à Kouba devenue par la suite leur bastion. En apparence, le nouveau parti intègre les contributions des citoyens dans différents domaines sociétaux et secteurs économiques, mais le texte final doit être conforme à la charia.

En effet, les lieux de culte sont devenus des bastions du FIS qui a été jusqu'à organiser des tribunaux islamiques et prononcer des verdicts à l'encontre de personnes choisies pour leur opposition à leurs idées. Dans un pays où une partie de la population croit que ces hommes barbus ne peuvent être qu'honnêtes, qui vont assainir la vie publique et mettre fin à la corruption et à la *hogra* (oppression), des citoyens par une administration, une police et des administrations omnipotentes. Les islamistes, profitant de la défaillance des services sociaux de l'État dans les quartiers défavorisés, distribuaient des paniers de produits alimentaires et des cartables, ainsi que les fournitures scolaires. Certainement, ils bénéficiaient de soutiens financiers étrangers. En tant que mouvement né dans le feu de l'action, des courants le traversèrent et des divergences apparurent entre les salafistes jusqu'au-boutistes menés par Ali Belhadj et plus tard deviendront les féroces terroristes de l'Armée islamique du salut qui s'est formée à la suite de l'interruption du processus électoral des élections législatives algériennes de 1991, largement remportée par le Front islamique du salut et les partisans d'une prise du pouvoir par les urnes. Celui-ci s'est alors mis à considérer la lutte armée comme le seul moyen de changer le pouvoir en Algérie. Une mouvance plus modérée créera son propre parti, le MSI (Mouvement de la société islamique ou Hamas) qui deviendra en 1999 le Mouvement de la Société pour la paix (MSP), se conformant à la nouvelle loi sur les partis interdisant toute référence à l'Islam dans les programmes et les sigles.

Les premières élections locales démocratiques et multipartites du 12 juin 1990 voient le FIS remporter 953 communes sur 1 539 et 32 wilayas (départements) sur 48. C'est un raz de marée avec un score de 54 % des suffrages exprimés. Cette victoire est confirmée par le premier tour des élections législatives du 26 décembre 1991 en obtenant 47,27 % des suffrages exprimés. Le FIS obtient 188 sièges soit 82 % des sièges, le Front des Forces socialistes bien implanté en Kabylie est en deuxième position avec 25 sièges et le FLN s'effondre et n'a que 15 sièges. Sid Ahmed Ghozali, alors Premier ministre, nous a confié que si le mode de scrutin et le découpage électoral étaient différents, le FIS n'aurait pas gouverné seul. Il participait aux forums annuels de l'IMRI (l'Institut marocain des Relations Internationales) à Casablanca et avait l'occasion de revenir sur cette période lors de nos repas et pauses.

Le scrutin uninominal donne une très grande majorité de sièges avec une majorité de voix. Si c'était le mode de scrutin à la proportionnelle, l'Assemblée populaire nationale aurait eu un autre visage. Avec ses 3,2 millions de voix pour le FIS sur 6,8 millions de suffrages exprimés, le FIS ne pouvait pas disposer d'une majorité pour gouverner. Certains pensent que l'armée a laissé faire pour ensuite en découdre avec ce processus démocratique et démettre le président Chadli Bendjedid en direct à la télévision. Les élus du FIS dans les assemblées communales et départementales sont soit emprisonnés, soit envoyés dans des camps dits de « regroupement » dans le Sud algérien après la dissolution de celles-ci. Des éléments du FIS, sous la bannière de l'AIS (l'Armée islamique de salut) s'engagèrent dans des actions armées contre l'État algérien, mais aussi les forces de sécurité, des journalistes, des intellectuels. D'autres groupes armés vont naître sous l'appellation du GIA (Groupe islamique armé).

La proclamation de l'état d'urgence le 28 février 1991 est le prélude à une décennie noire causant plus de 200 000 morts. Tout ceci dans la confusion la plus totale entre les disparitions, les règlements de compte comme ce fut le cas de l'assassinat de Kasdi Merbah dans sa voiture en plein jour et en ville. Des militants communistes, des écrivains, des journalistes, de hauts fonctionnaires furent liquidés, mais certains préféreront l'exil, vidant l'Algérie d'une partie de son élite. La parenthèse Hamrouche, avec son gouvernement réformateur entre 1989 à 1991, a rencontré des résistances et des intérêts de réseaux liés aux clans militaires. La logique sécuritaire consacra l'immobilisme politique et économique sans pour autant altérer le déroulement des affaires.

Notre engagement en Algérie se poursuivra malgré les tumultes et les risques sécuritaires. Après plusieurs mois de négociations avec les institutions internationales, le gouvernement algérien a conclu un accord avec le FMI en 1993, visant l'application d'un programme minimal d'ajustement structurel. Le commerce extérieur est libéralisé, la masse monétaire en circulation est réduite et le dinar fut dévalué afin de se rapprocher du taux parallèle. C'est aussi le début des privatisations de certaines entreprises publiques déficitaires. Avec l'adoption d'un projet de codes des investissements et d'une nouvelle loi sur l'arbitrage international, l'Algérie encouragea la promotion et le développement des investissements et des échanges commerciaux, ouvrant de nouvelles perspectives aux entreprises exportatrices.

Les partenaires algériens institutionnels et les entreprises algériennes apprécièrent la présence française dans des moments difficiles sur le plan politique et sécuritaire. L'édition de juin 1992 fut marquée par une forte participation des membres de l'AMDCEI (une quarantaine), presque le tiers du pavillon France, qui nous vaudra la visite du président Ahmed Boudiaf une semaine avant son assassinat le 29 juin 1992, devant les caméras dans une salle de conférences à Annaba par un membre de sa garde présidentielle. Au cours de cette visite marquée par un service de sécurité jamais vu auparavant, le président nous a confié qu'il se sentait menacé. Ce qui m'a frappé est que lorsque Mohamed Boudiaf m'a salué, il inclina la tête en signe de respect qui fait la grandeur de cet homme courtois, revêtant son bournous. Cela dénote l'homme respectueux de la tradition, mais sincèrement proche du peuple et de ses intérêts. Il n'est resté que cinq mois à la tête de l'État algérien à la suite du départ du président Chadli Bendjedid et l'interruption du processus électoral. L'armée l'a choisi, car il était l'une des rares figures de la résistance contre l'occupation coloniale française encore en vie. Homme intègre, il se réfugia au Maroc pour diriger une petite entreprise de briqueterie. Mohamed Boudiaf était l'un des rares vétérans de la guerre de libération en vie après les assassinats de Mohamed Khider à Madrid en 1967 et Krim Belkacem à Francfort en 1970.

Ne disposant pas d'assise partisane, Mohamed Boudiaf a voulu s'attaquer à la corruption en dépêchant de hauts fonctionnaires enquêter sur d'éventuelles évasions de capitaux et de biens mal acquis en France. À leur retour à Alger, ces émissaires furent tués dans des conditions suspectes et en toute impunité. D'après certains témoignages, le général Khaled Nezzar aurait craché sur le cadavre de Mohamed Boudiaf en disant : « nous t'avons ramené du Maroc et tu as voulu nous enlever notre fortune ». En effet, l'enjeu des hydrocarbures est prégnant : l'assassinat de l'homme d'État, le plus patriote, le plus intègre et le plus honnête de l'histoire récente de l'Algérie coïncida avec le lancement par Sonatrach d'une campagne de recherche de compagnies pétrolières afin d'ouvrir de nouvelles installations de production en Algérie. L'Iran et d'autres pays musulmans ont salué ce meurtre horrible tandis que les pays occidentaux et l'Organisation de l'unité africaine l'ont condamné. La France craignait une guerre civile aux lourdes conséquences sur l'Hexagone compte tenu de la présence d'une forte communauté algérienne ou d'origine algérienne et d'un afflux probable d'exilés. Ceux qui ont réussi à s'installer en France ont constitué une fuite des cerveaux algériens dommageables pour leur pays d'origine. C'est Ali Kafi qui succéda au défunt président Boudiaf en 1992. Il sera remplacé par un grand Conseil de cinq membres avant que le ministre de la Défense, Liamine Zéroual, n'assurât la fonction présidentielle en 1995.

En ce qui nous concerne tant au niveau municipal qu'en tant qu'Association engagée sur le partenariat de long terme, nous avions décidé de ne pas quitter le navire et de maintenir une participation à la Foire internationale d'Alger massive jusqu'à 1993. D'après le site de la SAFEX (la Société algérienne des foires et exportations), l'entreprise nationale publique, chargée de l'organisation des foires et salons écrit sur son site : « la FIA ne s'est pas tenue en 1994, 1996 et 1997, sa reprise en 1998 fut timide avec la participation de 12 pays et de 200 exposants dont 18 étrangères. » Nous étions présents, en 1998, avec un stand arborant des panneaux promotionnels d'entreprises, mais sans les entreprises pour des raisons sécuritaires. Nous fûmes la seule entité française à nous montrer à ce moment.

Nous étions perçus comme les fidèles chantres de la coopération franco-algérienne. À l'Assemblée nationale, le député et maire de Montreuil défendait un contrat gazier avec l'Algérie plus favorable, afin, dit-il : « d'enrichir nos clients et leur permettre de nous acheter nos produits ». L'AIS et le GIA ont mis à exécution leurs menaces d'assassiner tout étranger se rendant en Algérie. Il ne s'agissait pas de touristes totalement absents, mais des représentants de commerce, dont l'écrasante majorité rencontrait leurs homologues et prospects algériens à l'aéroport international d'Alger en faisant un aller-retour dans la journée.

Voici ce que j'écrivais dans notre publication « Partenariat local » en décembre 1994 : « j'ai représenté l'AMDCEI à la dernière foire d'Alger en novembre 1994 avant une interruption pour cause de guerre civile, et ce, malgré les rudes difficultés intérieures de ce pays. Pour notre association, il s'agissait de confirmer la continuité de ce partenariat. Les organisateurs ont salué notre participation. Il faut savoir que du point de vue économique, cela bouge. Des entreprises montreuilloises ont vu dernièrement des affaires en sommeil refaire surface.

Vu la situation, beaucoup de pays se détournèrent, commercialement, de l'Algérie et ce pays se tourna, ainsi davantage, vers la France. Contrairement à ce que l'on peut penser, les contacts furent donc plus faciles. »

Quant à nous, notre motivation n'avait d'égale que notre courage, mais comme le titrait notre journal « Partenariat local » publié en avril 1996 : « L'Algérie un voyage sans risque » faisant allusion à notre participation au Forum des investissements étrangers en Algérie, qui s'est tenu à l'hôtel El Aurassi en présence du Premier ministre Mokdad Sifi en octobre 1995 et de tous les membres de son gouvernement. L'opération fut mutuellement bénéfique. L'État algérien affichait que « le pays n'est pas coupé du monde et qu'il y a des entrepreneurs venant de plusieurs pays qui poursuivent leurs quêtes de relations avec leurs homologues locaux », alors que pour nous autres, ce fut l'occasion de rester présent sur un marché déserté par nos concurrents. L'opération fut rondement menée en collaboration avec le consul d'Algérie en Seine–Saint-Denis Monsieur Chebbouta, un homme cultivé obnubilé par la menace terroriste et la sortie de cette crise. Nous avions pu rencontrer des institutionnels, des entreprises et visiter plusieurs sites industriels. Les journées de conférences furent riches de bonnes volontés de la part, notamment, des investisseurs basés en France et ailleurs. La presse audiovisuelle et écrite était présente en masse. Le moment difficile pour moi, c'était le réveil du matin, lorsque je touchais mon corps en me disant : « les terroristes ne sont pas venus cette nuit, je suis toujours en vie ». À l'époque, les islamistes avaient réussi de noyauter les administrations, les hôtels, les entreprises…

L'un des membres et dirigeants de notre Association Jean-Jacques Gentric, P.-D.G. d'AAVS, s'est rendu en Algérie du 22 au 24 mars 1997, invité par trois organismes : la Télévision nationale algérienne (ENTV), la Télédiffusion d'Algérie (TDA) et le ministère de la Défense.

Son P.-D.G. nous raconte dans le journal de l'AMDCEI ceci :

« Dès mon arrivée à l'aéroport, mes partenaires étaient présents pour m'accueillir. Les formalités accomplies ; ils m'ont accompagné à mon hôtel El Aurassi, l'un des hôtels les plus luxueux d'Alger, mais aussi le mieux protégé, au même titre que les hôtels El Djezaïr et Sofitel. Nous avons circulé à Alger sans aucune difficulté. Nos hôtes venant nous chercher à l'hôtel, les visites des sites se sont effectuées normalement. Rien à signaler à Alger, si ce n'est la présence de patrouilles et de barrages militaires. J'ai senti de la part de nos amis algériens une considération pour les Européens qui venaient les rencontrer dans leur pays. C'est une marque d'égard importante pour eux et prouve notre désir de poursuivre une relation soutenue avec leur pays. Les Algériens déplorent l'absence des Américains qui ont engrangé des contrats et au moment des difficultés délèguent leur agent implanté au Maroc, ce qui est une grave erreur. Je pense qu'il est important, que nous restions présents en Algérie, et ceci indépendamment des marchés à prendre. Grâce à la remontée des prix du pétrole et à la revalorisation du dollar, l'Algérie retrouve ses capacités financières. En ce qui me concerne, ce voyage m'a permis de concrétiser trois accords portant sur des marchés à réaliser, sous quelques mois d'un montant de 10 millions de francs français. »

La Foire internationale d'Alger juin 1999 : le retour

Le caractère multisectoriel de cette manifestation attire de nombreuses sociétés. En collaboration avec la Chambre de Commerce et d'Industrie de Paris, un stand collectif a permis de regrouper un tiers des sociétés françaises participantes.

Le contexte de contestation politique et sociale n'a en rien empêché les échanges. D'ailleurs la conjoncture de croissance dans laquelle se trouve l'Algérie depuis la hausse des prix du pétrole est plutôt favorable aux investissements. De nombreuses sociétés françaises concluent des contrats sur leurs stands et les mois suivants.

En progression constante, la participation des entreprises et pays étrangers à cette manifestation montre l'engouement pour le marché algérien.

L'AMIE a regroupé les entreprises suivantes : AAVS, AUCOUTURIER, GO FAST, QUINETTE GALLAY, TRACTEL, CR 2 J, PROCÉDÉS HALLIER, SB CONSEIL, PY SYSTEMS, SPO, EMC2, CORVULCA, SAEF, LEVRAT, SOGEM. Notre stand disposait d'une surface de 313 m^2 pour un total du pavillon France, de 8 000 m^2. Notre stand a eu le privilège de recevoir le ministre délégué au Commerce extérieur, François LOOS, qui a insisté sur le fait que le marché algérien est avant tout un marché pour les PME.

Nos succès à l'international et notre capacité à fédérer des entreprises de Montreuil et des environs ont façonné la structuration de notre Association AMIE (ex-AMDCEI).

La 32e Foire internationale d'Alger fut inaugurée le 2 juin 1999 par le président de la République Abdelaziz Bouteflika et a été l'année phare qui a permis le retour d'une participation étrangère conséquente et d'un engouement particulier de la part des exposants nationaux et internationaux.

Les visiteurs algériens scrutaient les exposants européens comme des ovnis venus d'une autre planète. Une coupure de presque une décennie où les visiteurs étrangers craignaient la menace islamiste, ouvertement menaçante.

Lors des réunions préparatoires de cette édition au CFME (Centre français des manifestations à l'étranger), il était question de faire transporter les exposants français en véhicules blindés, ne pas sortir de l'hôtel, que pour se rendre au centre des expositions de la SAFEX et s'abstenir de sortir en ville. Une fois sur place et après des hésitations, les Français sortaient même la nuit, les uns aux restaurants, les autres dans les lieux de loisirs. Comme quoi les images regardées en France ne reflétaient pas la réalité. À noter que seuls les dirigeants et cadres des PME/PMI ont fait le déplacement, contrairement aux grands groupes qui n'ont pas voulu envoyer des collaborateurs et prendre éventuellement la responsabilité d'incidents sécuritaires. Par la suite et progressivement ces derniers commencèrent à dépêcher des cadres d'origine maghrébine, dans un premier temps.

La guerre civile en Algérie, ou *décennie noire, ce* furent des années d'un terrorisme jamais connu dans ce pays, d'une violence et d'une cruauté sans nom entre 1992 et 2002. Le conflit se termine par la victoire des forces gouvernementales et la reddition de l'Armée islamique du Statut (AIS) et celle du Groupe islamique armé (GIA). Après le cessez-le-feu unilatéral et sans condition, ordonné par l'AIS le 1er octobre 1997, le GIA a poursuivi les combats au maquis, laissant les villes plus sûres, sans épargner les montagnes à l'ouest de la Kabylie. Le président Zéroual démissionna le 11 septembre 1998 et le 15 avril 1999, l'Armée adouba l'un des moudjahidin (résistants) Abdelaziz Bouteflika, qui obtiendra 74 % des voix, alors que face à lui les autres candidats se sont retirés. Une amnistie est votée par référendum le 16 septembre 1999 sous le nom de « la Concorde civile ». Lors de mes visites durant cette période, des citoyens algériens se sont offusqués que des terroristes qui ont du sang sur la main aient bénéficié de largesses et de commerces en contrepartie de leur retour pacifique à la vie normale. La reprise d'activités lucratives dans la vie normale de Mustapha Kartali a provoqué la colère de ceux qui avaient été victimes des exactions des islamistes. Des groupes radicaux poursuivirent les assassinats et enlèvements, mais de façon sporadique, alors que d'autres prendront le maquis dans le Sud algérien en se réfugiant au Sahara ou plus loin au Mali, au Tchad et au Niger dans le cadre d'Al-Qaeda. Les mouvances salafistes radicales fondèrent l'AQMI (Al-Qaeda au Maghreb islamique).

Le président Bouteflika fut réélu avec un score de 85 % en 2004.

La proposition de « réconciliation nationale » et de « consolidation de la paix » fut acceptée en 2005 par 97 % des votants. La loi d'amnistie de 2006 va plus loin en supprimant toute responsabilité des crimes ayant eu lieu durant cette décennie noire. Cette loi a été étendue à l'ensemble des personnes ayant commis un crime durant cette période, ce qui a entraîné la colère populaire ainsi que cette impossibilité de désigner des responsables.

L'organisation va perpétrer plusieurs attentats spectaculaires, dont plusieurs en ayant recours aux kamikazes (11 avril et 11 décembre 2007). On lui attribue aussi des attentats et des prises d'otage au Sahel, notamment l'exécution de 11 gendarmes à Tinzaoutine le 30 juin 2010 et celle de Michel Germaneau le 25 juillet 2010 au Mali.

Durant les années 2000, cette manifestation a atteint une envergure qui la situe parmi les plus importants rendez-vous économiques internationaux sur le plan de la fréquentation et du nombre de participants.

Foire internationale d'Alger en 2000

La foire d'Alger qui s'est déroulée du 13 au 24 juin 2000 a connu un franc succès, tant au niveau du nombre d'exposants qu'au niveau des contacts économiques et des contrats conclus ou en voie de conclusions.

La participation française, comptant 239 sociétés, est de loin la plus importante.

La ville de Montreuil et l'AMIE ont parrainé une vingtaine de sociétés.

L'Ambassadeur à Alger Hubert Colin de Verdière et son ministre-conseiller Olivier Louis ont eu l'amabilité de nous rendre visite et de s'enquérir des potentialités offertes par l'Algérie.

Ce pays constitue pour la plupart des participants le premier partenaire en dehors de l'Union européenne. Lors de notre première participation à la foire d'Alger, nous avions inscrit cette démarche dans la durée, avec comme objectif ; le développement de coopérations mutuellement avantageuses.

Même pendant la décennie noire, la Ville de Montreuil et l'AMIE ont répondu présent, aussi bien en exposant à la foire d'Alger, qu'en participant à des missions et conférences, ce qui n'a pas échappé à nos partenaires algériens, venus nombreux sur notre stand. La France est le premier fournisseur de l'Algérie, grâce notamment à nos PME.

Si la concurrence est vive, les pouvoirs publics ont le devoir de maintenir et développer les flux commerciaux avec ce pays. Signalons l'effort de communication de l'AMIE, qui a donné lieu à des parutions dans la presse algérienne.

Les exposants :

AOIP : instruments de mesure et démarreur de moteur.

TELECONSULT : auto-communicateur, téléphonie, transmission.

DMI-RMO : machines-outils neuves ou d'occasion et rénovation.

DRON : unité de produits métalliques.

AUCOUTURIER : machines et systèmes de conditionnement.

TANALS : courroies de transmission et bandes transporteuses.

SEA LANGRADE : tamis de laboratoire et filtre.

LEVRAT : visserie, boulonnerie, outillage et fournitures industrielles.

SIPD : fils, câbles et cordons électriques, courants faibles.

GO FAST : transport et transit aérien et maritime.

GIRSO ET CIE : matériel de confection, machines à coudre, à broder.

PATTEGAY HENRI : fournitures de documents fiduciaires et loterie.

CORVULCA : bandes transporteuses, garnissage, réservoir souple.

SAEF : mécanique de précision générale.

LEVASSEUR SYSTÈMES : matériels de protection incendie, système de fermeture automatique.

GUET : machine à bois et outillage.

PY SYSTEMS : achat et vente de tout matériel bureautique, télécommunications et téléphonie.

Bilan foire internationale d'Alger du 1er au 8 juin 2006

Cette manifestation, marquée par une participation renforcée des principaux partenaires économiques de l'Algérie, s'est déroulée en présence de hauts responsables de l'État algérien, des membres du gouvernement et des ambassadeurs des pays participants. Plus de 45 pays représentés par quelque 1 113 entreprises sur une surface totale de 28 898 m² prennent part à cette 39e foire d'Alger aux côtés de 84 entreprises publiques algériennes et 431 sociétés du secteur privé national sur une superficie de 46 547 m². Cette 39e édition de la foire d'Alger s'est tenue sur le thème « plan de soutien à la croissance économique, vecteur de développement ».

La démarche de Montreuil est bien appréciée par les autorités algériennes, lors des différentes rencontres. Coopération et partenariat mutuellement avantageux furent les thématiques développées depuis 1987.

Les personnalités rencontrées en marge de la FIA

IDRISS TANDJAOUI, secrétaire général du ministère des participations et de la promotion des investissements.

Un guichet unique reçoit les entreprises étrangères et peut faire délivrer un registre de commerce en 72 heures.

L'agence nationale de développement industriel ANDI a déjà facilité des partenariats pour nos entreprises à l'instar de CR2J et CAHOUET.

Les prix du foncier étant prohibitifs dans le secteur privé, on peut trouver une solution dans le cadre des locaux et terrains publics. Les sociétés comme : IC DISTRIBUTION, PROCÉDÉS HALLIER ont pris attache avec ce ministère après cet entretien. La formation est un axe prioritaire. TRAINING ON LINE ainsi qu'ARIA CONSULT sont déjà présents en Algérie pour soumissionner aux appels d'offres, de même que sur les marchés de gré à gré.

MINISTÈRE DES FINANCES

MM. Miloud Boutoubba, Secrétaire général, Abdelmalik Djemiai, Directeur des relations bilatérales.

D'après le secrétaire général des finances, la foire d'Alger est un thermomètre de l'économie algérienne.

L'adhésion à l'OMC doit entraîner des baisses tarifaires et fiscales. Une documentation sur la fiscalité des entreprises nous a été remise. Cela concerne la TVA, les bénéfices commerciaux et industriels, les traitements et salaires, les systèmes d'amortissement, le contentieux fiscal, les obligations en matière de déclaration, les taxes locales, le régime applicable aux entreprises étrangères. Ces recueils sont mis à la disposition des entreprises de l'AMIE.

M. Mohamed Laksaci, gouverneur de la Banque d'Algérie.

Les préoccupations des PME montreuilloises concernent le secteur bancaire algérien et le mode de financement des échanges économiques internationaux.

Le gouverneur de la banque d'Algérie, qui dépend directement du Premier ministre, évoque le processus de libéralisation des importations de biens et services, depuis 1995. Un assouplissement des transferts des bénéfices et l'accord sur la protection des investissements, avec certains pays, dont la France, sont de nature à dynamiser les implantations étrangères.

Le dinar est commercialement convertible. Une entreprise algérienne peut trouver plus facilement des moyens financiers en devises sur le marché interbancaire. La Banque d'Algérie et demanderesse d'expertise internationale et de formation. Conseil 3A, Training on Online, Aria consulte ont mis en œuvre, un programme de formation des cadres bancaires algériens.

Réception offerte par la municipalité de Montreuil

Dimanche 4 juin 2006 à 19 h 30, la réception a rassemblé 480 invités algériens de haut niveau.

De l'avis général, cette réception a permis des contacts avec les opérateurs algériens. Des grandes sociétés aux PME algériennes en passant par les officiels, la récolte des cartes de visite fut fructueuse. Une diffusion de celles-ci aux exposants a été faite. À noter la présence de journalistes de la presse écrite, les chaînes de télévision : berbère TV, beurre TV et des radios.

Les sociétés participantes sur notre stand furent :

ABC SIGN. AMS. IC DISTRIBUTION. LEVRAT. SOPRINTEX. CLICH EXPRESS. GO FAST. AIGLE AZUR. TRAINING ON LINE. CORVULCA. VDS. QUINETTE GALLAY. PROCÉDÉS HALLIER. SARL TPP. GUARD INDUSTRIE. SARL SERIDECO. ARIA CONSULT. GROUPE SB LUXE. SOGEM EMBALLAGE. 2MI SERVICES. MAD CONSEIL. TRACTEL. LA TABLE FLEURIE.

Mettons en lumière BIOPROBE SYSTEMS :

Bioprobe systems est la première société en France à lancer une technologie moléculaire nouvelle : les ondes nucléiques froides. Une nouvelle détection biologique utilisable dans la recherche fondamentale et médicale.

Il s'agit de prévoir à 100 % si un fœtus souffre d'une maladie génétique, si une patiente est atteinte d'un papillomavirus.

Fondée par Philippe Lebacq en 1988, cette société implantée à CAP Kléber a pour partenaires, les instituts d'État comme Pasteur. C'est la première société à se lancer sur le marché intérieur et international, notamment aux États-Unis, en Israël, en Algérie (grâce à la participation à la Foire internationale d'Alger), en Allemagne et dans les pays de l'Est (grâce à la participation à la Foire de Leipzig).

Depuis 41 ans cette manifestation reste pour l'Algérie l'événement économique, politique et médiatique de l'année. Nous en avons pour preuve la présence du président de la République et de l'ensemble du gouvernement dès l'ouverture de la Foire.

Situation économique

L'Algérie n'est pas qu'un pays pétrolier, les hydrocarbures y tiennent une place certes importante : 34 % du PIB, mais il ne s'agit pas seulement de pétrole et de gaz, mais également de produits présentant une valeur ajoutée, tant sur le plan industriel que sur le plan commercial tels que le GPL, les hydrocarbures gazeux et les produits raffinés.

Les services constituent le deuxième poste de la production intérieure brute, avec 24 %. Le commerce en représente plus de la moitié. Les importations se montent à quelque 10 milliards de dollars par an, pour 20 milliards de dollars d'exportations.

Le troisième poste est le secteur agricole. En ce qui concerne ce dernier il faut savoir qu'il existe des espaces disponibles qui permettent de produire davantage, tant pour le marché algérien que pour les marchés européens.

Les autres secteurs ayant réalisé des progrès indéniables sont les suivants : chimie, pharmacie, matériaux de construction, mines et carrières, industries agroalimentaires sont des filières en expansion, où le rôle du secteur privé est considérable.

Le BTP représente 10 % du PIB. L'Algérie est un pays immense, qui a besoin de voies de communication routières et ferroviaires, de barrages, d'infrastructures de communication, de logements…

Globalement, les parts respectives du secteur public et du secteur privé sont équivalentes en termes de valeur ajoutée.

Outre le Portugal, invité d'honneur de cette édition, la FIA connaît une large participation étrangère, que ce soit par pays ou par entreprise. Ainsi, ce ne sont pas moins de 40 pays, dont 34 à titre officiel, qui viennent accrocher leurs pavillons sur les surfaces du Palais des Expositions une semaine durant, occupant une surface de 20 057 m² et fédérant 811 entreprises.

Si le nombre des exposants de l'AMIE participant à la FIA (37 en 2007) est demeuré très stable en comparaison avec les éditions des années écoulées. Les autres pays ont accru leurs participations.

Il s'agit des USA (581 m²), Venezuela (30 m²), Iran (210 m²) et Suède (90 m²). Les firmes étrangères qui participent à titre individuel sont au nombre de 49 et sont issues de Taïwan, France, Pakistan, Turquie, Syrie, Tunisie, Suisse, Brésil, Iran, Allemagne, Russie, Tchéquie, avec une surface d'exposition de 2 106 m².

Par ordre d'importance de la surface occupée et du nombre de firmes participantes, la France est en tête avec 3 425 m² et 160 entreprises, suivie de l'Italie avec 3 220 m² et 85 entreprises, ces deux pays talonnés par l'Allemagne, le Portugal, l'Espagne, l'Égypte, la Tunisie avec, respectivement 2 900, 1 650, 1 100, 1000, et 900 m².

Par ailleurs, cette 41e édition connaît, à l'instar des précédentes, une large participation des entreprises algériennes avec une surface d'exposition de 45 298 m² qui abrite pas moins de 449 entreprises (526 en 2007), dont 75 du secteur public, et 134 en partenariat, qui représentent les secteurs de l'agroalimentaire, l'ameublement et décoration, l'énergie, chimie et pétrochimie, les grands travaux, bâtiment et matériaux de construction, les industries électriques et électroniques, le matériel pour les collectivités, la mécanique sidérurgie et métallurgie, les services, le textile, cuire et prêt-à-porter et l'artisanat.

Outre les journées nationales organisées par les pays participants et qui sont programmées chaque jour, des conférences et autres techniques ont été animées par des experts internationaux

La Société algérienne des foires et exportations (SAFEX), organisateur de l'événement, a pour sa part tout mis en œuvre pour que cette manifestation économique, la plus importante en Algérie, se déroule dans les meilleures conditions d'accueil et d'organisation et soit, à l'instar des éditions précédentes, un succès que ce soit pour les participants ou pour les visiteurs professionnels et le grand public.

La FIA demeure, pour l'Algérie comme tous les pays qui s'intéressent au marché algérien, un baromètre et un espace de mise en valeur des capacités des uns et des autres à répondre aux exigences et à la rigueur dont le programme de développement, a permis d'asseoir les règles incontournables et nécessaires.

LA 40e FOIRE INTERNATIONALE D'ALGER 2007

La foire d'Alger disposait d'une surface d'exposition de 73 000 m². Elle a regroupé pour l'année 2007, 1 570 exposants avec 41 pays participants, une grande diversité de secteurs représentés et une affluence record, chaque année : 700 000 visiteurs. Cette année, le pavillon France (5 000 m²) fut le plus important avec 247 entreprises et 18 institutionnels.

L'AMIE qui partageait son stand avec ses adhérents a réussi durant cette manifestation à réunir un certain nombre d'entreprises montreuilloises.

L'expérience fut positive pour chacun, Karim ABICHAT de la société Sykio, bien que spécialisé dans le conseil en management des systèmes d'information et des organisations, a tout de même créé un contact concret avec la Société nationale de tabac et d'allumettes. Il constate qu'en Algérie un réel besoin dans le management des organisations fait jour.

Quant à Christian BRIATTE de la société 2MI services, il ressort de la foire avec un contrat finalisé dans le secteur médical. Il souligne d'ailleurs qu'il existe un intérêt certain pour ses produits consommables, tels que les désinfectants pour les plans de travail.

Enfin, comme dernier exemple de retour d'expériences, Patrick DEVAUX de la société LCC Import explique que de ces nombreux contacts pris sur place un certain nombre devrait aboutir. Cette foire lui a aussi permis de nouer des contacts divers l'emmenant vers la Libye ou encore le Maroc.

Les sociétés montreuilloises participantes :

Abc Sign ; Ams ; Ic Distribution ; Bab Concept ; Soprintex ; Clich Express ; Go Fast ; Aigle Azur ; Training On Line ; Vds ; Quinette Gallay ; Procédés Hallier ; Sykio ; Guard Industrie ; Lcc Import ; 2 Mi Services ; Tractel ; Cr2 J ; Sarl Gestour Voyages ; Aurore Formation Conseil ; Sarl Serideco ; Groupe SB Luxe ; Électrochoc Ménager ; Aria Consult ; Vigiware.

Les entreprises de l'AMIE participantes à la Foire internationale d'Alger du 7 au 13 juin 2008

ABC SIGN : Signalétique — traceurs de découpe de lettres, adhésifs de tous types.

AMS : Machines-outils et centre d'usinage verticaux. Ce rare fabricant d'un équipement indispensable aux PME algériennes avec une technologie maîtrisable.

SOPRINTEX SA : Fabricant d'étiquettes adhésives pour la bureautique, l'informatique, le conditionnement et la publicité. Cette activité sert à étiqueter les produits pharmaceutiques, les biens alimentaires et publicitaires en Algérie.

CLICH EXPRESS : Fabricant d'étiquettes adhésives pour la bureautique, l'informatique, le conditionnement et la publicité.

GO FAST : Go Fast est un transitaire agrée facilitant le transport de marchandises entre la France et l'Algérie.

AIGLE AZUR : Cette compagnie aérienne fut créée par le fondateur de Go fast et a connu une expansion fulgurante devenant le deuxième transport aérien privé après Air Algérie.

VDS : Pièces détachées + colles + consommables + outillage pour les Industries du bois. Un créneau utile aux besoins des industriels du bois en Algérie.

GUARD INDUSTRIE : Produits chimiques du bâtiment. La spécificité de cette entreprise est dans sa capacité à protéger les immeubles privés et publics dans les régions côtières comme Alger sujettes à l'humidité du littoral.

TRACTEL : opère dans le secteur du bâtiment et travaux publics : le levage, la manutention, la mesure des forces et des charges, les plates-formes de travail suspendues, les installations d'entretien de façades et les équipements de sécurité contre la chute. Leader sur le marché, son représentant en Algérie est un vieux connaisseur de ce marché qui a fait sa réussite.

GESTOUR VOYAGES : Agence de voyages très active vers et en provenance de l'Algérie.

SERIDECO : Sérigraphie, Impression numérique et Lettres adhésives.

M. Bapeaume a tenté de créer une unité qui ferait du soudage des circuits imprimés et gagner ainsi en productivité.

G. GARECHE : Ventilateurs et biens d'équipements. Le succès fut au rendez-vous tant le climat se prêtait à l'utilisation de ces produits en forte chaleur, une partie de l'année notamment dans les régions du Sud algérien.

ARIA CONSULT : Achats & fournitures. Marketing & promotion. Emballage & distribution. Promotion des exportations. Ventes. Développement de partenariat.

VIGIWARE : Sécurité virtualisée. Gestion globale d'entreprises virtualisée. Hébergement, création et référencement de sites et d'applications Web.

VIDENTYS : Formations aux nouvelles technologies. Ce Franco-algérien a réussi à implanter des unités de conception et réalisations de sites Internet et de gestion informatique.

CORVULCA : Joints découpés, joints toriques, bandes, pièces moulées, tous élastomères, obturateurs et coffrages pneumatiques, étanchéité, blindages et garnissage contre l'abrasion. Toiles de criblage. Ces produits très demandés en Algérie.

Impressions Digitales : Imprimerie regroupant sur 3 000 m², 24 heures sur 24, la création graphique, la photogravure, le flashage, l'impression, le façonnage. Gérard Agon a eu un double objectif : la sous-traitance et la coédition

ROULTEX SA : Fabrication de roulements à rouleaux.

PLASTHERM : Étude et fabrication de tout article en matière plastique par soudure thermique, impulsions ou haute fréquence. Pochettes plastiques, sacherie, housses, adhésifs.

LA TABLE FLEURIE : Investisseur franco-algérien dans les domaines de la restauration, l'hôtellerie, la distribution et l'import-export.

AAVS : ce spécialiste de l'ingénierie et l'installation de centres de radio et télévision, fabrication de matériels audio et vidéo professionnels a eu la charge d'équiper l'Entreprise nationale de la télévision L'ENTV est l'entreprise nationale algérienne qui assure le service public de télévision. Elle gère cinq chaînes de télévision.

QUINETTE-GALLAY : ce fabricant et installateur de sièges fixes au sol pour salles de congrès, de conférences et de spectacles a eu le privilège d'équiper le Palais des Congrès d'Oran et des centres de conférences à Alger

CR 2 J : traitement des eaux industrielles, système de filtration. Il s'agit d'appliquer le procédé consistant à supprimer de l'eau les particules en suspension de taille moyenne. Exemples d'éléments que la filtration élimine, on trouve : du sable, des limons, des particules de rouille, des bouts de chanvre… etc. Grâce à la persévérance, la pugnacité et le sens de la relation publique, la dirigeante de cette entreprise, une Franco-Algérienne a créé une société mixte franco-algérienne à Oran et ses environs dans le matériel de traitement d'eau par l'électronique contre le tartre, antitartres électroniques à usage domestique et industriel, adoucisseur d'eau ménagers et industriels, pompes doseuses filtration piscine, unification de l'eau.

L'Algérie a en effet des besoins en eaux potables criantes avec des coupures chez les particuliers ainsi que les hôtels et les entreprises.

PROCÉDÉS HALLIER : voici ce qu'on peut lire dans la plaquette de cette société : « Depuis 1992, Procédés Hallier conçoit et fabrique, exclusivement en France, dans ses ateliers situés à Montreuil, des solutions d'éclairage pour les musées, hôtels et boutiques de luxe. L'accent est mis sur la qualité de la lumière pour un rendu exceptionnel des œuvres et lieux éclairés.

Avec plus de 10 ans d'expertise sur la technologie LED, Procédés Hallier propose toute sa gamme de produits en LED, en utilisant les dernières technologies du marché.

Procédés Hallier offre une gamme de produits aux performances très poussées avec un Indice de Rendu des couleurs (IRC) excellent, une homogénéité parfaite, une couleur stable dans le temps. Grâce à son savoir-faire de plus de 30 ans, Procédés Hallier propose des outils de qualité pour permettre aux scénographes et éclairagistes de mettre en valeur toutes les œuvres (tableaux, photographies, statues, sculpture et œuvres en volume…), mais aussi les salles d'exposition et zones de circulation. »

Le dirigeant de cette société, un Franco-Algérien, voulait investir dans son pays d'origine et créer une unité spécialisée dans les luminaires demandant beaucoup de main-d'œuvre. Tout était prêt : le transfert de machines, les statuts de la société, les financements, mais M. ARESKI a eu des difficultés à trouver un terrain à un prix compétitif. J'ai pu accéder aux offres émanant de propriétaires algériens et nous avions convenu que c'était spéculatif et que cela rendait l'investissement non rentable. Notre entrepreneur jeta l'éponge et le projet générateur de création de richesses et d'emplois ne verra jamais le jour. Nous en avions parlé au ministre de l'Économie sur la possibilité de créer des zones d'activités avec des avantages qui permettent aux investisseurs étrangers de transférer des capitaux, un savoir-faire et de la technologie sans que le foncier soit un fardeau. Les expériences de pays qui ont procédé ainsi se sont considérablement développées.

LEVRAT propose une palette de produits indispensables à plusieurs secteurs comme le bâtiment, l'industrie, les collectivités locales dans les domaines suivants : visserie, boulonnerie, outillage et fournitures professionnelles, fixations standard et spéciale, acier, laiton, vis, écrous, rondelles… Alexandre Levrat cherchait des distributeurs, mais aussi de la coproduction.

PY SYSTEMS offre une variété de matériels bureautiques neufs et reconditionnés (télécopieurs, photocopieurs, téléphones filaires et sans fils, téléphones mobiles neufs et d'occasion). La société est présente dans le segment des produits bruns : composants, électroniques, hi-fi, radio et télévision.

ACE, dirigée par un fin connaisseur de l'Algérie, a conclu des contrats en tant que fabricant de pièces détachées pour engins de travaux publics et toutes pièces de transmission/roulements, paliers, pignons, chaînes, accouplements.

FENZY et Cie exportateur mondial d'appareils respiratoires et protection individuelle notamment dans les mines et milieux à risques.

S.A.E.F répond aux besoins de l'industrie algérienne dans les domaines : de l'étude et réalisation de toutes pièces mécaniques et tous ensembles complets, les rouleaux, tambours, éléments spéciaux de manutentions, palans pneumatiques, fissuromètres, excitateurs à balourds, massicots, machines spéciales, prototypes, moules pour plasturgie et outillage de découpe sur presse.

SPTD, société de placage, tranchage à façon, commerce de bois exotiques plaqués et fournitures de bois en détail. Cette société centenaire répond aux besoins des spécialistes du bois et de l'ameublement.

Tours TARATTE dirigé par M. Taratte, descendant d'une lignée remontant à une cinquantaine d'années est l'un des derniers fabricants français de machines-outils automatiques à décolleter, tubes avance-barres silencieux. Ce produit est finissant en France, mais a une nouvelle vie en Algérie du fait qu'il est manuel et non bourré d'informatique et d'électronique comme le sont les machines-outils à commande numérique dont la fabrication exige des investissements colossaux.

Pompes BJM Martine, constructeur de pompes (verticales, horizontales, immergées) fait aussi de la réparation de pompes et bobinages de moteurs électriques, arrive à point nommé pour un marché algérien aux besoins considérables.

Polytrans est un fabricant de composants pneumatiques et vérins, tous matériels, équipements et produits industriels. Comme beaucoup de PME/PMI le créneau occupé est très en pointe et s'adapte à tous les marchés, notamment en voie de développement

Moteurs Freschard s'est spécialisée dans les moteurs, bobinages, alternateurs, transformateurs électriques toutes puissances est un novice dans l'exportation et fait partie des entreprises qui n'auraient jamais quitté le territoire national sans notre encadrement.

BERIM, Bureau d'études et de recherches pour l'industrie moderne, fut fondée le 1er janvier 1957. C'est un bureau d'études en bâtiment, l'ingénierie tous corps d'État, étude de faisabilité, assistance technique, maîtrise d'œuvre, assistance à la maintenance. Les domaines d'activité proposés aux partenaires algériens relèvent de l'habitat, bureau, santé, culture et loisirs, énergie, eau et assainissement, ordures ménagères, études économiques, industrie, conseil en information des collectivités. À l'époque où l'Algérie manquait d'experts et de cadres qualifiés, BERIM a joué le rôle d'accompagnement des décideurs algériens dans le domaine de la maintenance.

SOFRESID est le deuxième groupe d'ingénierie en France après Technip. Ses activités sont : études préliminaires, études d'exécution, réalisation clefs en main ou maîtrise d'œuvre de projets dans les domaines suivants : chimie, pétrochimie, engrais, pharmacie, métallurgie, pétrole, gaz, mines, bâtiment, ingénierie générale, énergie, environnement. Ce groupe a réalisé des opérations en Algérie dans les secteurs miniers (hydrocarbures, chimie, pétrochimie, sidérurgie, grandes industries).

Sofresid a contribué à la fondation des grandes réalisations de l'industrie lourde, la Chimie et la pétrochimie. Un des protagonistes de ces investissements qui ont fondé l'industrie industrialisante m'a dit : « l'une des erreurs des dirigeants politiques algériens est qu'ils voulaient le top niveau des technologies et des équipements sans pouvoir en assurer la maîtrise et la maintenance. Souvent le matériel est sous-utilisé ou tombe en désuétude ». Les modèles japonais et chinois nous apprennent qu'un pays en voie d'industrialisation procède tout d'abord par étapes en maîtrisant progressivement son développement économique et en l'accompagnant par la formation, la qualification et la montée en niveaux de ses ressources humaines.

BEROMET, ses principales fabrications sont : le matériel de branchement électrique d'immeubles, distributeurs, coffrets coupe-circuit, colonnes montantes électriques de bâtiments, outillage de sécurité pour l'électricité, fusibles. Cette société, qui est dirigée par deux frères Henry et leurs deux fils respectifs, est en soi une aventure humaine qui comme beaucoup d'entreprises est l'œuvre de techniciens qui ont commencé avec peu de moyens est comme le dit son PSG : « nous avons mangé la vache enragée et avec courage, détermination et abnégation nous avons réussi à inventer et à innover ». Le principal client de BEROMET est EDF dans le secteur des compteurs électriques. L'Algérie avait une génération de matériels électriques qui manquent de critères de sécurité et de fiabilité et les partenaires algériens ont compris l'intérêt de nouer des alliances avec cette société.

BIOPROBE SYSTÈMES est issue de la recherche universitaire et des laboratoires d'analyses dans les domaines du diagnostic dans le médical/Virologie, bactériologie, parasitologie. Elle a développé la technologie dite des sondes froides (sondes nucléiques non radioactives). M. Lebacq a fait le saut de passer de la sécurité de l'emploi dans les universités et il a créé son laboratoire dans des locaux privés à Montreuil avec son épouse et a participé à plusieurs missions avec notre association. Il a eu des contacts avec des laboratoires et universités publics en Algérie, car dans ces domaines c'est l'État qui en a la maîtrise.

BAILLY a un savoir-faire dans le découpage, emboutissage jusqu'à 150 tonnes. Ressorts plats machines BILHER, outillage, petite mécanique, montage, assemblage, soudure… Cette PME correspondait aux besoins de l'industrie lourde et biens d'équipements à une période où le secteur industriel représentait jusqu'à 30 % du PIB algérien.

FLEXFRANCE, bien implanté en Algérie, avait ouvert dans les années 1980 dans une villa, un bureau à Kouba dans la banlieue d'Alger. Elle fabrique des flexibles et tuyaux (courroies/bandes transporteuses, caoutchouc et plastiques manufacturés).

HAUSER est spécialiste des sièges, fauteuils pour hôpitaux, hôtels et salles de conférences. L'offre de cette société vient combler le manque de matériels de qualité en Algérie à cette époque.

1ERS (INTERNATIONAL ENGINEERING SERVICE) est un Bureau d'études en électronique, informatique, micro-informatique. Étude et fabrication de tout système professionnel et grand public. L'Algérie a accusé un certain retard dans le domaine de l'informatique et l'électronique. Les cadres et hauts dirigeants avaient une résistance par rapport aux technologies et aux techniques modernes. Nombreux n'avaient ni ordinateurs, ni mails sur leurs bureaux. C'est aussi un problème de méritocratie qui fait qu'on rentre dans la fonction publique, les banques et les entreprises par relation. L'émergence d'un secteur privé et des PME/PMI a fait émerger une classe d'entrepreneurs utilisant davantage les outils modernes. Cela s'est fait en s'appuyant sur de grandes écoles privées, mais aussi quelques universités et notamment l'École nationale supérieure d'informatique (ESI), anciennement Institut national de formation en informatique (INI), un établissement d'enseignement supérieur algérien formant des ingénieurs d'État en informatique. Créée le 6 décembre 1969 sous la dénomination de Centre d'études et de recherche en informatique (CERI) sous la tutelle de l'ex-ministère de la Planification et de l'Aménagement du territoire.

Il forma les premiers ingénieurs d'État, ingénieurs d'application et programmeurs d'Algérie et d'autres pays africains (Bénin, Cameroun, Gabon, Mali, Mauritanie, Sénégal, Tunisie, etc.).

SOLVA INTERNATIONAL est un concepteur et éditeur de logiciels sous UNIX et environnement client/serveur. La société présente une gamme de logiciels en temps réel destinée à la gestion des entreprises.

SOLVA, c'est aussi la compétence en matière d'applications bancaires et financières.

SOLVA a su développer son activité à l'export, notamment dans la mise en place de systèmes de gestion multilingue, multialphabet, multidevises.

En Algérie, SOLVA a proposé l'Audit, le conseil et l'élaboration de schémas directeurs, Assistance, formation, Monitoring, Progiciels standards, Logiciels d'applications spécifiques.

STRUCTURES INTERNATIONALES organise et réalise le montage des stands d'exposition, agencement, événements, musée, distribution de systèmes modulaires, installation générale. De la conception au stockage de l'espace des exposants en séries (stands de base à prix compétitifs) ou individuels sur mesure haut de gamme. L'histoire particulière de cette société leader européen est dans le fait que son fondateur a préféré la céder au moment de sa retraite à ses cadres plutôt qu'à ses enfants, afin d'en assurer la pérennité.

Structures internationales a réalisé nos expositions, notamment à la foire d'Alger pour l'ensemble du pavillon France.

Tréfileries de la Boissière, dont le cœur de métier est les tréfileries transformation acier doux. Fils clairs, galvanisés, recuits, cuivres en bottes trancanées de 1 000 kg et plus, en couronnes de fabrication des aciers doux et ronds, carrés, plats, etc. Fils dressés/coupés aux longueurs du 10/10 au 150/10 et fils profilés.

DEM 2 F DÉPARTEMENT (ENGINEERING MÉCANIQUE). Cette société a opéré en Algérie sur des réalisations d'ensembles mécaniques et pneumatiques au modèle sur plan.

LEROY MERLIN avec son site de Montreuil a adhéré à notre esprit de partenariat et d'adaptation aux spécificités algériennes. Ce groupe commercialise et distribue en grande surface des produits de quincaillerie et jardinage. Comme beaucoup de grands groupes, Leroy Merlin s'appuie sur des talents franco-algériens qui savent allier leurs technologies et leurs lignes de produits aux contextes algériens.

À propos d'un architecte vivant de part et d'autre de la Méditerranée, on peut lire sur le site de Leroy Merlin :

> « Basé à Paris, il construit aussi en Algérie, récemment à Tlemcen. Son imaginaire du bâti se nourrit sur les deux rives. Dans un esprit plus libre et plus ouvert en Algérie, plus normé et plus technologique en France. Son goût pour la terre cuite trouve des applications différentes dans chacun des deux pays. Il se décrit comme un passeur. Un passeur qui cherche à faire évoluer les représentations de ses clients et interlocuteurs. Il nous invite ici en explications et en photos à découvrir et apprécier l'architecture en Algérie. »

Échanges France-Algérie

La France est pour l'Algérie un partenaire privilégié, elle est son premier fournisseur avec une part de marché qui se stabilise à 22 %. D'ailleurs depuis dix ans les échanges entre la France et l'Algérie ont doublé, ils s'élèvent à 8 milliards d'euros que l'on peut répartir de manière presque équivalente entre importations (4,1) et exportations (4).

Ce qui a le plus augmenté ces dernières années, ce sont les importations. En effet cela s'explique principalement par la hausse du prix des hydrocarbures quant aux exportations, elles sont en légère diminution en raison notamment de la concurrence des pays émergents. Les exportations de la France vers l'Algérie restent cependant les plus importantes en comparaison avec l'Égypte, Le Maroc ou encore la Tunisie. De manière plus précise, elles sont trois fois plus importantes que dans les pays sus-cités. Les exportations vers l'Algérie qui sont en augmentation concernent les produits agricoles. Ils représentent ainsi 8,6 % du total des échanges pour l'année 2007. Il s'agit ici d'une augmentation de plus de 15 %. En ce qui concerne les échanges industriels (équipements mécaniques principalement), ils représentent 42,1 % du total des échanges pour la même année, ce qui équivaut à une augmentation de 9 %.

Investir en Algérie est devenu de plus en plus simple et de plus en plus sécurisé notamment depuis la réforme de l'ordonnance n° 01-03 du 20 août 2001 relative au développement de l'investissement. Cette ordonnance offre une série d'avantages aux investisseurs et la mise en place des instruments nécessaires à une politique de promotion des investissements, tels que le Conseil national de l'investissement présidé par le Chef du Gouvernement, l'Agence nationale de développement de l'investissement (ANDI) et du guichet unique.

La loi propose un nombre élevé de garanties tel que :

– Le traitement identique entre toutes les personnes physiques et morales non résidentes (nationales ou étrangères)

– Le recours à l'arbitrage international.

– L'application du taux réduit en matière de droits de douane pour les équipements importés dans le cadre de la réalisation de l'investissement, exonération de l'impôt sur le bénéfice annuel, de l'impôt sur le revenu global, franchise de TVA sur les biens et services

C'est dans ces conditions que l'on voit apparaître l'intérêt grandissant de certains grands groupes français pour l'Algérie, pour ne citer qu'un seul exemple : Gaz de France compte investir un milliard de dollars pour développer le champ gazier de Touat dans le sud-ouest du pays. En effet, l'investissement pour la période 2007-2009 atteint les 820 millions d'euros. Ce qui représente 720 millions de plus que pour la période précédente (1998-2005). Notons que les hommes d'affaires français sont plus particulièrement intéressés par les projets algériens en pétrochimie, ce qui a augmenté la fréquentation de la zone industrielle d'Arzew à Oran. C'est en effet dans ce lieu stratégique que les rencontres avec les entreprises locales, mais aussi les adhérents de chambre de commerce et d'industrie de l'Oranie et la mission économique s'effectuent le mieux. C'est un point de rencontre idéal notamment pour la création de partenariats entre les deux pays.

Nous pouvons soutenir qu'il n'y a aucune entreprise, quelle que soit sa taille, ni aucun organisme français, qui a bénéficié d'autant d'impacts médiatiques que notre Association. En voici quelques échos.

La presse algérienne

La Foire internationale d'Alger a été très médiatisée comme en témoigne ci-après la liste non exhaustive des articles parus avant, pendant et après cette manifestation.

Quotidien algérien *Al Khabar* du mardi 19 juin 2007 par Haffid Swalili.

Quotidien algérien *Al Youm* du mardi 19 juin 2007 par Amira D. Titre : le directeur de l'AMIE Camille Sari pour *Al Youm* : Quotidien algérien *La Dépêche de Kabylie* du mercredi 7 juin 2006 par Aghiles Ait Daibech Titre : Montreuil sort du lot

Quotidien algérien *Le Jour d'Algérie* du mercredi 7 juin 2006 par T.G. Titre : L'association montreuilloise A.M.I.E. à la 39e FIA Une trentaine de projets en cours de négociation en Algérie

Quotidien algérien *Le Jour d'Algérie* du mardi 6 juin 2006 par H. G. Titre : Montreuil s'intéresse au marché algérien

Quotidien algérien *Le Soir d'Alger* du lundi 5 juin 2006 par Chérif Bennaceur. Titre : La ville de Montreuil se projette à Alger

Quotidien algérien *Liberté* du jeudi 19 avril 2007 par N.R.

Après une exposition qui aura duré six jours, la 40e édition de la Foire internationale d'Alger s'est achevée avec la remise de diplômes et de médailles symboliques aux hôtes de l'Algérie, venus représenter plus de 1 000 entreprises de 41 pays.

LIBYE : UN PAYS ENCORE FERME

Foire internationale de Tripoli du 2 au 12 avril 2006.

Avec l'appui de la mission économique française à Tripoli, de la chambre de commerce franco-libyenne, de la section locale des conseillers du commerce extérieur de la France et le soutien de l'AFD, du ministère de l'Économie et des Finances et du ministère des affaires étrangères français, un pavillon français de 1 100 m² couverts a été retenu par la société BOI, déjà organisateur du pavillon français depuis 2000. Participer à cette exposition est une occasion unique d'approcher directement les décideurs libyens, publics et privés.

Participer à la foire internationale de Tripoli est une des occasions uniques de toucher le nouveau secteur privé, d'approcher directement les décideurs libyens, de renforcer son image et d'inscrire une stratégie sur son marché dans le long terme.

Avec 10 milliards de dollars investis depuis deux ans dans le tourisme, la Libye a incontestablement réussi son retour sur la scène internationale.

En effet, la Foire internationale de Tripoli, capitale de la Libye, connaît depuis sa 36e édition certains changements, elle ne connaît pas donc de stagnation. Elle compte en plus des pavillons français, italiens, marocains, canadiens, japonais et allemands de nouveaux arrivants.

La Turquie pour l'année 2007 a occupé deux pavillons (produits électroménagers, prêt-à-porter). La F.I.T s'enrichit donc d'année en année avec ses divers pavillons et des thématiques très larges (santé, agroalimentaire, agriculture, matériel de transport, traitement des eaux, énergie, environnement, télécommunications, de biens de consommation).

La FIT a réuni 40 pays, 3 000 entreprises locales et étrangères et accueille plus de 20 000 visiteurs par jour.

Pour mieux saisir l'opportunité qu'offre cette foire, laissons-nous guider par l'expérience de Philippe ARNHOLD (Export manager Afrique pour l'entreprise Montreuilloise Tractel). En effet ce dirigeant compte à son actif pas moins de 4 participations à cette foire, au sein du pavillon français et des 60 m² que se sont partagés les entreprises de la Seine–Saint-Denis. Philippe ARNHOLD a pu au fil des années consolider ses relations commerciales avec des distributeurs locaux, mais aussi constater qu'il reste beaucoup à faire au niveau de nombreux secteurs tels que le tourisme, les routes, le BTP, et l'énergie.

Le marché libyen pourrait donc bien offrir des possibilités d'affaires non négligeables aux sociétés françaises, surtout pour celles qui s'y sont peu intéressées pour l'instant.

Les entreprises participantes : VIGIWARE ; VDS, TRACTEL, CAHOUET, IC DISTRIBUTION, CORVULCA, SAEF, QUINETTE GALLAY. EUROMED. SAVOIR ET FORMATION, AFPA, HEURE ET CONTRÔLE, AAVS, ISB, 3A CONSEIL, SIPD, BJM…

La France est le 3e partenaire commercial de la Libye en 2022, en important des hydrocarbures et des produits pétroliers. La balance commerciale est déficitaire de -1,9 milliard d'euros en 2022. Les principaux partenaires de la Libye sont : la Chine, la Turquie, les Émirats unis. Les conflits et guerres internes découragent les investissements étrangers au point que le stock des IDE est devenu comptablement négatif, soit -179 millions d'euros. Les investissements français sont devenus positifs depuis 2019 avec un stock d'IDE de 254 millions d'euros, ce qui est un niveau faible qui marque la prudence des sociétés françaises.

La France était le 3e partenaire commercial de la Libye en 2010, avant le renversement de Kadhafi en 2011, soit 9,7 % des échanges avant de reculer à la 8e position en 2022 avec seulement 3 % des échanges libyens. Le déficit commercial est structurellement déficitaire en défaveur de la France de -2,4 milliards d'euros, répartis en 221,6 millions d'euros d'exportations (agroalimentaires et pharmaceutiques, produits chimiques, électroniques et informatiques et parfums et cosmétiques) et 2,2 milliards d'euros d'importations (produits pétroliers principalement).

L'augmentation des importations françaises s'explique par la hausse des prix du pétrole de 17,8 % en 2021. Les exportations ont augmenté de 24,5 %

la même année grâce à la revalorisation des ventes de produits pétroliers raffinés passant de 152 535 d'euros à 39,9 millions d'euros.

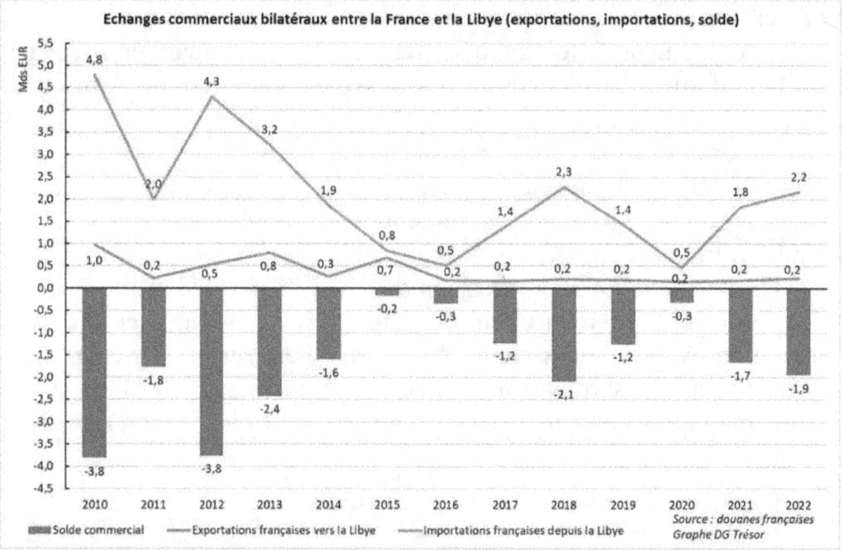

Le gel des investissements français en Libye à cause des deux guerres civiles en 2011 et 2019, le stock des IDE qui représentaient 939 millions d'euros en 2010 a chuté jusqu'à 2018, pour ne reprendre un stock positif que l'année 2020, représentant 379 millions d'euros.

LES PARTENARIATS AVEC LE MAROC

La relation avec le Maroc a été initiée par le Conseil d'Administration de l'AMIE loin de toutes considérations politiques (émanant de la municipalité), comme fut le cas avec l'Algérie.

La France est le premier partenaire économique et financier du Royaume du Maroc, en accroissant ses échanges en 2022 de +24 %, grâce à l'accroissement des exportations françaises de céréales.

La France est le premier pourvoyeur de devises au bénéfice du Maroc par le canal des transferts des Marocains ou des Franco-Marocains résidant en France pour un montant de 3,3 milliards d'euros en 2022. Les touristes français dépensent 2,9 milliards d'euros en 2022 contre 1,2 milliard d'euros en 2021, soit 33 % du total.

Depuis l'installation de Renault à Tanger et Stellantis à Kenitra et des sociétés aéronautiques qui sous-traitent au Royaume, les exportations marocaines vers la France ont augmenté de 112 % en 2022, alors que les exportations françaises vers le Royaume marocain n'ont augmenté que de 61,5 %. La balance commerciale entre les deux pays est en défaveur de la France de -432 millions d'euros en 2022. Les échanges commerciaux entre les deux pays se sont élevés à 13,4 milliards d'euros. Les exportations françaises à destination du Maroc se composent des secteurs suivants :

– les produits agricoles représentent 20,5 % soit 1,3 milliard d'euros et un taux de croissance de +310 %,

– les équipements électroniques et mécaniques pour une valeur de 1,6 milliard d'euros à la faveur de ventes de pièces automobiles fabriquées au Maroc.

Les importations françaises en provenance du Royaume sont :

– les véhicules automobiles représentent 35 % du total,

– les produits agricoles et halieutiques représentent +33 % et en valeur 1,2 milliard d'euros,

– le textile connaît une progression de +14,1 % soit 975 millions d'euros.

Le Maroc est le premier client de l'Hexagone en Afrique et le deuxième de la région ANMO (d'Afrique du Nord et du Moyen-Orient) après la Turquie. La France est redevenue le deuxième fournisseur du Maroc avec des parts de marché s'élevant à 10,6 % devant la Chine (10 %) et derrière l'Espagne (14,1 %).

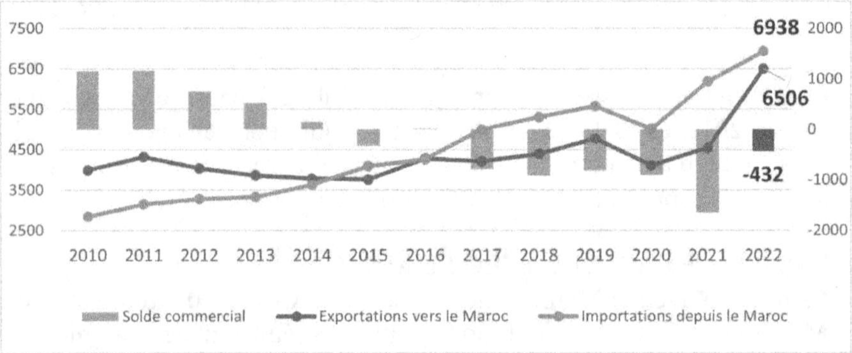

Source : douanes françaises

L'Hexagone est le premier investisseur étranger avec un stock réel avoisinant 30,8 %, soit 8,1 milliards d'euros. Le Royaume est le premier pays récipiendaire des investissements français en stock dans la zone ANMO. Ainsi la France devance les Émirats arabes unis qui arrivent en deuxième position (20,3 %) et l'Espagne troisième (8 %). La quasi-totalité des groupes du CAC40 et 1 300 des filiales de sociétés françaises investissent dans les secteurs suivants : l'immobilier (27,3 %), l'industrie (23,9 %), le commerce (20,3 %) et les activités bancaires et financières (10,5 %).

D'après une note de la direction du Trésor français, le Maroc est le premier récipiendaire des financements de l'Agence française de Développement (AFD) dans le monde. Les instruments de l'AFD représentent 3,7 milliards d'euros, dont 2,1 milliards d'euros d'encours (financements décaissés), et 1,6 milliard d'euros de restes à verser.

Le Maroc réalise près de 30 % de ces échanges avec la France, qui est à la fois son premier client et son premier fournisseur. À titre de comparaison, le royaume chérifien réalise près de 60 % de son commerce extérieur avec l'Union européenne.

Selon l'Office des changes marocains, les échanges commerciaux bilatéraux se sont élevés en 1993 à 22,5 milliards de dirhams contre 24 milliards de dirhams au cours de la même période de l'année (1 euro = environ 11 dirhams). À noter que ce taux est supérieur à celui constaté pour l'ensemble des transactions commerciales avec l'étranger.

Deux années de sécheresse au Maroc et la stagnation de la demande en provenance du marché français ont exercé des effets négatifs en 1993 sur cette évolution.

Les importations marocaines en provenance de la France, se sont élevées à 11,4 milliards de dirhams, soit une baisse de 5 % par rapport à l'année précédente et se sont portées dans une proportion de 86 % sur des produits manufacturés.

À l'exception des postes énergie, lubrifiants (plus 66 %) et produits finis d'équipements agricoles (plus 55 %), toutes les autres catégories de produits ont connu soit une stagnation soit une baisse.

Au cours de la période considérée, les 10 catégories de produits français les plus vendus au Maroc ont été par ordre d'importance :

– Chaudière : un milliard de dirhams.
– Produits chimiques : 167 millions de dirhams.
– Blé tendre : 477 millions de dirhams.
– Médicaments : 416 millions de dirhams.
– Voitures de tourisme : 385 millions de dirhams.
– Tissus de coton : 298 millions de dirhams.
– Véhicules industriels : 289 millions de dirhams.
– Matériel plastique artificiel : 281 millions de dirhams
– Tissus de fibres synthétiques artificielles : 190 millions de dirhams.
– Orge : 183 millions de dirhams

LE MAROC, MISSION DU 20 AU 24 MARS 1995

Le Maroc est séparé de l'Europe par seulement 12 km. Deux façades maritimes d'une étendue de plus de 3 400 km. La superficie est de 710 850 km2. La population est de 37,36 millions d'habitants en 2024, dont 70 % sont âgés de moins de 25 ans. La population active est de 10 millions de salariés, soit 39 % de la population.

Les principaux atouts du Maroc :

– une position géographique privilégiée à la croisée des chemins entre l'Europe, l'Afrique et les pays arabes.
– Un voisinage immédiat avec la CEE.
– Une infrastructure diversifiée et de bonne qualité.

– Un important réservoir de matières premières, des ressources agricoles diversifiées, des ressources considérables en matière de pêche, des ressources minérales (phosphates, plomb, cuivre, argent).

– Un système bancaire moderne ; toutes les banques françaises sont représentées au Maroc.

– Un système de formation professionnelle, impliquant tous les partenaires concernés et couvrant tous les secteurs d'activité.

– Un exemple de mesures d'encouragement aux investissements qui favorisent la création d'entreprises dans les différents secteurs d'activité économique : agriculture, industrie, mines, pêche, tourisme, habitat, etc. (code des investissements spécifiques). Parmi ces mesures, la banque de l'espoir, destiné à financer les projets des résidents marocains à l'étranger, ainsi que les projets des Français résidant au Maroc. Ainsi tout au long de ces dernières années, le Maroc a pris une série de mesures allant dans le sens d'une ouverture plus large sur l'extérieur :

Abrogation du décret relatif à la marocanisation.

– Libéralisation du commerce extérieur.

– Libéralisation progressive de la réglementation des changes.

– Libéralisation du système financier bancaire.

– Privatisation des entreprises publiques non stratégiques (près de 300).

Convertibilité du dirham pour les opérations courantes

Le dynamisme de l'industrie marocaine

Le Maroc qui a fait l'expérience du PAS depuis 1983 a été incité à privatiser, à réduire ses déficits et donc ses dépenses et surtout à dévaluer sa monnaie. Ce pays présente les caractéristiques d'une économie en profonds changements sur les plans économique et social. Néanmoins, le Maroc est classé par le PNUD parmi les pays dont l'indice de développement humain est en progression. Des facteurs tels que l'alphabétisation croissante des adultes, le taux de scolarité dans les campagnes en évolution positive, des investissements dans les infrastructures routières, portuaires, ferroviaires sont des facteurs d'attractivité du Maroc. Une politique de santé dans le monde rural et urbain et la généralisation de la prise en charge des dépenses sanitaires ont amélioré le bien-être et la productivité des travailleurs marocains. Il est vrai que la politique marocaine du tout à l'export à la faveur d'une libéralisation du commerce extérieur et d'une dévaluation contribue à l'amélioration de l'ouverture du marché marocain sur l'extérieur.

Le Maroc tend à combiner des avantages tant sur le plan intérieur qu'extérieur du fait de sa politique extravertie qui se traduit en permanence par une politique de change compétitive. Tout miser sur quelques industries de transformation (textiles, cuir…) et sur l'exportation de tomates se fait en développant le secteur productif industriel.

Depuis l'indépendance, le développement économique s'est reposé sur la politique des barrages en développant une agriculture d'autosuffisance et d'exportation, mais depuis les années 2000, le tournant industriel a pris le pas en attirant des investisseurs internationaux comme Renault et Peugeot.

Des mesures d'accompagnements sont prises : l'aménagement de zones industrielles, la promulgation de nouveaux codes des investissements, l'incitation à l'export, l'assistance aux entreprises exportatrices et la simplification des procédures douanières. Les exportations de biens industriels sont passées de 15 % de la valeur totale à 35 %. L'insertion au sein de la division internationale du travail est basée sur l'amélioration de la productivité, l'incitation à l'innovation et à la recherche-développement et surtout sur la formation professionnelle et la lutte contre l'analphabétisme.

L'État joue un rôle capital dans une stratégie de développement ambitieuse où la création d'entreprises géantes est à la mesure des défis posés par les grandes alliances régionales et internationales du monde moderne. Au Maroc, la plupart des entreprises tendent à occuper un vaste espace régional et/ou international aussi bien vers le Sud (l'Afrique subsaharienne) que le Nord (l'Union européenne). Les PME marocaines sont préparées pour affronter la concurrence étrangère, tant sur le marché intérieur que sur les marchés d'exportation et de constituer un noyau dur d'entreprises leaders. Elles ambitionnent d'accéder à la technologie, développer l'investissement et l'emploi et jouer le rôle d'une locomotive en incitant à la création d'une multitude de PME et PMI autour d'elles. À l'exception de certaines entreprises de transformation fortement utilisatrices de main-d'œuvre (cuir, textile…), les entreprises marocaines dans leur majorité favorisent l'émergence de capacités techniques commerciales et financières importantes.

La mobilisation de capitaux (compte tenu de leur taille) nécessaires à investir, à s'adapter et à se restructurer a été facilitée par le dynamisme du secteur bancaire et financier. Ce dernier a noué très tôt des partenariats avec des banques françaises, notamment, améliorant ainsi l'industrie bancaire, les systèmes de paiements et le développement d'un réseau bancaire et un système de distribution de crédit favorable à l'investissement productif.

Il est à noter la capacité du secteur privé marocain à se substituer à l'État dans le processus de développement qu'exige une meilleure diversification de l'économie marocaine à l'instar de l'hôtellerie, le transport urbain, l'industrie agroalimentaire et de transformation et dans les nouvelles technologies ont trouvé un soutien dans les investissements étrangers dans le secteur automobile, aéronautique et dans le numérique.

Les exportations de véhicules produits dans l'usine Renault à Tanger devancent désormais la production de phosphates et ses dérivés (ammoniaque, engrais.)

À noter les performances réalisées durant les dernières décennies comme :

– L'accroissement des créations nettes d'entreprises de 7 % en moyenne par an

– Le nombre d'emplois a évolué de 6,7 % par an et la masse salariale de 13 % par an

– Le chiffre d'affaires industriel a progressé de 13,5 % par an

– La part de l'investissement étranger dans l'investissement industriel est passée de 28 % en 1990 à 35 % dans les années 2010-2020.

– Le taux de croissance de l'investissement industriel effectif est de 24 % par an (

La revalorisation de la part de l'industrie dans le PIB est beaucoup plus liée à des facteurs exogènes, mais aussi à la dynamique propre du secteur.

Les industries de transformation restent principalement axées sur la production des biens de consommation qui concerne près de 50 % de la production totale, alors que les biens d'équipement comptent pour plus de 22 %. Les produits fabriqués reçoivent dans leur grande majorité un bon degré de transformation et le taux de la valeur ajoutée progresse.

Certaines contraintes pèsent sur l'économie marocaine tant au niveau international qu'au niveau national. On peut citer la dépendance en biens d'équipement et le renforcement des barrières protectionnistes directes et indirectes et différentes discriminations dont font l'objet des produits marocains destinés à l'UE. Le Maroc doit faire face à une nouvelle concurrence sur des produits où il était bien placé comme le textile. Le coût de production dans les pays de l'Est et en Asie est nettement inférieur.

Les exportations marocaines confirment, en 2022, leur tendance haussière s'établissant à 22 milliards d'euros de marchandises livrées sur le marché international. Ce qui équivaut à un accroissement de 6,272 milliards d'euros par rapport à la 2021.

Les produits semi-finis figurent en tête des exportations marocaines, générant la somme de 63, 88 milliards d'euros, soit une hausse de 2,631 milliards d'euros par rapport à la même période en 2021.

Dans le détail, il s'agit d'engrais naturels et chimiques (3,44 milliards d'euros), d'acides phosphoriques (1,232 milliard d'euros) ou encore de composants électroniques (0,35 milliard d'euros). Il s'agit pour l'essentiel de produits dérivés des phosphates.

Les produits de consommation arrivent en seconde position des exportations marocaines avec un total de 61 milliards d'euros. À elles seules, les voitures de tourisme comptent pour le double des exportations des produits finis de consommation, atteignant 2,52 milliards d'euros. En 3e position, les produits finis d'équipement industriel enregistrent 3,59 milliards d'euros d'exportations. Il s'agit principalement de fils, câbles et conducteurs pour l'électricité. Les produits alimentaires arrivent en quatrième position avec des exportations qui ont atteint, lors des six premiers mois de l'année, la somme de 3,47 milliards d'euros, dont les crustacés, mollusques et coquillages, les tomates fraîches et les fruits secs.

FRANCE EXPO DU 10 AU 13 MARS 2004

Avec près de 500 filiales dont 13 des 15 plus grands groupes français, un grand nombre de PME-PMI, 45 % de l'investissement direct étranger au Maroc, 25 % du commerce extérieur, près de 50 % de l'aide publique au développement, la France tient une place privilégiée au Maroc et attache une importance particulière à ce pays partenaires et Ami.

L'accord d'association avec l'Union européenne va ensemble avec la mise en place d'une zone de libre-échange en 2012 et par là même le démantèlement progressif des droits de douane à l'entrée au Maroc des produits français. À noter : l'accord de non double imposition, l'accord bilatéral de protection de l'investissement sont autant de facteurs pour encourager les entreprises françaises à plus de dynamisme sur ce marché.

Assainissement de l'environnement des affaires, réforme en place ou à venir, effort de mise à niveau de l'État et des entreprises, le Maroc est réellement dans un tournant de sa vie économique. Fortes du succès de la première édition 2001, la Chambre de commerce française au Maroc, UBIFRANCE et la mission économique au Maroc, donnent à nouveau aux régions et aux entreprises françaises, l'occasion de mettre en valeur leur savoir-faire et leur spécificité, en organisant la deuxième édition de France Expo du 10 au 13 mars 2004 au parc de l'office des changes de Casablanca.

L'AMIE s'associe à cette manifestation aux côtés de la CCIP.

Les objectifs : créer un événement à la fois commercial et de promotion dans un pays où la France dispose d'une excellente image et d'une présence économique à fort potentiel de développement. Les objectifs sont :

- soutenir la démarche d'entreprises non encore présentes,
- valoriser la présence des entreprises déjà actives au Maroc,

• créer un effet d'image pour l'industrie, les technologies et les produits français,

• renforcer la coopération et les échanges entre nos deux pays.

Les cibles :

• la communauté d'affaires marocaines est constituée de décideurs de grands groupes, agents, importateurs, investisseurs, PME/PMI,

• les hauts responsables de l'administration, des ministères et des entreprises publiques,

• les relais d'opinion (presse, médias).

Cette semaine française consista en une exposition de produits et savoir-faire français comportant deux volets :

Technologies et savoir-faire français dans les secteurs de :

• l'environnement,

• les nouvelles technologies de l'information et de la communication (NTIC),

• l'emballage,

• la plasturgie

• les transports,

• la qualité,

Les secteurs qui ont motivé le déplacement de nos entreprises sont : la formation, la maintenance, la mécanique, le tourisme, la santé, la distribution, les services et plus généralement tous les produits ou équipements favorisant la mise en niveau individuel.

Les Produits et savoir-faire régionaux sont : les biens de consommation, l'artisanat, la gastronomie, le tourisme.

Les événements et actions associées sont : les séminaires et colloques professionnels, des événements culturels

L'inauguration du salon a été fort médiatisée en présence de hautes personnalités politiques et économiques.

Forum MED-ALLIA à Casablanca — Maroc du 7 au 9 février 2007

Le Centre International de conférences et d'expositions de l'Office des changes à Casablanca a abrité du 7 au 9 février 2007 la première édition du Forum méditerranéen de développement des entreprises « Med-Allia », organisée en collaboration avec l'Agence française pour le développement international des entreprises UBIFRANCE et la Chambre française du Commerce et d'Industrie du Maroc (CFCIM).

Premier de son genre au Maghreb, ce grand événement a réuni 200 entreprises *françaises*, 200 entreprises *marocaines*, des sociétés *égyptiennes* (180), *algériennes, libyennes, mauritaniennes et tunisiennes.*

Med-Allia offre aux participants l'occasion de rechercher et identifier leurs cibles, rencontrer et établir des partenariats opérationnels avec des entreprises qui contribuent fortement au dynamisme de la zone du Grand Maghreb, de l'Égypte et de la France, concrétiser leurs projets ainsi que perfectionner et saisir des occasions d'affaires insoupçonnées et découvrir de nouvelles opportunités pour les entreprises participantes.

En outre, Med-Allia cibla une pléiade de secteurs entre autres : l'agro-industrie, le BTP, la chimie et parachimie, le commerce et la distribution, les TIC, le tourisme…

Les entreprises participantes : 2MI SERVICES, AFPA, CORVULCA, PARTNERS, VIDENTYS, SAVOIR & FORMATION, EUROMED, VDS, LEVRAT, ISB, ACE, AAVS, BAPEAUME, GUARD INDUSTRIE AWD, CABINET PICQUART, 3A CONSEIL, TRAINING ON LINE, BIOLOGIE INDUSTRIE, FAVRE, LCC IMPORT, MCB ELECTROBOBINAGE, PERNIN ÉQUIPEMENTS, PROCÉDÉS HALLIER, QUINETTE GALLAY, PY SYSTEMS, RICOTET PAGANETTI, SERV TRAYVOU INTERVEROUILLAGE, SIPD, TRACTEL, VITELEC, OPTEL THEVON.

ZOOM SUR BAPEAUME

Bapeaume est une société spécialiste des circuits imprimés implantée à Montreuil depuis 1977, elle s'insère dans un secteur de pointe. En France, on dénombre quelque 200 entreprises fabriquant des circuits imprimés. La ville a favorisé l'expansion de cette industrie. La SA Bapeaume comptait 22 employés et réalisait un chiffre d'affaires hors taxe de 12 millions de francs par an. Ce volume d'affaires correspond à 3 % du marché national et 20 % à l'export. Le Benelux est le principal importateur de cette production montreuilloise, suivi pour une moindre part de l'Algérie, du Maroc et des États-Unis.

L'action de l'AMDCEI a eu un impact positif sur le chiffre d'affaires de Bapeaume. Fondée en 1977, cette société en expansion n'était alors qu'un modeste artisan sous la houlette de Patrice Bapeaume de formation arts graphiques. Nanti de différentes expériences professionnelles, il découvrit ce qui sera son nouveau métier ; la fabrication de circuits imprimés. Cette société déménagera pour acquérir des locaux de 1 000 m^2 corroborant une croissance de la production qui s'accompagna d'une augmentation du personnel et d'un investissement important en technologie. L'entreprise consacra un million de francs d'investissement en matériel, afin de se moderniser.

Sur les 22 salariés, tous ont été formés aux techniques de pointe et ont acquis la qualification de sérigraphe, chimiste, programmeur, photograveur. La plupart d'entre eux sont originaires de Montreuil et ont commencé jeunes dès la création de la société. Bapeaume, devenu SA, veille à développer son portefeuille de 250 adresses dont le ministère de la Défense, l'AFPA, Tex Alarm… « Prendre une autre importance nécessiterait de faire appel à des financiers et cela, quand on a choisi de se mettre à son compte, on n'en veut pas ».

Le partenariat avec la ville d'Agadir au Maroc, répond à la volonté de défendre une autre conception du développement. Les municipalités de

Montreuil et d'Agadir (Maroc) ont convenu d'établir des relations favorisant les échanges scolaires, linguistiques, universitaires et administratifs. Située sur la côte atlantique à 500 km, au sud de Casablanca, Agadir compte 700 000 habitants. La ville est l'un des principaux centres urbains et économiques du Maroc, le premier port de pêche et l'une des plus grandes stations balnéaires du pays. Cette coopération avec une collectivité du Maghreb a également été motivée par le souhait de valoriser l'enseignement de la langue arabe à Montreuil, langue majeure dans les échanges internationaux, dont la maîtrise est un atout incontestable, notamment dans le monde du travail. À la suite d'une visite conduite par Jean-Pierre Brard à Agadir en août 2005 et l'accueil à Montreuil du 30 janvier au 2 février 2006 de M. KABBAGE, maire d'Agadir, un protocole d'accord a été signé le 1er février 2006.

ÉGYPTE 1999 : UN VASTE MARCHÉ, MAIS NON SANS ÉCUEILS

La Foire internationale du Caire s'est déroulée du 18 au 30 mars 1999 et a rassemblé une quarantaine de pays et 2 000 firmes nationales. Cette manifestation est l'une des plus importantes en Afrique. Tous les secteurs furent représentés :

– des produits manufacturés,
– des entreprises de textiles,
– des sociétés de services financiers,
– les industries minières,
– les appareils électroménagers,
– les équipements électriques et électroniques,
– la sous-traitance automobile,
– les véhicules utilitaires et touristiques,
– les produits chimiques et organiques de base,
– les conserves de fruits et légumes,
– les agrumes.

L'Égypte est le pays le plus peuplé du monde arabophone avec une population de 110 millions d'habitants et le 3e pays le plus peuplé d'Afrique. L'influence culturelle, cinématographique, religieuse et politique est indéniable. Sa position géostratégique le place au centre du jeu d'influence des grandes puissances, mais aussi des nations moyennes et de petites tailles. Sa superficie, un million de km2, est combinée à son implantation au carrefour de trois continents, baignée par deux mers reliées de Suez. 25 % de la population et la majeure partie du potentiel économique sont concentrés sur Le Caire, Giza et Alexandrie. La pauvreté et la mauvaise répartition des activités économiques font que 95 % de la population est concentrée sur 7 % du territoire.

Le PIB de l'Égypte s'est élevé à 373 milliards de dollars en 2023 et est réparti sur les secteurs suivants :

– l'industrie manufacturière (16 %),

– le commerce de gros et de détail (15 %),
– l'agriculture, forêt et pêche (12 %)
– le tourisme (10 %).

Quelle est la situation économique et financière actuelle de l'Égypte ?

Des générations de citoyens arabophones ont baigné dans la culture égyptienne, bénéficiant d'afflux de chanteurs, comédiens et artistes des pays voisins. Le pays des Pharaons est aussi un centre religieux, mais modéré. Al Azhar édicte des fatwas, mais loin des courants intégristes comme le wahhabisme saoudien. Lors de mes visites depuis les années 1980, j'ai constaté une montée des Frères musulmans et le port du voile et la fin des mœurs permissives affichées par les films égyptiens.

L'agglomération du Caire, la capitale, compte 23 millions d'habitants.

Avec un PIB de 403 milliards de dollars en 2021, le PIB égyptien est le deuxième d'Afrique.

Les principaux secteurs sont le bâtiment et les travaux de construction immobilière (18 %), le commerce de gros et de détail (15 %), les activités agricoles, forestières, piscicoles (13 %) et minières (11 %). Pour des raisons historiques remontant à l'ère Nasser, le secteur public est prépondérant (32 % de l'activité et 75 % des investissements).

Comme la plupart des pays d'Afrique du Nord et du Moyen-Orient, le secteur informel est difficilement saisissable représentant entre 35 et 60 % de l'emploi total et pourrait atteindre 45 % du PIB.

Grâce aux résidents égyptiens à l'étranger, leurs transferts totalisent 33 milliards de dollars en 2021, contre seulement 19 milliards de dollars en 2016. Ce chiffre est constamment en croissance, car l'émigration égyptienne est en hausse.

A contrario le tourisme connaît des fluctuations erratiques au gré des attentats et actes terroristes visant les touristes étrangers, des pandémies, des crises politiques et sociales et autres événements géostratégiques et économiques internationaux. Les revenus touristiques sont passés de 13,2 milliards de dollars en 2019 à 5,1 milliards en 2021 à cause de la crise sanitaire.

Le canal de Suez rapporte 7,3 milliards de dollars en 2021.

Le taux de croissance du PIB égyptien est passé de 6,9 % avant la crise financière de 2008 à 4,7 % en 2009 pour remonter à 6,6 % en 2022.

Les dépenses publiques se décomposent en :
– remboursement des intérêts de la dette (35 % du total)
– salaires et traitements des fonctionnaires (20 %)
– subvention et dépenses sociales (19 % du total)
– 14 % du budget a été consacré aux dépenses d'investissement
– 800 000 jeunes qui rejoignent chaque année le marché du travail
– 30,1 % des Égyptiens vivent sous le seuil de pauvreté, fixé à environ 1,7 USD par jour.

En toute logique le déficit commercial est structurellement déficitaire en valeur de 43 milliards de dollars en 2021, soit 10 % du PIB. La raison en est : un appareil productif qui ne remplit pas son rôle d'offre de biens et de services à la population et des importations massives, afin de répondre aux besoins de la population.

Comme préconisé par le Fonds Monétaire International, les autorités égyptiennes ont dévalué la livre et rendu progressivement le taux de change plus flottant. Cela n'a pas amélioré la compétitivité des entreprises égyptiennes, mais a renchéri le coût des importations et par là même l'inflation.

La livre égyptienne a connu une nouvelle chute rapide de sa valeur par rapport au dollar en début d'année, passant de moins de 25 livres le billet vert jusqu'au 3 janvier, à près de 30 livres le mercredi 11 janvier 2023. Ce taux se rapproche de celui pratiqué sur le marché noir des devises qui côte officieusement 35 livres pour un dollar.

La libéralisation du taux de change fait partie des conditions préalables fixées par le FMI en échange d'un plan d'aide de 3 milliards de dollars sur quatre ans au pays, fortement touché par les conséquences de la guerre en Ukraine. Il en résulte un renchérissement des importations et une fuite importante de capitaux spéculatifs. Ce faisant, les réserves en devises de la Banque centrale sont redescendues à 34 milliards de dollars en décembre 2022.

Quelque 5 milliards de dollars de prêts sont accordés en 2023, de la part de plusieurs autres institutions financières, dont la Banque mondiale et la Banque de développement de Chine.

Le FMI impose la flexibilité des taux de changes aux pays en proie à des déficits budgétaires et des paiements courants extérieurs chroniques.

Ce qui est aberrant pour un pays comme l'Égypte, c'est qu'il a décidé de rendre le taux de change de la livre égyptienne flexible alors que sa monnaie est inconvertible et n'est pas reliée aux marchés financiers.

La décision des autorités égyptiennes concernant la livre crée des incertitudes et n'a aucun bénéfice sur l'économie. Il a déjà engendré des anticipations déstabilisantes auprès des entreprises égyptiennes et internationales, qui se couvrent contre les risques de changes à grands frais. Cette technique permet à l'exportateur et à l'importateur de prendre une assurance contre les variations de la livre entre le moment où le contrat d'exportation ou d'importation est signé et la réception des devises ou leur règlement. Les investisseurs étrangers qui craindront une dépréciation de la livre peuvent être découragés. La diaspora égyptienne observe avec attention les évolutions des cours de la livre et vivra dans la crainte de pertes de change. Les touristes qui affluent en Égypte sont extrêmement sensibles aux taux de change de la monnaie égyptienne.

Comment les autorités publiques peuvent-elles libéraliser le marché des changes dans le contexte de pénurie de devises et de déséquilibres persistants et lancinants de ses disponibilités en monnaies étrangères ?

– L'économie égyptienne 2022 se bat sur 4 fronts : l'inflation, les intérêts, le déficit et la livre égyptienne. Les pressions inflationnistes et le taux de change sont les défis les plus importants.

– L'augmentation des exportations, les revenus du tourisme, le canal de Suez et les envois de fonds des travailleurs à l'étranger sont les principaux facteurs de soutien. L'augmentation des prix du gaz liquéfié et de ses exportations a atténué la pression de recourir à l'augmentation des prix du carburant en interne. L'Égypte s'oriente vers l'annulation du soutien en nature et sa conversion en espèces.

– Comme la plupart des économies de marché émergentes, l'économie égyptienne entre dans une année 2023 qui pourrait être la plus difficile par rapport aux dernières années.

– Sous le poids des pressions inflationnistes, du taux de change et des décisions attendues d'augmenter les taux d'intérêt de la Réserve fédérale américaine, l'Égypte a relevé ses attentes concernant le déficit budgétaire actuel.

– L'objectif d'inflation de la Banque centrale d'Égypte est de 7 %. L'inflation en Égypte a bondi après que l'État a libéralisé le taux de change de la livre en 2016.

Concernant l'inflation en Égypte en 2023, elle a augmenté de 7,9 %, sous le poids de la hausse des prix mondiaux, des matières premières et de la suppression progressive des subventions sur les biens et services au niveau local.

Le taux de change de la monnaie atteint 27,65 livres par rapport au dollar, en 2023, malgré la reprise du tourisme, des exportations et les envois de fonds des Égyptiens à l'étranger, ce qui permet d'économiser des devises fortes. Par conséquent, toute dévaluation de la monnaie est exclue.

Les exportations de marchandises de l'Égypte ont augmenté de 26 % en 2021 pour atteindre 32,128 milliards de dollars, contre 25,427 milliards de dollars un an plus tôt. Alors que le tourisme contribue jusqu'à 15 % du PIB.

Par ailleurs, 118 puits seront exploités en 2023, afin d'accroître les exportations égyptiennes en gaz naturel, en vue d'atteindre 1 milliard de dollars contre 600 millions de dollars en 2022.

La facture des subventions pétrolières a bondi au cours du premier trimestre de l'exercice fiscal en cours 2021-2022 de 76 % en Égypte, atteignant 6,9 milliards de livres, contre 3,9 milliards de livres au premier trimestre de l'exercice fiscal 2020-2021 est principalement des subventions au gaz domestique (butane).

L'augmentation des exportations égyptiennes de gaz naturel liquéfié a contribué à réduire le recours du gouvernement à la forte augmentation des prix du carburant, les prix internationaux du pétrole atteignant des niveaux historiques.

La Banque centrale d'Égypte a fixé les taux d'intérêt au jour le jour entre les banques à 9,25 % sur les prêts à terme et à 8,25 % sur les dépôts, qui sont les plus bas depuis juillet 2014.

La hausse des taux d'intérêt américains met la pression sur les pays qui ont une dette extérieure élevée.

Le coût de l'assurance de la dette souveraine de l'Égypte a augmenté de 19 % depuis le début de l'année 2022, atteignant son plus haut niveau depuis mai 2020, dans un contexte de baisse des avoirs extérieurs nets des banques égyptiennes de 7 milliards de dollars et d'une augmentation des rendements des obligations souveraines attendus en 2029 et 2032.

Le déficit du compte courant et de l'amortissement de la dette extérieur s'élevait à 28 milliards de dollars, soit 6,3 % du PIB, sous la pression de la baisse des recettes touristiques de moins de la moitié en raison des répercussions du virus « Corona ».

Malgré ces pressions sur les avoirs extérieurs des banques, les réserves de change de la Banque centrale ont progressivement augmenté, atteignant 40,93 milliards de dollars en 2021, contre 37 milliards de dollars à fin juin 2020.

Les subventions aux produits alimentaires s'élèvent à 89,5 milliards de livres (2,55 milliards de dollars environ) au cours de l'exercice 2021-2022, dont 36,5 milliards de livres sont des subventions pour le pain et 53 milliards de livres sont des subventions pour les produits alimentaires. 64 millions de personnes bénéficient de subventions pour les produits alimentaires en Égypte et environ 72 millions de bénéficiaires sont des subventions pour le pain.

Le taux de pauvreté en Égypte est passé de 32,5 % en 2018 à 29,7 % au cours de l'année 2020 et le revenu net annuel moyen des ménages à l'échelle nationale a augmenté de 14,4 % pour atteindre 69 100 livres en 2019-2020 contre 60 400 livres en 2018.

Il convient de noter que la présidence égyptienne a ordonné au ministère des Finances le 18 décembre 2022, de porter le salaire minimum à 2 700 livres, d'approuver deux primes d'un coût d'environ 8 milliards de livres et d'augmenter l'incitation supplémentaire pour tous les employés à un coût total d'environ 18 milliards de livres, en plus de viser la nomination de 30 000 enseignants par an pour une période de 5 ans.

La livre égyptienne a connu une chute spectaculaire au cours de l'année 2022, d'environ 60 % de sa valeur. En raison de la demande croissante de dollars d'une part et de la rareté de l'offre d'autre part.

Au lendemain de l'introduction en Bourse de novembre 2016, le dollar a atteint environ 20 livres avant que la Banque centrale d'Égypte ne reprenne le contrôle et ne soutienne la livre. Et il a atteint les limites de 16 livres par dollar au début de 2020, mais depuis lors, la pression sur la monnaie locale a augmenté en raison du déclenchement de la pandémie de Covid-19.

Avec le début de la guerre russo-ukrainienne en février 2022, la pression sur la livre égyptienne s'est intensifiée. En raison de la fuite des capitaux spéculatifs des marchés émergents, la banque d'investissement « JP Morgan » s'attendait à une dévaluation significative de la livre égyptienne et a demandé l'aide du Fonds monétaire international, ce qui est arrivé plus tard.

Et pour tenter de « corriger » la position de la livre, comme l'a décrit le gouverneur de la Banque centrale d'Égypte lors d'une réunion extraordinaire tenue en mars 2022, la valeur de la livre a été dévaluée de 15 % et le taux d'intérêt a été relevé de 100 points de base. La livre est tombée à 18 livres.

L'étape de « correction » n'a pas suffi, avec l'insistance du Fonds monétaire international, à cesser de soutenir la livre et la Banque centrale d'Égypte a adopté en octobre 2022 un taux de change flexible pour la livre. Cette Banque a relevé les taux d'intérêt de 200 points de base et la livre a chuté 15 % à 22 livres par dollar. Le fonds a annoncé son approbation d'un nouveau prêt de 3 milliards de dollars pour une période de 46 mois. La livre était tombée à 24,70 livres par dollar sur le marché parallèle, puis en dessous de 35 livres par la suite.

La livre égyptienne conclut sa violente descente en rejoignant la liste « Hankey » des 10 devises les moins performantes en 2022, après avoir chuté à des niveaux records face aux devises étrangères, en raison de la détérioration de la situation de liquidité extérieure, de l'accumulation d'engagements extérieurs et de la baisse des réserves de liquidités.

La Banque centrale d'Égypte n'est pas restée silencieuse devant l'empiétement du marché noir sur la livre et l'intensification de la spéculation sur le dollar. Elle a rendu au milieu du dernier mois de 2022 des décisions exceptionnelles prétendant bloquer les trous noirs. D'où l'érosion du dollar, suite à la réduction du délai de réception du produit des opérations d'exportation d'or à 7 jours ouvrables à compter de la date d'expédition, au lieu de 6 mois et en ajustant les limites de retrait sur les cartes bancaires pour une utilisation à l'étranger.

La Banque centrale d'Égypte a justifié ces mesures en prétendant faire face à la spéculation sur le dollar d'une part et à l'exploitation des cartes bancaires à l'étranger dans les opérations d'achat et de vente. Elle a relevé les intérêts de 3 % d'un coup pour la quatrième fois à 16,25 % sur les dépôts et 17,25 % sur les crédits. Cela a stoppé l'effondrement de la livre sur le marché parallèle.

Malgré la chute à 24,80 livres par dollar officiellement, le Fonds monétaire international estime que ce prix est supérieur à sa valeur et le chef de la mission du fonds en Égypte, Vladkova Hollar, a déclaré — dans une interview à Reuters — que le fonds attend le passage de l'Égypte à un taux de change durablement flexible après l'annulation de la condition de financement des importations avec les lettres de crédit à la fin décembre 2022.

Le Fonds monétaire international s'attend à voir des mouvements quotidiens du taux de change en Égypte d'ici début 2023, après avoir annulé les importations par le biais de lettres de crédit, selon Reuters. En réponse aux termes du fonds, la Banque Centrale a décidé, deux jours avant fin 2022, d'annuler le dispositif émis le 13 février 2022, relatif à l'arrêt du traitement des titres de recouvrement et permettant leur acceptation pour effectuer toutes opérations d'importation.

Cette étape — selon les attentes du Fonds monétaire international — indique voir des mouvements quotidiens du taux de change en Égypte au début de 2023, après l'annulation des importations par le biais de crédits documentaires et le passage à un taux de change flexible.

La crise de la pénurie de dollars a provoqué un violent choc dans l'économie égyptienne. Cela a poussé le président égyptien Abdel Fattah El-Sissi à le qualifier dans ses déclarations de « révélateur » pour l'Égypte et a déclaré que le cours du dollar augmentait d'année en année.

La mise en œuvre les unes après les autres des exigences du Fonds monétaire international laisse présager de nombreuses fluctuations de la monnaie locale.

LA CORRUPTION EST ENDÉMIQUE

Le 9 décembre 2021, des blogueurs et des militants des médias sociaux ont fait circuler une fuite qui appartiendrait à un certain nombre de conseillers du président égyptien Abdel Fattah El-Sisi, qui fait la lumière sur l'incident de pots-de-vin dans la construction de la nouvelle capitale administrative. Cette fuite prétend que certains de ces conseillers passent des projets à l'armée sans enchérir et prennent des millions de livres de pots-de-vin, en exploitant leur influence et leurs positions au palais présidentiel.

La fuite a montré des conversations téléphoniques entre un officier supérieur ayant le grade de général de division nommé « Farouk Al-Qadi », qui coordonne des pots-de-vin de millions de livres avec une femme nommée « Mervat Muhammad Ali » sur de nombreux projets économiques dans le pays.

De nombreuses organisations locales et internationales de défense des droits de l'homme ont appelé le gouvernement égyptien à divulguer des informations financières sur les entreprises appartenant à l'armée dans le cadre des rapports requis sur les entreprises publiques, soulignant que les transactions financières des entreprises appartenant à l'armée, qui produisent principalement des produits civils marchands, sont complètement cachées à la vue du public. Ceci vient du fait d'un environnement propice à la corruption et sape le contrôle civil sur le financement de l'armée égyptienne, qui est responsable de graves exactions.

Alors que le général de division Al-Qadi a déclaré qu'il incluait délibérément les noms d'officiers supérieurs et de fonctionnaires dans les contrats qu'il conclut, bien que ce comportement n'ait aucune valeur juridique. Dans le but de « terroriser » ceux qui s'y opposent, expliquant qu'il est associé dans un cabinet d'avocats et de conseils juridiques, selon la fuite. Celle-ci a également indiqué que 160 documents confidentiels avaient été volés par des officiers lors de la construction d'un parc dans la ville côtière d'Alexandrie, dans le nord du pays.

Le général de division a confirmé dans son entretien avec Mervat que si elle déménage dans la nouvelle capitale administrative, elle se verra attribuer une villa résidentielle d'une valeur de 6 millions de livres (382 000 dollars), alors qu'elle ne paiera que 750 000 livres (47 000 dollars) en plusieurs versements, tandis que l'état prendra le relais et paiera le reste. La fuite décrit des faits de corruption et des pots-de-vin s'élevant à 68 millions de livres égyptiennes (4,3 millions de dollars).

L'homme d'affaires égyptien Naguib Sawiris avait soulevé une polémique, lorsqu'il avait déclaré dans des déclarations à l'Agence France-Presse le 22 octobre 2021, qu'il n'est pas juste que l'armée et d'autres institutions étatiques concurrencent le secteur privé et que le rôle économique de l'armée est « inquiétant », outrepassant son rôle défensif et sécuritaire.

Sawiris a souligné que « l'ingérence du gouvernement dans le secteur privé créera une concurrence inégale entre les entreprises privées et les entreprises affiliées à l'État ou à l'armée », expliquant qu'il s'est retiré de nombreux appels d'offres commerciaux en raison de la participation d'entreprises affiliées au gouvernement et à l'armée. Ces déclarations ont provoqué la colère des professionnels des médias prorégime, qui ont lancé une campagne d'attaques féroces contre le célèbre milliardaire égyptien.

Un précédent rapport publié par le Carnegie Center a noté que « la majeure partie du secteur économique militaire officiel ne relève pas de la compétence des organes d'audit et de lutte contre la corruption en Égypte, que ce soit de droit ou de facto ».

Il note que « des preuves », indiquent que la corruption est généralisée, au moins dans les parties du secteur de la défense concernées par l'approvisionnement en biens et services, l'octroi de licences aux entreprises de toutes sortes, les contrats et les services publics.

Il convient de noter qu'il n'y a pas de données disponibles auprès des organes officiels de surveillance en Égypte concernant la taille de l'activité économique de l'armée égyptienne, mais Al-Sissi a déclaré en décembre 2016 qu'elle « équivaut à environ 2 % de la taille de l'économie égyptienne ». À cette époque, Al-Sisi a nié ce qui a été rapporté, dans les médias occidentaux, sur le contrôle de l'armée sur plus de 50 % de l'économie du pays. Cependant, en 2016, Al-Sisi a publié une loi qui exempte l'armée du paiement des taxes sur les biens et les matières premières nécessaires pour travailler dans le domaine de la construction.

Selon de nombreux observateurs, les entreprises militaires se sont développées de manière sans précédent depuis que l'armée a pris les rênes du pouvoir à l'été 2013. L'article 203 de l'actuelle constitution égyptienne stipule que le budget militaire ne doit pas être détaillé dans le budget de l'État pour le rendre confidentiel et ne doit être discuté qu'au sein du Conseil de la défense nationale, dont la plupart des membres sont des officiers.

Rôle de l'armée dans l'économie

La question du rôle influent de l'armée dans l'économie égyptienne dans la période récente, en plus de sa mission de défense du pays, est l'un des sujets qui ont fait surface dans de nombreuses discussions publiques et privées depuis un certain temps. Les débatteurs sont généralement divisés entre ceux qui soutiennent cette tendance et ceux qui la dénoncent.

Commençons par les arguments avancés par ceux qui voient la nécessité pour l'armée de jouer un rôle influent dans l'économie dans un moment historique que traverse l'Égypte depuis 2011. Cette tendance estime, premièrement, que l'institution militaire est la plus capable de réagir en peu de temps, en raison de sa discipline stricte. Le deuxième argument est que le secteur privé n'a pas suffisamment investi à un moment où le pays a le plus besoin de créer des opportunités d'emplois et de moderniser les infrastructures. Le troisième argument est que l'armée est capable d'accomplir à la fois les tâches de construction et de défense du pays, comme en témoignent les grands projets nationaux en cours d'exécution et les succès du processus d'épuration du Sinaï.

Quant à ceux qui s'opposent au rôle croissant de l'armée dans l'économie, ils s'appuient sur un certain nombre d'arguments non moins soutenables. Premièrement, le rôle croissant de l'armée dans l'économie signifie l'éviction du secteur privé d'activités concurrentielles. Dire que l'armée utilise le secteur privé pour mettre en œuvre de grands projets n'enlève rien à ce grief, car le travail de sous-traitance n'est pas le même que le travail direct. Le deuxième argument est que la concurrence entre le secteur privé et l'armée est déloyale, car l'institution militaire supporte un faible coût de la main-d'œuvre par rapport au secteur privé et elle bénéficie de facilités administratives non disponibles pour les autres. Enfin, on craint que cette situation perdure à l'avenir.

Certains justifient l'intervention de l'Armée par le fait que l'économie égyptienne traverse une phase exceptionnelle depuis janvier 2011 et cela nécessite l'utilisation de toutes les capacités disponibles, y compris les capacités de l'armée, pour que les choses se passent bien. Le rôle joué par l'armée dans l'économie pendant la période de transition aurait été nécessaire, mais que ce besoin diminuera à l'avenir, lorsque la sécurité et les questions politiques se stabiliseront et que la confiance des investisseurs augmentera.

Le fonds souverain égyptien en Égypte a signé un accord de coopération le 3 février 2022 avec la National Service Projects Authority, dans une tentative des forces armées de préparer certains des actifs de l'agence pour promouvoir les investissements locaux et étrangers et d'élargir son champ d'action. L'Autorité nationale des projets du service des forces armées a été créée, sous la direction de feu le président Anouar Sadate. L'objectif est d'assurer l'autosuffisance des besoins des forces armées, tout en offrant sa production excédentaire sur le marché local et en aidant aux projets de développement économique, dans le pays, tels que des projets d'infrastructures et des projets de développement dans les gouvernorats frontaliers.

Sous la présidence Abdel-Fattah El-Sisi, les pouvoirs de l'agence se sont élargis et elle est devenue le plus grand moteur de l'économie du pays grâce à sa participation à tous les aspects de la vie économique et à sa concurrence avec le secteur privé. Selon le décret ou la loi n° 177 de 2018, le fonds est à l'abri des recours civils, afin de « faire avancer les plans du président visant à créer une économie militaire inviolable ».

Ce dispositif présidentiel vise à développer les ressources de l'État et à exploiter ses actifs, y compris les entreprises publiques fermées ou inexploitées et les usines qui génèrent de faibles bénéfices. Le 26 décembre 2018, le Conseil des ministres a approuvé des amendements à la loi, accordant au président le droit de transférer la propriété de tout actif inexploité détenu par l'État au fonds, tout en limitant les recours contre les décisions du président.

Personne n'est autorisé à déposer des réclamations pour l'invalidité des contrats conclus par le Fonds. Les tribunaux sont obligés, de leur propre chef, de ne pas accepter les appels ou les réclamations liés à ces litiges. Le Fonds a également le droit, par décision du président, de détenir la société ou l'usine avec la propriété nouvellement transférée et de la vendre à tout investisseur étranger sans aucune difficulté. En d'autres termes, si la propriété d'une entreprise publique est transférée au fonds, puis que le fonds vend l'entreprise à un investisseur ou la met en bourse, aucun citoyen n'a le droit de s'y opposer ou de contester cela.

Les médias gouvernementaux n'ont pas tardé à célébrer cette décision, soulignant qu'elle était dans l'intérêt de l'économie, de la bourse et du citoyen. L'accord vise à revitaliser le marché monétaire stagnant et à revitaliser le marché boursier, qui a connu une baisse notable ces derniers temps, mais cette décision révèle l'état de « perte de confiance » et de confusion dont souffre le système. L'accord fait suite à une baisse significative des investissements étrangers directs et à une forte augmentation de la dette au cours des dernières années, malgré les réformes économiques douloureuses préconisées par le FMI et mises en œuvre par le gouvernement égyptien, qui n'ont jusqu'à présent pas porté leurs fruits, laissant le gouvernement dans un état précaire.

La Banque centrale avait annoncé une baisse des investissements directs étrangers nets en Égypte d'environ 1,8 milliard de dollars, soit une baisse de 23 % au cours de l'exercice 2018-2019, enregistrant 5,902 milliards de dollars, contre 7,719 milliards de dollars au cours de l'exercice précédent 2017-2018. Selon les rapports officiels publiés par la Banque centrale, la dette extérieure a augmenté d'environ 16,1 milliards de dollars, atteignant 108,7 milliards de dollars fin juin 2019, soit une augmentation de 17,3 % par rapport à fin juin 2018. Cette détérioration de la situation économique a incité le régime à reconstruire la réputation de l'agence, qui a été affectée en grande partie par la campagne féroce lancée par l'entrepreneur Muhammad Ali.

L'accord intervient après l'appel d'Al-Sissi, lors de la conférence d'ouverture de l'usine de gaz médicaux et industriels d'Al-Nasr Chemical Company, en octobre 2019, pour proposer aux entreprises de l'armée dans divers domaines liés aux infrastructures et aux entreprises agricoles en Égypte l'accès au marché boursier, où il a déclaré : « Les entreprises doivent entrer en Bourse et il reste une opportunité pour les Égyptiens d'y détenir des actions, et nous ouvrons la porte à la participation communautaire dans ces entreprises. » L'appel d'Al-Sissi est venu en réponse à une série de vidéos que l'entrepreneur, Mohamed Ali, a commencé à publier sur les réseaux sociaux, le 3 septembre 2021. La première vidéo ayant reçu près de 1,7 million de vues, dans lesquelles il révélait des incidents de corruption financière au sein des secteurs économiques et l'autorité Ingénierie dépendante des Forces armées, qui contribue à des projets d'infrastructures à travers le pays, en s'appuyant sur le travail de la Société Contractante Amlak qu'il possède avec les Forces armées depuis 15 ans.

Les vidéos et les faits de corruption qu'elles ont révélés ont incité Al-Sissi à répondre directement aux accusations portées contre l'armée, dans le but de disculper l'institution des accusations d'Ali. De plus, Sissi a cherché à donner raison à l'establishment militaire en proposant à ses entreprises l'accès à la bourse. Cependant, cette proposition se heurte à des obstacles qui empêchent sa mise en œuvre.

La cotation de toute société en bourse nécessite de remplir plusieurs conditions, dont la connaissance du capital de la société, ses bénéfices, d'où vient son financement, où vont les bénéfices et la nature de son paiement d'impôt, alors que ces conditions ne sont que des obstacles mineurs pour les sociétés. Cependant les fonctionnaires refusent souvent de divulguer leur situation financière, leurs dépenses, sous prétexte de préserver la « sécurité nationale ».

Au cours d'une interview télévisée en 2012, le conseiller Hisham Geneina, chef de l'Organisation centrale d'audit à l'époque, a déclaré qu'il n'était pas en mesure de surveiller les installations économiques des forces armées qui n'avaient rien à voir avec la sécurité nationale.

L'intervention de l'armée dans l'économie égyptienne constitue une entrave à une concurrence pure et parfaite et empêche l'émergence d'une classe d'entrepreneurs innovants, créateurs de richesses. Le rôle des hauts gradés, les généraux en particulier en tant qu'oligopoles d'importations ne favorisent pas le secteur productif. Il est plus profitable d'importer un produit à 100 livres et le revendre 150 plutôt que le produire localement avec un bénéfice aléatoire et beaucoup plus réduit et de tracas liés à la gestion des ressources matérielles et humaines d'une entreprise.

Comme la plupart des pays d'Afrique du Nord et du Moyen-Orient (MENA), la corruption est devenue, après les indépendances, la règle dans les relations entre administrés et fonctionnaires, entre donneurs d'ordre publics ou privés et entreprises et plus généralement dans les relations économiques à tous les niveaux. Cette situation crée des positions de rente et ne permet pas le développement économique et l'emploi.

Le 23 juillet 2022, c'était le soixante-dixième anniversaire des événements de 1952 qui ont commencé comme un mouvement, puis se sont transformés en coup d'État après que les Officiers libres ont pris le contrôle de la direction et du pouvoir de l'armée, puis l'ont appelé une révolution. Ensuite l'Égypte est passée du règne d'une famille royale héréditaire au règne d'une famille établie, l'armée et ses satellites.

L'une des raisons pour lesquelles les officiers ont justifié leur coup d'État contre le roi Farouk à l'époque était la propagation des pots-de-vin et de la corruption.

Le 28 juillet 2016, trois ans après le 3 juillet 2013 et deux ans de règne d'Abdel Fattah El-Sissi, le tribunal correctionnel du Nouveau Caire a rendu une décision qui n'a pas surpris beaucoup de monde à la lumière de la bataille menée par l'État contre un homme considéré comme le premier combattant contre la corruption en Égypte. Lorsque le tribunal a prononcé une peine d'emprisonnement d'un an, une amende de vingt mille livres et une caution de dix mille livres contre le conseiller Hisham Geneina, l'ancien chef de l'Organisation centrale d'audit, le plus grand organe de surveillance en Égypte, au motif qu'il a été accusé d'avoir publié de fausses nouvelles sur le montant de la corruption s'élevant à 600 milliards de livres, selon les rapports de l'Organisation centrale d'audit.

L'Égypte est classée 117e nation la plus corrompue sur 180 pays, selon l'indice de perception de la corruption 2021 publié par Transparency International. Le classement de la corruption en Égypte était en moyenne de 90,44 de 1996 à 2021, atteignant un niveau record de 118 en 2012 et un niveau record de 41 en 1996.

À l'occasion de la célébration de la Journée mondiale de lutte contre la corruption, le 9 décembre 2020, le président Abdel-Fattah Al-Sissi a réaffirmé « *l'engagement de l'Égypte et de son peuple à lutter contre la corruption sous toutes ses formes, à renforcer l'État de droit et à enraciner les principes de l'intégrité et de la transparence* », selon le communiqué de la présidence. Il a également salué « *les efforts continus des institutions de l'État pour appliquer la stratégie nationale de lutte contre la corruption* ». Le président exhorte les administrations à déployer davantage d'efforts pour « *protéger les ressources du pays* ». Le 9 décembre a été déclaré Journée mondiale de lutte contre la corruption, suite à l'adoption, le 31 octobre 2003, par l'Assemblée générale de l'Organisation des Nations unies (ONU), de la Convention des Nations-Unies contre la corruption.

Plusieurs pays comme le Maroc et l'Algérie consacrent des moyens de communication et investissent dans des organisations anticorruption. Dans ces deux pays, rien n'a changé et même tout a empiré. Des secteurs comme l'éducation, l'enseignement supérieur et la santé furent relativement épargnés, mais la gangrène s'étend en même temps que se généralise l'impunité.

D'après nos estimations la corruption coûterait 2 à 3 % en moins au PIB égyptien.

Les dépenses militaires font l'objet de contrats à plusieurs milliards et se font dans l'opacité la plus totale et nous estimons l'amputation du taux de croissance du PIB entre 2 à 3 %. Elles sont par essence improductives et se font au détriment des secteurs productifs, l'éducation ou la santé.

L'armée égyptienne, selon le classement « Global Fire Power », est la neuvième au monde selon le dernier classement pour l'année 2020 et son budget d'armement est de 4 milliards et 300 millions de dollars, mais ce n'est rien comparé aux budgets des armées des principales puissances du Moyen-Orient. Au contraire, l'Égypte est considérée comme la plus pauvre d'entre elles, de sorte que le budget d'armement de l'armée turque est de 18 milliards de dollars, l'armée israélienne de 15 milliards de dollars et l'armée iranienne de 14 milliards de dollars.

Je reste convaincu que l'Égypte bénéficie de sponsoring de la part des monarchies du Golfe en armes et matériels militaires, lui délégant ainsi la défense de leurs régimes.

Financements venus des pays du Golfe

L'Égypte a établi une solide alliance avec les pays du Golfe (hors le Qatar). De ce fait le royaume saoudite et les Émirats arabes unis déversent des milliards de dollars dans l'économie égyptienne et parfois financent le déficit budgétaire de l'Égypte.

Le FMI s'appuie sur ces financements d'une valeur de 14 milliards de dollars en 2021, afin d'accorder ses crédits au pays du Pharaon.

Le Fonds monétaire international a décrit les investissements du Golfe en Égypte comme un élément important de la stratégie de financement d'un prêt à l'Égypte de 3 milliards de dollars. L'institution de Bretton Woods note que la vente par le gouvernement égyptien de participations dans certaines grandes entreprises et les investissements du Golfe doivent avoir lieu intégralement et dans le cadre du calendrier prévu pour assurer le financement intégral du programme de 46 ans.

Le Fonds a souligné que les garanties pour le financement du programme de prêts comportent des risques, notant que les investissements du Golfe au cours des trois prochaines années sont estimés à 6,7 milliards de dollars, rappelant que les pays du Golfe ont annoncé leur volonté de renouveler les dépôts financiers antérieurs à la Banque centrale d'Égypte jusqu'à la fin du programme de prêts du fonds.

Le FMI a estimé que l'accent mis sur les investissements du Golfe en Égypte constitue un changement par rapport au soutien précédent fourni par les pays de la région au Caire. Ces derniers se contentaient de déposer leurs fonds à la Banque centrale d'Égypte. En effet, l'État égyptien cède à des investisseurs des actifs. Cela fait partie d'une initiative plus large visant à réduire le rôle du secteur public dans l'économie égyptienne, conformément aux conseils du Fonds monétaire international.

L'Égypte s'est engagée à recevoir 2 milliards de dollars en 2023, grâce à la vente d'actifs publics à des investisseurs étrangers, particulièrement du Golfe. L'Arabie saoudite et les Émirats arabes unis se sont engagés à ne pas se servir des 28 milliards de dollars déposés auprès de la Banque centrale.

Les échanges franco-égyptiens s'élèvent à 2,9 milliards d'euros en 2023, alors qu'ils représentaient 4,5 milliards d'euros en 2022. Les exportations françaises retrouvent leurs niveaux d'avant les crises, soit 1,8 milliard d'euros contre 1,1 milliard d'euros des importations en provenance d'Égypte.

Les exportations françaises concernent les biens et services suivants :

– les produits et préparations pharmaceutiques : 10 %

– les fromages et produits laitiers : 5 %

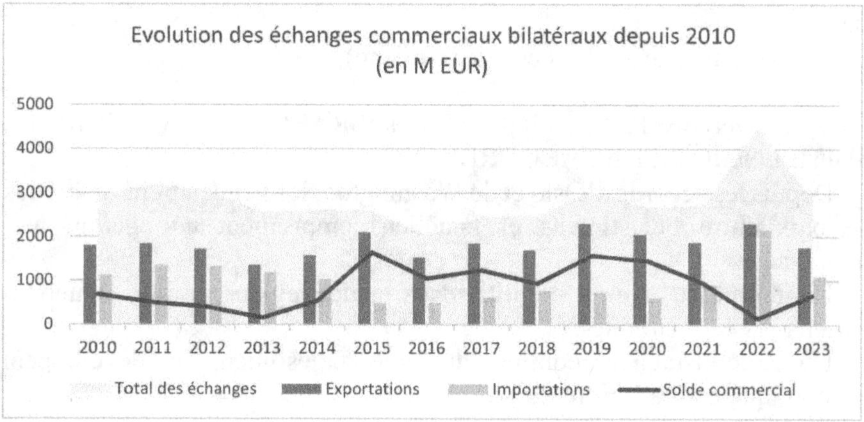

– matériel de transport constitué par la livraison en leasing des sept Airbus A321 : 17 %

– véhicules automobiles : 12 %

– Récupération de matériaux triés : matières premières secondaires : 3 %

– produits chimiques : 6 %

– céréales : 5 %

– autres produits : 47 %.

Les flux d'investissements directs français en Égypte ont atteint 550 millions d'euros en 2022. Le stock des investissements a atteint 5 milliards d'euros faisant de l'Hexagone le 10e investisseur en Égypte. 180 filiales françaises emploient 50 000 personnes. Les sociétés françaises implantées en Égypte sont :

– Air Liquide, Vinci, Bouygues, Saint-Gobain, Arkema, Vicat, Consolis, etc. (Construction & Industrie)

– TotalEnergies (Distribution, Total Eren)

– Engie, Voltalia, EDF (Énergies renouvelables)

– Véolia, Suez (Eau et Assainissement)
– Alstom, RATP Dev, Colas Rail, ETF, Systra, Poma, Thalès, Valéo, NGE-TSO (les transports)
– Schneider Electric, Legrand, Nexans, groupe Seb, Groupe Atlantic (la production manufacturière d'équipements électriques, électroménagers ou automobiles)
– Lactalis, Danone, Bel, Savencia, Lesaffre, Soréal (l'agroalimentaire)
– Servier, Ceva, L'Oréal, Sanofi (l'industrie pharmaceutique et cosmétique)
– Orange, Crédit Agricole, Axa, Téléperformance, ATOS, Cegedim, Gide (les services)
– CMA-CGM, Bolloré (la logistique)
– Carrefour, Décathlon (la grande distribution)
– Paul, Brioche dorée, 5àSec, Fauchon, Yves Rocher, GoSport, Intersport (les franchises)
– Air France, Groupe Accor (le tourisme)

MISSION EN PALESTINE ET EN ISRAËL EN DÉCEMBRE 1993 : SUITE LOGIQUE DES ACCORDS D'OSLO

Depuis les accords d'Oslo et de Washington, les négociations du processus de paix entre Palestiniens et Israéliens empruntent un chemin hérissé d'embûches.

La promesse d'une stabilité dans cette région suscite l'intérêt des partenaires économiques.

Du côté israélien comme du côté palestinien, le développement économique était à l'ordre du jour.

Chacun a son programme d'investissements avec des perspectives de partenariats qui vont bousculer les vieux paramètres encore en vigueur. Les démarches de coopération économique se multiplièrent auprès des responsables israéliens et palestiniens. Le déplacement de l'Association montreuilloise pour le développement de la coopération économique internationale (AMDCEI), marqua l'intérêt que portait une collectivité locale française à ces accords de paix.

Responsables industriels et municipaux sont allés sur place, fin décembre 1993.

Les résultats définitifs des contacts établis sont très encourageants. ISB, AVS, SIMOG, ROMAC, QUINETTE GALLAY, AFPA, FRANCE TÉLÉCOM, SOFRESID, SIMOG, AUCOUTURIER, COMPLICES, ELLA BACHÉ, IMESG, LEVASSEUR SYSTÈMES, PROVA, UNIKA MICRO-ORDINATEURS, SIPD furent les premiers signataires de coopérations.

Notre délégation a été reçue par Shimon Peres, ministre israélien des Affaires étrangères, ainsi que Rafi Edry, vice-président de la Knesset, et le Parlement d'Israël.

Notre mission collective a mobilisé des élus municipaux et des chefs d'entreprise le 20 décembre 1993. Un voyage de préparation a été réalisé par mes soins en octobre 1993. Voici le contexte qui a amené le maire à prendre la tête de la délégation, sans se compromettre dans le contexte d'une colonisation que les démocrates et progressistes du monde entier dénoncent vigoureusement. En effet, les accords d'Oslo ont scellé par l'image et les textes un rapprochement israélo-palestinien tant attendu.

Afin d'éviter des interventions intempestives des extrémistes des deux bords, des négociations furent menées secrètement dans un pays hors de tout soupçon : la Norvège et sa capitale Oslo.

La *Déclaration de principes* fut signée à Washington le 13 septembre 1993 sous la houlette de Bill Clinton, président des États-Unis, entouré du Premier ministre israélien, Yitzhak Rabin et le président du comité exécutif de l'Organisation de libération de la Palestine, Yasser Arafat. Une vive poignée de main entre les deux dirigeants, jusqu'à présent en guerre, permettait de croire en une paix durable.

Une période de cinq ans devait consacrer l'autonomie palestinienne. Les deux parties se sont donné comme objectif « notamment d'établir une autorité intérimaire autonome, le Conseil élu, pour les Palestiniens de Cisjordanie et de la bande de Gaza, pour une période transitoire n'excédant pas cinq ans, en vue d'un règlement fondé sur la Résolution 242 en 1967 et 338 en 1973 du Conseil de Sécurité ».

Le Processus d'Oslo connaît une concrétisation le 4 mai 1994 à la faveur de l'accord Gaza-Jéricho qui investit la nouvelle Autorité nationale palestinienne de pouvoirs limités. En outre, l'accord intérimaire sur la Cisjordanie et la bande de Gaza ou « Accord de Taba », signé à Washington le 28 septembre 1995, prévoit les premières élections du Conseil législatif palestinien et le découpage négocié des territoires palestiniens en trois zones où les contrôles israélien et palestinien s'appliquent de façon différente, en attendant la poursuite des négociations.

L'assassinat de Yitzhak Rabin en 1995 par un militant d'extrême droite compliquera en 1996 et 1999, les négociations sur le statut de Jérusalem, le problème des réfugiés et la lutte contre le terrorisme. Les attentats commis par les mouvements palestiniens Hamas et Jihad islamique n'ont pas permis de relancer le processus de paix après 2000, suite au déclenchement de la seconde intifada.

Des déclarations auraient été prononcées par Yasser Arafat et par Netanyahou portent les germes de l'avortement, même partiel, des accords d'Oslo. Les extrémistes israéliens et palestiniens sont les fauteurs de la discorde et alimentent les animosités entre les deux peuples.

La droite nationaliste israélienne est coupable du massacre du Caveau des Patriarches à Hébron. Lorsque j'ai visité ce lieu de culte, remontant au prophète Abraham, chaque communauté musulmane et judaïque fait ses prières à tour de rôle, mais les Palestiniens étaient oppressés par les soldats israéliens. La riposte du Hamas en 1994 et 1995 s'est faite par des attentats-suicides dans plusieurs localités.

En 2001, Benyamin Netanyahou s'est félicité d'avoir fait avorter les accords d'Oslo diffusant de fausses informations. Sans se rendre compte que les micros étaient ouverts, il a prononcé ceci : « J'interpréterai les accords de telle manière qu'il sera possible de mettre fin à cet emballement pour les lignes d'armistice de 1967. Comment nous l'avons fait ? Personne n'avait défini précisément ce qu'étaient les zones militaires. Les zones militaires, j'ai dit, sont des zones de sécurité ; ainsi, pour ma part, la vallée du Jourdain est une zone militaire. » Netanyahou et l'extrême droite israélienne utilisent des propos de Yasser Arafat, afin de justifier le revirement israélien.

Arafat dit ceci : « Les Palestiniens recevront tout territoire qu'Israël leur remettra, puis l'utiliseront comme tremplin pour procéder à d'autres gains territoriaux, jusqu'à ce qu'ils obtiennent la libération totale de la Palestine. » Dans un enregistrement daté du 10 mai 1994 diffusé sur YouTube le Leader palestinien, déclara dans une mosquée de Johannesburg : « le jihad continuera [...] Je vois cet accord comme n'étant pas plus que l'accord signé entre notre Prophète Mohamad et les Qurayshites à La Mecque », faisant ainsi référence à un accord conclu, puis révoqué par le Prophète Mohamed, en raison de divergences entre les tribus bédouines de chaque camp.

Visiblement les deux dirigeants ont subi la pression de leurs populations et ont modéré les points des accords d'Oslo. Ainsi le Premier ministre israélien Ytzhak Rabin déclara le 5 octobre 1995, devant les parlementaires israéliens à la Knesset : « La frontière de sécurité de l'État d'Israël sera située dans la vallée du Jourdain, dans le sens le plus large du terme, englobant ainsi les territoires palestiniens dont les Accords d'Oslo devaient établir la future autonomie. »

Mon voyage exploratoire en octobre 1993 en préparation de la mission collective de décembre de la même année, j'ai pu visiter les principales villes israéliennes et palestiniennes. Dès mon arrivée à l'aéroport de Tel-Aviv, le chauffeur de taxi qui m'a pris en charge, un Israélien d'origine marocaine me dit : « « regardez les murs de nos immeubles vétustes, c'est à cause du coût des guerres et les budgets défense ». Il m'a expliqué comment les Séfarades ont gardé leurs us et coutumes, leurs habitudes culinaires et leurs traditions. Les Séfarades vécurent dans l'Espagne médiévale jusqu'à leur expulsion en 1492 par la reine Isabelle 1re la Catholique, après avoir chassé du pouvoir les musulmans qui ont occupé l'Andalousie pendant plusieurs siècles. Ces juifs se sont réfugiés au Maghreb où ils ont vécu, comme jadis en Espagne, dans un contexte de foisonnement culturel et une créativité philosophique, scientifiques et littéraires. Musulmans, chrétiens et juifs ont participé en Andalousie à la diffusion au niveau de toute l'Europe des œuvres des auteurs classiques antiques, grecs et romains, ainsi que la diffusion de la pensée des auteurs de langue arabe en philosophie, théologie, poésie, médecine, astronomie, arithmétique, logique. etc.

Les Séfarades plus religieux votaient pour les partis de droite comme le Likoud et les Ashkénazes, les juifs venant de l'Europe centrale et orientale, étaient laïques pour une bonne partie d'entre eux, ont fondé le parti travailliste et furent ses électeurs. Plusieurs Premiers ministres israéliens travaillistes étaient athées : David Ben Gourion, Golda Meir et Yitzhak Rabin.

Le régime soviétique interdisait aux juifs d'émigrer vers Israël, ce qui ne fut pas le cas après l'éclatement de l'URSS. D'où la grande « 'Aliyah » (retour à la terre sainte). C'est près d'un million de russophones qui vont s'ajouter aux Russes déjà présents à Israël. Un parti représentant cette population (Israël par l'Aliyah) a même obtenu sept sièges avant de fusionner avec le Likoud en 1996.

En 1999, le parti Israël Beitenou d'Avigdor Lieberman, originaire de Moldavie et transfuge du Likoud qui entendait capter cet électorat et y réussit en partie, se situe à l'extrême droite. Le 17 mars 2015, les études montraient qu'Israël Beitenou avait encore bénéficié du tiers des voix des électeurs russophones. Mais toutes les études montrent aussi le déclin inéluctable de cet électorat, désormais réduit au public des primo-arrivants qui se vivent encore comme « Russes » tandis que leurs enfants sont totalement intégrés à la société israélienne et votent comme les autres Israéliens. On observe néanmoins que cet électorat reste acquis à la droite, dont les partis auraient recueilli encore 75 % des voix.

Immanquablement les différences culturelles entre Séfarades et ashkénazes reflètent le hiatus qui peut exister entre ceux qui ont vécu en Europe et ceux qui ont vécu dans les pays arabes, sachant que ces Juifs avaient le même mode de vie que leurs concitoyens et même ont fait preuve de patriotisme et de loyauté vis-à-vis de leur patrie d'origine que les autres citoyens d'autres religions. J'ai été invité par le président de la communauté juive de Montréal, que j'ai rencontré au palais royal de Tétouan, invité comme moi aux festivités de la fête du Trône qui célèbre l'intronisation du Roi Mohamed VI. Ce monsieur est considéré par les autorités marocaines comme acteur de la vie associative des Marocains installés dans le Monde. Il a gardé les habitudes culinaires marocaines et participe régulièrement aux festivals de la musique andalouse au Maroc. Un jour son fils, né à Montréal, lui dit : « un camarade de l'Université m'a demandé mon origine, je lui ai répondu que j'étais Marocain ». Les Ashkénazes se comportent comme des Européens rétifs aux habitudes de leurs compatriotes séfarades.

On peut imaginer comment ils perçoivent les Arabes israéliens ou les Palestiniens en Palestine.

Le 9 octobre 2023, le ministre israélien de la Défense, Yoav Galant, a déclaré que les *Palestiniens* sont « des *animaux* humains ».

« Human Rights Watch » a condamné cette « invitation à commettre des crimes de guerre ».

« Nous imposons un siège total contre la ville de Gaza. Il n'y a pas d'électricité, pas de nourriture, pas d'eau, pas de carburant. Tout est fermé.

Nous combattons les animaux humains et nous agissons en conséquence », a déclaré le ministre israélien.

L'organisation, basée à New York, a qualifié les déclarations de Galant de « répugnantes », dans un post publié sur les réseaux sociaux et a appelé la Cour pénale internationale à juger sévèrement de tels propos. L'Afrique du Sud a plaidé en faveur d'une condamnation d'Israël pour crime contre l'Humanité sur la base de cette déclaration et des crimes de guerre commis à Gaza.

À Tel-Aviv, j'ai rencontré les représentants de l'Ambassade de France qui m'ont présenté un tableau favorable à la politique israélienne. Nous avons discuté de deux aspects : les rencontres politiques et institutionnelles de la délégation municipale conduite par le maire de Montreuil et député et les rendez-vous individuels de chaque entreprise. Je me suis rendu ensuite à Jérusalem-Est en taxi. Le chauffeur m'a laissé sur la ligne de démarcation fictive et m'a conseillé de descendre et de prendre un taxi, dont le chauffeur est Palestinien. Ce que j'ai fait. Après un interrogatoire qui ne dit pas son nom, mon guide a compris que je portais un passeport français, mais d'origine marocaine et je lui ai parlé en arabe. Pendant toute la durée de mon séjour, chaque partie des deux côtés m'interrogeait sur les buts de ma visite. Visiblement, chacun reste sur ses gardes par rapport à d'éventuels espions ou activistes terroristes. Il ne fait aucun doute que les Palestiniens subissent les humiliations et les exactions de la part des colons et des soldats israéliens. J'étais en réunion avec des responsables de la Chambre de commerce palestinienne à Ramallah accompagné d'un guide et nous entendîmes des coups de feu. Ce dernier commença à trembler et le président voulant le rassurer et visiblement habitué à ce genre d'événement lui disait en anglais : « Do not be afraid ». À la fin de la réunion, je suis descendu par les escaliers extérieurs de l'immeuble et je me suis retrouvé face à de jeunes soldats israéliens, fébriles prêts à tirer. En fait, ils étaient prêts à tirer sur des enfants (7 à 10 ans) qui leur lançaient des pierres. J'ai échappé à une bavure mortelle.

Tous les Palestiniens rencontrés, dans la partie occupée de la Palestine, se sentent concernés par le recouvrement de leur indépendance, ne serait-ce qu'à cause des restrictions qui leur sont imposées pour circuler entre Jérusalem et le reste de la Cisjordanie. Les chauffeurs de taxi agissaient comme des militants au verbe véhément et parfois sans modération, notamment chez les militants et sympathisants du Hamas. Un soir de Shabbat, mon guide prétextant de mon souhait de visiter une colonie, demanda aux soldats l'autorisation d'y pénétrer. Il essuya un refus catégorique. Cela ne l'a pas empêché d'insister, ce qui nous a valu une menace de tirer sur nous, si on ne déguerpit pas sur le champ.

Mais le pire était devant moi. Suite à ma rencontre avec le consul de France à Jérusalem-Est qui faisait office d'ambassade de France en territoires palestiniens, le diplomate me semblait proche des préoccupations palestiniennes. Notre mission en décembre 1993 fut accueillie avec bienveillance. À ma demande de rencontrer des dirigeants politiques palestiniens à Gaza, ce Consulat a mis à ma disposition un véhicule officiel diplomatique, afin d'éviter des attaques terroristes et faciliter le passage des frontières. M'accompagnait dans cette expédition un cadre de France Télécom dans le cadre d'une assistance technique financée par l'État français.

Mon premier rendez-vous politique fut avec un dirigeant qui se présentait comme un ancien prisonnier politique palestinien et avait un discours dur à l'égard de l'occupation israélienne. Les Frères musulmans furent les interlocuteurs de l'État d'Israël, après la défaite de l'Égypte en juin 1967 et le retrait des Égyptiens de la bande de Gaza. Israël occupant tout le Sinaï jusqu'au canal de Suez. Un deal implicite fut conclu, des moyens financiers contre la paix dans ce territoire. Mais en 1987, plusieurs Frères musulmans de Gaza formèrent le Hamas, acronyme de *ḥarakat al-muqāwma al- ʾislāmiyya*, « Mouvement de résistance islamique ». La nouvelle organisation appelle rapidement au Jihad pour instaurer un État islamique.

Les militants du Hamas, dont ceux des brigades Azzeddine, prennent pour cibles aussi bien les militaires que les civils israéliens.

Entre avril 1993 et 2005, le Hamas organisait plusieurs dizaines d'attentats-suicides, visant essentiellement des civils.

Lors de mes rencontres avec les Palestiniens, nous avons fait le point sur les besoins en infrastructures, télécommunications et formation professionnelle.

Une fois notre mission à Gaza terminée, nous avons pris le chemin du retour sous le regard interloqué des Palestiniens de la rue. En arrivant à Jérusalem-Est, le consulat de France nous informa du bombardement par l'armée israélienne de Gaza visant des dirigeants islamistes, quelques minutes après notre départ.

Le 20 décembre 1993, une forte délégation conduite par le député et maire de Montreuil, des élus locaux et des chefs d'entreprise arrivèrent à Tel-Aviv. Les entrepreneurs avaient chacun un programme minuté en fonction de leurs secteurs d'activité et des objectifs recherchés : exportation, investissements ou conseil-formation.

La délégation municipale a été reçue à la Knesset où elle a rencontré Shimon Peres et des députés de différentes obédiences.

Ce qui nous a étonnés ; c'est la modestie des lieux en volume et en construction. Nous sommes loin des bâtiments prestigieux et imposants de ce qu'on voit dans des pays du même niveau de développement.

Le déplacement à Jérusalem et Ramallah est comme un miroir inversé ou le revers de la médaille, en ce sens où les Palestiniens, dirigeants et populations réfutent les thèses israéliennes. Sur le plan économique, nous pouvons nous vanter d'avoir équipé la première chaîne de télévision palestinienne par la société AVS (Audio Visuel Systèmes) avec un financement du gouvernement français. En bonus cette société montreuilloise a offert une station de radio pour une émission radiophonique en Cisjordanie et Gaza.

La société Quinette-Gallay a équipé en fauteuils et sièges, des centres de conférences en Israël.

Sofresid a eu la charge d'ingénierie et de réalisation d'infrastructures en Palestine.

L'AFPA, organisme de formation professionnelle a obtenu des contrats dans ce domaine côté palestinien.

Voici un zoom sur QUINETTE GALLAY. Cette société a équipé en fauteuils : Opéra-Bastille, Opéra de Tel-Aviv, opéra de Tokyo, Palais des festivals à Cannes, Palais des congrès de la Porte-Maillot, Madrid, Berlin, Riyad, Helsinki... la Géode. Il faut se cramponner à son siège pour ne pas avoir le tournis à la lecture de toutes les installations prestigieuses de fauteuils qu'a réalisées Quinette Gallay International.

Sise au 15, rue de la Nouvelle-France, l'usine est bien en mouvement ; tout le monde semble débordé, car l'équipe prépare l'inauguration du Grand Palais de Lille. Même remarque à propos de la gestion de la production : Le P.-D.G. nous dit : « parfois, il y a aussi des pointes épouvantables. Le détail de la commande peut tarder et nous pouvons sortir 4 000 fauteuils très vite en devant faire appel à des intérimaires ».

Pourtant, sur ces 15 000 m2, ils sont déjà au total 120 salariés qui travaillent pour la majorité dans les ateliers. Les 7 permanents du bureau d'études et de recherche conçoivent les prototypes, parfois un fauteuil qu'aura croqué en quelques traits un architecte, comme Ricardo Bofill pour l'Arsenal de Metz.

Depuis 1947, l'entreprise Quinette-Gallay siège à Montreuil. Au fil du temps, elle a su asseoir au niveau international sa notoriété de fabricant de sièges et conforter 120 emplois.

Sept personnes se consacrent à l'export en plus de la quinzaine de commerciaux. Plus de 80 pays ont implanté dans leurs salles de spectacles, de cinéma, de congrès ou de conférence, des sièges signés Quinette-Gallay. 55 % du chiffre d'affaires est réalisé grâce à l'exportation.

La société est la première sur le marché français, en tête aussi au niveau européen dans son créneau d'activité. Elle participe à un maximum d'expositions à l'étranger.

Adhérente depuis 1989 à l'AMDCEI, elle était présente à la foire d'Alger, à la mission de Casablanca et lors du voyage de prospection en Palestine et en Israël. Le PD-G, Yves Caucheteux, revient de Tokyo pour vite repartir vers d'autres frontières. Il confie : « notre notoriété à l'export, c'est un travail de 15 ans. Tous les ans, nous choisissons une nouvelle zone à prospecter. On y crée un pôle de référence. Dans certains pays, nous n'avons plus besoin d'agent. En Belgique, par exemple, nous avons déjà 70 % du marché des salles de cinéma.

Actuellement, notre zone développement est sur les pays de l'Europe de l'Est et l'Afrique du Nord et le Moyen-Orient. » Trois jours après, on apprend que Quinette « siégera » à la Maison-Blanche de Moscou et que ce contrat sera un bon strapontin pour en asseoir d'autres dans la région.

Pour moi, on ne doit proposer à l'export que des produits haut de gamme. Il y a trois avantages : on accepte nos prix, on bénéficie de l'impact du design français et il n'y a pas de gêne avec la concurrence locale. Aux États-Unis, le plus grand fabricant mondial ne nous considère pas comme concurrent, avec le haut de gamme, nous augmentons les prix de tout le marché ».

BEIT SIRA : LE JUMELAGE SOLIDAIRE

L'ensemble des actions internationales de Montreuil trouve sa source dans le souhait de contribuer à rapprocher les peuples et de soutenir leur désir de vivre ensemble en paix. À cet égard Montreuil a tenté en 1999, de mettre en œuvre de nouvelles coopérations avec la ville israélienne de Kfar-Saba et la ville palestinienne de Qualquilya, mais la situation politique au Moyen-Orient n'a pas permis de mener ce projet à son terme. Un partenariat parallèle a toutefois pu être mis en place, avec les villes de Beit Sira en Palestine et Modi'in en Israël.

Une délégation montreuilloise, conduite par le maire s'est rendue en septembre 2004 à Beit Sira, ville de 3 000 habitants, située en Palestine à 25 km à l'ouest de Ramallah.

L'objectif est de mieux connaître la ville, de présenter plus longuement Montreuil et de travailler à l'établissement d'une relation durable et constructive, mutuellement avantageuse.

Une déclaration d'intention fut adressée à Montreuil le 16 mars 2005 lors de la venue du maire de Beit Sira. Elle porta sur l'éducation, le développement de la francophonie, l'accueil d'étudiants palestiniens, la connaissance de la culture française, la promotion professionnelle et technique et l'équipement en ordinateurs. Des contacts ont été pris avec l'Union européenne concernant les problèmes de voirie et l'autonomie énergétiques. La ville de Montreuil s'est engagée, dès 2008, à soutenir le projet de réhabilitation du réseau de distribution d'eau et d'amélioration des réseaux électriques de Beit Sira. Ces investissements sont soutenus par l'AFD (Agence française du Développement), les ingénieurs bénévoles de l'Association Électriciens du Monde et le ministère palestinien des Collectivités locales. Ces projets ont été étendus aux villes voisines à Beit Sira (Beit Liqya, beit Nuba, et Kharbata Al Misbah).

Ce faisant, d'autres intervenants se sont joints à ce programme : la Coopération technique belge (BCT) et l'Agence de l'Eau Seine-Normandie. Les municipalités qui se sont succédé après les municipales de 2008 ont mis en sommeil le jumelage avec la ville israélienne Modi'in.

L'AFRIQUE SUBSAHARIENNE : DES PERSPECTIVES À CONFIRMER

Société SIPD. Mission Gabon et Côte d'Ivoire, 29 septembre au 5 octobre 1997

Lettre ouverte à Camille SARI

« Suite à la mission de prospection menée par l'AMDCEI au Gabon et en Côte d'Ivoire du 29 septembre au 5 octobre 1997, je tiens à vous faire part de ma grande satisfaction », Abidjan du 5 au 9 octobre 1999.

Quinze sociétés ont participé à cette grande exposition sur les techniques françaises.

Il s'agit de : ELECTRO LIAISON, D2PACK, IMESG, SCIE, ERGB, ISB, AVS, SIMOG, ROMAC, QUINETTE GALLAY, AFPA, AUCOUTURIE, LEVASSEUR SYSTÈMES, PROVA, SIPD.

La participation à cette exposition était tout à fait judicieuse, car l'Afrique occidentale présente de nombreux atouts parmi lesquels : une croissance retrouvée, la construction des marchés communs régionaux, l'indexation du franc CFA sur l'euro, le prestige de la France et l'usage de la langue française.

La Côte d'Ivoire du 26 février au 3 mars 2000

Les sociétés ont participé à cette mission de prospection en continuité avec celle effectuée en 1999.

La Côte d'Ivoire est la 3e puissance économique connue en Afrique subsaharienne avec un PIB, qui approche 10,76 milliards d'euros et qui connaît un taux de croissance moyen de 6 % depuis la dévaluation. La Côte d'Ivoire dispose d'infrastructures de qualité et d'une élite éduquée et compétente. Même si l'économie ivoirienne reste tributaire des évolutions des cours mondiaux de matières premières, elle dispose cependant d'une industrie de transformation, sans équivalent en Afrique centrale et occidentale, qui tire notamment parti de la dévaluation de 1994.

Le Produit intérieur brut (PIB), à prix courant de la Côte d'Ivoire, devrait franchir pour la première fois la barre des 100 milliards de dollars, soit exactement 101,7 milliards de dollars à l'horizon 2026, selon les projections du Fonds monétaire international (FMI)

D'après la COFACE, les points forts de la Côte d'Ivoire sont :

Ses ressources : cacao (1er producteur mondial), caoutchouc, noix de cajou, banane, or, manganèse, nickel, hydroélectricité, pétrole et gaz, tourisme.

Intégration à l'UEMOA et à sa monnaie régionale

– Une classe moyenne en expansion malgré un taux de pauvreté de 30 % de la population, et le travail des enfants n'a pas été éradiqué.

– Une relative stabilité politique grâce à la réconciliation entre les éléphants de l'échiquier partisan.

Les points faibles sont :

– Dépendance aux conditions climatiques et au réchauffement de notre planète

– Le prix du cacao, principale exportation, est fluctuant au gré de la spéculation et les marchés internationaux des matières premières

– Une gouvernance des institutions publiques à améliorer

– Les infrastructures, l'accès au crédit et la formation professionnelle ne sont pas au niveau optimal.

– Faibles recettes publiques (environ 15 % du PIB)

– Dualité entre les grandes villes et les campagnes ce qui fragilise la cohésion sociale

– Menaces terroristes au nord

Avec des ressources importantes, la Côte d'Ivoire est le premier producteur mondial de cacao et l'un des tout premiers exportateurs de café.

Premier exportateur africain de caoutchouc, il est également un gros producteur exportateur de coton, d'huile de palme, d'ananas, de noix de coco et de sucre.

Son secteur vivrier autosuffisant, sauf en ce qui concerne le riz, le pays importe 50 % de ses besoins.

COMPTE RENDU DU VOYAGE CÔTE D'IVOIRE-BÉNIN (MARS 2002)

Situation politique et économique de la Côte d'Ivoire

En invoquant l'héritage du gouvernement Bédier, en l'occurrence la dilapidation du patrimoine national, pour étayer ses demandes d'appui à la communauté internationale, le gouvernement de transition formée par la junte militaire, sous l'autorité du général GUEI, joue politiquement sur un terrain, qu'il considère comme favorable. Cependant, aux plans économique et financier, il ne peut ignorer que la lente dégradation de la conjoncture depuis 1998 ne saurait être enrayée du seul fait du changement institutionnel en gestation ni par la grâce d'un coup d'État, aussi spectaculaire qu'il fût.

Compte tenu de la déliquescence des finances publiques, souvent évoquée dans les signaux d'Abidjan, l'année 2000 devait en toute hypothèse être marquée par un climat d'expectative, dans l'attente d'éventuelles négociations d'aides de la communauté internationale, au terme d'un très aléatoire processus de rapprochement avec le FMI et des échéances électorales du 4e trimestre 2000. La nouvelle donne politique ne modifie guère cette situation, si ce n'est que de préalables modifications constitutionnelles s'y ajoutent désormais de manière impérative. En revanche, les observateurs pensaient que la relative dramatisation de la transition institutionnelle pouvait, se dérouler sans heurts majeurs, susciter une attitude plus ouverte des bailleurs de fonds multilatéraux.

La Côte d'Ivoire était considérée comme l'éléphant de l'Afrique. Dès son indépendance en 1960, le pays s'est engagé dans la production de cacao et café et a fait travailler des Burkinabés, des Maliens, des Nigériens, des Ghanéens, des Béninois, des Guinéens et plus tard des Libériens. Félix Houphouët-Boigny instaura le parti unique et son régime n'a pas échappé à la malédiction de la corruption et des inégalités sociales. Son héritier spirituel et idéologique lui succéda en la personne de Henri Konan Bédié, après sa mort en 1993. Il fut précédemment président de l'Assemblée nationale ivoirienne avant d'être élu en octobre 1995 à la faveur du boycott des candidats concurrents, dépités par une réforme tendancieuse du code électoral, en décembre 1994. Le concept « d'ivoirité » visait à écarter Alassane Ouattara, un économiste de renom, anciennement cadre du FMI, mais dont les origines pouvaient prêter à confusion. Les institutions internationales ont coupé les financements en raison de la découverte de pot-de-vin et de détournement de fonds publics sur des aides internationales. Henri Konan Bédié est accusé de corruption dans un contexte économique défavorable. Nous étions en mission la veille du coup d'État du général Guei. Il semblerait que les soldats sont venus voir le président Bédié, afin de réclamer leurs soldes. Ce dernier leur a opposé un refus conjugué d'un mépris qui n'a d'égale que son arrogance notoire. Les militaires, dépités, se sont rendus au domicile du général à la retraite, Robert Guei, qui était en train de fêter Noël avec sa famille. En réalité, il a été mis à la retraite en 1997 après avoir été ministre des Sports, puis, lors du coup d'État, il a été appelé par les sous-officiers qui avaient pris le pouvoir et cherchaient un chef, en l'occurrence leur ancien leader. J'ai connu Abidjan, plus paisible avec ses « maquis » ; des restaurants en plein air avec du poisson braisé, des hôtels de luxe, comme le Sofitel, des plages sentant la douceur de vivre. J'ai été nommé chef de projet de l'ESG (École supérieure de gestion) de Paris qui a ouvert une filiale dans la capitale ivoirienne en délivrant de doubles diplômes franco-ivoiriens. Mais une semaine avant le putsch, la ville était quadrillée par l'armée et les barrages étaient dans les coins de rue et les principales avenues. J'ai quitté Abidjan la veille du coup d'État qui a eu lieu le jour de Noël le 24 décembre 1999 au nom du Conseil national de salut public, avant de former un gouvernement avec les principaux partis d'opposition (FPI, RDR, PIT). Ce fut fait dans un contexte économique défavorable et des tensions entre les populations du Nord et du Sud, entre les Ivoiriens de longue date et ceux issus de l'immigration.

J'ai failli rester bloqué à Abidjan, car son aéroport était fermé. Des barrages furent mis en place au niveau des ponts principaux. Les prisonniers politiques furent libérés. Les restaurants et les commerces furent pillés par les soldats et de jeunes délinquants. Dans un discours télévisé, le général Guei rassura la communauté internationale sur ses intentions, s'engageant à respecter les accords internationaux et à restaurer la démocratie. Cela ne rassura pas la France, les États-Unis et les pays africains qui condamnèrent le coup d'État. Malgré les réformes constitutionnelles et l'exclusion d'Alassane

Ouattara du jeu électoral au nom du principe d'ivoirité, le général-candidat à l'élection présidentielle du 22 octobre 2000 sera battu au bénéfice de Laurent Gbagbo du Front populaire ivoirien qui prendra ses fonctions le 26 octobre 2000 et son parti raflera une majorité de sièges aux élections législatives.

En 2002 éclata une guerre civile entre le Nord (favorable à Ouattara) et le Sud (fidèle à Gbagbo) entre les Ivoiriens et ceux issus des immigrations successives. Alassane Ouattara a pu candidater à l'élection présidentielle d'octobre-novembre et gagnera contre Laurent Gbagbo qui refusa sa défaite, mais sera arrêté avec l'appui des troupes françaises et celles des Nations unies. S'appuyant sur une conjoncture économique favorable, A. Ouattara est réélu en novembre 2015 et en 2020.

Présence française en Côte d'Ivoire

La communauté française compte 20 000 expatriés, tandis que la communauté ivoirienne en France s'élève à 100 000 en 2022.

La Côte d'Ivoire est le deuxième client de la France derrière l'Afrique du Sud avec 2,50 milliards d'euros et son quatrième fournisseur en Afrique subsaharienne grâce au cacao (32 % des achats français). L'Hexagone est le premier investisseur de la Côte d'Ivoire, grâce à un stock d'Investissements directs de 3,2 milliards d'euros et l'implantation de 300 filiales installées et plus de 1 000 entreprises de droit ivoirien créées et pilotées par des Français. La Côte d'Ivoire a un stock d'IDE en France de 699 millions d'euros en 2023. Plus de 90 % du stock d'IDE français est dominé par les secteurs d'activité suivants : finances, hydrocarbures, électricité, eau, BTP, industrie, agro-industrie, transport, hôtellerie, distribution, télécom et audiovisuel.

L'excédent commercial français est de 374 millions d'euros. La Côte d'Ivoire demeure le 2^d^ excédent commercial d'Afrique subsaharienne (le 1er étant le Sénégal).

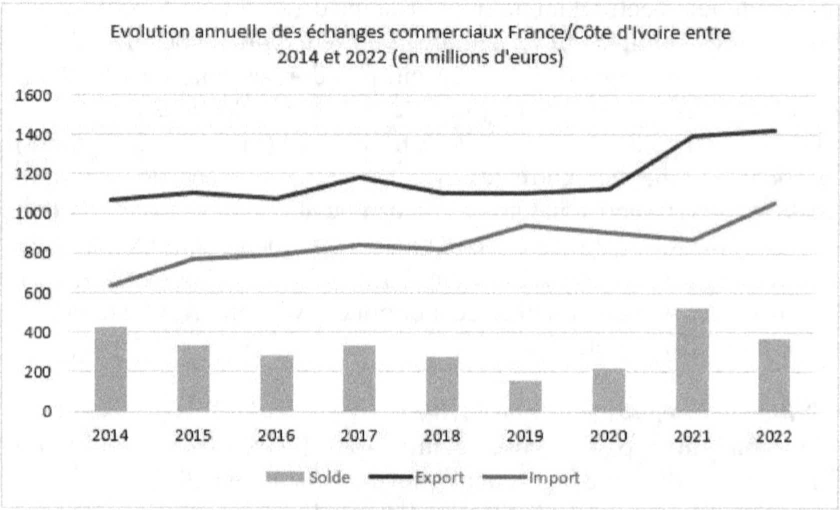

Source : Douanes françaises

La Direction générale du Trésor utilise des instruments d'aide-projet que nos entreprises ont utilisés. En effet, la Côte d'Ivoire est éligible à l'ensemble des outils de financements du Trésor avant le coup d'État de 1999 et après 2012.

Ces fonds sont utilisés dans les domaines de l'assainissement, l'éducation, les énergies renouvelables, la construction de la ligne 1 du métro d'Abidjan, l'agriculture, l'environnement, le numérique…

Il a été possible pour les entreprises françaises d'utiliser la garantie des crédits exports, notamment dans les infrastructures économiques (eau, route, mobilité, ponts, santé et agriculture).

En octobre 2021 fut signée la 3e édition du Contrat de désendettement et de développement de l'AFD pour la période 2021-2025 et porte sur 1,1 milliard d'euros. L'Agence française de développement est une institution financière publique qui met en œuvre la politique de développement de la France. Elle agit pour combattre la pauvreté et favoriser le développement durable.

Ce qui intéresse le plus nos sociétés est Proparco, filiale de l'AFD dédiée au secteur privé, qui a relancé l'instruction des financements dès la fin de la crise.

Ses engagements concernent notamment l'énergie, le secteur bancaire, des sociétés agro-industrielles et le transport aérien.

LE BÉNIN : DOUCEUR ET ÉCHANGES

Pays de 115 000 km2 et de 5,8 millions d'habitants, le Bénin a une croissance annuelle moyenne entre 5 et 6 % en 1998 et des finances publiques qui le placent au 2e rang après la Côte d'Ivoire concernant ces paramètres.

Le marché béninois est caractérisé par :

• une économie ouverte qui s'est libéralisée depuis 1990 avec l'élimination ou la diminution de la plupart des taxes sur les entrées des marchandises, l'ouverture du marché avec des libéralisations portuaires et la mise en place d'un ambitieux programme de privatisation de l'ensemble des sociétés publiques.

• une économie informelle à hauteur de 75 % et un faible pouvoir d'achat.

• un pays largement dépendant de l'extérieur pour ses approvisionnements industriels énergétiques, voire même agricoles.

• un marché de transit vers les pays de sous-région : Nigeria, Niger, Burkina Faso et Togo, qui représente entre 30 et 40 % des importations béninoises.

• une dépendance forte de la politique commerciale du Nigeria qui représente, de manière formelle et informelle environ 1/3 des échanges avec le Bénin, qui est le 1er fournisseur et le 2e client après la France

• un profil mono exportateur ; le coton représente plus de 80 % des exportations béninoises, le reste concerne essentiellement des denrées agricoles comme la noix de cajou, ananas qui sont soumis aux aléas climatiques et aux fluctuations des cours mondiaux.

La mission en Afrique de l'Ouest rassemble des entreprises habituées à ces marchés.

Les changements d'ordre politique ont recommandé prudence pour certaines et volonté de poursuivre des partenariats anciens pour les autres.

Certaines sociétés ont des courants d'affaires déjà établies, mais ne veulent pas donner l'impression d'abandonner ces pays comme SIPD fabricant de câbles électriques et des ventilateurs. AAVS se positionnant dans le renouvellement des équipements de la télévision et de la radio ivoirienne, souhaite présenter les différentes solutions numériques ou digitales aux nouveaux responsables de ces deux institutions, sachant que les techniciens n'ont pas changé.

L'AFPA s'est positionnée sur le projet AFPRO en cours d'exécution d'un montant de 20 000 000 de francs français.

Ce projet associe la mission de coopération et d'action culturelle de l'Ambassade de France, le ministère ivoirien de l'Enseignement technique et professionnel, le fonds de développement de la formation professionnelle et la fédération nationale des industries de la Côte d'Ivoire. L'objectif étant de requalifier le personnel des entreprises ivoiriennes et le mettre à niveau. Ce projet fut reconduit pour le même montant en juillet 2000.

HENRI PATTEGAY est sur le créneau de l'impression de cartes d'identité, des billets de loterie, les attestations d'assurance, les bons de carburant et les timbres fiscaux.

Des contacts ont été menés en collaboration avec IDEMATIX en vue de l'impression de cartes d'électeurs en Côte d'Ivoire avec un financement européen.

NORTON DESMARQUEST, filiale de Saint-Gobain, s'intéresse plus particulièrement aux sociétés de textile et de robinetterie, tant au Bénin qu'en Côte d'Ivoire.

Les composants céramiques utilisés dans ces industries représentent le principal débouché en Afrique.

Suite à la visite d'usine, des pourparlers furent menés afin de confier la commercialisation de ses produits par des agents locaux.

CORVULCA se positionna sur les obturateurs, les citernes et les réservoirs d'eau. Cette société offre des solutions plus adaptées aux besoins de gestion de l'eau dans ces pays. L'objectif de la mission : trouver des distributeurs locaux.

ZOOM SUR LES BALANCES GIBRAT, exportateur notoire en Afrique.

En 1920, M. Weyermuller installa à Montreuil un atelier pour la fabrication de doses (petits récipients métalliques) pour produits pharmaceutiques.

En 1930, M. Gibrat reprend l'atelier pour exercer son activité de ferronnier d'art. Il étendra par la suite son activité à la serrurerie.

Jean Richard, originaire de Saint-Étienne, était fabricant de balances romaines à Vincennes.

En 1932, il proposa à M. Gibrat (avec lequel il s'était lié d'amitié) de reprendre et poursuivre, la production de balances romaines dans son atelier montreuillois.

Ce dernier exercera son activité de ferronnier d'art, de serrurier et de fabricant de balances romaines jusqu'en 1950, date à laquelle il meurt. C'est son fils qui reprendra l'affaire. Celui-ci est le dernier fabricant de balances romaines.

Les affaires se font essentiellement à l'exportation vers l'Afrique. Ce type de balance est utilisé pour le ramassage du café et du cacao. La raison de ce marché est le coût avantageux, un appareil pour peser 200 kg vaut 700 francs.

Autre client : Électricité de France. Fabrication de balance pour peser la neige. Le procédé est utilisé pour faire les prévisions de quantité d'eau des barrages au printemps.

Ce produit est finissant en France et en Europe, car remplacé par les balances électriques et électroniques. L'Afrique a été la vitrine idéale eu égard à l'utilisation de ces balances dans les marchés populaires, les campagnes et les milieux traditionnels.

MISSION DE PROSPECTION CAMEROUN-CÔTE D'IVOIRE DU 27 MAI 3 JUIN 2001.

Le choix des pays à prospecter en Afrique est toujours difficile, bien qu'il présente des marchés intéressants pour les entreprises membres de l'AMIE (ex-AMDCEI), du fait des caractéristiques de leur développement économique. Nous nous sommes intéressés au Cameroun et à la Côte d'Ivoire, deux pays à fort potentiel économique.

Le Cameroun est un pays stable, à économie émergente, dont le taux de croissance avoisine les 5 %. Les réformes économiques sont vivement encouragées par les bailleurs de fonds internationaux et soutenus par des crédits non négligeables. Pour l'organisation pratique de notre mission, nous avons été aidés par Alphonse NGono Onguené (un entrepreneur montreuillois d'origine camerounaise), tandis que pour les rendez-vous d'affaires, c'est surtout le fait du poste d'expansion économique de l'Ambassade de France qui s'est chargé de nous faire rencontrer des partenaires locaux. Toutefois, bien que très ouvert, le Cameroun est un pays semé de pièges, dont le plus à craindre ; la corruption et les escroqueries.

La Côte d'Ivoire est en revanche un pays que nous connaissons, mais que les changements politiques ont rendu vulnérable. La crise conjoncturelle que traverse le pays se reflète sur les échanges économiques qui ont tendance à baisser. Toutefois les aides débloquées par l'Union européenne et par le FMI font de ce pays une cible intéressante. Les opportunités d'affaires ne manquent pas et ici comme dans les autres pays africains, nous avons obtenu de l'aide pour nos projets de la part du PEE et de l'AFD.

Nos conseils pour les entreprises qui prospectent de nouveaux marchés sont d'entrer en contact avec les PEE, qui disposent de fichiers crédibles, connaissent la qualité et l'éthique de travail des entreprises locales qui peuvent servir d'intermédiaires lors de nos démarches administratives dans le pays. Si l'entreprise a des projets plus élaborés de développement en Afrique, elle peut entrer en relation avec l'agence française de développement (AFD), qui gère d'importants fonds de subventions. Pour citer l'exemple de la société Henri Pattegay, imprimeur, qui a obtenu par le biais de l'AFD des projets intéressants dans le domaine de l'imprimerie fiduciaire et des papiers d'identité sécurisée.

Par ailleurs, un de nos adhérents, Jean-Pierre Heimann (3A Conseils), spécialiste des relations avec l'Afrique, fut un bon conseil en ce qui concerne les aspects juridiques de nos négociations, notamment en ce qui concerne les clauses des contrats permettant le recours à l'arbitrage.

L'AFRIQUE DU SUD : MISSION DU 26 SEPTEMBRE AU 2 OCTOBRE 1994 ET EXPOSITION FRANCE TECHNOLOGIES'97 DU 8 AU 12 JUILLET 1997

L'Afrique du Sud a vécu pendant plusieurs décennies des sanctions internationales en raison de l'Apartheid et l'exclusion de la majorité de la population d'origine africaine. Montreuil, ville solidaire avec les peuples qui luttent pour leur émancipation, a accueilli des Chefs de l'ANC, qui étaient hébergés dans des logements publics et protégés par la Police nationale.

L'Apartheid a été instauré suite à l'accession au pouvoir du Parti national en 1948, dont le programme est la ségrégation « raciale » extrême en interdisant les mariages et les relations sexuelles entre noirs et blancs, en privant les Noirs de leurs droits politiques. Cette majorité de la population sud-africaine était cantonnée dans des ghettos, les « townships », dont ils ne pouvaient pas sortir sans un passeport spécial. Ils étaient considérés comme citoyens de second rang, des citoyens des « Bantoustans », des micro-États noirs dirigés par des fantoches alliés au régime d'Apartheid.

Ce n'est qu'en 1962, que l'ONU adopta un embargo contre l'Afrique du Sud, suite à l'assassinat de 69 manifestants noirs désarmés par la police sud-africaine. Étant « non contraignant », des pays l'ont contourné. Par exemple la France (premier fournisseur d'armes du régime d'Apartheid) et ses entreprises ont mis au point des stratégies de contournement par société-écran. La complaisance de l'Occident vis-à-vis de l'Afrique du Sud s'explique par la volonté de perpétuer le régime colonial et l'opposition à l'URSS, en considérant ce pays comme étant un allié objectif. Ce positionnement fut justifié par le fait que Le Congrès national africain (ANC), le parti qui dirigeait la lutte contre l'Apartheid, était considéré par les Occidentaux comme une organisation « terroriste ». Nelson Mandela fut l'ennemi placé sur la « liste des terroristes à surveiller », jusqu'à 2008. La montée des mouvements révolutionnaires en Afrique du Sud et l'extrémisme de la frange radicale du régime raciste de l'Apartheid ont poussé la Communauté internationale à adopter des sanctions économiques draconiennes en 1985 et 1986.

Comme l'embargo de la CEE, les sanctions américaines ne touchèrent par exemple jamais les diamants ou l'or (à part les pièces de monnaie). Les inégalités criantes entre Noirs et Blancs sont la cause d'instabilités et de pauvreté. L'insécurité et les violences sont le fruit de ces déséquilibres sociétaux. Il nous a été raconté que les riches sud-africains ne pouvaient plus vivre dans leurs villas luxueuses et étaient obligés de se réfugier dans des immeubles ultra-sécurisés avec des SAS de sécurité entre l'entrée, le couloir et les chambres des appartements. Le chef du service économique de l'Ambassade de France, à Johannesburg, nous a dit que pendant que ses enfants et son épouse se baignaient dans la piscine, un homme d'origine africaine a enjambé le mur et s'est retrouvé nez à nez face à eux.

Sur le plan des investissements étrangers, à part les exploitations minières comme l'or et le diamant, la productivité et le manque de formation des salariés sud-africains font que les produits ne sont pas compétitifs. La société Tractel avait une usine de fabrication de matériel de levage et de manutention près de Johannesburg, qu'elle a été amenée à fermer, car les coûts de production étaient plus élevés que les produits fabriqués en Europe. Le surendettement de l'Afrique du Sud a poussé les banques étrangères à ne plus renouveler leurs prêts à ce pays. Une nouvelle constitution fut donc adoptée en 1983. Elle prévoyait un système d'Assemblée à trois chambres : une pour les Blancs, une pour les Indiens, et une pour les « Coloured », mais rien n'a été prévu pour les Noirs.

La mobilisation des syndicats se concrétisa avec la création du « Congress of South African Trade Unions » (COSATU) en 1985.

Le président Botha, qui représentait la composante dure du système, fut remplacé par Frederik De Klerk, qui libéra des prisonniers politiques, dont Nelson Mandela. Ce dernier fut considéré comme le plus ancien prisonnier politique du monde. Il fut emprisonné en 1963 et est libéré le 11 février 1990 après 27 ans, 6 mois et 6 jours d'emprisonnement. L'événement est retransmis en direct dans le monde entier. Le jour de sa libération, Nelson Mandela fait un discours depuis le balcon de l'hôtel de ville du Cap. Les deux hommes pragmatiques, chacun à sa manière, vont négocier l'alternance.

Citons Nelson Mandela qui prononça ces mots à la télévision, pour appeler au calme, suite à l'assassinat de Chris Hani, secrétaire général du Parti communiste sud-africain et l'un des chefs militaires de Umkhonto we Sizwe, la branche armée de l'ANC :

« Ce soir, je tends la main à tout Sud-Africain, noir comme blanc, depuis mon for intérieur. Un blanc, plein de préjudices et de haine, est venu chez nous et a commis un fait si ignoble que toute notre nation vacille au bord du désastre. Une blanche, d'origine afrikaner, a risqué sa vie pour que nous puissions connaître l'assassin et l'amener en justice. Le meurtre de sang-froid de Chris Hani a envoyé des ondes de choc à travers notre pays et le monde. Il est maintenant temps pour les Sud-Africains de s'unir contre ceux qui, de toutes parts, veulent détruire ce pour quoi Chris Hani a donné sa vie : notre liberté à nous tous. »

Nelson Mandela prônera la paix et la non-violence et surtout tourner la page d'un passé douloureux. Une autorité « de transition » fut nommée, afin de remplacer le pouvoir d'Apartheid et préparer les premières élections libres en avril 1994. Sans surprise, l'ANC emporta le scrutin, en obtenant 62,6 % des votes et en faisant élire 252 des 400 députés que compte l'Assemblée nationale.

Dans *Jeune Afrique* (France), 12 au 18 mai 1994, p. 5, Béchir Ben Yahmed écrit ceci : « l'apartheid ayant mené à l'impasse politique, à la crise économique et financière, Frederik De Klerk et une aile de son parti ont eu la lucidité de l'abandonner parce qu'il les dessert. Leur chance a été de trouver, en face d'eux, un Nelson Mandela. Qui a compris, de son côté — il a eu tout le temps d'y réfléchir – que son peuple et lui recevraient beaucoup plus et progresseraient plus vite à travers un processus qui apparaîtra aux siens très lent. Mandela a accepté le rôle ingrat et difficile de prêcher aux siens la patience et la modération. »

Jean Ziegler, dans *La Nouvelle Afrique-Asie* (France), juin 1994, p. 17, souligne :

> « Vingt-deux millions d'hommes et de femmes ont effectivement voté — souvent après une attente pénible de vingt-quatre ou quarante-huit heures — dans les 9 001 bureaux de vote disséminés à travers ce pays immense. Ce sont

les femmes pauvrement vêtues du peuple des Zoulous, ce sont les adolescents aux yeux brillants de fierté, ce sont les vieillards graves, les mineurs et les travailleurs de la canne à sucre, marqués par les privations, que j'ai vu attendre devant les locaux de vote en ces jours d'avril ; ce sont eux qui ont abattu, par leur bulletin, leur patience et leur détermination le détestable régime de l'apartheid. Ce n'est pas l'armée de libération victorieuse entrant dans Johannesburg rêvée par Chris Hani qui a mis fin au cauchemar raciste. Bien que la pression qu'elle a exercée dans les années soixante-dix et quatre-vingt ait certainement contribué à faire plier le pouvoir blanc. La libération vint par le vote, la victoire de l'ANC sur le pouvoir raciste par le suffrage universel, un pouvoir nazi qui accepte sa propre reddition… »

Jean-Claude Barbier a publié un article intitulé : « Afrique du Sud : vers la démocratie » dans *Esprit* (France), juillet 1994. Il écrit p. 65 :

« C'est donc avec une grande anxiété qu'on envisage aujourd'hui l'avenir de la nouvelle Afrique du Sud. Les problèmes économiques qu'elle a à résoudre le disputent aux embûches politiques, aux divisions et aux legs du passé. La société, en se libérant et en se complexifiant, va prendre sa part dans la construction, face au pouvoir politique de compromis que les acteurs principaux ont instauré pour cinq ans, avec l'assentiment de la majorité des Sud-Africains. Personne ne peut dire ce que sera l'avenir. Pourtant, la leçon des premières années de la transition réussie, contre les déterminismes du passé, montre que la qualité des hommes et des femmes de ce pays est un formidable atout. Il s'agit de réussir sur la longue distance ce qu'ils viennent de réaliser pour une courte période à l'échelle de l'histoire du pays. En Afrique, tous les regards sont tournés vers eux. Plus largement, comme l'a déclaré lors de son investiture le président N. Mandela, les Sud-Africains œuvrent pour « tous les peuples du monde ».

Notre première mission en Afrique du Sud en 1994 fut pleine d'enseignements. Frederik De Klerk et Nelson Mandela sont deux dirigeants qui ont sauvé, en quelque sorte, leurs peuples et ont fait régner une paix durable. C'est du gagnant-gagnant, les Africains noirs ont accédé au pouvoir politique, à la dignité et aux droits civiques et socio-économiques et les Blancs d'origine européenne ont gardé le pouvoir économique et continué à développer la production, le commerce et les activités économiques. Notre regret est de ne pas avoir été reçus par Nelson Mandela, car souffrant et fatigué. Celui qui nous l'a annoncé c'est le ministre du Logement, d'origine européenne, membre du parti communiste. Plusieurs hauts cadres, mais sans obédience politique sont des blancs, ce qui est la manifestation d'une symbiose entre populations de différentes ethnies.

Nous avons visité les principales villes d'Afrique du Sud : Johannesburg, capitale industrielle et économique, Pretoria, siège du gouvernement et Cape Town, la capitale législative du pays.

L'Afrique du Sud a trois capitales à cause des colons qui ont pris le pouvoir et à cause de l'apartheid : Cape Town, Johannesburg et Pretoria. Suite à la colonisation néerlandaise, puis à celle de l'État britannique et enfin, sous le régime de l'apartheid.

Le contraste entre les trois villes est saisissant, nous avons l'impression de nous déplacer entre des villes européennes (Cape Town) et des villes africaines pauvres. D'ailleurs, les exposants de France Technologies' 97 étaient logés à Sandton, ville moderne et huppée pas loin de Johannesburg où se déroulait l'exposition.

L'agglomération de Johannesbourg-Pretoria compte 12 millions d'habitants et compte parmi les 30 plus grandes régions métropolitaines du monde. Ville la plus riche du pays, elle compte de gigantesques gisements aurifères. Son développement économique prodigieux est basé sur l'exploitation de l'or. Joburg est située à plus de 1 500 m d'altitude. Le visiteur venant d'Europe doit patienter 15 jours, afin de s'adapter à ce décalage et surmonter la fatigue qu'il ressent les premiers jours. Ainsi, des joueurs de football qui ne connaissent pas ce détail entreront sur le terrain avec moins de force. Il nous a été déconseillé de sortir en ville après 18 heures. La nuit serait dangereuse pour nous. Notre visite au Township de Soweto n'était pas dénuée de certains risques. Nos guides et chauffeurs (armés de pistolets) ne voulaient pas venir avec nous, car ils étaient Blancs. Nous étions invités par l'ANC et tout s'est bien passé. Le monde a découvert ce Township à cause des émeutes de 1976 en réponse à l'obligation d'enseigner l'afrikaans, imposée par le gouvernement. La résistance noire se poursuivra durant les années 1980. Le Mémorial et musée Hector Pieterson est un témoin de cette période. Soweto est le plus peuplé des townships d'Afrique du Sud avec une population de 858 644 habitants, recensée en 2001 et qui passe à 1,3 million d'habitants. L'amélioration de la situation politique et de l'environnement économique en Afrique du Sud laisse envisager une réelle reprise. Les premières élections plurielles, n'excluant aucune ethnie, ont eu lieu le 27 avril 1994 et un gouvernement d'unité nationale a été constitué, auquel la population noire fut associée.

L'ANC (African national Congess), dirigé par Nelson Mandela, est la première organisation politique du pays. Une victoire écrasante de ce mouvement a été enregistrée lors des élections législatives.

L'ANC s'est convertie à l'économie de marché et Nelson Mandela, lors de son passage à Paris, a encouragé les hommes d'affaires à investir dans son pays. Depuis deux ans, la situation est propice à l'investissement étranger et pour retrouver une compétitivité internationale. L'Afrique du Sud doit trouver de nouveaux marchés étrangers et acheter des produits à valeur ajoutée qui lui manquaient.

Mais l'investissement est encore trop faible pour permettre une relance de l'activité économique et l'aide internationale promise à ce jour par le FMI, d'un montant de 130 millions d'euros n'est pas suffisante.

Or, l'Afrique du Sud présente des atouts considérables :

• premier producteur mondial de platine, de minerai de chrome, de manganèse et d'or, elle dispose aussi d'infrastructures de communication particulièrement développées.

• Son PIB est de 249 milliards d'euros, soit le tiers du PIB total de l'Afrique subsaharienne.

• L'Afrique du Sud produit 66 % de l'électricité et 66 % de l'acier de tout le continent.

L'Europe est le premier partenaire commercial de la République d'Afrique du Sud, qui a bénéficié d'un traitement préférentiel pour accéder au grand marché européen.

Avec la fin des sanctions internationales, la France revient en force : 228, 675 millions d'euros ont été investis entre 1991 et 1993 et les pouvoirs publics multiplient les initiatives. Elle est le cinquième fournisseur de l'Afrique du Sud, mais sa présence est encore faible par rapport à l'Allemagne et le Royaume-Uni.

La communauté française en République sud-africaine est forte de 5 000 expatriés et les milieux d'affaires français y sont connus.

Les exportations françaises à destination de l'Afrique du Sud ont poursuivi leur progression en 2022, pour atteindre 1,9 milliard d'euros (+16,4 %), après une hausse de 22 % en 2021. Elles dépassent leur niveau d'avant 2019 (+11 % par rapport à la moyenne 2017-2019), mais restent inférieures à leur niveau de 2014 (-4 %).

Le secteur qui porte la performance française est celui des « matériels de transport » +121,2 % soit 194,3 millions d'euros. Cela concerne les exportations aéronautiques (107 millions d'euros), les « produits de construction automobile ». Le manque de pièces détachées freine l'expansion de ce secteur.

Nous avions dans notre délégation deux entreprises agroalimentaires Bouchenaq SA, spécialiste de charcuteries et une Boulangerie haut de gamme : « Les Boulangers de France ». Les exportations de « produits de l'industrie agroalimentaire « ont atteint 264 millions d'euros en 2022. Les ventes de boissons alcoolisées se sont élevées à 111 millions d'euros, celles des produits laitiers atteignent 63 millions d'euros.

Les exportations de "machines industrielles et agricoles" sont de 298 millions d'euros, celles de "produits chimiques, parfums et cosmétiques" ont augmenté de 14,6 %, soit 103 millions d'euros, les produits de beauté de 69 millions d'euros.

Les secteurs qui portent les exportations françaises sont par ordre croissants :

— les produits chimiques, cosmétiques et parfums représentent le premier poste d'exportation,

— les machines industrielles et agricoles,

— les produits de l'industrie agroalimentaire,

— les produits pharmaceutiques » (médicaments, vaccins, antibiotiques).

L'Afrique du Sud est un débouché secondaire pour les produits français, la destination ne représentant que 0,3 % de nos exportations en 2022.

Les clients de la France en Afrique subsaharienne sont en premier, l'Afrique du Sud (17 %), ensuite la Côte d'Ivoire (13 %) et le Sénégal (9 %).

La France est le 12e fournisseur de l'Afrique du Sud, dans le monde, et le 3e au niveau européen, devancée par l'Allemagne et l'Italie.

Les importations françaises en provenance de l'Afrique du Sud sont :

– hydrocarbures et autres produits des industries extractives (houille et minerais métalliques),

– matériel de transport,

– produits métallurgiques et métalliques,

– les métaux non ferreux (aluminium, nickel, conserves),

– les produits sidérurgiques et de transformation de l'acier,

– les « produits agricoles » (fruits — agrumes, avocats, poires, prunes).

En 2019, la France est le 11e investisseur en termes de stock d'IDE (investissements directs à l'étranger) en Afrique du Sud. Elle compte 370 entreprises implantées localement, employant 65 000 personnes. D'après une note rédigée par la Direction générale du Trésor, publiée le 11 avril 2024, les échanges commerciaux entre la France et l'Afrique subsaharienne (48 pays) ont totalisé 24,5 Md€ (11 Md€ d'exportations et 13,5 Md€ d'importations) soit 1,9 % des échanges commerciaux de la France selon les Douanes. L'Afrique subsaharienne représente 1,8 % des exportations françaises et 1,9 % des importations françaises. Si cette part suit une tendance baissière depuis 10 ans, ces échanges sont comparables avec ceux réalisés entre la France et l'Amérique latine (2,0 % du commerce extérieur français et 26,3 Md€ en 2023).

En 2023, les principaux partenaires de la France en Afrique subsaharienne sont le Nigeria (5,0 Md€), l'Afrique du Sud (3,3 Md€), la Côte d'Ivoire (2,4 Md€), l'Angola (2,0 Md€) et le Cameroun (1,5 Md€).

En 2023, la France reste le 8e pays fournisseur de l'Afrique subsaharienne avec 3,2 % des parts de marché derrière la Chine avec ses 17,3 % des parts de marché.

11,6 % des importations françaises d'hydrocarbures (7,6 Md€) proviennent de l'Afrique subsaharienne. La France importe 9 % de ses produits agricoles de cette partie du continent, pour un montant de 1,6 milliard d'euros.

La France reste le 2e pays investisseur en Afrique avec un stock d'IDE de 38,9 milliards d'euros en 2022 et 2 440 filiales d'entreprises françaises (hausse de 60 % en 10 ans) employant directement 235 000 personnes sur le continent.

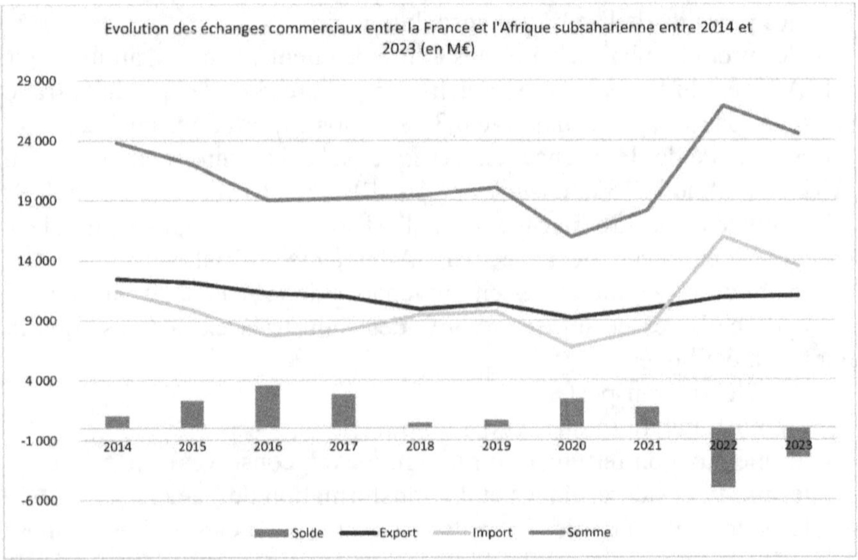

Source : Le chiffre du commerce extérieur, DGDDI

Intitulé *World Economic Outlook April 2024*, le rapport précise que l'Égypte, qui avait accédé au rang de première économie africaine en 2023, devrait tomber à la 2e place en 2024, alors le Nigeria devrait passer de la 2e à la 4e position. Dans le même temps, l'Afrique du Sud redeviendra première, tandis que l'Algérie est 3e, notamment grâce à la hausse des prix des hydrocarbures.

L'Afrique du Sud devrait rester la première puissance économique du continent, tandis que le Nigeria, qui était premier jusqu'en 2022, devrait rester à la 4e place jusqu'en 2028, selon les prévisions du FMI. L'institution financière internationale précise que le PIB du Nigeria devrait s'élever à 253 milliards dollars en 2024. Celui de l'Algérie devrait se situer à 267 milliards de dollars contre à 348 milliards dollars pour l'Égypte et 373 milliards de dollars pour l'Afrique du Sud, qui du reste est le pays le plus industrialisé du continent. Résultats des contacts des participants à cette mission :

AFPA répond aux besoins de formation qualifiante, des salariés, des entreprises et des collectivités territoriales, accompagner les mutations sociales et technologiques. À noter l'intervention dans les métiers du BTP, mécanique, électronique, audiovisuel, transports et informatique. Ses actions ciblent la population africaine (non blanche), jadis marginalisée.

DUMONT SA propose des fours et matériels de boulangerie.

ELLA BACHÉ : le succès des produits répond parfaitement aux problèmes spécifiques de chaque peau. À la pointe de l'innovation dans l'emploi de composés naturels.

FAVRE SA spécialiste de la fabrication et négoce d'outillage pneumatique à main pour la démolition et la foration à l'usage des professionnels du BTP, des mines, carrières et industrie métallurgique (Burinair, piqueurs, brise-béton, perforateur)

SAINT-GOBAIN, dont l'implantation en Afrique du Sud est devenue effective en 1997, a fait bénéficier ses filiales de ses réseaux et ses bureaux. NORTON DESMARQUEST, l'une de ses filiales, a proposé ses produits de ce pays dans les domaines du textile et de robinetterie et des composants céramiques utilisés dans ces industries.

AUCOUTURIER : proposa des machines et systèmes de conditionnement à des sociétés déjà existantes et celles qui ont émergé, à la faveur de l'apparition d'une nouvelle classe d'entrepreneurs d'origine africaine qui se sont organisés dans des chambres de commerce de cette communauté, qui fut exclue du monde des affaires.

SIPD : cette société bien implantée en Afrique de l'Ouest s'est lancée à la conquête de l'Afrique du Sud dans les secteurs des câbles et cordons électriques et courants faibles.

LEVASSEUR SYSTÈMES : dans un pays où la sécurité des biens et des personnes est devenue lancinante ; le matériel de protection incendie, les systèmes de fermeture automatique se sont imposés en Afrique du Sud.

TRACTEL : cette société avait une filiale en Afrique du Sud, mais par manque de main-d'œuvre qualifiée et la faible productivité de ses productions, elle est devenue peu rentable. D'où l'exportation à partir de la France du matériel de levage, de manutention, les installations d'entretien de façades et les équipements de sécurité contre la chute.

QUINETTE GALLAY a équipé des salles de congrès, de conférences et de spectacles dans différentes agglomérations sud-africaines.

BOUCHENAQ SA, spécialiste de charcuteries a voulu installer des succursales à Johannesburg

Boulangerie haut de gamme : « Les Boulangers de France ». Les meilleures viennoiseries que j'ai dégustées ne pouvaient que réussir à ouvrir des boutiques dans les grandes villes de ce pays.

FENZY est bien implantée en Afrique du Sud dans les mines et les usines de traitements des produits chimiques en fournissant des appareils respiratoires et protections individuelles.

SOFRESID : le deuxième groupe d'ingénierie en France offre ses services dans les secteurs miniers et les infrastructures sud-africaines.

Évidemment tout n'est pas parfait, les affaires de corruption ont touché les dirigeants de l'État au plus haut de son sommet. L'ancien Chef de l'État Jacob Zuma aurait perçu indument des pots-de-vin de deux filiales sud-africaines du groupe français d'électronique de défense Thomson CSF. Mais d'après des investigations menées par des médias comme Arte montrent que la corruption est omniprésente dans plusieurs sphères de décisions économiques et politiques, notamment pendant le mandat du président Jacob Zuma (2009-2018).

https://www.arte.tv/fr/videos/115066-000-A/afrique-du-sud-le-poison-de-la-corruption/

Thuli Madonsela médiatrice de la République d'Afrique du Sud a publié un rapport qui confirme cette corruption prégnante au niveau le plus élevé de l'État. Elle parle de « 'State Capture » ; la Capture de l'État.

Cyril Ramaphosa, président de l'Afrique du Sud, qui est issu de l'ANC, n'a pas su donner un nouveau souffle d'éthique et de bonne gouvernance. Comme preuve ; les dysfonctionnements de la compagnie publique d'électricité Eskom qui a du mal à produire de l'énergie pour 60 millions de Sud-Africains.

MISSION AU MALI DU 3 AU 11 AVRIL 2005

L'AMIE a coorganisé une mission au Mali du 3 au 11 avril 2005. Les liens avec Montreuil remontent au jumelage avec le cercle de Yélimané, d'où sont originaires la plupart des Maliens résidant dans notre ville. Les élus locaux sont régulièrement reçus par les présidents successifs du Mali.

La situation économique et financière du Mali en 2004.

Après avoir connu un taux de croissance de 2,9 % en 2003, l'économie du Mali a progressé de 5,4 % en 2004. Cette reprise s'appuie sur la relance de la production nationale, l'accroissement de la consommation des ménages et l'évolution positive de la conjoncture internationale.

1/ Les acquis d'une transition démocratique réussie

L'année 2003 a confirmé la transition démocratique réalisée lors des élections de 2002, confortée par les efforts déployés pour assurer un meilleur respect des droits de l'homme et instaurer un État de droit, à travers la mise en chantier de vastes programmes de réformes législatives, le règlement du conflit du Nord et la création d'un poste de médiateur.

La visite du président CHIRAC en octobre 2003, qui avait été précédée de nombreuses visites ministérielles, salue à la fois la bonne gouvernance du gouvernement malien et l'importance prise par ce partenaire dans une région troublée.

2/ Des perspectives d'embellie économique pour 2004

Forces du Mali :

– développement de la production industrielle,
– accroissement de la consommation des ménages,
– stabilisation de la conjoncture internationale et sous-régionale.

Depuis avril 1999, l'économie du Mali, qui s'inscrit dans le cadre des Politiques d'Ajustement structurel mises en œuvre avec le concours du

FMI et de la Banque mondiale et de la Coopération française, a évolué. Mars 2003 a ainsi vu l'achèvement du processus d'éligibilité du Mali à l'initiative en faveur des pays pauvres très endettés (PPTE). Le Mali bénéficia grâce à ce processus d'un allégement substantiel de sa dette

(675 millions de dollars) sur les 30 prochaines années. L'année 2004 est marquée au Mali par une forte reprise économique, avec un taux de croissance attendu de 5,4 % au lieu de 2,9 % en 2003.

Faiblesses du Mali :

– enclavement et dépendance des ports des pays voisins, d'où des coûts d'approvisionnements en biens de consommation et biens d'équipements. Les biens impactés sont les aliments du bétail, les poutrelles en béton précontraint, les filés de coton, les produits pharmaceutiques génériques,

– une situation politique instable,

– manque d'eau et activités agricoles impactées par l'aridité des sols.

Ce pays souffre de la faible augmentation de la production céréalière, passant de 2,5 à 2,6 millions de tonnes et du fait que la production d'or se stabiliserait à 49 tonnes (soit en dessous du niveau record de 66 tonnes atteint en 2003). La production de coton pour la campagne 2003/2004 s'élève à 610 000 tonnes, plaçant, pour la première fois, le Mali au premier rang des producteurs africains assez nettement devant l'Égypte.

L'entrée en activité de plusieurs unités industrielles devait favoriser la relance de l'économie. Cette évolution correspond à la volonté des autorités de réduire à terme la dépendance commerciale du Mali à l'égard de l'or, du coton et de l'élevage dont la valeur globale représente, en moyenne, 90 % des exportations.

L'objectif du gouvernement consista donc, sur la période 2003-2007, à créer 16 000 emplois industriels et à faire passer de 8 à 12 % la part de la production industrielle dans le PIB.

Au plan des échanges extérieurs, les fluctuations de la balance commerciale devaient être relativement marquées sur le moyen terme (exportations peu diversifiées, variation des cours mondiaux, aléas pluviométriques) et l'excédent commercial devait décroître progressivement sous l'effet du tassement des exportations (stagnation de la production aurifère). Pour 2004, le FMI enregistre 581 milliards FCFA.

(887 millions d'euros) pour les exportations et 515 milliards FCFA (soit 785 millions d'euros) pour les importations. La balance courante était déficitaire de 161 milliards FCFA (245 millions d'euros) et la balance affichait un besoin de financement de 31 milliards FCFA (à couvrir notamment par l'initiative PPTE).

Le taux annuel d'inflation a sensiblement baissé et se situait à 2 % en 2003, soit 0,5 % au-dessus des prévisions de l'UEMOA.

La pression inflationniste engendrée par la crise ivoirienne a été amortie par l'utilisation de voies alternatives d'acheminement des marchandises ainsi que par l'intervention des Autorités sur les marchés des céréales, du fuel et de l'énergie électrique. Anticipant des conditions climatiques favorables et un retour à la normale en Côte d'Ivoire, la croissance économique, plus rapide en 2004 qu'en 2003, atteint 3 %.

Les relations avec les bailleurs de fonds dans l'attente d'une nouvelle facilité FMI. Avec un montant de 87 millions d'euros, la France est le premier bailleur de fonds bilatéral du Mali ; ce pays est le troisième État bénéficiaire de l'aide française en Afrique subsaharienne.

La coopération française a joué un rôle important dans le développement des filières agricoles, notamment dans celle du coton, principal moteur de la croissance économique, mais aussi dans des domaines à caractère social comme l'éducation et la santé. Lors de sa visite au Mali en octobre 2003, le président Chirac a annoncé que la France annulait la dette du Mali sur quatre ans (2004-2007), soit 11,6 millions d'euros.

Le Mali n'est plus sous FRPC depuis le 5 août 2003. Les relations du Fonds avec le Mali furent régies par un accord de coopération technique au titre de l'article IV, donnant lieu à revue annuelle. À l'issue de cette revue, le Conseil d'Administration du FMI a décerné le 15 décembre 2003 un satisfecit aux autorités maliennes,

L'assainissement des finances publiques se réalise dans un contexte de stabilité économique, de réduction de l'inflation et de diversification de l'économie. Le FMI ayant conclu, ses entretiens avec les autorités maliennes au titre de l'Article IV, un nouveau soutien financier fut octroyé dans le Cadre Stratégique de Lutte contre la Pauvreté, afin d'aider les autorités à compléter la réalisation du calendrier de réformes et à surmonter les importants défis des années à venir. Une nouvelle Facilité pour la Réduction de la Pauvreté et la Croissance a été mise en place prochainement.

LE PROGRAMME D'APPUI AU DÉVELOPPEMENT DE YELIMANE AU MALI (PADDY)

PADDY constitue l'exemple le plus abouti de la coopération décentralisée, contribuant à l'intégration de populations originaires de la région de Kayes (Mali), installées à Montreuil, depuis des décennies. Cela vise également le renforcement des capacités locales du cercle.

La ville de Montreuil participe aux efforts de développement de Yélimané, en utilisant son jumelage avec ce cercle depuis 1985. Ses relations privilégiées de coopération avec la province de Haï Duong et l'institut des ressources en eau et des sciences hydriques et hydrauliques basé à Hanoï. Elle a souhaité, dès l'an 2000, y adjoindre la FAO (Food and agriculture organisation) et la mise en œuvre du programme spécial pour la sécurité alimentaire (PSSA). C'est le fondement du programme d'appui au développement durable de Yélimané (PADDY). C'est dans ce cadre qu'une mission technique composée de représentants de la FAO, de la ville de Montreuil, du gouvernement vietnamien et de la province de Hai Duong de monter le projet. Ceci avec l'appui du ministère de l'Élevage et de la Pêche du Mali, des communes du cercle de Yélimané, des associations de migrants. Il en est sorti un programme d'appui au développement durable de Yélimané (PADDY), opération quadripartite : FAO, Mali, Vietnam et Montreuil, qui se donne comme objectifs de lutter contre la pauvreté et améliorer la sécurité alimentaire et des conditions de vie rurale des habitants.

D'un montant global de 11,7 millions d'euros, sur cinq ans, ce projet vise avant tout à l'autosuffisance alimentaire dans la région et s'assigne comme mission : combattre la pauvreté, en faisant de Yélimané, une zone de production et d'exportation de céréales, par le renforcement des capacités villageoises, la valorisation des terroirs, la coordination, la gestion et l'expertise technique. Ces principaux domaines d'intervention concernent : la maîtrise de l'eau et l'amélioration des techniques d'aménagement des cultures, notamment la riziculture, l'intensification des cultures de décrue, maraîchères et fruitières ainsi que la diversification des productions. Il s'insère ainsi dans les objectifs stratégiques du gouvernement malien, d'amélioration des conditions de vie rurale, mais il apporte aussi un appui dans l'aménagement du territoire de Yelimané et contribue au renforcement des capacités de l'ensemble des douze communes du cercle et des associations villageoises.

En participant à ce projet, la municipalité de Montreuil donne une nouvelle ampleur à sa coopération avec le cercle de Yélimané. Mais elle incite également les États à s'engager sur la voie d'un modèle multilatéral de co-développement. Les relations établies entre les collectivités territoriales françaises et étrangères tendent à renforcer les capacités locales de tous les acteurs concernés dans les processus de développement. L'objectif affiché est de redéfinir la nature et les contenus des rapports Nord-Sud et Sud-Sud.

Plus de 840 millions de personnes souffrent de la faim dans le monde. C'est parce que le PADDY s'inscrit dans la lutte contre ce fléau que la FAO lui accorde une attention particulière. C'est d'ailleurs la première fois qu'elle soutient un projet émanant d'une collectivité locale et non un projet étatique. Ce qui est d'autant plus remarquable que les relations établies avec son appui permettent d'articuler des coopérations décentralisées et les coopérations interétatiques.

Sous l'impulsion de la ville de Montreuil, une mission composée d'experts de l'Organisation des Nations unies pour l'alimentation et l'agriculture et de hauts fonctionnaires du ministère de l'Agriculture malien, de cadres de la ville de Montreuil et d'experts vietnamiens de la province de Hai Duong, s'est rendue à Yélimané en décembre 2003. Le gouvernement du Mali a souhaité collaborer avec celui de la République socialiste du Vietnam pour la mise à disposition d'experts et de techniciens vietnamiens. Le but est de mettre plus facilement en œuvre le programme spécial pour la sécurité alimentaire, dans le cadre du PADDY et des accords de la mairie de Montreuil et de la province de Hai Duong. Le lancement du programme a eu officiellement lieu en octobre 2004 au Mali, sous la conduite du ministre malien chargé de l'agriculture, en présence du vice-ministre vietnamien de l'Agriculture, de représentants de l'Organisation des Nations unies pour l'agriculture et l'alimentation et de la ville de Montreuil.

En avril et en mai 2005, une délégation composée de deux experts maliens, d'un paysan de Yélimané, d'un représentant de la ville de Montreuil, s'est rendue au Vietnam pour y étudier la technique de gestion des ressources en eau, nécessaire au développement de la riziculture, du maraîchage, de l'arboriculture. L'accord de coopération Sud-Sud signée à Bamako le 14 novembre 2005, définit le cadre de coopération de l'assistance technique vietnamienne : douze experts vietnamiens se rendent pour trois ans à Yélimané. Cette coopération implique la maîtrise de l'eau et l'intensification de la production rizicole, la réintroduction de la riziculture et des cultures de décrue, le petit élevage, le maraîchage, la réhabilitation du réseau de distribution d'eau et l'assainissement. Concrètement, le projet a été officiellement lancé le 20 mai 2006 à Yélimané en présence du président de la République Amadou Toumani Touré, de l'ambassadeur du Mali en France, du président du comité populaire de Hai Duong, de la représentante de la FAO à Bamako, du ministre de l'Agriculture et du maire de Montreuil.

Le 20 août, des techniciens vietnamiens ont été accueillis à Yélimané pour travailler à une meilleure maîtrise de l'eau, à l'intensification des cultures, à la diversification de la production et au reboisement.

D'autres partenaires se sont également engagés en mai 2005 à une mission composée du maire de Diadema, du député et maire de Montreuil et des ingénieurs de leurs villes respectives, qui s'est rendue à Yélimané, afin de travailler avec les autorités locales sur la problématique de l'assainissement et de l'environnement. Profitant de son expertise en la matière, la ville de Diadema a proposé de contribuer au PADDY à travers des projets suivants : le traitement des déchets plastiques et la production d'un carburant vert permettant de produire du biodiesel.

En octobre 2005, la ville de Montreuil, en partenariat avec l'association des migrants du cercle de Yélimané (ADCYF) a procédé à la création de l'association française d'appui à la région de Kayes (AFAK), régie par la loi de 1901), afin de mobiliser l'ensemble des financements nécessaires.

LE BIG FIVE SHOW À DUBAI DU 25 AU 29 NOVEMBRE 2007

Le BIG five Show est intervenu, en 2007, à une étape importante de son développement, avec :

Le lancement d'une nouvelle extension : BIG 5 PMV (Plant/Machinery/Vehicles) consacrée au gros matériel de BTP,

La préparation du prochain déménagement du salon, qui devrait déboucher sur une manifestation plus importante.

Afin de profiter à plein du formidable potentiel offert par la zone, Ubifrance a décidé de suivre le mouvement en étant présent, dès cette année, sur ces deux événements.

Cette opération est organisée par Ubifrance, en étroite liaison avec la Mission économique d'Abu Dhabi.

Avec 2 608 exposants pour 43 050 visiteurs et plus d'une trentaine de pavillons étrangers sur l'édition 2007, le BIG 5 SHOW s'affirma de plus en plus comme « le salon de référence », dans le secteur du second œuvre du bâtiment, pour l'ensemble des professionnels du Golfe à telle enseigne que les organisateurs n'arrivent plus à faire face à la demande. L'ouverture d'un nouveau centre d'exposition ultramoderne en 2008, devrait permettre aux organisateurs d'accueillir davantage d'exposants et de réduire ainsi, l'importante liste d'attente qu'ils gèrent actuellement.

Cette exposition dépasse les secteurs BTP et embrasse d'autres secteurs industriels. Si l'on en juge par les nombreuses marques d'intérêt enregistrées, le BIG 5 SHOW a pu conquérir les entreprises françaises, qui voient dans cette exposition un support idéal pour faire la promotion de leurs produits dans toute la zone du Moyen-Orient.

Bien que cette manifestation soit au programme d'Ubifrance depuis plusieurs années, l'intérêt des entreprises françaises ne faiblit pas. En 2007, le pavillon français a regroupé 70 exposants, sur une surface de près de 900 m^2.

Notre mission exploratoire confirme l'intérêt majeur des Émirats arabes unis dans la région et plaide pour une participation des entreprises de la Seine-Saint-Denis au Salon BIG 5 SHOW. C'est pourquoi la CCIP-93 et l'AMIE l'ont inscrite dans leur programme 2008.

LE SALON INTERNATIONAL DU BÂTIMENT ET DE L'HÔTELLERIE DE BEYROUTH

Après avoir subi des années difficiles de guerre civile, le Liban refait dignement surface.

Il en résulte trois facteurs essentiels et non négligeables qui font que ce pays d'ici quelques années deviendra la plaque tournante du Moyen-Orient.

Le retour à la paix et à la stabilité dans la région devrait attirer les capitaux et permettre de jeter les bases d'un développement économique régional.

Le Liban a de nouveau gagné la confiance des investisseurs. Le succès de l'emprunt en euro-obligations lancées par le gouvernement libanais pour financer les travaux de reconstruction du centre de Beyrouth témoigne que le pays a retrouvé la confiance des milieux financiers internationaux et ouvre de nouvelles perspectives aux entreprises françaises.

À en juger par le rythme de déblaiement de la place des canons, ils ont été rondement menés.

En février/mars 1994, Prom Orient a organisé le premier salon des entreprises françaises au Liban, avec la participation de la Chambre de Commerce et d'Industrie de Paris, qui encadrait la participation de 30 entreprises du secteur construction.

Cette première manifestation a remporté un vif succès, ce qui a conduit en 1995, l'AMDCEI à participer activement à ce salon aux côtés de la CCIP, qui organise une section collective d'entreprises françaises du secteur, sous forme de stands individuels et de plate-forme PME/PMI.

D'après la Direction générale du Trésor en date du 31 juillet 2023, la balance commerciale, en 2022, est excédentaire pour la France avec un solde positif de 322 millions d'euros sur les secteurs suivants :

– les équipements mécaniques, matériel électrique, électronique et informatique (14 %),

– les produits chimiques, parfums et cosmétiques (13 %),

– les produits agroalimentaires (13 %),

– les produits pharmaceutiques (12 %),

– les produits pétroliers raffinés (12 %).

Les importations en provenance du Liban, d'un montant de 78 millions d'euros, sont constituées essentiellement d'équipements électriques et ménagers (40 %) et de produits agroalimentaires (25 %).

L'Hexagone est seulement 17e fournisseur du Liban derrière la Chine, la Turquie, la Grèce, l'Italie, les États-Unis, les Émirats unis et l'Allemagne.

https://www.tresor.economie.gouv.fr/Pays/LB/la-relation-economique-bilaterale-entre-la-france-et-le-liban#:~ :
text=La %20 relation % 20%C3 % A9conomique %20 franco % 2Dlibanais e, 3%20Md % E2 % 82%AC %20en % 20France).

Les IDE français au Liban ne représentent que 1 % des totaux, soit un montant de 539 millions d'euros en 2022. Ce qui est curieux c'est le montant des investissements libanais en France qui dépasse 1,3 milliard d'euros la même année. Ce qui confirme une fuite de capitaux aux dépens de l'économie libanaise. Les groupes présents au Liban sont CMA-CGM qui, en tant que concessionnaire, gère les terminaux à conteneurs des ports de Beyrouth et Tripoli et Total Énergies, distributeur de carburant et détenteur des licences d'exploration de deux blocs gaziers. Le Liban a conclu un accord avec Israël, délimitant les eaux territoriales entre les deux pays, ce qui facilitera l'exploration et l'exploitation des gisements gaziers.

Grâce à une main-d'œuvre qualifiée et multilingue, des sociétés ont localisé leurs services régionaux au Liban. Il s'agit de Publicis, Servier, Danone, Thales, ainsi que CMA-CGM.

Saint-Gobain (usine de produits pour le BTP), Nexans (usine de câbles), LafargeHolcim (cimenterie) ont une implantation industrielle.

Des groupes sont présents depuis des décennies comme EDF, Air France, AXA, Bolloré Logistics, Veolia-Suez, Sanofi, Legrand et L'Oréal.

Annexe I : Évolution des exportations françaises de biens vers le Liban (M€).

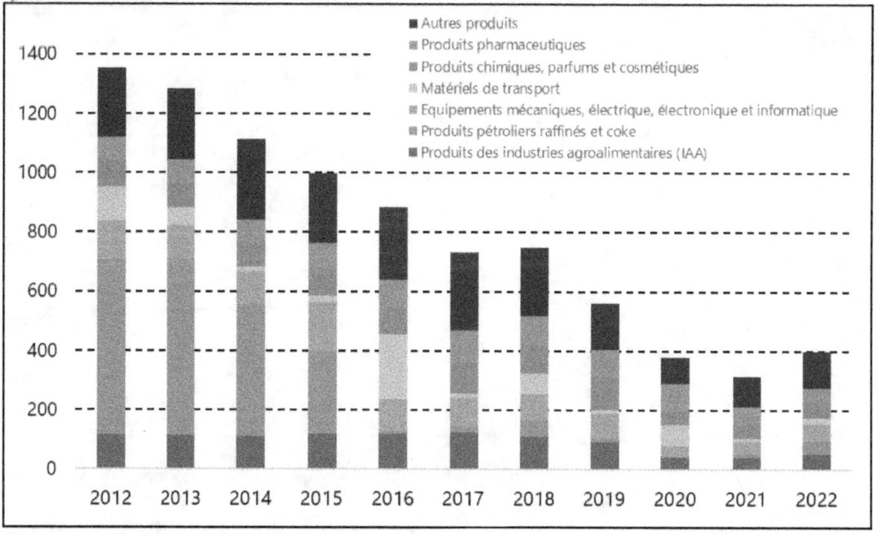

Source : douanes françaises

Annexe II : Évolution des IDE croisés (Md€).

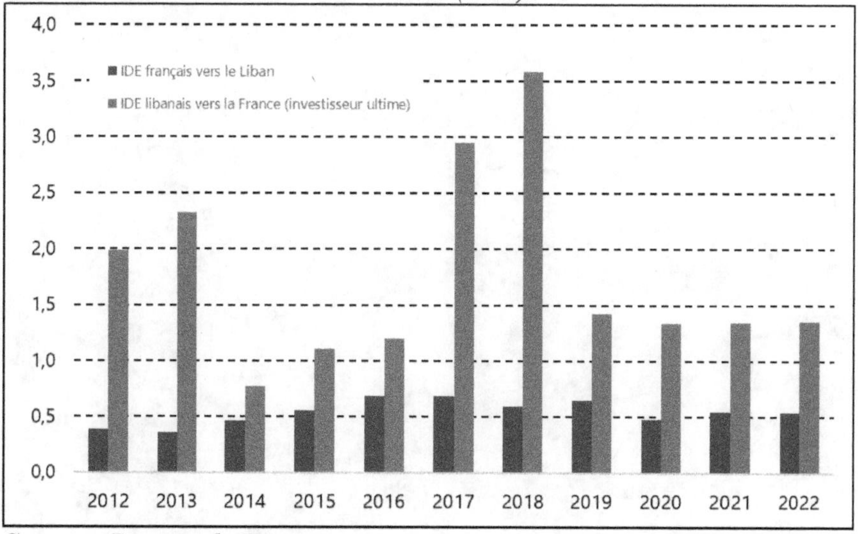

Source : Banque de France

CHAPITRE 10 : PROSPECTION EN AMÉRIQUE LATINE : BRÉSIL, CHILI, ARGENTINE

Une mission préparatoire du 4 au 16 mars 1997 a eu comme objectif de préparer la venue des entreprises participantes en préparant des fiches sectorielles et les listes de contacts et préparer les rendez-vous individuels pour chaque société.

Comme nous faisons habituellement, cette mission exploratoire fut menée par moi-même, au Brésil, Argentine et Chili. Mon point d'appui fut les services économiques des ambassades basées dans ces trois pays. Mais en amont, des rencontres à Paris ont été organisées conjointement par le ministère des Affaires étrangères et le ministère des Finances en présence de tous les Postes d'expansion économique d'Amérique du Sud.

La mission collective, du 5 au 15 novembre 1997, a réuni des entreprises d'une certaine envergure, car s'adressant à des marchés inhabituels plus lointains et concurrentiels. L'Amérique latine fut la cour arrière des États-Unis. Afin de s'implanter, l'offre venant de France doit être originale et techniquement solide.

Contexte économique du Brésil

D'après la Banque Mondiale, le Brésil est classé 9e économie mondiale avec un PIB s'élevant à 1 960 milliards de dollars en 2019. L'industrie brésilienne a été bâtie sur l'exploitation du bois et la canne à sucre. Afin de combattre l'hyperinflation, le cruzado remplace le cruzeiro en 1986 et une fixation administrative des prix est demeurée sans réussite. En 1987, le gouvernement négocia un rééchelonnement de la dette sans résultat probant. L'inflation annuelle atteint 30 000 % en 1990 pour retomber à 400 %.

Le cruzeiro a été la monnaie du Brésil de 1942 à 1967, de 1970 à 1986 et de 1990 à 1993, date à laquelle il a été remplacé par le real. Il a été divisé en 100 « centavos » de 1942 à 1964 et de 1970 à 1984. Le président Fernando Collor de Mello appliqua le plan d'assainissement drastique : privatisation d'entreprises, déréglementation des négociations salariales, confiscation temporaire de l'épargne et des dépôts bancaires, réduction des programmes sociaux. Comme toutes les politiques libérales de l'époque, le chômage grimpe et la croissance ralentit.

En 1994, la nouvelle monnaie, le real, est indexée sur le dollar. Les prix et les salaires sont désindexés. C'est la fin de l'hyperinflation. Le Brésil subit les contrecoups de la crise financière asiatique de 1998 et entraînera le décrochage du real par rapport au dollar. Ce qui entraîna la dépréciation de la monnaie brésilienne. Malgré l'opposition de l'électorat de gauche du président Lula, une politique de rigueur est menée entre 2003 et 2006, qui fait baisser l'inflation, suite à la réduction de la demande, l'inflation est maîtrisée et des excédents commerciaux s'accélèrent. Cette politique économique est critiquée par Joseph Stiglitz, en août 2005, lors d'une conférence à São Paulo. Le prix Nobel d'économie déplore que le président Lula Da Silva n'ait pas opté pour « une politique plus agressive, avec un changement de la structure économique pour rendre le pays moins dépendant des capitaux extérieurs ». L'objectif d'une inflation faible et d'un excédent budgétaire élevé, altère la croissance et aggrave les inégalités sociales. Les taux d'intérêt restent élevés et se situent à 9,5 % en mai 2010. En 2011 le PIB décélère pour s'établir à 2,7 %, dans un contexte de crise mondiale. Mais la pauvreté recule grâce aux mesures Lula. Contrairement au président non élu Michel Temer, le président Lula a rendu publique la liste des entreprises accusées « d'esclavage moderne » en 2003, qui doivent s'acquitter de leurs amendes et cesser leurs comportements corrupteurs. En 2016, le gouvernement conservateur applique un large programme de privatisation dans les mines, les infrastructures et les transports. Les inégalités s'accroissent ; les 5 % les plus riches détiennent autant de richesses que les 95 % de Brésiliens.

Le gouvernement de Jair Bolsonaro décide en juillet 2019 un vaste programme de privatisation d'entreprises publiques et même des services publics comme la Poste et la loterie. Sur le plan du commerce extérieur, le Brésil était 27e exportateur mondial en 2019 avec 1,2 % du total mondial. Durant cette année, le Brésil a exporté près de 225 milliards de dollars et a importé 177 milliards de dollars, soit un excédent de 48 milliards de dollars. Parmi les produits exportés, on peut citer : le soja (26 milliards de dollars), le pétrole (24 milliards de dollars), le minerai de fer (22 milliards de dollars), cellulose (7,5 milliards de dollars), maïs (6,5 milliards de dollars), bœuf (6,5 milliards de dollars), viande de poulet (6,3 milliards de dollars), sucre (4,6 milliards de dollars), café (4,5 milliards de dollars), les produits manufacturés (5,8 milliards de dollars). Source : Wikipedia.

En 2020, les principaux partenaires du Brésil sont :
Pour les exportations :
Chine : 32,4 %
Union européenne : 13,2 %
États-Unis : 10,3 %
Argentine : 4,1 %
Canada
Autres
Pour les importations :
Chine : 22,1 %
Union européenne : 18,9 %
États-Unis : 17,9 %
Argentine : 4,9 %
République de Corée

D'après Wikipédia, les échanges commerciaux entre la France et le Brésil représentaient le tableau suivant :

	2003	**2004**	**2005**	**2006**	**2007**	**2008**	**2009**
Exportations françaises vers le Brésil	1,8 milliard $	2,3 milliards $	2,7 milliards $	2,8 milliards $	3,5 milliards $	4,7 milliards $	3,6 milliards $
Exportations brésiliennes vers la France	1,7 milliard $	2,2 milliards $	2,5 milliards $	2,7 milliards $	3,5 milliards $	4,1 milliards $	2,9 milliards $
Total échanges bilatéraux	3,5 milliards $	4,5 milliards $	5,2 milliards $	5,5 milliards $	7 milliards $	8,8 milliards $	6,5 milliards $

https://fr.wikipedia.org/wiki/Relations_entre_le_Br%C3%A9sil_et_la_France

Selon une note publiée par la Direction du Trésor de Bercy en date du 28 mars 2024, les échanges commerciaux entre la France et le Brésil s'élèvent à 8,4 milliards d'euros en 2023,

Le Brésil est le 27e client de la France en 2023 avec 31,9 % des ventes françaises à destination de la zone. Les secteurs concernés sont :

– les matériels de transport à hauteur de 32,6 % des exportations françaises,

– les produits chimiques, parfums et cosmétiques (21,1 % des ventes),

– les produits pharmaceutiques (11,5 % des ventes),

– les machines industrielles et agricoles (9,9 % des ventes).

La balance commerciale qui était déficitaire pour la France, -223 millions d'euros en 2022, retrouve un solde positif de 379 millions d'euros en 2023.

D'après les données de la Banque de France, le stock d'investissements directs français (IDE) au Brésil a atteint 44,2 milliards d'euros en 2022, faisant de ce pays la seconde destination des investissements français à l'étranger dans les marchés émergents. La France est le 4e investisseur étranger au Brésil avec 1 156 entreprises françaises qui sont présentes au Brésil et emploient 520 000 salariés. Leurs chiffres d'affaires avoisinent 61 milliards d'euros. Les principaux groupes français implantés au Brésil sont : Carrefour (distribution), CNP (assurance), ENGIE (électricité), TotalEnergies (Énergie), Naval Group (construction de sous-marins), Airbus (usine d'assemblage d'hélicoptères), Helibras (contrat HXBR avec les forces armées, Alstom), (usine de fabrication de rames de métros et tramway), Sanofi et Servier, L'Oréal (laboratoire soin de la peau).

L'ARGENTINE : DU DÉVELOPPEMENT AU SOUS-DÉVELOPPEMENT

L'économie argentine regorge de ressources naturelles, une main-d'œuvre qualifiée et des terres agricoles vastes et riches, dont les produits sont tournés vers l'exportation. Le tissu industriel est diversifié, mais des inégalités sociales criantes. Des gouvernements successifs ont mal géré ce pays et préféré le clientélisme et une administration pléthorique à une rigueur et le rétablissement de la confiance. Ce qui explique les fuites des capitaux et l'instabilité de la monnaie. La crise économique argentine de 1998 à 2002 a laissé des traces et de longs contentieux des « fonds vautours » états-uniens.

L'Argentine enregistre la particularité du seul pays au monde qui est passé du statut de pays développé à celui en développement. Certains imputent cet état de fait aux réformes économiques initiées par le péronisme en tant que courants de pensée multiformes et polysémiques. La fondation du justicialisme ou péronisme remonte aux années 1940 sous l'instigation de Juan Peron qui met l'accent sur la justice sociale. Le monde syndical est aussi sous influence du péronisme au sein de la CGT argentine. En matière économique, le péronisme préconise une politique protectionniste par substitution aux importations et la réalisation d'excédents commerciaux, accroissement du rôle de l'État et de la dépense publique, d'où une dette publique à la fois inflationniste et génératrice d'un endettement endémique. Les nationalisations des secteurs stratégiques de l'économie (énergie, transport, télécom) sont à l'origine de la constitution de monopoles étatiques inefficaces, inefficients et générateurs d'endettements inextricables. Les programmes d'aides sociales sont à l'origine de la corruption et du clientélisme. Le péronisme fut incarné par des paradigmes divers et variés, incarnés par le président Menem entre 1998 et 2002, Nestor Kirchner (2003-2007) et Cristina Kirchner (2007-2015).

Le gouvernement néolibéral de Menem décida, en 1991, l'ancrage du nouveau peso au dollar dans le cadre du *currency board*, en limitant la création monétaire et le renforcement des réserves monétaires. La masse monétaire n'est créée qu'en fonction des rentrées en devises, mettant fin au recours à la « planche à billets ».

Les résultats sont probants : le taux d'inflation passe sous 10 % en 1992 et la confiance des investisseurs étrangers fut rétablie, sans craindre les aléas monétaires locaux et conserver leurs encours en dollars. La croissance du PIB, négative en moyenne au cours des années 1980 (-0,5 % en moyenne), dépasse 10 % en 1991 et 1992 et reste très forte entre 1991 et 1998. Ce fut la période d'implantations de grands groupes comme Suez, à la faveur de la privatisation de l'eau, Ford, Carrefour, EDF, Lockheed Martin.

Des rapatriements de devises eurent lieu de la part des entreprises et des propriétaires terriens. Les Argentins investissent et s'endettent, profitant des faibles taux d'intérêt. Revers de la médaille : les transferts des bénéfices des entreprises entre 1992 et 2000 vers l'étranger, à hauteur de 80 %, accroissent le manque de devises. Comme tout système de peg (fixation par rapport au dollar), dès que la devise états-unienne s'apprécie, les marchandises du pays qui l'applique se trouvent dans une situation de difficulté compétitive en 1998. Les Argentins se ruent sur les comptes en dollars. À cela s'ajoutent les conditions imposées par le FMI qui sont d'essence récessionniste et s'attaquent aux dépenses publiques et sociales aggravant la pauvreté. Des mouvements sociaux éclatent. S'ensuivront des changements politiques. La planche à billets vient compenser la pénurie de dollars et de pesos et la fin de la convertibilité en dollars remplacée par le *corralito* qui consiste à limiter les retraits bancaires. Le PIB s'effondre de 11 % en 2002.

Le président péroniste Eduardo Duhalde déclara le défaut de paiement et une dévaluation du peso le 11 février 2002, ce qui est en soi un tremblement de terre qui fait perdre confiance en l'économie argentine et sa solvabilité. Les comptes en dollars convertis en peso dévalué vont ruiner des millions de déposants. Les contrats en dollars devinrent caducs, ce qui entraîna des pertes colossales aux banques et aux entreprises, notamment françaises et espagnoles. La dévaluation dope les exportations agro-industrielles. La croissance économique est relancée en 2003, atteignant même 9,2 % en 2005. Ce qui permit au président Nestor Kirchner de rembourser le FMI et de sortir de sa tutelle. Le PIB atteint 181, 258 milliards de dollars, mais le taux de chômage s'est élevé à 25 % cette même année, tandis que la pauvreté touche 60 % de la population.

Dans une note publiée par la Direction du Trésor le 26 mars 2024, les échanges franco-argentins sont passés de 1,2 milliard d'euros en 2009 à 1,7 milliard d'euros en 2015. Les exportations françaises s'élèvent à 1,3 milliard en 2015. Les déboires de l'économie argentine ont fait reculer ce chiffre à 1,1 milliard d'euros en 2016 puis à 617 millions en 2020. Le solde commercial est positif pour la France de +231 millions d'euros. Les biens français exportés en 2023 sont :

– produits pharmaceutiques (18,2 %),
– les produits de la construction automobile (13,1 %),
– les équipements pour automobiles (11 %),
– les parfums, cosmétiques et produits d'entretien (8 %).

La France est le 14e fournisseur de l'Argentine avec une part de marché de 1,5 %.

En 2022, le stock des IDE (Investissements directs étrangers) français en Argentine s'est élevé à 1,5 milliard d'euros, soit 3 % des investissements directs français en Amérique latine. 220 filiales représentent 160 groupes différents et près de 68 000 salariés. En 2023, les secteurs représentés sont :

– la distribution avec Carrefour qui emploie 17 000 employés,

– l'automobile : Renault occupe 11 % de parts de marché et Stellantis qui regroupe Citroën, DS, Peugeot, Fiat, Jeep avec 36,4 % de parts de marché, employant 5 000 salariés,

– le négoce des céréales et des oléagineux, Louis Dreyfus dispose de 22 sites et 1 300 employés,

– l'agroalimentaire, Axereal est devenu n° 1 mondial du malt suite au rachat de deux usines argentines de Cargill avec Danone qui emploie 6 000 salariés, occupe 56 % de parts de marché des produits laitiers et 45 % du marché de l'eau minérale,

– les hydrocarbures grâce à Total Énergies qui emploie 1 100 personnes et devint le 1er producteur privé avec 25 % du marché,

– les énergies renouvelables sont un secteur dominé par Total Eren par la construction de deux centrales solaires et deux fermes éoliennes. La tâche des sociétés françaises fut compliquée par le contrôle des changes en 2019.

Sur les finances publiques, point central du programme de Javier Milei, les mesures visant à rétablir l'équilibre budgétaire devraient modifier en profondeur la taille et le rôle de l'État dans l'économie. C'est un pari qui suscite du scepticisme d'autant plus que les objectifs sont contradictoires. Atteindre l'équilibre budgétaire sans création monétaire ex nihilo, alors que le déficit public atteignait 5,2 % du PIB. Les mesures visant à ponctionner 3 % du PIB en 2024 via un rabotage des subventions à l'énergie, les transports et les infrastructures. La compression du nombre des fonctionnaires et la réduction des transferts aux Provinces impacteront la croissance. Des recettes sont à escompter, suite au rétablissement de l'impôt sur les revenus, ainsi que l'imposition des importations et des exportations. Les mesures Milei, par trop incisives, se sont traduites par une flambée de l'inflation atteignant 25,4 % en décembre 2024 et 20,4 % en janvier 2024.

CHILI : DE LA DICTATURE AU REDRESSEMENT ÉCONOMIQUE

Exposition France 2000

L'économie chilienne est considérée dans les années 2010 comme l'une des plus stables en Amérique du Sud et même devenue un modèle, malgré un passé chaotique fait de coups d'État et de politiques ultralibérales sous la dictature du général Pinochet. L'on se souvient des Chicago Boys, qui représentaient l'école de Milton Friedman, qui soutiennent l'économie ultralibérale déréglementée avec le moins d'État possible et un maximum de privatisations, notamment le secteur stratégique du cuivre, de l'aviation et de l'éducation et moins de dépenses sociales.

CENDA, un centre d'études économiques soutient que « la dictature de Pinochet a transformé le Chili en une économie rentière. Un petit groupe de grandes entreprises s'est approprié les grandes ressources naturelles du pays et vit de sa rente ». Selon le PNUD (Programme des Nations unies pour le Développement), 1 % des Chiliens concentrent 33 % des revenus du pays. Les salariés travaillent 45 heures par semaine et 70 % d'entre eux gagnent 730 euros par mois. Les femmes sont discriminées en raison d'éventuelles grossesses.

En 2005, le Chili est devenu une économie ouverte et compétitive. Le montant total des exportations a dépassé les 39, 54 milliards de dollars. Les exportations ont augmenté de 50 %. Ces principaux clients sont par ordre décroissant :

– L'Union européenne
– Les États-Unis
– la Corée du Sud

Le Chili est membre de l'APEC et membre associé du Mercosur.

L'agriculture et l'élevage sont une force motrice des exportations, notamment les fruits et légumes venant répondre aux besoins des pays de l'hémisphère Nord car à contre-saison. Le Chili exporte du kiwi, des pommes, du raisin de table. Les vins chiliens sont mondialement servis. La pêche est aussi un point d'appui avec le saumon dont la production en 2006 a surclassé celui de la Norvège.

L'industrie chilienne et l'agro-industrie attirent des investisseurs étrangers. De nombreuses sociétés localisent leur siège social à Santiago ou dans sa région. Le pays possède une présence importante d'entreprises de services.

D'après une étude de l'OCDE, le PIB par habitante est passé de 2 340 dollars en 1990 à plus de 5 000 dollars en 2004, même si le revenu par habitant représente moins de 40 % de la moyenne de la zone OCDE et moins de 30 % de celui des États-Unis.

L'excédent budgétaire chilien représentait un solde positif de 2,2 % du PIB en 2004 et de l'ordre de 3 % en 2005.

L'industrie chilienne est dominée par les mines (cuivre), le papier, les textiles, l'électricité et les produits chimiques. Le Chili est classé 11e en tant que destination attirant des investissements étrangers et le pays le plus compétitif d'Amérique latine en 2013.

La structure des exportations est ventilée de la façon suivante : 45 % de produits industriels, 45 % de production minière et un 10 % de produits agricoles. Ne transformant ses matières premières, comme le cuivre localement, les cours mondiaux impactent les revenus et les devises.

Avec seulement 16 millions d'habitants, l'économie chilienne est la cinquième plus importante d'Amérique latine en termes de PIB nominal. D'après la fiche-pays de la Coface, les points forts du Chili sont :

– les ressources minières, notamment le cuivre (premier producteur) et le lithium (deuxième producteur),

– les ressources agricoles, halieutiques et forestières,

– un potentiel de production d'énergies renouvelables,

– des accords de libre-échange,

– membres de l'OCDE et de l'Alliance du Pacifique et de l'accord de partenariat transpacifique (CPTPP).

Les points faibles sont :

– la petite taille du pays qui rend le Chili fragile eu égard à sa dépendance des cours mondiaux des matières premières,

– des problèmes climatiques et sismiques,

– les inégalités sociales et les niveaux de formation et d'éducation et de santé fragiles.

Les échanges représentaient 2,2 milliards d'euros en 2023. Les exportations françaises se sont élevées à 1 milliard d'euros contre 1,2 milliard d'euros d'importations françaises, soit un déficit en défaveur de l'Hexagone de -189 millions d'euros.

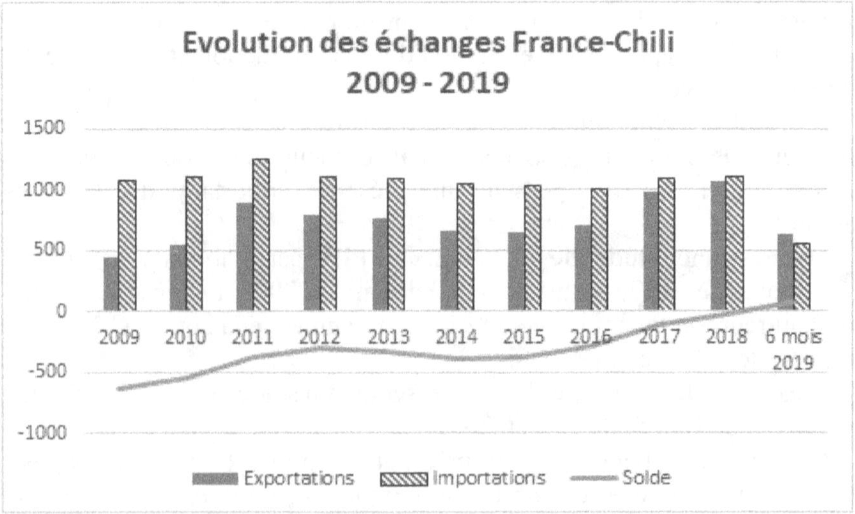

Le Chili dont la population est de 20 millions d'habitants est le 3e partenaire de la France en Amérique du Sud et une destination prisée par les grands groupes français. Ce pays compte 34 accords de libre-échange avec 65 pays. 280 filiales françaises sont implantées au Chili et faisant de ce marché la 3e destination sur le sous-continent après le Brésil et le Mexique. Les entreprises françaises présentes dans ce pays sont : Sodexo (23 500 salariés), Engie (4e producteur d'électricité), Veolia (fournit 45 % de l'eau destinée aux ménages). Air Liquide, Airbus, Legrand, Saint-Gobain, Décathlon, L'Oréal, Peugeot, Thales, Renault Alstom sont implantées.

ADP et Vinci ont investi 1,1 milliard d'euros dans les aéroports. Total Énergie a investi 15 milliards d'euros en 2021.

Les Banques et assurances sont représentées par Société Générale, CIC, Coface, Crédit Agricole, BNP Paribas et Cardiff. Les investissements chiliens dans l'Hexagone s'élèvent à 1,2 milliard d'euros.

Les entreprises de l'AMIE-Montreuil ayant participé à ce déplacement sont :

QUINETTE GALLAY. Équipements de centres de conférences et spectacles dans les trois pays.

FENZY et Cie, ciblage des industries minières et des métiers à risques au Chili et au Brésil en appareils respiratoires et protection individuelle.

SOFRESID, ingénierie en industries chimiques, pétrochimiques, pétrole au Brésil et engrais, mines au Chili et en Argentine.

STRUCTURES INTERNATIONALES a organisé notre exposition à Santiago du Chili en se chargeant du montage des stands d'exposition, agencement et tous les systèmes modulaires, installation générale.

AUCOUTURIER : exportations des machines et systèmes de conditionnement au Brésil, Argentine et Chili.

ELLA BACHÉ : ses produits cosmétiques, made in France, plaisent aux Chiliennes, Argentines et Brésiliennes. J'ai remplacé le conseiller commercial de cette société, car il souhaitait profiter de son week-end aux bords de la piscine. Je lui ai dit : « voilà, les cadres des sociétés privées profitent des bons moments et le cadre de la fonction publique est toujours à la tâche ». J'ai en effet, travaillé les week-ends et les jours fériés, comme lorsqu'en Algérie le week-end tombe un jeudi et vendredi et la semaine travaillée commence le samedi. J'ai accumulé 386 jours de récupérations théoriques perdus après mon départ à la retraite de la fonction publique.

– AAVS a équipé la radio et télévision du Chili.

– Le Groupe INGEROP s'est intéressé au secteur agroalimentaire au Brésil et au Chili

– FIVES-LILLES, est impliquée dans les procédés pour cimenterie au Brésil et la construction ferroviaire en Argentine.
– AFPA (Association de Formation Professionnelle) est impliquée dans des actions de formations professionnelles dans plusieurs villes d'Amérique latine.

– Aucouturier a exporté des machines d'emballages et de conditionnement pour produits alimentaires au Chili et en Argentine

– CIRNEA, a proposé des produits de communication et l'utilisation de supports vidéo et plaquettes

– Imprimerie Spéciale de Banque (ISB), a eu des collaborations avec des Banques et administrations pour l'impression fiduciaire au Chili, au Brésil et en Argentine.

– NORTON DESMARQUEST, cette filiale de Saint-Gobain nous a écrit afin de nous faire part de leurs ressentis après notre mission prospection en Amérique latine.

Lettre ouverte de la société Norton Desmarquest à l'AMDCEI

Cher Monsieur Sari,

Comme déjà évoqué entre nous, nous vous confirmons notre satisfaction quant aux contacts qui ont eu lieu entre notre l'AMDCEI et notre société durant cette année 1997.

Comme vous le savez, nous exportons environ 75 % de notre chiffre d'affaires. Près de 95 % de notre facturation des produits de robinetterie se fait dans le monde entier, soit 70 pays.

Nous vous avons également informé de notre présence dans certains pays, par l'intermédiaire de bureaux Norton (Italie, Amérique du Nord, Royaume-Uni, Tokyo, Séoul, Taipei, Shanghai, Singapour) et par l'intermédiaire d'agents (Espagne, Venezuela, Australie, Portugal, République tchèque, Slovaquie, Pologne, Hongrie, Bulgarie, Suède, Turquie, Suisse).

Comme vous pouvez le constater, notre présence à l'export est très forte, mais malgré cela nous avons besoin d'organismes dynamiques tels que le vôtre, afin de nous permettre de toucher de nouveaux pays comme le Chili, la Roumanie, l'Afrique, le Moyen-Orient.

Nous comptons beaucoup sur le développement de nos relations pour l'année 1998, afin de faire fructifier ses premiers contacts.

En vous renouvelant nos meilleurs vœux pour cette année.

Nous vous prions de croire, cher Monsieur Sari, en l'assurance de nos salutations distinguées.

Bernard CARIA
Norton Desmarquest
Groupe Saint-Gobain
Vincennes-Montreuil

Zoom sur CICE Norton Desmarquest, Groupe Saint-Gobain

Dans une usine ultramoderne, le travail artisanal n'a pas disparu : ici la pose d'argenture se fait à la main et au pinceau. Un gros travail de précision. En septembre 1984 la société CICE, filiale du groupe LCC Thomson (devenue Norton Desmarquest), dressait un tableau particulièrement sombre : perte d'exploitation importante, fermeture du centre et condamnation de 180 emplois envisagés.

Les causes principales de ce déclin s'expliquaient par le désintéressement de la société mère envers sa filiale. Aucun investissement n'était effectué. Les représentants avec l'étranger de la société mère n'étaient pas non plus motivés par cette activité. Après de longues négociations menées, sans succès auprès de différents partenaires potentiels, aucune solution n'est envisagée avec la société française du groupe Thomson. L'actionnaire majoritaire a cédé la société CICE au groupe allemand STETTNER. Ceci sans aucune aide de l'État. Le redressement est spectaculaire. Le chiffre d'affaires de l'entreprise a augmenté de 40 %. Il est de 70 millions de francs, dont 55 % à l'exportation. Le compte d'exploitation s'est équilibré. De nombreux emplois ont été créés ; 35 depuis 1984. 4 % de la masse salariale est destinée à la formation. Le groupe STETTNER s'est associé au groupe américain CALBOT en partageant le capital 50 % 50 %. Cette nouvelle entreprise de céramique industrielle fabrique pour l'industrie textile essentiellement. M. Heinnebert, P.-D.G. nous a expliqué que le climat social a contribué à une attitude coopérative et constructive des employés.

L'acteur syndical CGT qui a joué ce rôle de médiation et de co- élaboration est Gérard Jamelin. Aux 63, Rue Beaumarchais sur une surface de 10 000 m², 231 employés fabriquent des pièces de céramique technique entrant dans la composition de très nombreux appareils pour différents secteurs industriels.

40 % du chiffre d'affaires vient de l'électronique (premier fournisseur d'IBM États-Unis), 25 % pour la mécanique et 20 % pour le textile. CICE travaille aussi avec les industries aéronautique, spatiale, nucléaire et d'armement. On y fabrique des pièces d'usure : guide-fils, pièces pour la robinetterie, le sanitaire, les machines agricoles et des matériaux de grande précision entrant dans la fabrication des stimulateurs cardiaques. Tant de produits dont la qualité technique nécessite un travail de contrôle et de vérification qui est effectuée de manière ultramoderne dans un laboratoire permettant des analyses qualitatives, quantitatives, des tests physiques ou mécaniques et d'endurance.

55 % du chiffre d'affaires résultent de ventes à l'étranger. En effet, CICE SA bénéficie des bureaux de liaison et d'exportation du groupe STETTNER en Allemagne, des filiales de la société mère implantée aux États-Unis et au Canada et de ses réseaux de vente sur 59 pays.

Le P.-D.G. nous explique ceci : « nous avons une vocation exportatrice, c'est vital pour notre entreprise. Nous travaillons beaucoup avec le textile, or cette production quitte l'Europe et il nous faut trouver de nouveaux marchés. Dans ce domaine, la municipalité peut nous aider et nous a manifesté son vif désir pour faciliter notre implantation en Allemagne de l'Est, en Corée du Nord et aussi en Chine. Nous avons d'excellents rapports, toujours bénéfiques, grâce à l'intervention du maire auprès d'Édith Cresson, ministre du Redéploiement industriel et du Commerce extérieur, CICE a pu bénéficier d'attributions financières qui permettront à la société d'investir dans de nouveaux produits de fabrication. Le taux de croissance annuelle est de l'ordre de 15 %. Des emplois ont été créés. »

Chapitre 11 : DE L'INTERNATIONAL AUX ACTIONS LOCALES

COMMISSION PARTENARIAT LOCAL de l'AMDCEI

Le conseil d'administration de l'Association montreuilloise pour le développement de la coopération économique internationale s'est réuni le 9 décembre 1994 pour décider notamment de la création d'une 5e commission intitulée « partenariat local » qui a pour objectif de favoriser les contacts entre les entreprises membres de l'AMDCEI et les opérateurs économiques de la Ville et du département.

Comme son nom l'indique, cette commission fut consacrée au développement des collaborations entre les sociétés montreuilloises et les autres décideurs économiques locaux (chambre de commerce, collectivités territoriales, promoteurs…).

Consciente de l'intérêt des entreprises à se rapprocher entre elles et avec le milieu de la formation, l'AMDCEI a tenu un stand de rencontres au Forum de promotion des métiers techniques qui s'est tenu les 4 et 5 février 1995 au Centre des expositions.

Les élèves de Montreuil et de Bagnolet y ont trouvé des représentants d'entreprises adhérentes ou non de l'association, qui, comme tant d'autres, ont un besoin aigu de personnel qualifié.

L'AMIE a utilisé toutes ses forces et ses moyens humains et financiers, afin de soutenir les actions à l'international des entreprises. Mais nous avons eu la volonté de répondre aux besoins des sociétés non exportatrices, dont le seul horizon est le marché national et local. D'où la création d'une commission « partenariat local » dont les missions consistent en l'organisation du salon de l'industrie, le Midest, le CAREEP, des réunions de sensibilisation thématique et sectorielle. Le club des entreprises est venu couronner ces actions. Parmi les objectifs de cette orientation, on peut citer :

– Favoriser un dialogue direct entre les entreprises et les aider à mieux exploiter les synergies possibles.

– Faciliter leur accès à l'information (Internet, débats, séminaires, réunions d'information).

– Sensibiliser et conseiller les entreprises dans leurs démarches de prospection afin de créer de nouveaux contacts professionnels.

– Organisation de salons B To B, de réunions d'information et d'événements.

– Représentation des entreprises lors des salons.

La soirée d'inauguration du club des entreprises de Montreuil du 8 novembre 2005 a rassemblé 289 participants. Ce fut un succès fulgurant d'après la presse locale et nationale. Le club des entreprises de Montreuil a organisé le 20 décembre 2005 un pot de fin d'année au restaurant la Table fleurie à Montreuil.

Les Actions du Club des entreprises

Le Club a pour ambition de :

– Offrir aux chefs d'entreprise et à leurs plus proches collaborateurs de se connaître

… d'échanger leurs expériences et leurs points de vue

… de s'entraider

… d'améliorer leur efficacité

– Fédérer ses membres sur la base d'idées et de projets communs, qui touchent nos entreprises et leur environnement.

– Créer les conditions d'un espace convivial et amical…

… d'initier des repas et autres « drink party » autour de thèmes professionnels ou non…

… d'organiser des visites ou des sorties

… d'apprendre à « mettre un visage » sur une entreprise.

– Favoriser la tenue de sessions d'information pratiques directement en rapport avec les attentes des chefs d'entreprise.

– Agir en commun pour un dialogue réaliste avec les collectivités locales et participer aux débats locaux, régionaux, voire nationaux qui les concernent.

– Recueillir de l'information pragmatique sur des thèmes d'actualité en relation avec le monde de l'entreprise.

– Accueillir et faciliter l'intégration des nouveaux arrivants

Envisager la mise en place d'un « Atelier jeune créateur » où les managers confirmés viendront conseiller et encourager les jeunes.

Le « Club » :

– Rassemble les membres par des réunions, manifestations, formations, colloques et autres activités… dans un climat de convivialité et d'entraide mutuelle, rompant ainsi leur isolement.

– Favorise les échanges d'expériences entre les membres.

– Accompagne et optimise chaque fois que souhaité le développement des entreprises membres.

– Véhicule et dynamise l'image des Entreprises de la Ville de Montreuil, tant en interne qu'au-delà de ses limites territoriales.

En contrepartie, chaque membre du Club :

– Participe activement à la vie du Club et en particulier aux réunions de ses membres avec un minimum de trois participations annuelles.

– Apporte aux autres membres sa propre expérience, ses réflexions, et autres témoignages, chaque fois que celles-ci semblent devoir être utiles.

– S'intègre à un groupe de travail, à une commission ou à un atelier, en fonction de ses propres affinités.

– Répond, dans toute la mesure du possible de ses disponibilités, aux sollicitations du Club pour des actions précises et ponctuelles.

– Veille à la qualité et à la convivialité des rencontres, et particulièrement à la bonne intégration des nouveaux arrivants.

– Présente à l'extérieur les actions du Club et en assure la promotion pour son élargissement.

Si le club des entreprises est un lieu de convivialité, l'AMIE occupe le champ du soutien aux PME par la réflexion et l'organisation d'événements économiques comme les réunions d'information, les salons locaux, le MIDEST et le CARREP

Dîners du club

Ce type de soirée est organisée, afin de créer des liens interentreprises. Le dîner démarre par le 5-5-5 (5 entreprises présentent leur activité en 5 minutes et en 5 fiches).

Le but de ces rendez-vous est aussi bien de « forcer » la rencontre entre les acteurs du tissu économique montreuillois que de passer une soirée conviviale, de permettre à ceux qui ne veulent pas se trouver que dans un cadre professionnel et d'avoir la possibilité de se détendre et simplement discuter.

Soirée tennis :

Les premiers dîners ont été organisés à Tennis Plus. C'est un complexe sportif situé à Montreuil et disposant de plusieurs courts de tennis, intérieurs et extérieurs de salles de fitness, de musculation et de danse ainsi que d'un espace massage-beauté, vestiaire, douches et un sauna.

Ce lieu disposant d'un snack-restaurant à l'étage, les dirigeants du club des entreprises ont donc eu l'idée d'utiliser ce lieu pour un dîner du club. Lors de ces dîners, c'est aussi l'occasion de rappeler aux adhérents les futurs dîners du club ainsi que les événements majeurs en termes de salons ou foires à venir dans une date proche, en l'occurrence la Semaine française au Vietnam qui se tenait quelques semaines après ce dîner.

Soirée Théâtre :

Un dîner du club pour inaugurer le nouveau centre national dramatique de Montreuil a été organisé le 17 avril 2008

SENSIBILISATION PAR L'INTERNET

En partant du constat que seules 27 % des entreprises françaises utilisaient Internet et 50 % ont un projet à court terme dans ce domaine, un débat fut organisé le mercredi 4 février 1994 sur le thème : « les entreprises face à l'Intranet/Intemet » organisé par l'AMDCEI à l'hôtel Monfortel.

Cent trente chefs d'entreprise montreuillois se sont informés sur Internet. Parmi les sujets abordés, le câble montreuillois, outil de télécommunication, les expériences d'accès à Internet via le câble, quelle utilisation d'Internet pour les entreprises et son coût, un site web pour quoi faire ? Le site de présentation des entreprises de l'AMDCEl est clairement un outil de communication et de mises en relation. Au cours de la discussion, il a été précisé que 50 millions de francs étaient prévus au budget de l'État pour aider les PMI-PME à prendre le virage Internet. Christian Pierret, secrétaire d'État à l'Industrie, invité par le député-maire, a participé à une conférence sur l'utilisation d'Internet. Fait curieux et sidérant, le ministre a demandé les coordonnées de notre prestataire qui a confectionné le site de notre site Internet.

L'AMDCEI a été précurseur dans la modernisation des entreprises et leur accès aux nouvelles technologies en organisant des séances de formation sur l'utilisation d'Internet et la création de sites WEB dans les entreprises, en les aidant à se doter d'un cahier des charges et de trouver le meilleur prestataire.

Quelques entreprises montreuilloises possèdent un site Internet et profitent de ses avantages et des retombées économiques.

Les autres n'ont pas encore étudié de près ce nouvel outil de communication ou n'en voient pas l'utilité. Le site Internet de l'AMDCEI et son WEB présentent ses activités et consacrent une page par entreprise.

Ce site est présent sur le réseau Internet avec les sociétés membres. Envoyer un document d'une qualité parfaite, présenter son entreprise à un client potentiel, conclure un marché avec un sous-traitant et cela au bout du monde, pour le prix d'une communication urbaine… grâce au site Internet de l'AMDCEI, c'était possible.

L'AMDCEI permet à toute entreprise de créer sa page Web. Sur celle-ci, elle se présente en indiquant raison sociale, adresse, fax, activité, nom des principaux responsables… Il était conseillé de faire appel à un spécialiste qui met en valeur la présentation pour en faire un bon outil de promotion. Ces informations, actualisables à tout moment, peuvent ensuite être consultées dans le monde entier par les millions de visiteurs du réseau Internet, d'où l'intérêt de se présenter en plusieurs langues.

Pour bénéficier de ce service, il suffit d'être adhérent à l'AMDCEI. Quant à la réalisation d'une page Web, son coût moyen dépend du travail exigé en fonction de l'objectif recherché.

Ce site internet est hébergé par CYBEX qui est son serveur. Il fut ensuite disponible sur le réseau câble de la ville. Toutes les entreprises utilisent alors le réseau Intranet. Les avantages que représente ce WEB : « désormais avec une simple connexion, nous pouvons présenter à nos interlocuteurs toutes les activités des entreprises adhérentes. Lors de voyages de prospection à l'étranger, nous pouvons offrir immédiatement un document de très grande qualité sur n'importe quelle entreprise ». Dans cet esprit l'AMDCEI informait l'ensemble des postes d'expansion économique (PEE) et tous ses partenaires à l'étranger qu'elle dispose d'un site qu'ils peuvent consulter. D'aucuns pourront imaginer le travail colossal déployé par l'équipe de l'AMDCEI (AMIE de son nouveau nom), avant l'apparition d'Internet. Afin d'informer les entreprises, chercher des clients et des fournisseurs en France et à l'étranger, traiter les informations financières et comptables des entreprises, il fallait se déplacer au greffe du tribunal de commerce, aux chambres de commerces et divers organismes publics et privés.

Voici le site de l'Association à l'époque : http :// www.amdcei.asso.fr.

Parmi les rencontres marquantes organisées par l'Association, la venue de JEAN-CLAUDE TRICHET, gouverneur de la Banque de France à Montreuil.

Jean-Claude Trichet, gouverneur de la Banque de France a été sollicité par le député-maire, Jean-Pierre Brard, afin de rencontrer les chefs d'entreprise. Cette rencontre-événement a eu lieu le 11 octobre 1996 dans un grand hôtel à Montreuil. Le débat était animé par Dominique Dambert, journaliste à France Inter (co-animatrice de La rue des entrepreneurs).

De nombreux chefs d'entreprise ont participé à ce jeu de questions-réponses en direct. Aux questions posées répondaient aussi, M. Tassin du Crédit d'équipement des PME et M. Larrera de Morel de la Sofaris, organisme qui garantit les prêts. Les dirigeants d'entreprises ont surtout déploré le manque de considération des banques et des pouvoirs publics à l'égard des petites et moyennes entreprises en général, pour soutenir leurs efforts à l'exportation.

Jean-Claude Trichet a assuré que la Banque de France a pour mission de garantir la stabilité et la crédibilité de la monnaie française, qu'elle ne sollicite aucune instruction de la sphère politique et qu'un banquier central n'a pas à se substituer aux banquiers commerciaux. Il a expliqué que l'institution qu'il dirige ne veillait qu'à donner un bon cadre au fonctionnement financier et bancaire. En ayant maîtrisé l'inflation, les taux d'intérêt ont baissé, mais ils n'ont pu totalement être répercutés à cause de la hausse des taux d'intérêt étrangers.

D'après le gouverneur, défendre la stabilité des prix, c'est aussi défendre de meilleurs financements de marchés. Pour l'exportation, il a précisé que son devoir était d'avertir les chefs d'entreprises sur le fait que la compétitivité du franc ne durera pas.

Certains participants soutiennent que le seul critère de la stabilité des prix leur paraissait insuffisant et qu'il faudrait prendre aussi en compte l'emploi.

Il a été suggéré de mettre en place un conseil consultatif des PME et PMI pour mieux répondre à leurs besoins.

Dans les faits, une société peut avoir son projet, sans obtenir celui d'une banque commerciale… Jean-Claude Trichet s'est déclaré très satisfait de l'échange et a souligné la disponibilité de l'institution qu'il préside à poursuivre le dialogue avec les chefs d'entreprise. Cette rencontre exceptionnelle a permis d'exposer l'importance de leurs problèmes d'accès aux crédits bancaires, des obstacles que ne subissent pas les grands groupes. Ces crédits ne sont pas toujours destinés au développement, mais très souvent à la poursuite de leurs activités.

En tant que défenseur acharné de l'industrie, j'ai convaincu les services municipaux et les élus d'organiser un salon de l'INDUSTRIE au moment où la mode, c'était la désindustrialisation et la délocalisation des activités industrielles.

Un des axes essentiels de l'AMDCEI est de veiller à fournir aux opérateurs économiques toutes les informations qui peuvent les aider à franchir un cap difficile et cela, avant que leur situation ne soit dramatique. L'Association développe de plus en plus un rôle de conseils et d'orientations. Dans cette politique de soutien aux entreprises, elle incite aux rapprochements entre sociétés locales, mais aussi entre entreprises et institutions. En d'autres mots, il motive tous les partenariats qui ont des débouchés dynamisants dans la commune.

SALON DE L'INDUSTRIE

L'idée du premier salon de l'industrie montreuilloise s'est concrétisée à partir de l'étude effectuée sur la sous-traitance locale. On y relevait que la plupart des entreprises de Montreuil (majorité de petites et moyennes) ignoraient les possibilités de travailler ensemble et faute de temps et de moyens ont une politique commerciale réduite aux contacts du dirigeant.

« On se serre les coudes » c'est le mot d'ordre des exposants.

Mais de plus en plus de chefs d'entreprise ont exprimé ce désir de rapprochement, notamment au sein de l'AMDCEl.

Philippe Arnold, son vice-président, dirigeant de la société

Tractel explique : « L'association s'était créée pour amener les entreprises à obtenir des marchés à l'export en se regroupant, à travers un groupe, on peut mieux se serrer les coudes. Mais dans ce climat de morosité, il faut que l'association aille au-delà de l'export, que les sociétés essaient de faire vivre leur région et ses emplois, en travaillant avec des sous-traitants qui ne soient plus à 50, 100 km de chez soi. On est obligé de se remettre totalement en cause, de changer les habitudes… Ce premier salon doit être reconduit les années suivantes, je serais favorable à une durée de deux jours pour qu'il y ait plus de visiteurs. Les hommes doivent se connaître pour avoir confiance. Nous allons renforcer ces contacts. »

Chacun des exposants à cette journée professionnelle a montré dans son stand tout son savoir-faire. Dans les allées, on discute :

« On ne s'était pas revus depuis longtemps, peut-être que l'on peut trouver une collaboration sur l'aspect commercial ». « Pour moi, participer à une rencontre professionnelle de ce genre et en plus gratuite, c'est du jamais vu ». « Je ne savais pas que dans ma branche d'activité, je pouvais repérer des fournisseurs à Montreuil ; parfois, on a trop peur de la concurrence et on ne se fait pas assez confiance ».

La visite du Centre des expositions débute par le secteur industriel traditionnel pour « monter » vers tous les domaines des services. Montreuil a le privilège d'avoir un tissu économique extrêmement varié. Toutes les institutions qui relèvent du milieu socioprofessionnel sont là, comme par exemple la formation pour adultes proposée par l'AFPA.

Une expérience à renouveler

« Nous sommes toujours très intéressés par ces initiatives qui nous permettent de renforcer nos relations avec les entreprises. En 1992, un sondage national auprès de celles qui sont passées par nous montrait que 9 sur 10 étaient satisfaites de nos prestations.

Pour les cinq premiers mois de 1993, nous avons recensé 1 563 offres... Nous avons profité de cette journée pour faire circuler un questionnaire. Ce salon est une bonne initiative, une expérience à renouveler.

Pour 1994, nous avons l'intention de travailler davantage avec l'AMDCEI. Notre accueil public sera bientôt plus agréable et efficace quand l'Agence aura déménagé au printemps dans de grands locaux, avenue de la Résistance. »

Parmi les exposants, on a retrouvé des entreprises liées au monde de l'image.

Ci-après un zoom sur quelques sociétés exposantes à cette édition.

CAVILLET — STÉ PARISIENNE DE TRANCHAGE ET DE DÉROULAGE

Cette scierie, créée en 1870 à Saint-Mandé et transférée au 82, rue de Lagny, à Montreuil depuis 1871, sur un terrain de 5 000 mètres carrés.

En 1894, la société prend le nom de Société parisienne de tranchage et de déroulage. En 1950 près de 85 % de la production sont voués à l'exportation. En 1979, SPTD produit de 80 à 100 m3 par jour, soit 40 000 mètres carrés de plaquage.

La production comprend le bois de charronnage, grumes, plateaux et parquets, moyeux jantés, bandes d'arçons.

Les effectifs ont évolué de la façon suivante : 12 employés au début du XXe siècle, 92 en 1929, 224 en 1937, 250 en 1950 et 85 en 1988. Ce qui est frappant lors de nos visites, ce sont les caractéristiques des locaux.

Le bâtiment a une structure, en poteaux-poutres apparents en béton, à 6 niveaux et toiture-terrasse, relié par une passerelle à un autre bâtiment d'époque plus récente et construit par la Société Laubeuf (entreprise de travaux publics installée au 102 rue de Lagny).

ZOOM SUR HYPERBOLE

Au service des entreprises, Hyperbole, comme son nom l'indique, est une société informatique.

Située à CAP Villiers, elle offre aux PME et PMI toute une gamme de services informatiques : logiciels, assistance, formation technique, conseil, bref de l'informatique sur mesure.

Société de service en informatique, créée en 1984, est devenue en 1989 une société anonyme au capital de 1 333 300 de francs. Elle compte 60 employés, dont 46 informaticiens.

Ses clients ? Des PME et PMI, mais aussi des noms prestigieux dans des domaines différents comme le Fouquet's, Alcatel ou le groupe d'assurances Azur.

La clef du succès « Notre méthode est simple, explique Isaac Hassine, son PDG. Elle repose sur le partenariat. Nous élaborons avec nos clients un cahier des charges. Nous partons toujours du besoin même de la clientèle. Cela suppose une étroite collaboration avec les directeurs des entreprises. Il est nécessaire que ceux-ci acceptent de se livrer à fond, qu'ils nous disent exactement quels sont leurs besoins, ce qu'ils attendent de l'outil informatique.

Ce qui signifie que l'on pénètre dans leur intimité professionnelle. La base de notre méthode ne peut être que la confiance. »

Le résultat ? Des logiciels conçus exactement pour tel client et avec lui, qui correspondent ainsi très précisément à son identité.

Bref, des prestations allant de l'informatisation clefs en main à toute une gamme de services et de conseils.

Une méthode qui marche : une clientèle fidélisée, un chiffre d'affaires en constante évolution dont les bénéfices sont investis dans les technologies de pointe (fibre optique par exemple) et une société qui s'agrandit : Hyperbole est implantée aussi en province, notamment en Normandie et depuis mai 1989 en Afrique francophone : Cameroun, Togo, Gabon.

Le personnel d'Hyperbole est pluridisciplinaire : spécialiste de l'informatique, mais aussi de la gestion d'entreprise, il est entièrement formé par la société elle-même. « Nous avons un crédit de formation interne très élevé », ajoute Isaac Hassine « Dès qu'un nouveau produit apparaît, le personnel est formé à ce nouvel outil. Pour nous, un informaticien doit être capable de maîtriser les technologies de pointe, mais aussi apporter des réponses à problèmes spécifiques rencontrés par le client lui-même ».

ZOOM SUR LA SOCIÉTÉ AU « FIN BONBON »

La société « Au fin bonbon » fabrique 6 tonnes de dragées par jour, à l'aide de huit turbines de marque Dumoulin (machines automatiques datant des années soixante-dix). La société « Au fin bonbon », fondée en 1951 par Monsieur Landau basée tout près de la place de la République (rue Lebour) utilise une technique moderne et une activité très ancienne : la fabrication de dragées et de dragéifiées.

Les rotatives ont une forme de cuvettes, élégamment travaillées dans le cuivre, tournant en ronronnant : à l'intérieur, les dragées se gonflent de sucre, dont elles sont aspergées. Environ 40 % de la production est assurée par ces turbines traditionnelles. Si « Au bonbon fin » a attendu les années soixante-dix pour moderniser son équipement, c'est qu'il a fallu, les premières années, se contenter d'un matériel sommaire et d'un travail manuel. M. Landau avoue lui-même qu'il ferait tout pour la garder au sein de la famille.

Des innovations furent accomplies comme la production des « smarties » sous un autre nom. Cette diversification semble profiter à l'entreprise qui distribue ses dragées uniquement en grande surface par les 40 salariés.

ZOOM SUR SEBIN

Redresser une entreprise qui était promise à la casse, c'est possible : le cas de Sebin, rue de Lagny, est à cet égard exemplaire. Et ce n'est pas seulement une question de conjoncture…

Quand une entreprise est mise en redressement judiciaire, c'est qu'elle en est arrivée à un point où ses finances ne lui permettent plus de faire face à ses engagements. Ni les salariés ni les créanciers ne peuvent plus être payés. C'est alors au tribunal de commerce de statuer sur l'avenir de l'entreprise.

En 1989, Sebin, sise au 112 rue de Lagny, présentait à son personnel le triste spectacle de la fermeture annoncée. Ce fabricant de chaînes de manutention mécanisées connaissait pourtant une solide réputation depuis… 123 ans.

Des générations d'usines avaient utilisé les chaînes Sebin pour tracter, transporter, comme, par exemple, des élévateurs à ciment. La plus petite de ces chaînes industrielles tient comme un collier autour du cou, la plus grosse est munie de maillons dont chacun peut atteindre 100 kg. Inutile de dire que la prononciation de sa mise en redressement judiciaire fut ressentie par ses 22 salariés comme un coup déloyal, froidement décidé sur le dos de leurs années entières passées dans les ateliers : la plupart d'entre eux y travaillent depuis plus de 20 ans. Autant que la fin d'une époque, c'était « leur » entreprise qui allait fermer.

Il est anormal d'abandonner un secteur industriel aussi stratégique. Fort heureusement dans ces cas de faillite apparente, une période d'observation inscrite dans la loi. C'est une sorte de pause pendant laquelle on ne met pas encore définitivement la clef sous la porte : tout repreneur éventuel de l'entreprise défaillante est appelé à faire connaître son projet de redressement. Passons sur les détails de cette procédure parfois fort longue : ce qui est certain, c'est l'espoir qu'elle fait naître parmi tout le personnel. Et ce n'est pas non plus un conte de fées. Il arrive que le repreneur ne soit pas le bon, qu'il précipite la déroute au lieu de l'éviter.

Ce n'est semble-t-il pas le cas avec Sebin : reprise en février 1990, elle peut afficher dix mois plus tard un optimisme prudent, mais réel. Qu'on en juge : le chiffre d'affaires qui était de 600 000 francs par mois est passé à 1 450 000 francs. Le résultat net (bénéfice) a augmenté de 20 %.

Elle emploie 32 personnes. M. Racle, le nouveau directeur général, a de quoi se réjouir : « Par une nouvelle approche du travail, nous avons redonné confiance aux salariés. Participation, concertation : les deux mots-clefs qui donnent à chacun l'envie de bien faire et de savoir bien faire. » Tous ensemble, les salariés de Sebin ont rattrapé un retard de cinq mois dans les livraisons et ils ont su faire revenir chez eux près d'une quarantaine de clients qui s'en étaient éloignés. Lors de ma visite de Sebin, M. Racle me paraissait un industriel doté d'un patriotisme économique rare et a été jusqu'à repeindre les machines en bleu, afin de créer un environnement sympathique pour les salariés dont il était proche.

LE SALON DE L'INDUSTRIE ÉDITION 1993

Pas moins de 106 exposants se sont réunis au Centre des expositions de Montreuil du 26 et 27 octobre 1993.

C'est l'occasion de rencontrer des visiteurs tant professionnels que particuliers, de montrer toute la diversité du tissu économique montreuillois. Plusieurs entreprises ont tenu à participer à cette initiative coorganisée par le service du développement économique et l'AMDCEI.

Quelques-unes des sociétés présentes à ce salon ont confié qu'elles avaient obtenu des marchés issus de contacts pris l'année dernière. Pour la plupart, il s'agissait avant tout de montrer ce qu'elles font et d'utiliser cette occasion, pour connaître leurs voisines économiques. Elles aspirent à devenir partenaires, donneurs d'ordre, clients, sous-traitants, voire nouveaux fournisseurs.

La Chambre de commerce et d'industrie avait son stand, comme l'Urssaf et bon nombre d'institutions, qui ont saisi l'opportunité d'informer en direct ces petites ou moyennes entreprises de toutes les aides financières ou logistiques dont elles peuvent bénéficier, notamment en matière de formation et d'embauche. L'agence locale de

l'ANPE a recueilli, dès la première matinée, deux offres d'emploi. L'après-midi du 26 octobre était ouverte au public. Celui-ci était principalement constitué de demandeurs d'emploi venus défendre leurs candidatures spontanées.

Les visiteurs n'ont pas manqué de tenter leur chance au concours du salon qui a permis à une jeune fille de 16 ans, élève de 3° techno, au collège Marais de Villiers, de gagner un week-end pour deux à Prague.

Cette année, chaque entreprise a eu la possibilité de présenter ses activités par le biais d'une vidéo non-stop, dont la réalisation était assurée par la société de production Évasion vidéo.

SALON DE L'INDUSTRIE EN 1994

Le Salon de l'industrie montreuilloise a ouvert ses portes les 18 et 19 octobre 1994 au Centre des expositions.

Le premier Salon de l'industrie, en 1993, avait été apprécié par les exposants professionnels comme un événement à renouveler sans nul doute, mais jugé trop court pour les prises de contact entre professionnels.

Le service du développement économique et l'AMDCEI rééditent donc l'initiative, cette fois en la renforçant sur deux jours, dont une demi-journée ouverte au public le 26 octobre.

En répondant à des questions dont les solutions figurent dans le salon, les visiteurs avisés ont pu participer à un tirage au sort.

Les dirigeants d'entreprises ont rencontré leurs confrères locaux, comme le dit Patrice Bapeaume P.-D.G. de la SA BAPEAUME (fabrication de circuits imprimés) en ces termes : « Ce salon a le mérite d'exister par le biais d'une initiative municipale. Il donne la possibilité de se rencontrer entre exposants. Un salon professionnel permet aux clients de mieux cerner son environnement. Quand on est une PME, on n'a pas l'occasion de se faire connaître et à connaître les autres entreprises et de leurs voisins du milieu économique ». Y participaient également la Chambre de Métiers, la Direction régionale de l'industrie et de la recherche (DRIRE), la Préfecture, l'ANPE, les groupements patronaux…

Ce Salon de l'Industrie montreuilloise s'est tenu en présence de 93 exposants, 1 100 visiteurs (le premier jour) créant ainsi, un événement économique qui s'installa pour une longue durée.

Les entreprises locales ont invité des professionnels et des particuliers à découvrir leurs champs d'activités et à nouer d'éventuelles collaborations. En 1993, plus d'une centaine de sociétés avaient animé ce salon. Tous les secteurs sont représentés, de la mécanique à l'électronique, en passant par les arts graphiques ou les services à l'industrie. C'est un temps privilégié de rencontres pour les PME et PMI qui favorise le renforcement du réseau de sous-traitance. Un lieu d'échanges a rassemblé les principaux partenaires institutionnels des entreprises : Chambre de Commerce et d'Industrie, ANPE, Conseil général… Pendant les deux jours se sont tenus des ateliers thématiques animés par des spécialistes. Vu l'intérêt du grand public, notamment celui des demandeurs d'emploi, cette édition leur a été ouverte. Les exposants dont l'activité repose sur la vente directe voulaient aussi cette ouverture. L'accès visiteur est gratuit.

Conférences-débats

Mercredi 18 octobre

– 11 heures : qualité et normalisation

– 15 heures : la transmission d'entreprise

– 17 heures : le financement des investissements

Jeudi 19 octobre

– 11 heures : les nouvelles aides à l'emploi

– 15 heures : entreprises en difficulté, les nouveaux dispositifs

– 17 heures : les aides à l'exportation.

Cette année, les organisateurs ont voulu répondre davantage aux besoins des entreprises en renforçant les conférences sur tous les points administratifs. Au débat sur les aides à l'emploi, les questions étaient autant posées par des entrepreneurs que par des demandeurs d'emploi. Ces derniers n'ont pas manqué de contacter les employeurs présents sur les stands.

Des jeunes en formation ont tenté aussi de venir décrocher un lieu de stage. « C'est plus facile d'avoir un échange direct, plutôt que par téléphone », s'est réjoui l'un des plus jeunes.

Les lycées professionnels n'ont pas raté le rendez-vous. Ils avaient leurs stands tout comme les institutionnels et les entreprises.

La moitié des sociétés participantes étaient des nouvelles venues. Quelques-unes attendaient davantage de visiteurs professionnels ou espéraient, comme l'entreprise Gardovol, une clientèle de particuliers plus nombreuse.

La société Point 44 saluait « un salon sympathique qui nous permet de montrer ce que nous faisons, quand on ne nous connaît pas suffisamment dans la ville où nous sommes depuis 7 ans ». La filiale montreuilloise Wenglor a fait fort pour son premier salon : « Dès le premier jour, nous avons eu des contacts intéressants qui peuvent se concrétiser vite ». Parmi les institutionnels, au stand de l'ANPE (agence nationale pour l'emploi), on précisait le dernier chiffre des Montreuillois demandeurs d'emploi qui est de 8 100.

Au cours du deuxième jour, le salon a reçu plus de 1 578 visiteurs qui ont pu dialoguer avec les exposants.

La conversation sur les stands s'est orientée vers la formation professionnelle, puisqu'il y a souvent inadéquation entre la demande des entreprises et l'offre qui émane, pour une large part, d'une main-d'œuvre peu qualifiée. La mission publique de l'AFPA (Association de formation professionnelle pour adultes) étant ainsi mise en péril. À déplorer la suppression récente de crédits consacrés à la formation professionnelle.

Certaines entreprises ont apprécié leurs rapports de voisinage au salon. Un exemple : un mariage a été conclu entre les moteurs Freschard et leur voisine de stand, Delta Graphique Services.

LE SALON DE L'INDUSTRIE VERSION 1996

Pour les professionnels et le grand public, les portes ont été ouvertes les 18 et 19 octobre 1996. Les professionnels et les particuliers furent nombreux. Toutes les entreprises locales ont décidé une nouvelle fois de montrer la mosaïque de leurs activités au Centre des expositions. But de l'opération l'échange d'informations entre professionnels d'un même territoire, mais aussi rencontrer des partenaires institutionnels comme l'ANPE et le Conseil général 93 dont l'ensemble des services reste souvent méconnu.

Avec la 3e édition du Salon, les entreprises exposantes souhaitent voir s'accroître les visiteurs qui sont avant tout des clients potentiels, notamment ceux qui viennent de beaucoup plus loin que de la zone locale.

Le grand public fut convié pendant les deux jours, l'occasion pour les Montreuillois de se rendre compte de la richesse et la diversité du tissu économique. Depuis trois ans, l'entreprise Bourny spécialiste en penture industrielle et décorative implante son stand au Centre des expositions,

Bernadette Caulier y est toujours présente : « C'est le moyen de nous faire mieux connaître. Il y a de plus en plus de visiteurs, on arrive même à rencontrer les clients des autres exposants. Les entreprises sont trop souvent dans leur "chacun chez soi". C'est l'occasion de connaître les activités des autres, mais aussi de participer à des débats qui nous instruisent cette année, M. Bourny, notre responsable, en suivra plusieurs, dont celui de la transmission de l'entreprise, puisqu'il souhaite bien préparer le moment de sa retraite. La conférence sur les nouvelles aides à l'emploi nous intéresse également, même si l'ANPE locale nous a déjà bien épaulés lors de notre dernier recrutement ».

En 1995, sa participation lui a fait décrocher un joli contrat en matière de communication par la bande dessinée. « Un beau succès pour nous, commente Patrice Garelli, une retombée immédiate et pour une petite structure, c'est rare. Nous serons là cette année pour montrer que nous sommes toujours bien vivants. Nous y exposerons nos deux dernières B.D. Entre exposants, on commence à se connaître par cœur, nous espérons y voir passer beaucoup plus de visiteurs du milieu professionnel. Il faut bien dire que nous sommes tous dans l'attente du client. »

Pierre Fleury P.-D.G. de Corvulca nous dit : « le salon nous a permis de prendre des contacts avec nos collègues, de futurs clients ou fournisseurs. Nous sommes à Montreuil depuis 50 ans, nous avons 100 salariés, un développement soutenu, mais malgré notre ancienneté et notre taille, nous ne sommes pas très connus à Montreuil. »

Trouver des partenariats locaux ou internationaux est la mission fondatrice de l'association AMDCEl.

Dans mon discours inaugural, j'ai expliqué lors de l'ouverture du salon combien le partenariat est capital pour les petites et moyennes entreprises. « Dans le milieu économique, la notion de territoire est bien plus large que les limites de la commune. Cette année, nous avons invité au salon de grands donneurs d'ordres nationaux et des représentants diplomatiques. Il n'y a pas un voyage de prospection à l'étranger dont nous revenons sans un marché. Les PME doivent se regrouper pour l'export. Seules, face à de grands groupes comme Renault, elles ne font pas le poids. Notre association est désormais bien reconnue par les attachés d'ambassade. »

Au stand de l'AMDCEl, un écran de l'ordinateur était souvent interrogé, c'était le serveur entrepris sur Internet : « Je commence à me renseigner, découvrir ce que cela m'apportera » dit un dirigeant d'une petite entreprise. Un des quatre débats d'actualité était consacré à ce nouvel outil de communication : « Une auberge espagnole », « des possibilités d'échanger en temps réel », « une interactivité avec des clients potentiels ». Des étudiants étaient parmi les auditeurs attentifs de l'exposé.

Parmi les exposants et les visiteurs, de jeunes gens engrangeaient une masse d'informations, à l'affût du moindre contact avec les interlocuteurs économiques, potentiels employeurs ou hôtes de stagiaires.

Les lycéens des filières BTS de Jean-Jaurès profitèrent à fond de cette opportunité. « On mise sur notre dynamisme en déposant nos CV. Souvent les entreprises sont étonnées de voir ici des étudiants », rapporte Karim, affirmant bien sa « force de vente ». « Moi, dit Brigitte, je prépare un BTS en action commerciale. Au stand Air France, on m'a confirmé que je préparais un bon diplôme qui permet de progresser dans une entreprise comme la leur. »

Les professeurs sont fiers de la réussite de leurs BTS : « Nous avons un taux de réussite de 85 à 100 %. Mais nous regrettons d'avoir si peu de temps pris en considération par l'Éducation nationale pour se consacrer à la prospection et à la négociation des lieux de stage. »

Le salon est un autre bon exercice pratique pour les futurs commerciaux.

Un des stands les plus lumineux était celui de HB Enseignes. « Pour attirer le client », dit en souriant le commercial. « Dès le premier matin, nous avons eu trois contacts intéressants, dont un avec IRIS », confiait Daniel Blanc, le gérant. Au stand de OSC bureaux qui présentait des salons professionnels, Le P.-D.G. confie : « nous travaillons beaucoup plus avec les collectivités ».

Au rez-de-chaussée, un brin d'exotisme émanait d'un stand de négociateurs vietnamiens aux produits aussi divers que des tisanes traditionnelles et un matériau nouveau pour le BTP. Avec des entreprises comme Ricotet-Paganetti, on restait dans la tradition industrielle locale. Une affichette proposait un emploi qualifié. « Nous sommes une petite entreprise de tradition familiale depuis 1929, spécialisée en décolletage », explique le dirigeant.

MIDEST : LA SOUS-TRAITANCE À L'HONNEUR

Dans la même logique de défendre l'industrie montreuilloise et suivant les conseils du P.-D.G. de la société Berguy, j'ai proposé et obtenu que l'AMDCEI, épaulée par l'Atelier municipal, participe avec des entreprises œuvrant dans la sous-traitance industrielle et les biens d'équipements au MIDEST. Nous réservions un stand nu auprès de GL Events et nous nous chargions de commercialiser les stands clefs en main à des prix coûtants, puisque l'aménagement des stands individuels fut l'œuvre de ce service municipal, ainsi que la collecte du matériel dans les entreprises. Une réserve équipée de boissons et de mets était à la disposition des exposants pour aussi entreposer leurs effets personnels et leurs brochures. À midi un buffet est offert par l'Association. Notre initiative suscitait la jalousie et même l'hostilité de certains organisateurs traditionnels comme la Chambre des Métiers.

Le MIDEST est un rendez-vous mondial de tous les professionnels de la sous-traitance industrielle avec 38 pays, environ 1700 exposants et plus de 40 000 visiteurs dans cet immense espace de 50 000 m².

Ce salon professionnel permet de nouer des partenariats et d'exposer le savoir-faire de son entreprise. Cela permet de se rendre compte des nouvelles technologies des fabricants, fournisseurs et assembleurs de composants nationaux et internationaux.

Ce Salon international du sur-mesure industriel s'est déroulé à Paris Nord sis à Villepinte, du 5 au 9 décembre 1996. Cette manifestation annuelle est la plus grande rencontre professionnelle de la sous-traitance avec plus de 30 pays représentés, plus de 70 000 visiteurs et 2 400 exposants… dont une vingtaine de sociétés montreuilloises.

Il s'agissait de permettre à des petites et moyennes entreprises locales d'être présentes à ce rendez-vous professionnel de grande envergure. Le coût de participation au salon étant évidemment moindre que celui d'une participation individuelle.

Toutes les sociétés ont accueilli plus de visiteurs qu'il n'en était espéré. « Nous sommes là pour élargir notre cercle d'audience », résumait le P.-D.G. de BV. Plusieurs sociétés présentes se connaissaient déjà bien entre elles. À l'exemple de Epoxy, qui a pour clients Métal Plus, Langrade, Fluotechnique… »

Alain Anelli, responsable de la fonderie éponyme, participait pour la deuxième fois au salon. Il a racheté une autre fonderie à Bagnolet et joue à fond la carte du développement avec 40 salariés, mais il avoue que « le département de la fonderie est encore sinistré. Une reprise économique est visible à partir du moment où l'on nous commande des produits nouveaux… et ce n'est pas encore le cas. Le Midest nous permet d'entrer en contact avec d'autres clients potentiels. »

Chaque représentant d'entreprise était soucieux d'exposer son savoir-faire, telle Danielle Rouzet qui présentait la spécialité de Matrilec : la visserie et la boulonnerie par procédés de fabrication ultra-performants.

« Nous sommes à ce salon, suite à celui de l'industrie montreuilloise. Nous sommes très satisfaits de l'emplacement de notre ville, en plein passage bien fréquenté, nous avons beaucoup de visiteurs et il règne dans nos stands une ambiance très amicale entre exposants montreuillois. » Quelques jours plus tard, la petite société (5 salariés) se réjouissait d'avoir sa première commande issue du Midest.

Daniel Goussin, P.-D.G. de BV est manifestement très fier de l'entreprise créée en 1947 par ses oncles et dont il tient maintenant les rênes en duo avec son frère.

BV est une entreprise familiale employant une quinzaine de personnes, spécialisée depuis toujours dans la petite mécanique de précision. On y usine, en petites et moyennes séries, des pièces qui demandent un travail de haute précision pour des secteurs aussi considérables que l'aéronautique, l'automobile (pompes à eau pour voitures de course, notamment), l'électronique, le pneumatique, l'armement (pas les armes) et l'optique : « Nous travaillons sur la base de plans précis que nous fournit le donneur d'ordre ; le client. Ce sont des produits intermédiaires qui sortent de notre atelier », précise le président-directeur général.

Neuf techniciens (hommes et femmes) opèrent sur un solide parc de machines-outils. Tous sont issus d'écoles professionnelles et se situent à un niveau P3 de qualification : « le haut du pavé ». Cette entreprise accueille pour un enseignement en alternance un apprenti envoyé par l'Aforp. Ce jeune homme prépare en deux ans un Bac professionnel dans la spécialité.

Dans le vaste atelier, neuf personnes opèrent sur un solide parc de machines-outils : tours et fraiseuses conventionnels côtoient ceux à commandes numériques : « ces machines sont complémentaires. Leur utilisation dépend de ce que l'on a à faire. S'il s'agit de formes complexes à réaliser, par exemple, l'opérateur programmera le matériel à commandes numériques pour obtenir les formes désirées que la machine conventionnelle ne peut produire », explique M. Goussin.

Les séries de pièces qui y sont usinées oscillent entre 25 et 50 pièces. « Vingt-cinq pièces c'est déjà une grosse commande », affirme ce patron qui n'est « pas mécontent de la santé de son entreprise, malgré la crise dans ce secteur due notamment à la chute de l'aéronautique. Tout ce que nous fabriquons est contrôlé, de la matière première jusqu'à la livraison. Chaque livraison est effectuée avec un certificat de conformité aux spécifications du client et par lequel nous engageons notre responsabilité » tient à ajouter ce chef d'entreprise.

BV mécanique de précision a participé aux derniers Midest et au Salon de l'Industrie de Montreuil.

Parmi les exposants, citons : ABC SIGN ; SOPRINTEX ; CLICH EXPRESS ; CORVULCA ; SARL T.P.P ; 2 MI SERVICES ; MERCIER ; LCC IMPORT ; PROCÉDÉS HALLIER ; SEPT ; ADEMA ; ABAS SÉCURITÉ. ; VITELEC ; VIDENTYS ; VDS ; MCB Electrobobinage.

Le MIDEST est numéro 1 des salons de sous-traitance industrielle, réuni 1805 exposants dont 679 entreprises étrangères venues de 33 pays, majoritairement européens.

Les exposants témoignent de la présence accrue de donneurs d'ordres de haut niveau sur les deux salons. Ces visiteurs, majoritairement issus des directions achats et technique/production, se sont déplacés avec des projets intéressants pour les exposants. Le dispositif régional a contribué à ce que les exposants rencontrent des donneurs d'ordre.

L'aide à l'innovation par la sensibilisation et l'accompagnement des chefs d'entreprise.

SALON DU MIDEST du 18 au 21 novembre 2003

L'édition 2003 du Salon du MIDEST a réuni 13 entreprises, parmi lesquelles on a pu compter 9 fidèles et 5 nouvelles : Chevalier s.a, A. Cléret, BV, Fluorotechnique, Société parisienne de cadmiage, Chaussade & Fils, Corvulca, SAEF, Mercier Engrenages, Network Systems et Staff Études, Cadlink, EMC2, SB Conseil, ABC Sign. La société Levrat, qui a exposé avec la Chambre des Métiers. En dépit des pressentiments pessimistes des spécialistes, liés à la conjoncture, les entreprises de Montreuil ont persisté et sont revenues au MIDEST.

Les entrées enregistrées ont été de plus de 47 521 visiteurs dont près de 6 177 étrangers venus de 56 pays, tandis que du côté des exposants, plus de 2 200 sociétés ont été présentes dont près de 570 étrangères. L'AMIE, soucieuse d'accompagner le développement des entreprises, leur offre la possibilité sur 114 m² d'exposer dans les meilleures conditions. Les entreprises qui se joignent à l'AMIE bénéficient d'une location de stand à des tarifs exceptionnels, négociés par l'Association, et d'une facilité de paiement (en plusieurs fois, avec possibilité d'ajournement.) De plus, aux entreprises sont fournis en toute gratuité plusieurs services professionnels : montage du stand par les ateliers municipaux, transport du matériel exposant, gardiennage de nuit, location de chaises et de tables, buffet à volonté.

La visite des élus locaux, régionaux et nationaux ainsi que des prospects internationaux est une occasion pour les entreprises de se faire connaître, mais aussi d'exposer de vive voix les difficultés qu'elles rencontrent au quotidien et leurs offres.

MIDEST EN 2006

Le salon du sur-mesure industriel, le Midest à Villepinte, a réuni, du 7 au 10 novembre 2006, plusieurs entreprises de la ville de Montreuil sur un même espace, une initiative commune à la ville et l'AMIE. Les témoignages des exposants sont significatifs du climat des affaires à cette période. « On sent un peu la relance économique, constate-t-on chez B.V. Mécanique. Le Midest nous permet de prendre du temps avec les clients. » La société Chaussade est aussi une fidèle de cette manifestation : « une prise de contact lors du salon de l'année dernière nous a permis, neuf mois après, d'avoir un client en or », se félicite Mme Chaussade. Le manque de main-d'œuvre qualifiée revient souvent dans les propos de ces responsables de PME qui commencent à réembaucher.

Les responsables de la société Deal-Elec, implantée depuis juin 1999 dans la ville, se sont tout de suite saisis des dispositifs de coopération économique tissés dans la ville. « C'est une façon d'être à l'écoute et d'encourager les entreprises ». Le maire de Montreuil est allé au Midest le 9 novembre pour s'entretenir avec les exposants. Il a rencontré le président du conseil régional qui visitait aussi le grand stand montreuillois. Celui-ci a annoncé qu'il souhaitait venir prochainement à Montreuil pour voir de plus près son activité économique. Un autre contact intéressant a été pris à cette occasion pour une collaboration entre l'AMIE et l'Agence pour l'implantation des entreprises.

LES ACTIONS DE SENSIBILISATION ET DE L'INNOVATION

Le Réseau Inter-Entreprises SAAR en 2005

Ce dispositif soutenu par la Région Île-de-France consiste à réunir les entreprises 8 fois sur 12 mois et de les sensibiliser sur une thématique :

« L'aide à l'exportation et l'approche des marchés étrangers » est le thème choisi.

Les participants au Réseau sont : Corvulca ; Abc Sign ; Ad'missions ; Soprintex ; Training On Line ; Sarl T.P.P ; Cabinet Picquart ; Empte ; Hope ; U.C.S ; 2 Mi Services ; Bab Concept ; Procédés Hallier ; Ams ; Plg Conseil ; Impressions Digitales ; Favre Sa ; 3a Conseils ; Ic Distribution ; Isb ; Safe ; Py Systémes.

Cela consiste à :

Doter les petites PME d'outils de gestion et de production modernes, tels que les plates-formes d'infogérance, de travail collaboratif, les portails de communication, de surveillance, de géolocalisation. Ce dispositif réservé aux grands groupes est réalisé à des prix modiques à la portée des PME.

Acquérir les réflexes de management modernes, grâce à la compréhension et l'utilisation des outils de la convergence pour sortir « la tête du guidon » et anticiper l'évolution de son secteur d'activité.

Diminuer très significativement la perte de temps dans la gestion de la relation client/fournisseur, des personnels et autres partenaires de l'entreprise.

RÉSEAU REMTIC

La Région Île-de-France a soutenu en 2006-2007 le réseau interentreprises sur l'export. Ce réseau s'est réuni 7 fois et s'est bien terminé. Le nouveau réseau a porté sur l'utilisation des nouvelles technologies dans les PME.

Objectif :

Permettre aux PME d'accéder à des méthodes et outils pratiques engendrés par les nouvelles technologies.

Comprendre le monde de la convergence (données, Voix, Images) et l'adapter à chaque entreprise pour la moderniser et lui faire des économies d'échelle.

Contenu :

– Introduction à la convergence (voix, données, image.

– Initiation au monde de l'IP (Internet Protocole) et ses implications dans le fonctionnement d'une entreprise moderne.

– Applications Web permettant aux acteurs intérieurs et extérieurs de l'entreprise de réaliser un travail collaboratif, indépendamment de la situation géographique des intervenants (c'est la technologie qui suit l'homme et non l'homme qui suit la technologie).

– Gestion « virtualisée » de la gestion des produits, des documents et des contenus multimédias de l'entreprise.

– Gestion « virtualisée » de la relation clients, fournisseurs et autres partenaires.

– VoIP (voix sur IP) et ses implications dans le fonctionnement de l'entreprise.

– Vidéo surveillance sur IP et Virtualisation de la sécurité (contrôle d'accès, gestion de parking, etc.).

– Utilisation de la convergence pour le contrôle de procès, la formation à distance, la téléphonie en mode Visio

Produits attendus :

– Doter les petites PME d'outils de gestion et de production moderne tels que les plates-formes d'info gérance, de travail collaboratif, les portails de communications, de surveillance, de géolocalisation. Ce dispositif réservé aux grands groupes est réalisé à des prix modiques à la portée des PME.

– Acquérir les réflexes de management modernes, grâce à la compréhension et l'utilisation des outils de la convergence pour sortir « la tête du guidon » et anticiper l'évolution de son secteur d'activité.

– Diminuer très significativement la perte de temps dans la gestion de la relation clients, fournisseurs, personnels et autres partenaires de l'entreprise.

La participation à ce réseau est gratuite pour les adhérents. Le rôle de l'Association a été d'effectuer les relances pour inviter les entreprises à assister aux réunions du réseau, puis sur place de prendre des notes, prendre des photos pour le site de l'AMIE et du club des entreprises et par la suite effectuer un compte rendu.

PRÉSENTATION DU SITE AMIE93.COM

Le site a été initialement créé en 2002 par une société privée. L'AMIE a utilisé un système de mise à jour des sites appelé webtool et mis en place par la société Videntys.

Ainsi toutes les rubriques news et au jour le jour ont été actualisées par Michaël SARI, notre stagiaire. L'enjeu est important, car c'est par ce biais que les adhérents et les sociétés montreuilloises et au-delà sont informées des activités de l'AMIE.

Il faut signaler qu'après le changement de municipalité et dès le 17 mai 2008 les services municipaux de la direction technique (DNTI) ont coupé le lien entre le serveur AMIE et celui de la ville de Montreuil. L'association ne pouvait plus recevoir ni envoyer d'e-mails.

Afin de nous affranchir de cette tutelle, nous avons fait appel à France Télécom, afin d'installer une ligne téléphonique et un abonnement Internet. De nouveau, l'association peut recevoir des mails et d'en émettre auprès des 1 480 adresses mail.

En matière de ressources matérielles, l'association dispose de 5 PC HP récents, comprenant un processeur Intel pentium 4, avec une connexion en haut débit à Internet. Cependant, l'un était réservé exclusivement à la secrétaire de l'association, un autre aux chargés de mission en commerce international, et enfin le troisième pour le directeur de l'association (moi-même).

Le site Internet est un outil efficace pour les échanges d'informations et pour la promotion des activités des adhérents. Il met à disposition des entreprises un fichier de contacts professionnels, une liste des 300 sites les plus utiles, un lien direct avec le site de la Mairie de Montreuil, le département de la Seine–Saint-Denis, l'ACTEP, les Chambres de Commerce et d'Industrie… Pour un coût symbolique, les sociétés ont tous types de renseignements et des interlocuteurs professionnels de domaines ciblés. Le site Internet est un outil efficace pour les échanges d'informations et pour la promotion des activités des adhérents. Il met à disposition des entreprises un fichier de contacts professionnels, une liste des 300 sites les plus utiles, un lien direct avec le site de la Mairie de Montreuil www.montreuil93.net. Grâce à ces services, les sociétés ont tous types de renseignements et des interlocuteurs professionnels dans les domaines ciblés.

Le Journal « Entreprises Partenaires ».

Plusieurs numéros ont paru en 2001-2002. Le journal assure un lien entre l'Association et les adhérents, diffuse des informations sur la gestion quotidienne des entreprises, consacre une rubrique aux aides publiques et autres financements proposés aux investisseurs.

Au niveau local, les entreprises travaillent de plus en plus ensemble.

LES PRINCIPAUX PARTENAIRES DE L'AMIE

ASSOCIATION A3P

Lors de l'Assemblée générale du 27 juin 2003, l'AMIE a pris comme initiative de se rapprocher de l'Association A3P, vu que plusieurs entreprises de l'Association travaillent dans les technologies numériques.

A3P, créée à l'initiative du Conseil Général de la Seine Saint-Denis, a pour mission de développer, structurer, fédérer et promouvoir les industries de l'Image, du Son, de l'Internet et du Multimédia, d'abord dans un contexte départemental du nord-est parisien, avant de s'inscrire dans une dimension régionale.

Les entreprises de l'audiovisuel, du cinéma, du multimédia ou de l'imagerie sont nombreuses en Seine–Saint-Denis. Forte de plus de 1 000 entreprises et de 10 000 emplois, la Seine–Saint-Denis apparaît comme l'un des départements majeurs de la filière image en Île-de-France.

C'est un secteur d'activité en pleine expansion, susceptible de contribuer au développement durable du département.

Dans ce contexte, la vocation de A3P est de :

– mettre en relation l'ensemble des acteurs de cette filière via des réseaux de réflexion, de propositions et de coopération ;

favoriser leur participation à la définition des axes prioritaires d'actions et de développement.

Quel est l'avantage pour les entreprises adhérentes de l'AMIE du fait de rapprochement avec l'Association A3P ?

Tout d'abord, un certain nombre d'entreprises de l'AMIE travaillent dans le domaine de l'audiovisuel et du multimédia.

Si certaines entreprises cherchent à se développer au niveau départemental ou régional, le fait de collaborer avec l'Association A3P leur ouvre les possibilités de connaître d'autres entreprises du département travaillant dans le même domaine. Les missions de veille stratégique et technologique, d'identification des besoins, de mise en œuvre de dispositifs de préfiguration et de pilotage opérationnel de projets ont conduit l'Association A3P à devenir une plate-forme de rencontres et d'échanges entre les décideurs publics et privés.

L'AMIE propose à ses entreprises de rejoindre cette Association. Le rôle de A3P est celui d'interface qui est essentiel pour se repérer dans une actualité dense et mouvante et pour aider l'ensemble des acteurs à prendre les décisions les plus opportunes.

LES PRINCIPAUX PARTENAIRES DE L'AMIE

LE SERVICE ÉCONOMIQUE

Le service économique de la ville de Montreuil qui est le partenaire permanent et privilégié de l'AMIE existe depuis 1983. Une dizaine de personnes accompagnent le développement des entreprises depuis leur création, jusqu'à leur projet d'extension. Ces dernières s'adressent à lui afin de résoudre le moindre problème. Il joue un rôle de soutien à la création d'entreprises. Trois types d'actions sont menés dans ce cadre-là :

Permettre aux porteurs de projet de monter un dossier, d'aller voir des banquiers afin d'évaluer sa validité

Participation à un fonds de prêts à 10 % mis en place par la Chambre de commerce et d'industrie permettant de financer un certain nombre de projets chaque année.

Accompagnement des entrepreneurs à tous les stades de leur développement (point chances) à l'implantation (via la bourse des locaux)

Conseil individualisé

Organisation de petits-déjeuners et des forums sur des thèmes

Édition d'un journal et d'un annuaire électronique et papier.

L'ASSOCIATION ACTEP

L'ACTEP (Association des Collectivités territoriales de l'Est parisien) est aussi l'un des partenaires principaux de l'AMIE. Elle réunit 22 collectivités locales : Bagnolet, Bondy, Bry-sur-Marne, Champigny-sur-Marne, Charenton-le-Pont, Saint-Maurice, Fontenay-sous-Bois, Joinville-le-Pont, Le Perreux-sur-Marne, Montreuil, Neuilly-Plaisance, Neuilly-sur-Marne, Nogent-sur-Marne, Noisy-le-Grand, Noisy-le-Sec, Rosny-sous-Bois, Saint-Mandé, Villiers-sur-Marne, Vincennes, et les Conseils Généraux de la Seine–Saint-Denis et du Val-de-Marne.

Créée en 2000, L'ACTEP a choisi la forme Loi association 1905 et non la communauté d'agglomération, suivant la Loi Chevènement qui incite au regroupement des moyens des communes en contrepartie de financements publics.

Cette Association de coopération intercommunale a pour objectif de concevoir et mettre en œuvre un projet de développement et de promotion économique de ces deux départements de l'Île-de-France qui représentent 660 000 habitants et 190 000 emplois. L'ACTEP a structuré sa démarche autour de la problématique prioritaire, les T.I.C. (les Technologies de l'Information et de la Communication). À ce titre elle considère que la desserte de son territoire par les réseaux à haut débit représente un enjeu majeur pour le développement des entreprises implantées à l'est de Paris et l'accueil de nouvelles entreprises.

Le 11 avril 2003, l'ACTEP a signé le protocole de coopération avec les présidents des délégations départementales de la Chambre de Commerce et d'Industrie de Paris et les présidents des Chambres des Métiers de Seine–Saint-Denis et du Val-de-Marne.

Les entreprises de l'AMIE sont invitées à participer à toutes les réunions et à la prise de décisions au sein de cette Association. Elles bénéficient de l'accès à l'information et de la possibilité de collaborer entre elles, une volonté qui s'inscrit dans la démarche de l'AMIE pour développer le partenariat local entre les entreprises de Montreuil et de la région.

La promotion de l'Est parisien est un gage d'une situation économique et sociale saine au sein de ces deux départements 93 et 94. La prise en charge de cette démarche par l'ACTEP est une initiative pertinente, car depuis longtemps c'était l'Ouest parisien qui bénéficiait de l'accueil des entreprises. Grâce à toutes ces initiatives, cette région, notamment Montreuil, devait attirer de nouvelles entreprises grâce à son dynamisme économique et au coût d'installation qui est moindre que celui dans l'Ouest parisien.

Le 17 novembre 2003, les associations d'entreprises recensées sur le territoire de l'ACTEP se sont rencontrées. Des échanges d'expériences et un resserrement des liens ont été mis en œuvre.

L'ACTEP est devenue, en janvier 2013, un syndicat mixte ouvert s'engageant sur des études et des projets. À la suite de la création de nouvelles intercommunalités dans le cadre de la loi Chevènement, l'ACTEP s'est dissoute fin 2015, en tant que syndicat mixte ouvert pour se recréer en tant qu'association ayant vocation à regrouper les communes d'un vaste territoire de l'Est parisien. Compte tenu de la diversité des appartenances politiques des maires, il a été instauré une présidence tournante d'un an, suivant une alternance politique et géographique. Ainsi le premier président, dès la création de l'ACTEP en 2000, fut Jean-Pierre Brard, député-maire de Montreuil qui lui a succédé, puis Gilles Carrez, député-maire UMP du Perreux-sur-Marne, en 2001.

La logique qui a présidé à la constitution de l'ACTEP est le souci de coopérer entre communes voisines, sans pourtant aller jusqu'à la constitution d'une Agglomération de communes qui est plus contraignante et impose un transfert de services communaux vers cet organisme communautaire. Il fut un temps dans les années 1980 où le maire de Montreuil écrivait au maire de Vincennes au sujet de problèmes de voisinage, eu égard au fait que plusieurs rues sont partagées entre les deux villes, qui demeuraient sans réponse, ni même un accusé de réception. Au-delà des aspects basics, l'ACTEP promeut des projets d'intérêts communs comme la création d'un Lycée international, l'arrivée des transports en commun (prolongements de lignes de métro et de tramway…), sans oublier la coopération économique par des actions menées par les Associations et clubs d'entreprises. Cela a permis à l'AMIE de se déployer à tout l'Est parisien et de se faire confier l'organisation du CAREEP.

LE CAREEP :

La première édition du Carrefour des Entreprises de l'Est parisien (CAREEP) a eu lieu le mardi 16 septembre 2008 à la salle Jacques Brel de Fontenay-sous-Bois.

L'objectif de ce salon, réservé aux professionnels, est d'optimiser les opportunités d'affaires pour les entreprises et commerces locaux et de générer des relations commerciales de proximité dans l'Est parisien.

– Une centaine d'exposants et plus de 500 visiteurs.

Le Carrefour des Entreprises de l'Est parisien offre une opportunité exceptionnelle de rencontrer en une journée, sur un même lieu :

des TPE, PME, commerçants et artisans de l'Est parisien,

des visiteurs (chefs d'entreprise, responsables métiers de grandes entreprises, professions libérales, créateurs…),

des partenaires institutionnels,

des médias.

L'espace d'exposition fut conçu pour favoriser des échanges conviviaux et personnalisés auprès des Professionnels. Plusieurs conférences furent au programme de cet événement.

– Soutien de l'ACTEP et des acteurs économiques de Seine Saint-Denis et du Val-de-Marne

Soutenu par les 23 collectivités locales de l'ACTEP, le CAREEP fut relayé auprès de l'ensemble des acteurs économiques de Seine–Saint-Denis et du Val-de-Marne : Chambres de commerce et d'industrie, Chambres de métiers, Services de Développement économique.

Une réunion du CAREEP fut organisée chaque mois, pendant cette réunion, les dirigeants de cet organisme et le maître d'œuvre s'entretiennent sur l'ordre du jour, le problème rencontré, les avancées de chacun, l'évolution du salon et échangent leurs idées pour aider le salon à se dérouler de la meilleure des façons.

Recherche de sponsors : cette mission est celle pour laquelle notre stagiaire Michaël SARI a passé le plus de temps, puisque ce sont les réservations des sponsors qui vont permettre de financer le salon, il a été décidé que pour financer le salon, il était impératif d'avoir 7 sponsors. L'idéal étant de disposer de :

– 2 Sponsors Gold (25 m2)

– 2 Sponsors Silver (20 m2)

– 3 Sponsors Premium (15 m^2)

Un sponsor Gold paye 10 000 € pour participer au salon, un sponsor Silver 6 000 € et un sponsor premium 4 000 €.

Il y avait aussi à prendre en compte que certains sponsors, une fois devenus partenaires du salon, doivent être les seuls dans leur activité à être présents en tant que sponsors.

Par exemple, le premier sponsor avec qui le contrat a été signé fut LCL, à partir de là, il a fallu abandonner la recherche de sponsors du côté du secteur bancaire.

Trouver et contacter les entreprises de l'ACTEP qui ne seraient pas répertoriées dans les listes des associations d'entreprises : grâce à un salon sur le marketing direct.

Des conférences furent organisées par les clubs d'entreprises de l'ACTEP.

Conférence sur TEPA : Une opportunité pour les entreprises

Pourquoi les TPE et les PME ont pris du retard pour adopter le nouveau dispositif d'exonération des heures supplémentaires ? Cette mesure prévue par la loi en faveur du travail, de l'emploi et du pouvoir d'achat (TEPA) votée le 21 août 2007 est entrée en vigueur le 1er octobre 2007.

Une quarantaine de dirigeants d'entreprises se sont réunis le 13 mars 2008 à l'Hôtel de Ville de Saint-Mandé pour connaître la réponse.

L'objectif de la conférence intitulée « Les lois TEPA et le pouvoir d'achat : une opportunité pour les entreprises et salariés » était de lever les appréhensions et de faire découvrir l'intérêt d'utiliser ce dispositif.

Alan SAURET et Anne BALHADERE du cabinet CAPST ont présenté les modalités d'application de l'exonération des cotisations sociales sur les heures supplémentaires en faveur des salariés, sachant que chaque heure supplémentaire fait aussi l'objet d'une déduction de 1,50 € ou 0,50 € de cotisations patronales selon que l'entreprise à plus ou moins de 20 salariés. Tous les employeurs du secteur public et privé sont concernés ainsi que tous les salariés à temps plein ou à temps partiel. Il est à noter que le taux d'exonération Fillion est à présent identique que le salarié accomplisse ou non des heures complémentaires ou supplémentaires.

La loi sur le pouvoir d'achat du 8 février 2008 a complété le dispositif en donnant la possibilité aux salariés d'obtenir une rémunération supplémentaire en contrepartie d'une renonciation à des journées de RTT ou de repos. Les entreprises de plus de 50 salariés ont la faculté de débloquer de manière anticipée la participation des salariés aux résultats tandis que celles de moins de 50 salariés peuvent dorénavant accorder une prime exceptionnelle de 1 000 € par an et par salarié en guise de participation aux résultats. Il est possible de se renseigner sur le site www.securite-sociale.fr et sur le site www.minefe.gouv.fr. Un compte rendu de la conférence est adressé aux participants.

LA CHAMBRE DE COMMERCE ET D'INDUSTRIE DE PARIS SEINE–SAINT-DENIS

La Seine–Saint-Denis est considérée comme le département le plus industrialisé de la région Île-de-France, mais son tissu économique est en pleine mutation, subissant de plein fouet la désindustrialisation.

Le département bénéficie de structures importantes de projets d'aménagement qui sont en cours visant à favoriser l'installation d'entreprises.

Cet organisme est aussi le partenaire principal de l'AMIE. Grâce à la collaboration avec la CCIP 93, l'Association a pu effectuer plusieurs missions dans des pays différents comme le Vietnam, la Chine, la Russie, l'Algérie, le Maroc, l'Ukraine, l'Afrique de l'Ouest, l'Amérique du Sud…

La CCIP 93 accompagne les entreprises dans leurs démarches et leur propose un pré-diagnostic pour faire le point, des conseils professionnels, des orientations adaptées, l'accès aux aides disponibles.

Afin d'aider les sociétés exportatrices, la CCIP 93 organise des rencontres entre les acteurs de l'international : les mardis de l'export, les forums. Elle organise les missions pour trouver des partenaires aux entreprises en question, elle présente les informations sur les pays et propose aux sociétés de participer aux cyber-rencontres export.

Notre relation avec la CCIP était faite de collaboration (nous avions besoin l'un de l'autre afin d'impliquer les entreprises du Département) et de concurrence. En effet, un ancien président de cette Chambre de commerce et d'Industrie disait : « J'ai toujours pensé qu'il y a deux chambres de commerce, une à Bobigny (siège de la CCIP) et une à Montreuil (l'AMIE). » C'est dire le poids que nous avions occupé au niveau du tissu économique départemental. Jacques Guyot quand il était président de la CCIP de la Seine–Saint-Denis, souhaitait me rencontrer dès son arrivée à Alger, aux grandes dames de sa directrice du service international, afin de se rendre compte de la situation politique et économique de ce pays. Il faisait de même à chaque déplacement à l'étranger.

CHAPITRE 12 : FIN DES MISSIONS ET PROBLÉMATIQUES

L'année 2008 a commencé sur les chapeaux de roues avec un programme chargé.

Les rencontres du commerce international du 23 au 30 janvier 2008 furent l'occasion de renouer le contact avec les chefs des missions économiques des Ambassades basées dans différents pays (Algérie, Vietnam, Maroc, Cameroun, Russie, Chine, Inde, Afrique du Sud, Arabie saoudite, Émirats arabes unis, Koweït, Bulgarie).

Une documentation sur les entreprises montreuilloises leur a été remise.

Réception d'une délégation algérienne du 28 au 30 janvier 2008. L'AMIE a été associée à cette initiative de la Ville de Montreuil et a mobilisé ses adhérents lors des rencontres à Montreuil et à la CCIP de Bobigny, rendez-vous ont été organisés avec ces sociétés algériennes lors de la FIA 2008.

L'AMIE a pu réaliser son programme jusqu'à la fin de cette année 2008 ; la Semaine française au Vietnam (6 au 12 avril 2008) et la Foire internationale d'Alger (7 au 12 juin 2008), ainsi que les actions locales et régionales.

L'année 2008 marqua le début de la fin de l'AMIE, suite à l'élection de

Dominique Voynet, maire de Montreuil et par-là même la défaite du fondateur de notre association en mars 2008.

Beaucoup d'observateurs et de fonctionnaires municipaux ont assisté impuissants aux restructurations de leurs services ou de leurs associations.

L'AMIE avait une convention avec la Mairie qui expirait le 31 décembre 2008. Celle-ci prévoyait la mise à disposition de personnel et de locaux et l'octroi d'une subvention annuelle.

La nouvelle municipalité conduite par l'ancienne ministre écologiste a voulu détricoter tout ce qui a construit par son prédécesseur et refuser toute aide aux entreprises suspectées de polluer et de chercher le profit. Alors que son prédécesseur, Jean-Pierre Brard, avait une autre doctrine : le développement des entreprises est synonyme de créations d'emplois (ou leur maintien) et davantage de recettes fiscales locales, afin de financer la politique sociale de la Ville.

Grâce au concours des Adhérents de l'AMIE et au dynamisme et à la compétence de l'équipe dirigeante de l'association, un résultat majeur est obtenu : la nouvelle municipalité a voté lors de son conseil municipal du 10 avril 2008 la reconduction de toutes les dispositions financières de soutien à l'AMIE. Cette décision est confirmée par l'avenant signé entre le président de l'AMIE Gérard LETOFFE et la sénatrice-maire de Montreuil dont voici les principales dispositions :

Afin de conforter sa position, l'AMIE a multiplié les contacts avec les nouveaux élus et notamment la nouvelle maire adjointe chargée des affaires économiques. Un dossier contenant le bilan de l'AMIE lui a été adressé.

Afin d'enfoncer le clou, l'équipe de l'AMIE a recensé toutes les sociétés montreuilloises ayant bénéficié d'une aide ou d'une action de l'association. Le verdict est impressionnant ; pas moins de 680 entreprises sont concernées. Cet élément est transmis à la nouvelle municipalité en vue de mieux négocier les moyens qui seront alloués par la municipalité en 2009.

L'association souhaitant répondre aux souhaits de l'actuelle municipalité s'est donné les objectifs suivants :

Depuis sa création l'association s'est attachée à son rôle de catalyseur des souhaits des entreprises, mais dans le respect des termes de la convention la liant à la Ville. Aussi la participation de l'AMIE à différentes manifestations associatives touchant le social, le culturel, l'humanitaire et la formation et l'insertion est toujours active.

Cela s'est concrétisé par la participation :

– Au forum des métiers dans les années 1980, qui rassemblait les établissements scolaires et les organismes de formation

– Aux rapprochements entre entreprises et établissements scolaires et universitaires (lycée Jean Jaurès, lycée Condorcet, lycée Eugénie Cotton et son CFA Restauration, I.U.T. de Montreuil).

– Participation aux actions d'insertion des jeunes (en relation avec FACE et la Mission locale dont l'AMIE est administrateur)

Appui aux initiatives liées à la recherche d'emploi (interventions auprès de l'ANPE, accueil des membres de l'ACDE — Cadres demandeurs d'emplois…)

– Sensibilisation sur l'emploi des personnes handicapées avec plusieurs initiatives parmi lesquelles ; donner la parole aux associations liées au handicap lors de la soirée du club en juin 2007 et participer au colloque sur l'emploi et le handicap le 16 février à l'hôtel de ville

– Participation de ces associations à l'Assemblée générale ordinaire de l'AMIE le 6 mars 2008

– Invitation des adhérents à collaborer avec les CAT (Centre d'Aide au Travail)

– Promotion de certaines actions de formation au sein des entreprises en lien avec les AGEFOS (Association pour la gestion du fonds d'assurance formation des salariés) sur le thème de la lutte contre l'illettrisme auprès des salariés.

– Sensibilisation sur l'environnement en instituant un prix du développement durable

– Organisation de conférences sur le traitement des déchets industriels

– Co-élaboration d'un écopôle, afin de regrouper les sociétés dégageant des produits toxiques dans une zone de traitement collective des refluants.

Fin 2008 sonna le glas de l'AMIE, la nouvelle municipalité dirigée par Dominique Voynet coupa toutes aides financières, logistiques et mise à disposition du personnel. Les entreprises sont jugées par la nouvelle municipalité écologiste, comme l'ennemi de l'environnement et des exploiteuses des travailleurs.

Une page est tournée, celle du pragmatisme économique et une politique volontariste de développement économique et de l'emploi. Cette politique municipale fut rejetée par la population et Dominique Voynet tirant la conclusion de cet échec renonça à se représenter en 2014. Elle n'aura fait qu'un seul mandat. J'ai réorienté mes activités dans l'écriture d'ouvrages à retrouver dans la bibliographie, l'enseignement et une présence dans les médias écrits, radiophoniques et audiovisuels français et internationaux.

CONCLUSION

L'objectif de l'ouvrage n'est pas d'écrire une autobiographie, mais de transmettre une expérience de développement économique territorial, une analyse des mutations industrielles et des processus qui ont conduit à la désindustrialisation de la région parisienne et plus largement de l'Hexagone. Des entreprises de tous secteurs et toutes tailles sont auscultées afin qu'elles livrent les enseignements quant à leurs réussites, leurs échecs et parfois leurs faillites. Le défi était de rapprocher les points de vue des chefs d'entreprise (qui en général sont considérés comme de droite et parfois d'extrême droite) et une municipalité d'union de la gauche. J'ai eu l'occasion de donner raison à un dirigeant de société qui ne peut augmenter les salaires sans prendre le risque de mettre en faillite l'entreprise. Mais le plus souvent je proposais des solutions de sortie de crise et de sauvegarde de l'activité et des emplois. Ainsi, les élus locaux disposaient par mon intermédiaire, d'une expertise et des arguments qui leur permettaient de mener leurs campagnes médiatiques, afin de faire pression sur le groupe ayant des ramifications nationales ou internationales, ainsi que des PME familiales sclérosées. Plusieurs sociétés furent victimes de stratégies industrielles néfastes pour l'emploi au niveau local et national.

C'est à la mairie de Bobigny qu'un couloir s'est ouvert à moi, suite à mon recrutement comme directeur du Service économique dont j'ai eu la charge de créer et de tracer les contours de son champ d'intervention. Mais le fonctionnement bureaucratique de cette administration m'a incité aller partir et choisir Villetaneuse (de 1983 à 1985) où j'ai eu la responsabilité de son service économique avec comme point d'orgue la création d'une zone d'activités industrielle, la participation à la commission relations entreprises-chercheurs enseignants au sein de l'université Paris XIII, dont j'étais membre du Conseil d'administration. Pour le groupe Vogue, fabricant de disques vinyle et de cassettes audio (K7) pour le compte de stars de la chanson française, j'avais proposé l'abandon de ces produits et la spécialisation dans le disque compact, le plus souvent désigné par son sigle anglais CD. La réponse de la direction à cette innovation est que cette nouvelle industrie n'aurait pas de succès, car le coût du lecteur de ces disques est trop important. L'histoire industrielle nous enseigne que toute innovation connaît une diminution de ses coûts grâce aux économies d'échelle. J'ai démissionné de la ville de Villetaneuse suite à un conflit avec la maire adjointe chargée de l'économie et de l'emploi à propos de ses méthodes humiliantes à l'égard du personnel.

J'ai rejoint le service du développement économique le 1er avril 1985. Ma première mission fut d'éclairer les élus sur l'origine des difficultés de certaines entreprises et des solutions stratégiques à proposer. Mes premiers dossiers concernaient des filiales de grands groupes, mais aussi des PME familiales.

Ainsi Saunier Duval, spécialiste de la construction mécanique de précision et la fabrication d'appareils de chauffage et d'éclairage depuis 1923, s'est trouvée en difficulté.

Elle s'est spécialisée dans la fabrication de chauffe-eau, de chaudières et l'installation spéciale pour le chauffage, outillage et montage de chaudières. Elle comptait 150 salariés, dont un grand nombre de femmes affectées à des tâches pénibles à la chaîne. L'argument de la direction était le suivant : « Nous sommes victimes de la concurrence déloyale de la part de Chaffoteaux & Maury qui produisait des chauffe-eau à Ploufragan (Côtes-d'Armor). L'usine qui comptait 2 200 salariés en 1980 copiait nos procédés de fabrication, sans investir, comme nous, dans la recherche-développement. »

Dans une note adressée à la municipalité de Montreuil en date du 23 mai 1985, j'écrivais ceci : « le démantèlement du bureau d'études a été décidé par Saint-Gobain avec l'accord de la direction générale de la société. 200 emplois sont supprimés. Il y a encore la possibilité d'intervenir sur la transaction immobilière visant la vente des locaux du siège, tout en sachant qu'il restait à Montreuil 40 salariés. »

En réalité, l'idéologie ultralibérale poussait les entreprises et les grands groupes à délocaliser et chercher le profit à court terme. La marque de fabrique de la Ville de Montreuil et de ne pas transformer les friches industrielles en logements qui rapportent nettement moins de taxes et d'emplois. C'est pour cette raison que le site de Saunier Duval fut requalifié en centre d'activités baptisé « CAP Voltaire », car sis rue Voltaire.

Les licenciements à SOFRESID reflétaient la crise de l'Ingénierie française et le recul de la part de l'Industrie dans le PIB.

Installé à Montreuil depuis 1970, ce groupe comptait 1 238 personnes hautement qualifiées de la catégorie d'ingénieurs, cadres et techniciens, chargés d'établir des études de marché, faire de la prospective et réaliser des installations d'usines sidérurgiques, des raffineries, des usines chimiques, etc. Les principaux actionnaires étaient des banques et des géants de l'énergie comme Elf, à l'époque nationalisé. De restructurations en licenciements et de rachat par le groupe norvégien Kvaerner, malgré une lutte acharnée menée conjointement par la municipalité et le personnel, Sofresid finit par transférer toutes ses activités à la Défense. D'un mal, un bien : la BNP investira l'ensemble immobilier de plus de 28 000 m^2, près de la porte de Montreuil, lui permettant de regrouper la majorité de ses équipes informatiques qui se sont beaucoup développées. C'est une opération gagnant-gagnant. Par la suite, la première banque française occupera des milliers de mètres carrés dans un secteur qui vaut maintenant de l'or et entraîna l'implantation d'autres sociétés comme Décathlon, Ubisoft, Renault.

La plus importante société industrielle de Montreuil fabriquait des bonbons Krema, ensuite elle fut rachetée par General Foods qui sera absorbé par Philip Morris. La fabrication du site sis rue de Rosny s'est spécialisée dans l'usinage de chewing-gums, voyant ses effectifs passer de 1 000 salariés en 1950 à 477 en 1982. L'automatisation du processus de fabrication engendra une surproduction et le sacrifice de Kréma au bénéfice de l'usine de Châtellerault dont la maire Édith Cresson était ministre du Redéploiement industriel et du Commerce extérieur (1984-1986), avant de se faire nommer Première ministre en 1991. Après des manifestations et des pétitions à l'Assemblée nationale et à Munich, siège de General Foods, les Kréma ont été repris par Aldabra, une société de plats cuisinés indiens qui n'ira pas jusqu'au bout de son projet en raison de problèmes d'hygiène (présence de salmonelle) et de frilosité des banques.

Les cas d'entreprises en difficulté qui ont été mis en relief appartiennent à des secteurs et des situations différents, ce qui rend les enseignements qu'on a pu tirer, riches et généralisables à tout ce qu'on a connu et ce qui se déroule sous nos yeux. D'après la Banque de France, les défaillances des sociétés pourraient atteindre des sommets en 2024. Les PME et les TPE sont les plus concernées à cause du ralentissement de la croissance, la hausse des taux d'intérêt et les retards de paiements.

L'Association Nationale pour la Formation professionnelle des adultes (AFPA) est dépendante des politiques du travail, l'emploi et la formation professionnelle. Sa délocalisation est la conséquence d'une réforme des comités régionaux de la formation professionnelle, de la promotion sociale et de l'emploi (COREF), seuls organismes appelés à connaître ses interventions et ses moyens.

Malgré les interventions des élus locaux et des syndicats ainsi que des grèves et des manifestations, l'AFPA quitte définitivement Montreuil au milieu des années 1990.

Un autre cas de perte d'un secteur stratégique pour l'industrie française est la conception et la fabrication des semi-conducteurs et de l'électronique par l'usine Thomson sise avenue Faidherbe. Celle-ci fait partie de la division hybride et Microonde (DHM) qui est une filiale de Thomson CSF (40 000 salariés). On y fabrique les composants professionnels (satellite, radars, aéronautique et spatial). Depuis 1985, plus de 50 % des commandes de Thomson-CSF ne sont plus passées à DHM. Les transferts d'activités répondaient au dogme du redéploiement qui engrange le plus de profit à court terme.

Dans cette même logique, Sanofi, filiale d'Elf Aquitaine (deux groupes nationalisés), a lâché ses laboratoires Roland Marie, sis boulevard Jeanne-d'Arc, qui fabriquaient des médicaments destinés aux voies respiratoires contre la toux, le rhume et l'angine. La faible rentabilité provient du mode de remboursement des produits pharmaceutiques par la Sécurité sociale. C'est ce qui explique le choix de produire des médicaments de bien-être, les cosmétiques, les bio-industries et l'agroalimentaire. Pourtant, Sanofi a vu son chiffre d'affaires augmenter de 36,6 %, mais investit massivement à l'étranger.

Dans la même veine, la société Distrithéra, unité de recherche de l'industrie pharmaceutique, est une filiale du groupe nationalisé Sanofi-Elf Aquitaine, a opéré la délocalisation de cette unité de fabrication de médicaments en 1991. Rappelons qu'en 1987, Sanofi a racheté l'entreprise Sauba qui comptait 200 salariés, puis la baptisa Distrithéra.

La mise en faillite de l'usine de construction de machines-outils à commandes numériques, Dufour constitua un traumatisme au niveau local, mais sonna le début du déclin du secteur des biens d'équipements français, alors qu'outre-Rhin, il est le fer de lance des exportations allemandes, notamment vers la Chine. Créée en 1930 par Gaston Dufour, qui a voulu innover dans la fabrication de fraiseuses, elle fut en avance par rapport aux besoins du marché. La crise du système productif de 1973 n'a pas aidé à relancer ce secteur. Les pouvoirs publics n'ont pas apporté leur soutien qui aurait pu donner un répit à cette entreprise familiale.

Le savoir-faire de ses salariés licenciés et un nom commercial ont attiré un repreneur qui a fini par achever l'existence de ce fleuron de l'industrie française.

Outre ces entreprises emblématiques, j'avais la charge de fournir des études et proposer des solutions de sauvegarde des grandes sociétés comme : Pernod-Ricard, Tractel, Dumas, Océ France, Fichet Bauche, l'AFPA, Thomson, Saint-Gobain…), ainsi que des PME (Audax, Delasson Dossunet, Alvar Electronic, Cirnea, IMB, Berthollet, Paillot mécanique, SCCEN, Fenwick, BIP GROU-RADENEZ, Maxant, Houdaille Le Lourain, Comptoir d'Outillage Parmentier, Girso, Modep Sop, Bourdon, Sofdit).

Le déclin de certaines entreprises peut s'expliquer par la théorie du « cycle de produit » : l'idée émerge et fonde le projet industriel, vient ensuite la phase d'apogée de l'activité et enfin son déclin ou sa mort (les balances Gibrat ou les tours automatiques Taratte). Des faillites peuvent être aussi la conséquence d'un changement de réglementation ou de contexte socio-économique. Les accords de libre-échange et les règles de l'OMC ont condamné des pans entiers du tissu industriel comme le textile et les biens de consommation utilisant majoritairement le facteur travail.

Mais ce qui a soulevé les mobilisations des élus et des salariés est le sentiment d'abandon d'activités utiles pour l'emploi, les recettes fiscales locales et nationales et le devenir industriel d'un pays. Les choix des grands groupes avec la complicité ou du moins la passivité des gouvernements successifs sont à l'origine de la désindustrialisation et des délocalisations. Les experts économiques et les universitaires libéraux croyant à la seule prééminence du marché et de ses lois ont renforcé la conviction que les services et le crédit remplaceront la manufacture « trop sale, désuète et moins profitable ». Les années Reagan-Thatcher marquèrent la victoire de l'ultralibéralisme qui prône le tout marché et l'autorégulation par des agents rationnels. Mais l'objectif sous-jacent fut la recherche du profit à court terme, en sacrifiant le développement économique et industriel à long terme. La construction de l'Union européenne qui a succédé à la Communauté économique européenne le 1er novembre 1993 dans la foulée du traité de Maastricht consacra la prééminence du marché et la concurrence pure et parfaite en sacrifiant une intégration par la production. D'inspiration ultralibérale les politiques européennes vont amplifier les difficultés des activités industrielles des membres de l'Union à l'exception de l'Allemagne.

Le rapport Draghi sur le « futur de la compétitivité européenne » vient conforter nos analyses et pratiques en matière de défense de l'emploi industriel, depuis 40 ans.

Pour Mario Draghi l'Europe fait face à « un défi existentiel », rejoignant le scénario de l'économiste Patrick Artus qui parle de « déclassement mondial, d'une disparition de l'Europe comme puissance économique à l'horizon 2050 ».

L'ancien président de la BCE et ex-Premier ministre de l'Italie enfonce le clou et estime que l'Europe est : « coincée dans les technologies et les industries intermédiaires du siècle dernier, l'Europe a décroché des États-Unis et elle se fait rattraper par la Chine [...]. La construction d'une seule politique industrielle européenne dans laquelle l'État prend toute sa place, bâtie sur une quête de productivité, et financée par une dette commune. » La formation est un facteur décisif pour améliorer la productivité et monter en qualification, afin que des emplois non pourvus le soient, surtout dans le secteur productif.

Ma mission d'expertise financière et économique s'est déployée sur le front de la défense de l'industrie en se tournant vers le soutien des firmes à l'international. Emmener les entreprises en Allemagne de l'Est (la foire de Leipzig) et en Algérie (Foire internationale d'Alger) se faisait sous l'égide du service du développement économique, entre 1984 à 1987. Le maire ayant fait le constat qu'il est nécessaire de sortir cette activité du carcan administratif municipal et d'adopter la forme associative en associant les chefs d'entreprise à ce qui deviendra une œuvre originale et exemplaire. Sillonner le monde et permettre à des PME/PMI et des filiales de groupes de décrocher des marchés et nouer des partenariats fut bénéfique pour tous les acteurs économiques et politiques entre 1985 et 2009 dans 66 pays. Ainsi fut fondée l'Association montreuilloise pour le développement de la coopération économique internationale (AMDCEI), qui deviendra Association montreuilloise pour l'initiative des entreprises (AMIE). Son Conseil d'administration fut présidé par le Maire, mais la majorité de ses membres est composée des entrepreneurs. À la faveur de la loi interdisant aux élus de diriger des associations qu'ils subventionnent par ailleurs, le président de notre Association est désormais un responsable de société. Néanmoins, une convention doit préciser les droits et les obligations entre les collectivités territoriales et les associations qui bénéficient de soutien municipal logistique, humain et financier.

L'aventure à l'international de la ville de Montreuil commença par des jumelages qui mèneront à des actions de coopérations économiques, ce qui est innovant et génial, car habituellement cela devait déboucher uniquement sur des relations culturelles, sportives, sociales, éducationnelles, politiques, échanges d'expériences et de techniciens.

Ainsi, la ville jumelée de Cottbus basée en RDA fut le tremplin idéal pour participer à la Foire de Leipzig dès 1984. Le choix n'était pas anodin du fait que cette manifestation réunissait des opérateurs économiques des pays socialistes (Europe de l'Est et URSS) et ceux des pays occidentaux. Ce fut une expérience instructive puisque j'étais témoin des mutations sociales, politiques et économiques de ce qui devait être des sociétés égalitaires sans classes sociales. En réalité le retard socio-économique est flagrant et les privilèges prégnants, mais sous forme d'accaparement des biens publics, sans en avoir la propriété. C'est ce qui explique la chute du mur de Berlin et l'effondrement des régimes autoritaires qui en supprimant les lois du marché et l'initiative privée ont ôté l'esprit d'entreprendre et de créer des richesses et la modernité des habitations, des immeubles publics et des infrastructures. Cela ne signifie pas qu'il n'y avait pas des fusées soviétiques dans l'espace, des usines, des mines et des exploitations agricoles. Mais ces progrès furent la conséquence d'une concentration de moyens financiers et humains sur ces secteurs.

Le COMECOM né le 25 janvier 1949, appelé aussi Conseil d'assistance mutuelle ou CAEM a créé une division du travail en son sein et facilité les échanges grâce au rouble transférable, une monnaie commune, mais non unique. Nos entreprises avaient comme apport ; des nouveautés, fruits de créations de la part d'entrepreneurs privés ayant un parcours individuel unique en son genre. Ils cherchaient la meilleure idée et vont jusqu'à la réaliser. Même les groupes nationalisés fonctionnent selon la logique capitaliste en autonomie par rapport aux instances publiques. Cela ne signifie pas que ce fonctionnement est sans dérapages, hors de toutes influences de l'idéologie libérale.

Dès mon arrivée à Leipzig en avril 1985, j'ai eu une intuition qu'il ne sera pas possible qu'un seul peuple vive indéfiniment dans deux mondes aussi opposés avec des niveaux de développement économique et social trop écartés.

La réunification des deux Allemagnes fut une OPA de la partie Est par l'Ouest. L'ouverture des frontières, sans période de transition a poussé les populations de l'ex-RDA à se précipiter sur les produits made in ex-RFA et de délaisser les leurs, ce qui a précipité les faillites des sociétés est-allemandes. Après la réunification interallemande, la foire de Leipzig a perdu de son intérêt et nous avons décidé de mobiliser nos entrepreneurs, afin de les faire participer à la Foire de Hanovre ; carrefour de l'industrie mondiale.

Cette exposition rassemblait 6 500 exposants venus de 60 pays.

Autre jumelage qui débouchera sur des missions de prospection et de participation à des expositions ; celui avec la ville de Mytichtchi située dans la banlieue de Moscou depuis 1973. Dès 1991 a eu lieu une mission prometteuse dans l'ex-URSS et plus précisément à Moscou et à Kiev. Ensuite il convient de citer le déplacement à Nijni Novgorod ainsi que la capitale russe. La participation à l'exposition France Tech viendra plus tard en 2003.

Parmi les nombreuses réalisations citons l'emblématique marché d'imprimer des millions de « Coupons », sorte de moyen de paiement circulant parallèlement au Rouble, par l'Imprimerie Spéciale de Banque. C'est l'ancêtre de la Hriva.

Nous avons poursuivi « notre chasse en meute » dans l'Est européen par une mission dans l'ex-Tchécoslovaquie en 1993, sans accompagnement politique étant donné que les deux Républiques tchèque et slovaque sont désormais indépendantes avec une monnaie propre, sans même une union monétaire qui devait s'imposer. Les considérations qui ont présidé à ce divorce furent d'ordre politique, nationaliste, mais c'était une aberration économique eu égard au rétrécissement de leurs marchés respectifs. L'adhésion de ces deux nouveaux pays à l'Union européenne les a aidés à parachever leur transition vers l'économie de marché. La République tchèque a joué le rôle de « sous-traitant » de l'Allemagne, eu égard à son passé industriel au sein du COMECOM.

Dans la même logique de prospecter dans des pays difficiles où la concurrence n'est pas encore à son apogée, nous sommes partis en 1996 chercher des opportunités en Serbie, Croatie et Slovénie. Cette mission s'est déroulée quelques mois après l'éclatement de la Yougoslavie. Cette dernière était formée de peuples hétéroclites de par la religion, l'appartenance ethnique et linguistique, et fut fédérée par Joseph Broz Tito qui a su libérer son pays du joug nazi, avant l'arrivée des troupes soviétiques. Pour des raisons politiques et historiques, la Serbie n'est toujours pas membre de l'Union européenne, contrairement à la Croatie et la Slovénie qui intégreront un vaste marché.

En allant au Kazakhstan et en Ouzbékistan en 1993 et 1998, nous visions « le grand export » vers des contrées encore vierges de la concurrence occidentale.

L'avenir de ces jeunes Républiques, à peine sorties du giron de l'ex-URSS, nous donne raison *a posteriori*, puisqu'elles sont devenues des pays en pleine expansion.

Le voyage en République de Géorgie en 2000 est demeuré sans suite, eu égard à l'étroitesse de ce marché, malgré la sollicitation pressante de l'Ambassadeur de ce pays en France. Il en a été de même lors du voyage en Lituanie, en 1993, qui était plus politique qu'économique.

Le choix de la Hongrie comme destination de prospection du 5 au 11 juin 1994, ainsi que l'exposition « France 2000 » à Budapest du 25 au 28 avril 2000 s'est fait sur la base des données économiques et du niveau d'intégration de ce pays dans l'économie mondiale et la souplesse de son économie qui a rompu très tôt avec la planification impérative.

La France est le premier pays de l'Union européenne à organiser une grande exposition multisectorielle à Budapest « France 2000 » du 25 au 28 avril 2000. La Hongrie était avec la Pologne et la République tchèque un candidat sérieux à l'entrée dans l'Union européenne.

Mes premières visites à Pékin en 1992 et à Yanji au nord-est de la Chine en 1993, donneront lieu à un jumelage Montreuil-Changchun (capitale de la province du Jilin). Le communisme chinois était mon idéal quand j'avais 17 ans. Même dans un Maroc « des années de plomb », j'avais en ma possession les livres de Mao Tsé Toung et surtout son petit livre rouge. J'avais une passion pour l'histoire de ce pays et les péripéties de « la longue marche » jusqu'à la mort du Grand Timonier en 1976. Je ne croyais pas à ce qu'on disait sur les 30 millions de victimes de l'idéologie maoïste jusqu'à l'accès au pouvoir du réformateur Deng Hsiao Ping.

Plusieurs villes et provinces chinoises ont été prospectées de l'est à l'ouest et du sud au nord de la Chine (les provinces du Hebei, Chongqing, Shanghai, Chengdu, capitale du Sichuan). Les secteurs ciblés par nos entreprises ont fait l'objet d'une analyse approfondie des caractéristiques de ces villes et provinces. Cela nous a aidés à une prospection dans un pays protectionniste et qui n'a pas les mêmes règles en matière de droit du travail, des subventions et de non-respect de la propriété intellectuelle.

Jilin compte 24 millions d'habitants en 2020 occupant 187 400 km2 et 35 216 km d'autoroutes, dont plus de 500 km d'autoroutes.

La province dispose d'un réseau ferroviaire, commencé par les Japonais, avec Changchun comme plaque tournante principale.

Ce qui est remarquable dans cette Chine, c'est de constater qu'entre 1992 et 2008, le dynamisme industriel dans les provinces les plus reculées. Il n'y a pas une seule zone économique sans la présence de firmes multinationales étrangères.

Le choix de Shanghai s'est fait en raison du potentiel fort de cette ville province et le fait que cette dernière organise l'Exposition universelle.

Nous avons mis à la disposition de nos adhérents des cartes de visite de responsables de la municipalité de Shanghai, des dirigeants de grandes sociétés ainsi que des organisateurs de cette exposition.

Le périple du Sud-Ouest asiatique nous mènera au Cambodge et au Vietnam pendant 17 ans où des missions furent organisées sans discontinuer entre 1992 et 2009.

Compte tenu du fait que le marché cambodgien est étroit, j'ai proposé que la prochaine mission englobe le Vietnam au cours du même déplacement. Ces pays qui nous paraissaient lointains géographiquement le sont moins intellectuellement et historiquement. Les communistes vietnamiens et chinois ne suivront pas la perestroïka imposée par Gorbatchev. Ils ont banni toute libéralisation politique, mais vont libérer l'initiative privée et réformer leur régime économique. Le système politique demeure fermé, opaque et autoritaire. On peut parler d'un État policier avec un maillage très dense et une surveillance de tous les instants.

Confronté à l'échec du système économique centralisé, le Doi Moi visa la rénovation des rapports économiques en intégrant les mécanismes de marché. C'est en réalité la reprise de la théorie de Boukharine et de la NEP (Nouvelle Politique économique), initiée par Lénine en 1921, sans pouvoir l'achever à cause de son décès prématuré le 21 janvier 1924. Toutes les lois du marché sont rétablies sans pour autant privatiser les grandes entreprises et les banques.

Une fois notre mission au Vietnam terminée en mai 1992, nous avons pris la route vers Phnom Penh avec le risque de se faire attaquer par les Khmers rouges, chassés par les troupes vietnamiennes et leurs alliés en 1979, parmi lesquels un certain Hun Sen devenu Premier ministre et qui a reçu notre délégation. « Le Programme d'étude sur le génocide cambodgien » de l'université Yale évalue le nombre de victimes à environ 1,7 million soit plus de 20 % de la population de l'époque. L'homme fort du Cambodge nous a demandé de prendre l'initiative de fonder une chambre de commerce et d'industrie franco-cambodgienne. C'est ce que nous avions fait en convoquant une Assemblée générale en juin 1993, à l'hôtel de ville de Montreuil. Jean-Pierre Brard fut nommé président et moi-même secrétaire général.

Les opérateurs occidentaux étaient réticents à se rendre dans cette région en raison de l'embargo étatsunien à l'encontre de la République socialiste vietnamienne et une sortie de guerre chaotique au Cambodge. Mais nous avons pensé qu'il fallait être précurseur et occuper le terrain avant les autres. Cela a fonctionné puisque nos entreprises participantes à ce déplacement ont récolté des contrats spectaculaires. Équipement des chaînes de radio et télévision par AVS, impression de documents fiduciaires par ISB, transformation d'hévéas par Ingerop, offre d'ingénierie par Sofresid et Fives-Lilles, ouverture de filiales par Sanofi et Saint-Gobain. Autre conséquence de cette aventure ; le jumelage (qui dure toujours) entre la ville de Montreuil à la ville de Hải Dương et entre le Département de la Seine–Saint-Denis et la province de Hải Dương

Dans le cadre d'une exposition à New Delhi, organisée par le CFME en 1999, nous avons emmené des entreprises sur un marché difficile avec un protectionnisme qui ne dit pas son nom et une économie moins extravertie.

Ce marché demande une approche-marché très originale et une préparation des cibles-prospects. La croissance est diversifiée, une main-d'œuvre jeune, un secteur informatique en pleine expansion, des transferts de la diaspora indienne substantiels, des exportations de vêtements, de véhicules, de médicaments ainsi que le tourisme sont les atouts de ce pays.

Le clou de nos actions à l'international fut sans aucun doute la Foire internationale d'Alger entre 19 987 et 2009. C'est en avril 1986, qu'une délégation, invitée par le parti unique, le FLN est conduite par Jean-Pierre Brard comprenant Raphaël Grégoire et moi-même. Au programme : des rencontres politiques et des visites de grandes entreprises ainsi que des coopératives agricoles.

Notre première participation à la Foire d'Alger en 1987 a rassemblé 20 exposants et a inauguré une période faste pour nos PME et certains groupes industriels en termes de contrats d'exportation, joint-venture, des investissements sur place.

En juin 1988 notre stand collectif abritait 42 participants à cette exposition qui marque l'événement de l'année. Lors des réceptions organisées dans des restaurants de renoms, nous recevions 300 hauts responsables algériens. Ce fut l'occasion de nouer des contacts et échanger les cartes de visite.

Des contacts furent pris avec des exposants venant de 45 pays représentés ainsi que les 1113 entreprises, dont 84 entités publiques algériennes et 431 sociétés du secteur privé national sur une superficie de 46 547 m^2.

Le mot d'ordre de Montreuil fut bien accueilli chez les autorités algériennes : coopération et partenariat mutuellement avantageux. Les secteurs qui furent le bonheur des membres de notre association et source de revenus sauvant des emplois ou aidant à leur développement étaient multiples.

Contrairement à l'Algérie, le choix du Maroc s'est fait suivant des considérations strictement économiques. L'AMDCEI devenue l'AMIE a participé au SISTEP (le Salon International de Sous-Traitance, d'Approvisionnement et de Partenariat) entre 1995 et 2008 à France Expo du 10 au 13 mars 2004 et au Forum Med-Allia du 7 au 9 février 2007. La France a mis en place des instruments importants, afin d'accompagner et de conforter la présence de 500 filiales dont 13 des 15 plus grands groupes français et des PME/PMI. Citons la Proparco, filiale du groupe Agence française de développement (AFD). Les investissements directs français représentent 45 % des IDE dans ce pays et 25 % du commerce extérieur, près de 50 % de l'aide publique au développement. La France tient une place privilégiée au Maroc. Les opérateurs français et franco-marocains sont regroupés au sein de la plus importante Chambre de Commerce et d'Industrie française dans le monde. Son siège est sis à Casablanca ; la capitale économique.

Notre participation à la Foire internationale de Tripoli du 2 au 12 avril 2006 se fait dans le contexte de l'ouverture du régime de Kadafi aux pays occidentaux. À mon arrivée, mon chauffeur me dit : « Il y a une volonté du pouvoir de ne pas donner aux Libyens l'occasion de s'instruire et d'atteindre un niveau d'instruction élevé. » D'ailleurs j'ai fait le tour de la capitale, il n'y a pas de librairie ni de kiosque à journaux. La rente est distribuée sur 6 millions de Libyens sous forme de fonctionnarisation et de distribution de salaires et avantages en logements et allocations diverses. Les entrepreneurs privés profitent de la manne pétrolière.

La Foire internationale du Caire s'est déroulée du 18 au 30 mars 1999 et a rassemblé 40 pays et 2000 sociétés nationales. L'Égypte est la deuxième puissance économique en Afrique (373 milliards de dollars en 2023) et le 3e pays en termes de population avec ses 110 millions d'habitants. Sa position géostratégique va ensemble avec son influence culturelle et politique dans le monde arabe. Mais c'est un pays qui connaît une omniprésence de l'armée dans les rouages économiques et une corruption endémique.

Les accords d'Oslo en 1993 ont laissé augurer une nouvelle ère de paix dans cette région. Ma mission exploratoire devant préparer la venue d'unc délégation de 26 personnes composée d'élus municipaux et de chefs d'entreprise ne fut pas sans risques. À la sortie d'une réunion à Ramallah, des jeunes soldats israéliens étaient sur le point de tirer sur des jeunes palestiniens, alors que j'étais au milieu. À Gaza, mon déplacement dans cette enclave fut émaillé de bombardements israéliens. Néanmoins AVS a équipé la première chaîne de télévision israélienne grâce à un financement par le gouvernement français. Quinette a équipé des salles de congrès israéliens.

Notre délégation a été reçue par Shimon Peres, ministre israélien des Affaires étrangères, ainsi que Rafi Edry, Vice-président de la Knesset, le Parlement d'Israël ainsi que les dirigeants palestiniens et les chambres de commerce à Ramallah.

Nos relations avec les pays d'Afrique subsaharienne furent exclusivement à caractère économique sauf au Mali avec lequel la municipalité a conclu un protocole de jumelage-coopération avec le cercle de Yélimané.

La mission de prospection menée par l'AMDCEI au Gabon et en Côte d'Ivoire du 29 septembre au 5 octobre 1997 fut suivie de l'exposition sur les techniques françaises à Abidjan du 5 au 9 octobre 1999. 15 sociétés y ont participé. S'ensuivront des missions au Bénin, au Cameroun et au Sénégal.

La fin de l'Apartheid et l'élection de Nelson Mandela président d'Afrique du Sud ont motivé l'organisation d'une mission composée d'élus municipaux et des dirigeants d'entreprises fin septembre 1994 et à l'exposition FranceTechnologies 97 en juillet 1997.

L'Afrique du Sud est la première puissance économique du continent (un PIB de 373 milliards de dollars) et est membre fondateur des BRICS. Des filiales de grands groupes y ont participé ainsi que des PME/PMI.

Le BIG five Show à Dubaï est intervenu, en novembre, avec 2 608 exposants pour 43 050 visiteurs et plus d'une trentaine de pavillons étrangers.

Après avoir subi des années difficiles de guerre civile, le Liban refait surface. C'est ce qui a motivé notre participation au Salon international du bâtiment et de l'hôtellerie de Beyrouth en 1995.

Changement de continent dans l'esprit d'explorer d'autres marchés plus lointains, en Amérique du Sud. La mission collective au Brésil (São Paulo et Rio de Janeiro), Chili et Argentine s'est déroulée du 5 au 15 novembre 1997.

Lors de ce déplacement, nous avons participé à l'exposition France 2000 Chili.

Les sociétés participantes étaient d'envergure élevée s'agissant de zones d'exportation lointaines et inhabituelles. Il n'y a pas si longtemps ces trois pays comme leurs voisins faisaient partie de la chasse gardée des États-Unis. L'offre venant de France devait être originale et techniquement solide.

Le Brésil est classé 9e économie mondiale, avec un PIB s'élevant à 1 960 milliards de dollars en 2022. C'est le plus vaste pays d'Amérique du Sud, s'étendant du bassin amazonien au nord à des vignobles et aux chutes d'Iguaçu au sud. Il est membre fondateur des BRICS.

L'Argentine est un pays malade de ses dirigeants, qui ont mis en œuvre des politiques clientélistes et démagogiques. Pourtant, son tissu industriel est diversifié, mais les inégalités sociales sont criantes. Ses ressources naturelles sont importantes et la main-d'œuvre est qualifiée. Ses terres agricoles sont vastes et riches dont les produits sont tournés vers l'exportation.

Le Chili est passé d'une dictature dure instaurée le 11 septembre 1973 à la défaite du général Pinochet et au début d'une période de transition démocratique qui s'est achevée le 11 mars 1990. Pendant cette période, des Chicago Boys appliqueront la doctrine ultralibérale de Milton Friedman.

Afin de satisfaire les demandes et les intérêts des entreprises non exportatrices comme celles qui exportent, l'AMIE a organisé le Salon de l'industrie qui a permis aux entreprises de se faire connaître. Dans la même veine, l'organisation d'un stand collectif intégrant une vingtaine d'entreprises au Midest (Salon international des savoir-faire en sous-traitance industrielle).

L'Association a élargi son rayonnement sur l'ensemble du territoire de l'ACTEP (Association des collectivités territoriales de l'Est parisien), qui réunit 22 collectivités locales.

Créée en 2000, cette Association de coopération intercommunale a pour objectif de concevoir et mettre en œuvre un projet de développement et de promotion économique des deux départements de la Seine–Saint-Denis et le Val-de-Marne qui représentent 660 000 habitants et 190 000 emplois. C'est à ce titre que l'AMIE s'est vu confier l'organisation du CAREEP (Carrefour des entreprises de l'Est parisien), qui a vu la participation de 300 sociétés.

Notre association a organisé des réunions de sensibilisation thématiques et sectorielles, sur les techniques de l'exportation (SAAR) et les nouvelles technologies et le numérique et comment comprendre le monde de la convergence (données, voix, images) et l'adapter à chaque entreprise pour la moderniser et lui faire des économies d'échelle (REMTIC).

L'AMIE a créé en 2005 le Club des entreprises de Montreuil, tourné davantage vers des activités locales. Les dîners mensuels du club rassemblent environ 70 participants, 5 sociétés se présentent en 5 minutes et en 5 fiches.

Bibliographie.

ACEMOGLU, Daron, et ROBINSON, James, *Prospérité, puissance et pauvreté. Pourquoi certains pays réussissent mieux que d'autres*, Éditions Markus Haller, 2015.

BALASSA, Bela, « Structural Adjustment policies in Developing Countries, a Reassessment », *World Development*, September 1984.

BALASSA, Bela, « Endettement des PVD : politiques et perspectives », in BOURGUINAT, H., et MISTRAL, J., *La crise de l'endettement international*, Acte II, Paris, Economica, 1986,.

BALI, Hamid, *Inflation et mal développement en Algérie*, Alger, OPU-Office des Publications universitaires, 1993.

BANOU MUSSA, *Livre des procédés ingénieux*, 850.

BANQUE AFRICAINE DE DÉVELOPPEMENT (BAD), & GLOBAL FINANCIAL INTEGRITY (GFI), « L'Afrique pâtit de la fuite des capitaux », in https://www.afdb.org/fr/news-and-events/new-afdb-gfi-joint-report-africa-a-net-creditor-to-the-rest-of-the-world-11856/, 29 mai 2013.

BANQUE AFRICAINE DE DÉVELOPPEMENT (BAD), Perspectives économiques en Afrique, 2018 : https://www.afdb.org/fileadmin/uploads/afdb/Documents/Publications/African_Economic_Outlook_2018_-_FR.pdf..

BARBIÈRE, Cécile, « Le Parlement européen s'oppose au colonialisme agricole en Afrique », *Euractive*, 8 juin 2016.

Bases de données Wits et Comtrad.

BERAHAB, Rim, « Relations entre le Maroc et l'Afrique subsaharienne : quels potentiels pour le commerce et les investissements directs étrangers ? », *Policy Brief*, février 2017, OCP Policy Center.

BERTHELOT, Jacques, « Le baiser de la mort de l'Europe à l'Afrique », Le Monde diplomatique, septembre 2014.

CATTANEO, *O., GEREFFI, G.,* MIROUDOT, S., & TAGLIONI, D., « Joining, Upgrading and Being Competitive in Global Value Chains: A Strategic Framework », *World Bank Policy Research Working Paper* n°6406, Washington, Banque mondiale.

CHECOLA, Laurent, « Internet en Afrique : la fin du désert numérique ? », lemonde.fr, 18 février 2011.

CHISANGA, Edward, « L'industrie en Afrique : quels enseignements tirer de l'expérience asiatique ? », *International Center for Trade and Sustainable Development*, 23 février 2017.

CRÉMONE, Gérard de, *Livre de la mesure des figures planes et sphériques*, 1171.

DEMBÉLÉ, Demba Moussa, « La stabilité du franc CFA ne profite pas aux Africains », *Le Point Afrique,* 15 septembre 2017.

ID., *Sortir l'Afrique de la servitude monétaire. À qui profite le franc CFA ?* La Dispute, 2016.

DIAWARA, Malick, « Libérer le potentiel des entrepreneurs », *Le Point Afrique*, 22 mai 2017.

DURAND, Cédric, et MIROUDOT, Sébastien, 2016. 'Is Labour the Fall Guy of a Financial-Led Globalisation?', *Review of World Economics*, Springer Verlag, 2016.

DURAND, Cédric, MIROUDOT, Sébastien, et BESSON, Fabien, « How Much Offshoring Matters? Evolution of Imports and its Relations to Profits, Labor and Firms Strategies in France", *The Oxford Handbook of Offshoring and Global Employment*, 2016, 9,780,199,765,904.

GIRARD, René (1972), La Violence et le Sacré, (ISBN 2-01-27889-1).

GIRARD, René (1982), *Le Bouc émissaire* (ISBN 2-253-03738-9).

Escap World Bank, International Trade Costs.

HARAKAT, Mohamed (2011), *Finances publiques et les Impératifs de la Performance le Cas du Maroc*, L'Harmattan.

HARAKAT, Mohamed (2011), *Les paradoxes de la gouvernance de l'État dans les pays arabes*. Format Kindle, L'Harmattan.

HEMERY, Claire, « Internet : la fracture des infrastructures », Médias et industries créatives, 13 octobre 2011.

HOANG NGOC¸ Liêm, Sous la crise, la répartition des revenus, La dispute, 2009.

IBN KHALDOUN, *Prolégomènes (Al Muqadima).*

IBN RUSHD (AVERROÈS), *L'Incohérence de l'Incohérence* (en arabe : تهافت التهافت, Tahafut al-Tahafut), 1179.

IBN SINA (AVICENNE), *Canon de la médecine*, 1020.

KIENZLE, Josef, « L'UE doit s'impliquer dans la mécanisation agricole de l'Afrique », site *Euractive* le 20 juillet 2016.

KRUGMAN, Paul, « Financial policy despair », *International Herald Tribune*, 23 mars 2009.

MCKINSEY GLOBAL INSTITUTE, *Global capital markets: Entering a new era*, McKinsey&Company, 2009.

MAÏMONIDE, Moïse, *Le Livre de la connaissance*, 1170.

MARCOLIN, Luca, MIROUDOT, Sébastien, & SQUICCIARINI, Mariagrazia, 'The Routine Content Of Occupations: New Cross-Country Measures Based On PIAAC », OECD Trade Policy Papers, n°188, OECD Publishing, Paris, 2016.

ID., « GVCs, Jobs And Routin Content Of Occupations », *OECD Trade Policy Papers*, n 187, OECD Publishing, Paris, 2016.

MIROUDOT, Sébastien, ROUZET, Dorothée, et SPINELLI, Francesca, « Trade Policy Implications of Global Value Chains : Case Studies », *OECD Trade Policy Papers*, n° 161, OECD Publishing, Paris, 2013.

MIROUDOT, Sébastien, et CADESTIN, Charles, « Services In Global Value Chains : From Inputs to Value-Creating Activities », *OECD Trade Policy Papers*, n 197, OECD Publishing, Paris, 2017..

MONTREUIL DÉPÊCHE (1985-2008).

MUNDELL, Robert, « Currency Areas Volatility and Intervention », *Journal of Policy Modeling*, n°1, 2000.

NAFAA, Mohammed, « AATB : De nouveaux ponts commerciaux arabo-africains », Le Reporter.ma, 3 mars 2017.

OCDE, BAD & PNUD, *Perspectives économiques en Afrique 2014. Les chaînes de valeur mondiales et l'industrialisation de l'Afrique*, OECD Development Centre.

OECD, « Global Value Chains and Trade in Value-Added : An Initial Assessment of the Impact on Jobs and Productivity », OECD Trade Policy Papers, n 190, OECD Publishing, Paris, 2016.

ORLÉAN, André, *De l'euphorie à la panique : penser la crise financière*, Éditions Rue d'Ulm, collection du Cepremap, 2009.

OXFAM INTERNATIONAL, *Note méthodologique pour le rapport 2017 d'Oxfam « Une économie au service des 99 % »*, 2017.

HIVERT, Philippe, *Montreuil sous-bois*, Tomes 1, 2, 3, 4, 5. Édition Folies d'Encre, 2003.

Philippe Hivert et Gilbert Schoon, *Montreuil : Dictionnaire historique des rues*, 2006, Musée de l'histoire vivante.

REZKI, Djalal (2017), *Essai d'analyse des conditionnalités et optimalités du processus de construction d'une Communauté économique maghrébine (CEM)*, Thèse de Doctorat soutenue à l'Université de Béjaia (Algérie.

SACHS, Jeffrey, « Des milliards pour l'éducation seront plus efficaces que des armes », *Les Échos* et Project Syndicate, 5 octobre 2016.

SARI, Camille, « Introduction du taux de change dans les modèles intégrant les variables monétaires et financières », document de la filière Monnaie-Finance-Banque de l'Université Paris X-Nanterre, 1982.

SARI, Camille, « Taux de change, rôle économique de l'État : à propos de modèles », doctorat de 3e cycle, Université Paris X-Nanterre, 1987.

SARI, Camille, « Aucun développement n'est possible sans une base industrielle », *Le Citoyen*, avril 1992.

SARI, Camille, « Politiques des taux de change au Maroc et en Algérie : une étude comparative », thèse de doctorat, Université Paris 8, 2000, réédition Cabrera (2010).

SARI, Camille, « La mondialisation : c'est aussi une chance… », *Le Parisien*, 16 janvier 2006.

SARI, Camille, « Aider les pays émetteurs d'émigration au lieu de les asphyxier économiquement », *Al Ittihad Al Ichtiraki*, 23 mars 2006.

SARI, Camille, « À propos des partenariats franco-algériens », *El Youm*, 19 avril 2007.

SARI, Camille, « Ne pas reproduire l'expérience russe en matière de réforme bancaire », *El Khabar*, 19 avril 2007.

SARI, Camille, « Il convient de faire preuve de discernement dans l'accueil des IDE », *El Watan*, 16 avril 2008.

SARI, Camille, « Impact de la récession économique », *Le Maghreb*, 27 décembre 2008.

SARI, Camille, « Système monétaire international : de la domination américaine à la crise mondiale », *Liberté*, 26-27 décembre 2008.

SARI, Camille, « La délicate évolution du franc CFA », *Jeune Afrique*, 11 au 17 janvier 2009.

SARI, Camille, *Monnaie et finance : du boom au krach*, L'Harmattan, 2014.

SARI, Camille, « Le projet maghrébin, un grand facteur de stabilité politique, économique et sécuritaire », in le quotidien marocain *Libération*, 13 avril 2015.

SARI, Camille, « Flexibilité du dirham, les Marocains inquiets », *Le Courrier du Maghreb et du Moyen-Orient*, novembre-décembre 2017.

SARI, Camille, « Imaginer l'industrialisation de l'Afrique », *Le Courrier du Maghreb et du Moyen-Orient*, novembre-décembre 2017.

SARI, Camille, et MEBTOUL, Abderrahmane, *L'Intégration économique maghrébine : un destin obligé ?*, L'Harmattan, 2014.

SARI, Camille, et MEBTOUL, Abderrahmane, *Quelle gouvernance et quelles institutions au Maghreb face aux enjeux géostratégiques ?* L'Harmattan, 2014.

SARI, Michaël, « l'AMIE : Rapport de stage », 2008..

SCHOON, Gilbert « Montreuil-sous-Bois, je me souviens », 1986. Éditeur : Société des Amis du Vieux Montreuil, 1986.

SOROS, Georges, *The New Paradigm for Financial Markets, The Credit Crisis of 2008 and What it Means,* New York, Public Affairs Perseus Books Group, , 2008.

STIGLITZ, Joseph, *Un autre monde. Contre le fanatisme du marché*, Fayard, 2006.

STIGLITZ, Joseph., *Pour un commerce mondial plus juste*, Nouveaux Horizons, 2007.

STIGLITZ, Joseph, « La gouvernance mondiale est-elle au service de l'intérêt général global ? », OFCE, 2007.

TRIMECH, Zouhaeir, « La politique européenne de voisinage (PEV) », document de la faculté de sciences juridiques, économiques et de gestion de Jendouba, 2008.

Interviews et Publications de SARI Camille
www.camille-sari.fr
articles academia.edu.
https://independent.academia.edu/%D8%A7%D9%84%D8%AF%D9%83%D8%AA%D9%88%D8%B1%D9%83%D9%85%D9%8A%D9%84%D8%A7%D9%84%D8%B3%D8%A7%D8%B1%D9%8A.

.

لبنان: استشهدت الطائفية.

.

.

الدكتور كميل الساري.

.

2020.

https://www.academia.edu/43790898/%D9%84%D8%A8%D9%86%D8%A7%D9%86_%D8%A7%D8%B3%D8%AA%D8%B4%D9%87%D8%AF%D8%AA_%D8%A7%D9%84%D8%B7%D8%A7%D8%A6%D9%81%D9%8A%D8%A9?email_work_card=title.

ADVOCACY FOR A NEUTRALITY STATUS OF LEBANON.

2020, ADVOCACY FOR A NEUTRALITY STATUS OF LEBANON.

https://www.academia.edu/43923465/ADVOCACY_FOR_A_NEUTRALITY_STATUS_OF_LEBANON?email_work_card=title.

PLAIDOYER POUR UN STATUT DE NEUTRALITÉ DU LIBAN

https://www.academia.edu/43916753/PLAIDOYER_POUR_UN_STATUT_DE_NEUTRALITE_DU_LIBAN?email_work_card=title.

2020, Dr Camille SARI.

.

Liban : le confessionnalisme m'a martyrisé.

https://www.academia.edu/43790785/Liban_le_confessionnalisme_ma_martyris%C3%A9.

https://www.academia.edu/43916753/PLAIDOYER_POUR_UN_STATUT_DE_NEUTRALITE_DU_LIBAN?email_work_card=title.

LE FUTUR DE L'UNION EUROPÉENNE DANS L'INTÉGRATION PAR LA PRODUCTION.

https://www.academia.edu/s/0561f0539c?source=ai_email.

A NEUTRALITY STATUS OF LEBANON.

by الدكتور كميل الساري et Camille Sari.

ADVOCACY FOR A NEUTRALITY STATUS OF LEBANON, 2020.

Confessionalism has martyred Lebanon.
by Camille Sari et الدكتور كميل الساري.
Confessionalism has martyred Lebanon, 2020.
Confessionalism has martyred Lebanon By Dr. Camille SARI The history of Lebanon is a .

لبنان: استشهدت الطائفية.
لبنان: استشهدت الطائفية, 2020.
إن تاريخ لبنان دراما لا تنتهي. لقد حان الوقت لفرنسا والمجتمع الدولي لمساعدة هذا البلد بطريقة أنا.

Liban : le confessionnalisme m'a martyrisé.
Le Liban : fin du confessionnalisme pour un meilleur avenir, 2020.
L'histoire du Liban est un drame sans fin. Il est temps que la France et la communauté

THE FUTURE OF THE EUROPEAN UNION IN PRODUCTION INTEGRATION.

The Futur of the European Union.

The Franco-German initiative expressed jointly by the French President and the German.

Coronavirus Covid-19: Single Thought Failure and State Lies.

Coronavirus Covid-19: Single Thought Failure and State Lies, 2020.

Covid 19 economic World arabic version op.

Covid 19 economic World arabic version.

الإ ختللات آلبنيوية والسياسات النقدية والمالية الدولية الاسباب الحقيقية العربي وأي تداعيات على العالم تأليف الدكتوركميل الساري, 2017.

بشكل covid-19 في هذه الورقة ، أود أن أسلط الضوء على كيفية انتشار الفيروس التاجي كبير حول العالم.....

LE MODÈLE FRANÇAIS ENTRE GÉNÉROSITÉ ET MONDIALISATION La désindustrialisation dure depuis quarante ans.

by الدكتور كميل الساري et Camille Sari.

Monnaie et finance : du boom au krach, 2014.

LE MODEL FRANÇAIS ENTRE GÉNÉROSITÉ ET MONDIALISATION Par Dr Camille SARI La désindustrialisation....

ايكو سوف يحل محل الفرنك سي اف آ لدول غرب إفريقيا: ثورة أم Eco يصبح CFA فرنك تطور الواجهة؟.

by Camille Sari et الدكتور كميل الساري.

ايكو سوف يحل محل الفرنك سي اف آ لدول غرب إفريقيا: ثورة أم Eco يصبح CFA فرنك تطور الواجهة, 2019.

رجلان جنبًا إلى جنب مساء يوم 21 ديسمبر 2019 للإعلان عن نهاية الفرنك الأفريقي وميلاد Eco: الرئيس ....

L'Eco remplacera le franc CFA pour les États d'Afrique de l'Ouest : révolution ou évolution de façade.

Le franc CFA remplacé par ECO, 2019.

L'Eco remplacera le franc CFA pour les États d'Afrique de l'Ouest : révolution ou évolution.

.

LA République démocratique allemande : vingt ans d'OPA par la République fédérale allemande.

La mise en place de l'euro est le fruit d'accords politicoéconomiques. .

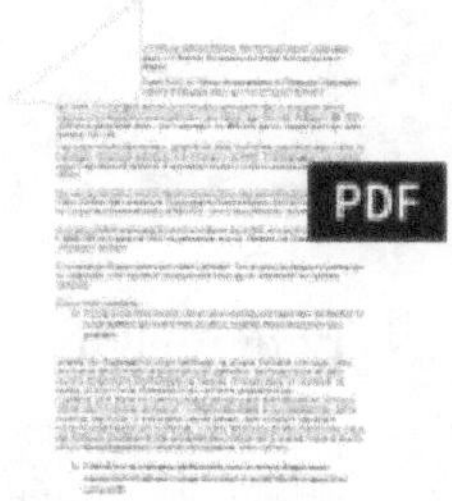

.

Les Oligarques algériens fondateurs et fossoyeurs d'Aigle Azur.

Aigle Azur a été officiellement rachetée par une petite société Go Fast propriété de la famille Arezki.

.

حول مقاطعة بعض المنتجات في المغرب.

by Camille Sari et الدكتور كميل الساري.

كان ينبغي أن تكون حملة مقاطعة بعض المنتجات الاستهلاكية من قبل الجمعيات المغربية مثل الحليب والمي....

مستقبل الاتحاد الأوروبي في تكامل الإنتاج.

CAMILLE SARI.

تعد المبادرة الفرنسية الألمانية التي عبر عنها الرئيس الفرنسي والمستشار الألماني في 18 مايو 2020....

LE FUTUR DE L'UNION EUROPÉENNE DANS INTÉGRATION PAR LA PRODUCTION

CAMILLE SARI

L'Union européenne s'est faite sur la base d'une intégration par le marché unique

www.ingramcontent.com/pod-product-compliance
Lightning Source LLC
LaVergne TN
LVHW050056061026
849532LV00001BA/252
* 9 7 9 1 0 4 2 8 0 8 8 7 7 *